suhrkamp taschenbuch
wissenschaft 2431

Theorien des Verstehens und kritische Theorien werden häufig als Gegenpositionen begriffen. Georg Bertram zeigt in seinem neuen Buch, dass dies nicht so sein muss. Verstehen ist seinem Entwurf zufolge konstitutiv mit Prozessen der Kritik und Selbstkritik verbunden – mit Prozessen, die ihrerseits in Konflikten wurzeln. Aus diesem Grund ist Verstehen, wo es sich einstellt, nicht selbstverständlich, sondern Teil einer in umfassender Weise improvisatorischen Praxis. Von dieser hermeneutischen Praxis der Freiheit aus lässt sich klären, was Subjekte ausmacht.

Georg W. Bertram ist Professor für Philosophie an der Freien Universität Berlin. Im Suhrkamp Verlag sind zuletzt erschienen: *Kunst als menschliche Praxis. Eine Ästhetik* (stw 2086) und *Die Kunst und die Künste. Ein Kompendium zur Kunsttheorie der Gegenwart* (hg. zus. mit Stefan Deines und Daniel Martin Feige, stw 2346).

Georg W. Bertram

Die Freiheit des Verstehens

Eine hermeneutisch-kritische Theorie

Suhrkamp

Klimaneutral
Druckprodukt
ClimatePartner.com/14438-2110-1001

Erste Auflage 2024
suhrkamp taschenbuch wissenschaft 2431
Originalausgabe

Umschlag nach Entwürfen
von Willy Fleckhaus und Rolf Staudt
Druck und Bindung: C. H. Beck, Nördlingen
Printed in Germany
ISBN 978-3-518-30031-2

www.suhrkamp.de

Inhalt

Vorbemerkung

Dieses Buch ist das Ergebnis einer nun schon mehr als dreißigjährigen Auseinandersetzung mit Fragen des Verstehens und mit kritischen Theorien der Gesellschaft sowie der Subjektivität. Meine beiden philosophischen Lehrer Odo Marquard und Martin Seel haben mir für diese Auseinandersetzung wichtige Impulse gegeben und das intensive Studium unter anderem von Adorno, dessen *Ästhetische Theorie* mir bereits im ersten Semester im Oberseminar begegnete, und Heidegger, dessen *Sein und Zeit* ich für die Zwischenprüfung wochenlang vorbereitete, angestoßen. An der Freien Universität Berlin hat sich für mein daraus resultierendes philosophisches Profil ein idealer Kontext ergeben, sowohl mit Blick auf Fragen der Künste als auch hinsichtlich der Philosophie der Sprache, der Rationalität und der Subjektivität. Neben einem Aufenthalt bei John McDowell an der University of Pittsburgh haben besonders auch philosophische Freundschaften mit Kolleg:innen außerhalb von Berlin – hervorheben will ich Seoul, Tel Aviv und Turin – mein Nachdenken über Fragen des Verstehens durch viele gemeinsame Veranstaltungen und Gespräche geprägt.

Bereits im Jahr 2017 habe ich auf der Rückreise von einem Aufenthalt in Turin den Entschluss gefasst, meine Überlegungen zum Begriff des Verstehens und die damit verbundenen Revisionen hermeneutischen Denkens in systematischer Weise auszuarbeiten. Nicht zuletzt meine Aktivitäten in der Selbstverwaltung und Weiterentwicklung der Universität und zudem die Belastungen der Corona-Pandemie haben dabei für nicht unerhebliche Verzögerungen gesorgt. Zugleich hat die Deutsche Forschungsgemeinschaft mir mit dem seit 2021 bestehenden Graduiertenkolleg »Normativität, Kritik, Wandel« einen weiteren wundervollen Kontext ermöglicht, in dem ich meine Gedanken schärfen konnte. Eine von der DFG unterstützte Teilfreistellung während des ersten Semesters im Kolleg hat mir die vertiefte Arbeit an zwei Kapiteln dieses Buches ermöglicht, zudem habe ich sehr von allen Mitgliedern des Kollegs und meines Arbeitsbereichs im Zuge vieler gemeinsamer Diskussionen profitiert (Linus Aigner, Tilman Giustozzi und Lilja Walliser haben mich in besonderer Weise in der Arbeit am Text unterstützt).

Insgesamt schulde ich weit mehr Menschen – Studierenden, Mitarbeitenden und Kolleg:innen – Dank für Gespräche und Anstöße, als ich hier nennen kann. Insofern schließe ich sie alle in die große Dankbarkeit für das ein, was mir an glücklichen menschlichen und philosophischen Impulsen widerfahren ist, die in dem hier Vorgelegten ihren Niederschlag finden. Eine einzige Nennung aber soll noch erfolgen: Juliane Schiffers, mit Blick auf die es unpassend wäre, hier weitere Worte zu verlieren. Ihr ist dieses Buch gewidmet.

Berlin, Juni 2023

Einleitung

Um Fragen des Verstehens ist es philosophisch still geworden. Während die analytische Philosophie vielerorts die philosophische Szenerie bestimmt und die Erben des strukturalistisch-phänomenologischen Denkens hauptsächlich in den Kulturwissenschaften auf breite Resonanz stoßen, entsteht der Eindruck, das ehedem in der Hermeneutik angesiedelte Nachdenken über menschliches Verstehen sei von der Bildfläche mehr oder weniger verschwunden. So sieht es zumindest aus, wenn man sein Augenmerk darauf richtet, dass die großen hermeneutischen Traditionslinien, die die Philosophie in der zweiten Hälfte des 20. Jahrhunderts mitgeprägt haben, heute keine ernsthafte Fortsetzung finden. Bei aller Wertschätzung, die ihre Philosophien bis heute zumindest zum Teil erfahren, wird doch an das Denken Hans-Georg Gadamers und Gianni Vattimos im Moment systematisch nicht weiter angeknüpft. Der so genannte Neue Realismus kann zwar als philosophische Strömung verstanden werden, die unter anderem aus hermeneutischen Schulen hervorgegangen ist. Er versteht aber sein Denken eher nicht als hermeneutisch und verfolgt unter anderem die Strategie, aus dem Denken der Neuzeit insgesamt auszubrechen.[1] Die Frage nach den Grundlagen menschlichen Verstehens setzt jedoch am Subjekt-Objekt-Verhältnis an, ist also ein Kind der Neuzeit und von daher für einen Ausbruch aus derselben denkbar schlecht geeignet. Insofern wird man den Neuen Realismus kaum als eine Reaktualisierung einer Reflexion menschlichen Verstehens begreifen können.

Man mag die philosophische Stille in Bezug auf menschliches Verstehen für angemessen halten. Liegt nicht in der Art und Weise, wie Fragen des Verstehens in der Vergangenheit verfolgt wurden, ein problematischer traditionalistischer Duktus? Und haben nicht prominente Vertreter hermeneutischen Denkens (etwa der Schule Joachim Ritters) in der deutschen Nachkriegsphilosophie diesen

1 Vgl. Quentin Meillassoux, *Nach der Endlichkeit*, Zürich, Berlin 2008. Auch Maurizio Ferraris und Markus Gabriel richten sich nach meinem Verständnis in ihrem Denken gegen grundlegende Aspekte der hermeneutischen Schulen, denen sie entstammen.

traditionalistischen Duktus gepflegt und sich gegen philosophische Weiterentwicklungen gesträubt? Sicher haben sich viele Philosoph:innen der hermeneutischen Tradition nicht unbedingt um eine Modernisierung des philosophischen und gesellschaftlichen Denkens sowie um seine Öffnung anderen Traditionen und kulturellen Räumen gegenüber bemüht. Dennoch wäre es vorschnell, von daher ein Urteil über ein philosophisches Nachdenken bezüglich der Grundlagen des Verstehens abzuleiten. Und es wäre auch nicht angemessen, aus der aktuellen Stille auf eine Erschöpfung der philosophischen Leistungsfähigkeit dieses Nachdenkens zu schließen. Zu sehr sind auch philosophische Traditionen Konjunkturen und Machtpolitiken unterworfen. So kann es wichtig sein, danach zu fragen, welche Impulse erstens für eine Weiterentwicklung des hermeneutischen Denkens produktiv sein könnten und inwiefern zweitens eine solche Weiterentwicklung in Bezug auf drängende philosophische Fragen relevant ist.

In diesem Buch will ich den Vorschlag machen, dass eine immanente Kritik der hermeneutischen Positionen, die bis in unsere Gegenwart hinein vorherrschen, dies leisten kann. Mit meinem Vorschlag ist eine Diagnose verbunden, die von der bislang vertretenen Einschätzung abweicht. Demnach ist das hermeneutische Denken mitnichten von der philosophischen Bildfläche verschwunden. Es hat nur sein Erscheinungsbild in entscheidender Weise verändert. Wichtige hermeneutische Positionen finden sich in den letzten Jahrzehnten unter anderem im Rahmen der analytischen Tradition. John McDowells Rekurs auf die Philosophie Gadamers kann als paradigmatischer Ausdruck dafür begriffen werden.[2] Auch die Bewegung, die man als analytischen Neohegelianismus bezeichnen kann, ist ein Zeichen der neuen hermeneutischen Ausrichtung analytischer Philosophien.[3] Die vielen Debatten, die aktuell über Kant und Hegel geführt werden, finden großteils auf einem im weitesten Sinne hermeneutischen Boden statt. Nicht zuletzt aktualisiert auch der so genannte Neoaristotelismus – wie er sich über McDowell hinaus unter anderem bei Matthew Boyle[4] und in

2 Vgl. John McDowell, *Geist und Welt*, Paderborn 1998, S. 142-145 u. a.

3 Vgl. Paul Redding, *Analytic Philosophy and the Return of Hegelian Thought*, Cambridge, Massachusetts 2007.

4 Vgl. seinen programmatischen Aufsatz: Matthew Boyle, »Wesentlich vernünftige

anderer Weise bei Sebastian Rödl[5] zeigt – hermeneutische Grundgedanken.

Statt das philosophische Nachdenken über Grundfragen des Verstehens für erledigt zu halten, gilt es also zu konstatieren, dass es sich zumindest teilweise einer ganz neuen Bedeutung erfreut, die damit verbunden ist, dass es nicht mehr als solches zutage tritt. Das aber führt dazu, dass problematische Momente hermeneutischen Denkens implizit bleiben und so unkritisch wiederholt werden. Dies zu ändern, halte ich für wichtig. Grundlegende Elemente der Theorie des Verstehens müssen explizit gemacht und kritisch befragt werden. Gerade das jüngste Wiederaufleben hermeneutischer Grundmotive ist mit Aspekten verbunden, die es als solche zu reflektieren gilt.

Im Zentrum dessen, was an neueren hermeneutischen Positionen problematisch ist, steht aus meiner Sicht der Gedanke, den ich als Unfreiheit des Verstehens bezeichnen will. Verstehen wird immer wieder als in dem Sinne unfrei begriffen, dass es als eine unhintergehbare Selbstverständlichkeit gilt. Demnach versteht man einfach, wie man versteht. Oder mehr im Sinne der Unfreiheit artikuliert: Man kann nicht anders, als so zu verstehen, wie man versteht. Der Gedanke von der Unfreiheit des Verstehens aber ist falsch. Man kann immer anders verstehen. Es gilt zu begreifen, dass Verstehen von Grund auf mit einem Potential der Freiheit verbunden ist.

Die im Folgenden präsentierten Überlegungen zielen darauf ab, die grundlegende Verknüpfung zwischen Verstehen und Freiheit auszubuchstabieren. Diese Verknüpfung darf aber nicht kurzschlüssig gedeutet werden. Verstehen garantiert nicht einfach per se Freiheit. Wenn man es im Sinne einer solchen Garantie begreift, dann dreht man den Gedanken der Selbstverständlichkeit nur um. Es ist abstrakt betrachtet dasselbe, die Unfreiheit oder die Freiheit als Selbstverständlichkeit des Verstehens zu deuten, also zu sagen, es sei selbstverständlich, so zu verstehen, wie man versteht, oder zu sagen, es sei selbstverständlich, dass man immer anders versteht, als man zuvor verstanden hat. Die These von der Selbstverständlich-

Tiere«, in: Andrea Kern und Christian Kietzmann (Hg.), *Selbstbewusstes Leben*, Berlin 2017, S. 78-119.

5 Vgl. Sebastian Rödl, *Selbstbewusstsein*, Berlin 2011, bes. Kap. 4.

keit des Verstehens lässt sich nur dadurch durchbrechen, dass man die Verknüpfung von Verstehen und Freiheit als prekär begreift und in dieser Weise Verstehen als ein nicht selbstverständliches Geschehen begreiflich macht. Aus diesem Grund spreche ich von einem Potential der Freiheit, das in allem Verstehen angelegt ist: In allem Verstehen kann in einem gewissen Maße ein Moment von Freiheit wirklich werden. Ob es zu einer Verwirklichung kommt, liegt – wie ich in diesem Buch rekonstruieren will – in der konkreten Ausgestaltung von Praktiken des Verstehens begründet.

Will man das in Frage stehende Verhältnis von Verstehen und Freiheit als offen und prekär fassen, hilft der Rekurs auf Improvisationen. Improvisationen sind Praktiken, in denen Freiheit immer eine Aufgabe darstellt. Wer improvisiert, läuft stets Gefahr, den Besonderheiten einer Situation oder seiner Gegenüber nicht gerecht zu werden, und dies aus dem Grund, weil er in Stereotypen und mechanisierten Abläufen verhaftet bleibt. So besteht die Kunst der Improvisation darin, sich aus festgefahrenen Strukturen zu lösen und dadurch Freiheit zu gewinnen. Es gilt, die Grundsituation des Verstehens von dieser Eigenart von Improvisation her zu begreifen. In allem Verstehen geht es darum, sich immer wieder Spielräume, anders zu verstehen, zu erarbeiten. Noch weniger als in der Improvisation ist es dabei so, dass das immer wieder Andere und Neue sowie die ständige Veränderung ein Selbstzweck wären. Im Verstehen geht es darum, dem, was es zu verstehen gilt, gerecht zu werden, ob das nun Veränderung erfordert oder nicht. Insofern liegt die improvisatorische Kunst des Verstehens darin, auf eine je angemessene Weise auf das zu reagieren, womit man konfrontiert ist. Das schließt das Beibehalten von Verständnissen genauso ein wie das Ausbilden neuer Impulse für das Verstehen.

Ein verbreitetes Missverständnis besteht darin, Improvisation als ein Geschehen aufzufassen, das von einer grundlegenden Freiheit ausgeht. Man muss demnach dann improvisieren, wenn man mit einer Situation konfrontiert wird oder sich vorsätzlich in eine begibt, in der man nicht aufgrund von Routinen abgesichert zu handeln vermag. Dieser unhaltbaren Konzeption zufolge ist das Freisein von verfügbaren oder brauchbaren Routinen die Grundsituation der Improvisation. Freiheit wäre so gesehen garantiert und zugleich das Schicksal des Improvisierens. Aber dieses Bild ist verkehrt. Keine Improvisation basiert auf Freiheit. Wenn man tatsächlich mit einer Situation konfrontiert ist, die einen ganz und gar unvorbereitet trifft, so ist man, recht betrachtet, ganz und gar unfrei – zumindest im ersten Moment. Das, womit man konfrontiert ist, bindet einen in den eigenen Möglichkeiten dadurch, dass man keinerlei Vorbereitung mitbringt, ihm gerecht zu werden. Es lähmt einen, bildlich gesprochen. Erst dadurch, dass man zumindest über gewisse Vorbereitungen verfügt und aus diesen Vorbereitungen heraus zu reagieren vermag, kann man improvisieren, und erst so kann sich in dem improvisatorischen Geschehen gegebenenfalls tatsächlich ein Moment der Freiheit verwirklichen.

Das Missverständnis der Improvisation ist nicht nur aus dem Grund weit verbreitet, weil vielfach falsch über Improvisation gedacht wird. Im Grunde handelt es sich um ein Missverständnis in Bezug auf die Grundsituation menschlicher Existenz. Auch in Bezug auf die menschliche Existenz wird immer wieder der Gedanke verfolgt, dass der Mensch seinem Wesen nach frei ist. Freiheit ist demnach dem Menschen garantiert und zugleich sein Schicksal; er ist, mit Sartre gesprochen, zur Freiheit verdammt.[6] Dieses Bild dessen, was Menschen ausmacht, ist im (philosophischen) Nachdenken spätestens seit dem 18. Jahrhundert gezeichnet worden.[7] Es ist der positive Ausdruck einer Konzeption, die auch als Mängelwesen-Konzeption diskutiert wird.[8] Der Mensch aber ist nicht von Grund auf frei. Er ist kein unbestimmtes Tier, sondern als Tier durchaus bestimmt. Das Tier, das der Mensch ist, hat aber Praktiken und Fähigkeiten entwickelt, aus denen Potentiale der Freiheit hervorgehen. Im Zentrum dieser Praktiken und Fähigkeiten befindet sich das Verstehen, mit dem grundsätzlich das Potential der Realisierung von Freiheit verbunden ist. So gilt es zu rekonstruieren, worin dieses Potential besteht und inwiefern es einerseits entfaltet und andererseits auch verschüttet werden kann.

Das Potential der Freiheit, das in allem Verstehen schlummert, lässt sich mit einer Überlegung Ludwig Wittgensteins verdeutlichen. Wittgenstein erläutert als zentrales Moment von (sprachli-

6 Vgl. Jean-Paul Sartre, »Der Existentialismus ist ein Humanismus«, in: ders., *Gesammelte Werke*, Bd. 4, Reinbek bei Hamburg 1994, S. 117-155, hier: S. 125.

7 Vgl. Johann Gottfried Herder, *Abhandlung über den Ursprung der Sprache*, Stuttgart 1986, Erster Teil, Zweiter Abschnitt.

8 Vgl. Arnold Gehlen, *Der Mensch: Seine Natur und seine Stellung in der Welt*, Frankfurt/M. 2016, S. 16.

cher) Bedeutung, etwas noch einmal auf eine andere Art und Weise sehen zu können. Er spricht dabei vom Wechsel eines Bildes – oder eines Aspekts. Ein Aspektwechsel liegt dann vor, wenn man etwas noch einmal mit einem anderen Blick sieht. Etwas, das eine bestimmte Bedeutung hat, wird durch den Aspektwechsel in seiner Bedeutung verändert. Wittgenstein erläutert den Wechsel der Bedeutung an dem Gestaltwechsel des berühmten Hase-Enten-Kopfs. Die Gestalt, die in einer bestimmten Perspektive als Gestalt eines Hasen erscheint, zeigt sich in einer anderen Perspektive als Gestalt einer Ente.[9] Der Aspektwechsel führt so dazu, dass man sich von festen Verständnissen löst. Eine solche Loslösung eröffnet Freiheit. Wittgenstein kontrastiert das entsprechende Potential damit, dass er sagt: »Ein *Bild* hielt uns gefangen.«[10] Verständnisse können wie ein Gefängnis sein. Sie können erstarren und einem gewissermaßen die Luft zum Atmen nehmen. Wenn es zu einem solchen Erstarren kommt, bedarf es einer Perspektivänderung im Sinne eines Aspektwechsels.

Wittgensteins Überlegung lässt sich auch in Bezug auf Improvisationen verdeutlichen. Improvisation ist, zuspitzend gesagt, die Praxis des steten Aspektwechsels. Immer wieder werden etablierte Strukturen – seien sie eher stabil oder eher flüchtig – durch perspektivändernde Impulse innerhalb der Improvisation auf neue Weise beleuchtet. In einer Improvisation kommt es zu einem ständigen Ringen um eine angemessene Fortsetzung. Dabei stellen sich vielfach kontinuierliche Fortsetzungen des bislang Entwickelten als passend heraus. Immer wieder aber bedarf es auch neuer Impulse, mit denen das Vorangehende anders perspektiviert oder mehr oder weniger radikal verwandelt wird. Damit ändert sich das improvisatorische Geschehen. Eine solche Änderung kann gleichermaßen eine Fortsetzung wie einen Bruch bedeuten. Zwischen Kontinuität und Diskontinuität gibt es hier keine scharfen Grenzen. Die in Improvisationen immer wieder gebotenen Aspektwechsel können die in ihnen etablierten Strukturen genauso festigen, wie sie diese Strukturen aufzubrechen vermögen.

Alles Verstehen ist genauso wie Improvisationen grundsätzlich

9 Ludwig Wittgenstein, *Philosophische Untersuchungen*, in: *Werkausgabe*, Band 1, Frankfurt/M. 1984, S. 225-580, hier: S. 518-525.

10 Wittgenstein, *Philosophische Untersuchungen*, § 115.

auf Aspektwechsel angewiesen. Immer wieder ist es erforderlich, Verständnisse neu zu perspektivieren. Dies fordern gleichermaßen die Gegenstände des Verstehens wie die anderen Individuen und Gruppen, mit denen wir in unseren Verständnissen verbunden sind. Übertrieben wäre es allerdings, einen unentwegten Aspektwechsel zu fordern. Jeder Kreativitätsimperativ im Hinblick auf das Verstehen ist verfehlt. Richtig ist vielmehr, dass es in vielen Situationen angemessen ist, gerade nicht die Perspektive zu verändern. Die Rolle von Aspektwechseln im Verstehen ist so im Sinne eines in ihm angelegten Potentials zu begreifen. Immer müssen sie als Möglichkeit in Betracht gezogen werden können. Die Realisierung von Freiheit im Verstehen setzt die damit umrissene Flexibilität, also die grundsätzliche Möglichkeit von Aspektwechseln voraus.

In den im weitesten Sinne hermeneutischen Philosophien ist das für alles Verstehen konstitutive Potential der Freiheit nach meiner Einschätzung bislang nicht angemessen entfaltet worden. Dies gilt für beide Grundhaltungen, aus denen heraus diese Theoriebildung betrieben wurde, also sowohl für Hermeneutik als Kunstlehre des Verstehens als auch für Hermeneutik als Fundamentalontologie menschlicher Existenz. Nun mag man einwenden, dass die in der Tradition der Bibelexegese entwickelten Kunstlehren des Verstehens nicht darauf zielen, grundlegende Dimensionen menschlichen Seins wie etwa ein Potential der Freiheit aufzuklären, und dass gerade die existenzialistische Fundamentalontologie Heideggers durchaus das Ziel verfolgt, die Möglichkeit menschlicher Freiheit zu erhellen.[11] Die Einwände sind verständlich, und es lohnt, ihnen nachzugehen, um der Zielsetzung des vorliegenden Projekts weiter Kontur zu verleihen.

Kunstlehren des Verstehens geht es, allgemein betrachtet, darum, Bedingungen des Verstehens zu rekonstruieren und aus ihnen methodische Richtlinien für Praktiken des Verstehens abzuleiten. Das berühmte Theorem des hermeneutischen Zirkels zum Beispiel wurde im 18. Jahrhundert als methodisches Instrumentarium entworfen. Als solches verstanden, besagt der hermeneutische Zirkel, dass das Ganze eines Textes (oder eines größeren Textzusammenhangs) von den Teilen und die Teile vom Ganzen her zu erschließen

11 Vgl. Günter Figal, *Martin Heidegger: Phänomenologie der Freiheit*, Frankfurt/M. 1988.

sind.[12] Die Konstitutionsbedingungen des Verstehens, denen zufolge die Bestimmtheit einzelner Elemente (von Texten oder kulturellen Artefakten zum Beispiel) von ihrem Platz in einem Ganzen (des Textes oder Artefakts) her zu begreifen ist, werden hier methodisch ausgewertet. Auch in neueren Ansätzen zur Wiederbelebung der Hermeneutik als einer Kunstlehre des Verstehens finden sich analoge Bestimmungen.[13] Problematisch an entsprechenden Überlegungen mit Blick auf Methodiken des Verstehens ist generell, dass von einer bestehenden Bestimmtheit von Verständnissen ausgegangen wird, dem das Verstehen gerecht zu werden hat. Das Potential der Freiheit wird damit systematisch ausgeblendet, da es nur begreiflich wird, wenn man Verstehen als ein produktives und nicht allein reproduktives Geschehen fasst. Diese Abwehr des Einwands beansprucht nicht, allen Varianten von Kunstlehren des Verstehens gerecht zu werden. Sie soll aber eine grundlegende Tendenz anzeigen.

Der Einwand, der Heideggers Hermeneutik betrifft, ist nicht einfach zurückzuweisen. Heidegger verfolgt mit seiner Verschränkung von uneigentlichem und eigentlichem Verstehen ohne Zweifel einen Ansatz, der Verstehen nicht an eine bestehende Bestimmtheit (zum Beispiel im Rahmen einer historisch-kulturellen Praxis) bindet.[14] Eigentliches Verstehen im Sinne Heideggers ist als Realisierung eines Potentials der Freiheit zu begreifen. Dieses Potential ist aus Heideggers Sicht in der verstehenden Existenz des Menschen angelegt. Insofern könnte seine Position durchaus als Realisierung des hier gesuchten Ansatzes begriffen werden.

Dennoch findet sich in Heideggers Ansatz ein problematischer Aspekt, der einer solchen Realisierung im Wege steht und der sich folgendermaßen umreißen lässt: Heidegger macht geltend, dass das Potential der Freiheit gegen die Grundsituation des Verstehens in der Uneigentlichkeit durchgesetzt werden muss. In der grundlegenden Situation des uneigentlichen Verstehens, in der man versteht, wie man im Rahmen des jeweiligen historisch-kulturellen Kontexts versteht, ist das Potential der Freiheit unentwickelt. Es kommt erst dadurch ins Spiel, dass man sich aus dieser Situation der Uneigent-

12 Vgl. Friedrich Ast, *Grundlinien der Grammatik, Hermeneutik und Kritik*, Landshut 1808, S. 179 f.

13 Vgl. Wolfgang Detel, *Geist und Verstehen. Historische Prolegomena zu einer modernen Hermeneutik*, Frankfurt/M. 2011, bes. Kap. 8.

14 Vgl. Martin Heidegger, *Sein und Zeit*, Tübingen [16]1986, § 60.

lichkeit löst. Heidegger zeichnet damit ein Bild des Verstehens, in dem dieses nicht durchweg vom Potential der Freiheit geprägt ist. In der Ausgangssituation ist Verstehen aus Heideggers Sicht als unfrei zu begreifen. Aus dieser Unfreiheit heraus muss Freiheit gewissermaßen erkämpft werden. Auch wenn Heidegger damit zugesteht, dass im Verstehen Freiheit immer möglich ist, zeigt doch für ihn nicht alles Verstehen dieses Potential. Konzeptionell hat dies zur Folge, dass Unfreiheit im Verstehen nicht als ein Modus des mit ihm verbundenen Potentials der Freiheit begriffen wird.

Um zu erkennen, dass diese Konzeption problematisch ist, kann man auf die Frage rekurrieren, was das Potential der Freiheit im Verstehen ausmacht. Ich habe bereits eine Bestimmung genannt, an die ich mich auch im Folgenden immer wieder halten werde: Wer versteht, kann immer auch anders verstehen. In der Möglichkeit des Anders-Verstehens liegt der Kern der im Verstehen angelegten Freiheit. Alles Verstehen weist dieses Potential auf. Entsprechend gilt es, jede Form der Unfreiheit im Verstehen als Ausdruck einer Stillstellung zu begreifen, die jedoch aus der grundsätzlichen Möglichkeit des Anders-Verstehens heraus zustande kommt. Man sollte daher eine polare Gegenüberstellung von Strukturen unfreien Verstehens und Strukturen, die das Potential der Freiheit aufweisen, vermeiden. Alle Modi des Verstehens sind aus dem ihm inhärenten Potential heraus zu begreifen.[15]

Mit Blick auf die hermeneutische Tradition verweist dies auf das Erfordernis, eine neue Deutung des Theorems zu entwickeln, das als »Geschehenscharakter« des Verstehens profiliert worden ist.[16] Nicht zuletzt Heidegger und Gadamer haben betont, dass Verstehen nicht aus eigenem Entschluss heraus herbeigeführt werden kann, so dass es nicht das Resultat eigenen Handelns, sondern mit einem Moment von Widerfahrnis verbunden ist. Der damit artikulierte Geschehenscharakter muss aber so verstanden werden, dass aus ihm nicht auf ein Nicht-anders-verstehen-Können geschlossen wird. Dieser Schluss wird allerdings implizit unter anderem in Heideggers Explikation uneigentlichen Verstehens gezogen. Man

15 Die Kritik, die Hannah Arendt – mehr implizit als explizit – an Heidegger übt, lässt sich in diesem Sinne verstehen; vgl. Hannah Arendt, *Vita activa oder Vom tätigen Leben*, München 1981, u. a. S. 33-47.

16 Vgl. Heidegger, *Sein und Zeit*, § 72 u. a.; Hans-Georg Gadamer, *Wahrheit und Methode*, Tübingen [6]1990, S. 314 u. a.

versteht im Modus der Uneigentlichkeit, so kann man mit Heideggers Worten sagen, wie man eben versteht. Demgegenüber gilt es den Geschehenscharakter so zu erläutern, dass im Verstehen immer die Möglichkeit des Anders-Verstehens gegeben ist. Verstehen geschieht in einer Weise, die grundsätzlich die Möglichkeit, Verständnisse neu zu perspektivieren, einschließt. Diejenigen, die verstehen, stehen immer vor der Aufgabe, diese Möglichkeit zu entfalten. Eine Uneigentlichkeit des Verstehens in Heideggers Sinn gibt es nicht.

Dies bedeutet auch eine Neuakzentuierung eines Aspekts, der in Gadamers Erläuterung des Geschehenscharakters zentral ist. Bei Gadamer heißt es, es genüge »zu sagen, daß man *anders* versteht, *wenn man überhaupt versteht*«.[17] Verstehen wird so als ein Geschehen steter Veränderung begriffen. Jedes neue Verständnis ist anders als diejenigen, die ihm vorangehen. Verstehen als Geschehen ist stete Veränderung. Diese Art und Weise, grundlegende Zusammenhänge des Verstehens zu artikulieren, ist aber damit verbunden, dass das in ihm liegende Potential der Freiheit nicht zur Geltung gebracht wird. Denn in Gadamers Erläuterung spielt der Unterschied zwischen einer Veränderung, die einfach zustande kommt, und einer solchen, die aus Freiheit resultiert, keine Rolle. Aus diesem Grund bedarf es einer Neuakzentuierung, die dazu führt, dass Veränderung nicht zwischen Verständnissen, sondern in Akten des Verstehens selbst situiert wird. Veränderung ist nicht nur etwas, das dem Verstehen passiert, sondern kann dort, wo verstanden wird, auch herbeigeführt werden. Das Verstehen wird dabei gewissermaßen von innen heraus verändert – es verändert sich nicht einfach äußerlich. Dafür sind – wie sich zeigen wird – selbstkritische Perspektiven der am Verstehensgeschehen beteiligten Subjekte entscheidend. Das Potential der Freiheit liegt in einer durch Selbstkritik angestoßenen Veränderung von innen heraus.

Im philosophischen Nachdenken über die Grundlagen des Verstehens ist immer ein Bezugspunkt wichtig gewesen, der in jüngeren im weitesten Sinne hermeneutischen Philosophien analytischer Provenienz zunehmend verloren zu gehen droht: die Kunst. Bei aller Offenheit in Bezug auf die Frage, inwiefern Kunstwerke überhaupt als Gegenstände des Verstehens im engeren Sinne zu begreifen sind,[18] ist es aufschlussreich zu überlegen, welche Rolle

17 Gadamer, *Wahrheit und Methode*, S. 302.

18 Eine Skepsis in Bezug auf die Möglichkeit von Verstehen in der Kunst kann

Kunst mit Blick auf Verstehen spielt. In sehr vereinfachter Weise lässt sich das Ergebnis einer solchen Überlegung zusammenfassen, indem man sagt, dass Kunst uns immer noch einmal anders verstehen lässt. Das trifft einerseits auf unsere Auseinandersetzung mit Kunstwerken selbst zu, gilt aber auch mit Blick auf die Art und Weise, wie Kunst in unser sonstiges Verstehen eingreift. Kunstwerke werden nicht finit verstanden, sondern eröffnen immer ein Noch-einmal-anders-Verstehen.[19] Sie sind, um die Begrifflichkeit von oben aufzugreifen, inhärent mit ständigen Aspektwechseln verbunden. Zugleich beleuchtet Kunst anderes Verstehen in immer neuer Weise. Insofern ist Kunst insgesamt als eine Praxis des Anders-Verstehens zu begreifen.[20]

Es ist entscheidend, eine solche Praxis des Anders-Verstehens nicht als Sonderfall abzutun. Wenn wir eine plausible Erklärung dafür haben wollen, warum alle uns bekannten kulturellen Zusammenhänge in vielfältiger Weise von Kunst durchzogen sind, müssen wir den in Kunst realisierten Modus des Verstehens als Aspekt der Normalität (und Anormalität) des Verstehens nachvollziehen. Von Kunst ist so zu lernen, dass Verstehen immer in Bezug auf die Möglichkeit des Anders-Verstehens zu denken ist. Diese Lektion dient den Überlegungen dieses Buches als Richtschnur. Mein Anspruch ist es entsprechend, Verstehen so zu rekonstruieren, dass die Kunst als paradigmatischer Gegenstand stets – zumindest implizit – im Blick bleibt.

Die Revision und Reaktualisierung einer philosophischen Reflexion menschlichen Verstehens, die ich im Folgenden entwickeln will, soll Verstehen von dem in ihm liegenden Potential der Freiheit her begreiflich machen. Sie soll die Strukturen und Mechanismen ausleuchten, die dieses Potential ausmachen und auch gefährdet sein lassen. Es geht mir, so gesehen, um eine kritische Rekonstruktion des Verstehens. Mein Vorhaben lässt sich entsprechend auch als »kritische Theorie des Verstehens« umreißen. Einer solchen Theorie geht es darum, die internen Chancen und Gefährdungen

sich unter anderem stützen auf Theodor W. Adorno, *Ästhetische Theorie*, Frankfurt/M. 1970, S. 179 u. a.

19 Vgl. dazu Ruth Sonderegger, *Für eine Ästhetik des Spiels. Hermeneutik, Dekonstruktion und der Eigensinn der Kunst*, Frankfurt/M. 2000, u. a. S. 270-288.

20 Vgl. Georg W. Bertram, *Kunst als menschliche Praxis. Eine Ästhetik*, Berlin 2014, bes. Kap. 4.

des Verstehens gleichermaßen offenzulegen. Kritik ist demzufolge beides: grundlegende Klärung und kontextorientierte Problematisierung.

Dabei spielt die soziale Dimension des Verstehens eine entscheidende Rolle. Mit Stanley Cavell hat ein wichtiger Hermeneutiker des ausgehenden 20. Jahrhunderts den Blick auf diese Dimension gelenkt, indem er die Selbstverständlichkeit des sozialen Miteinanders in so etwas wie der Alltagssprache als fraglich markiert.[21] Die Brüchigkeit der sozialen Sphäre des Verstehens ist entscheidend für eine kritische Theorie des Verstehens. Im Verstehen kommt es immer wieder zu Ausschlüssen und Kontaktverlusten.[22] Ihnen stehen die sozialen Zusammenhänge gegenüber, die sich im Verstehen herstellen lassen. So gilt es beides zu erklären: die Möglichkeit, sich verstehend für Andere zu sensibilisieren und soziale Bande zu festigen, sowie die Möglichkeit, im Verstehen Andere zu übergehen und die Verbindungen zu ihnen zu kappen. Wenn man Verstehen mit Blick auf die in ihm angelegte Freiheit expliziert, rückt seine Sozialität mit all ihren Chancen und ihren Brüchen gleichermaßen in den Fokus. Hermeneutik soll so im Folgenden auch als ein sozialphilosophisches Projekt entfaltet werden.

Gerade in der Auseinandersetzung zwischen Jürgen Habermas und Hans-Georg Gadamer ist Hermeneutik in einem antagonistischen Verhältnis zur kritischen Theorie positioniert worden. Dieser Antagonismus ist gespeist von politischen Hintergrundannahmen, einem vermeintlich traditionalistischen und einem vermeintlich fortschrittlichen Gesellschaftsverständnis. Der auf eine solche Weise begründete scheinbare Antagonismus ist jedoch nicht haltbar. Immer wieder ist einer Kritik der Hermeneutik aus Perspektive der kritischen Theorie entgegengehalten worden, dass auch die Hermeneutik fortschrittlich sei.[23] Darum aber geht es nicht. Entscheidend ist vielmehr, dass das hermeneutische Denken von sich aus nach kritischer Theorie und dass die kritische Theorie von sich aus nach Hermeneutik verlangt.

Es ist aufschlussreich, bei dieser Perspektivüberkreuzung von

21 Vgl. Stanley Cavell, »Wissen und Anerkennen«, in: ders., *Die Unheimlichkeit des Gewöhnlichen*, Frankfurt/M. 2002, S. 39-73.

22 Mit Rahel Jaeggi kann man auch von »Kontinuitätsbrüchen« sprechen; vgl. Rahel Jaeggi, *Kritik von Lebensformen*, Berlin 2014, S. 361-368.

23 Vgl. Jean Grondin, *Hans-Georg Gadamer. Eine Biographie*, Tübingen 1999.

der kritischen Theorie auszugehen. Adornos Theorie des Nichtidentischen ist von ihrer Programmatik her gegen hermeneutisches Denken gerichtet.[24] Wenn man diese Theorie allerdings dialektisch ausbuchstabiert, erkennt man, dass sie ganz unvermeidlich auch eine hermeneutische Seite hat. Eine kritische Theorie der Nichtidentität ist mit der Frage verbunden, wie eine Erkenntnis dessen beschaffen ist, was sich nicht stereotypen begrifflichen Rastern fügt. Bei Lichte besehen ist das die Grundfrage des Verstehens, sofern man die Möglichkeit des Anders-Verstehens als zentrales Moment hermeneutischer Theoriebildung begreift. Die jeweilige Eigenart von Anderen und von Gegenständen und Sachverhalten, mit denen man in der Welt konfrontiert ist, fordert uns in unserem Verstehen unentwegt heraus. Aus diesem Grund können wir dieser Eigenart im Verstehen nur gerecht werden, wenn wir uns in unserem Verstehen immer wieder befragen und dadurch in Bewegung halten.

Martin Seel spricht in Bezug auf Adornos Hermeneutik des Nichtidentischen von einer »anerkennenden Erkenntnis«.[25] In dieser Charakterisierung steckt mit Blick auf eine Rekonstruktion des Verstehens mehr, als man im ersten Moment sehen mag. Im Verstehen sind wir nicht nur mit der Anforderung konfrontiert, den uns begegnenden Eigenarten von Gegenständen gerecht zu werden. Sein anerkennendes Moment schließt auch andere Individuen und Gruppen ein, deren Art und Weise, wie sie sich zu den Eigenarten der Welt verhalten und mit ihnen umgehen, wir im Zusammenhang mit unserem Bezug auf diese Gegenstände ebenfalls gerecht zu werden haben. Adornos Theorie der Nichtidentität muss so auch auf eine soziale Dimension hin gedacht werden, womit zugleich ein Schritt in Richtung einer Hermeneutik der Freiheit gegangen wird. Nichtidentität erweist sich nicht nur als Kriterium für eine Kritik sozialer Strukturen, sondern als Anstoß für intersubjektive und soziale Interaktionen, in denen Anerkennungsverhältnisse realisiert werden. Damit wird für den Bezug auf das Nichtidentische die Frage relevant, wie wir in unserem Verstehen anderen gerecht werden. Da mit dieser Frage die soziale Dynamik des Verstehens

24 Vgl. z. B. Theodor W. Adorno, *Negative Dialektik*, in: ders., *Gesammelte Schriften*, Bd. 6, Frankfurt/M. 1970, S. 104-136.

25 Vgl. Martin Seel, »Anerkennende Erkenntnis. Eine normative Theorie des Gebrauchs von Begriffen«, in: ders., *Adornos Philosophie der Kontemplation*, Frankfurt/M. 2004, S. 42-63.

ins Zentrum rückt, gewinnt die kritische Theorie hier eine hermeneutische Perspektive.

Die umgekehrte Verbindung ist genauso gefordert. Verstehen ist nach Hans-Georg Gadamer an die Suche nach dem »treffenden Wort« gebunden.[26] Diese Suche aber ist nicht nur den Individuen, Gegenständen und Sachverhalten geschuldet, mit denen man im Verstehen befasst ist. Sie betrifft auch die Gestaltung sozialer Verhältnisse, die im Verstehen produzierten sozialen Ein- und Ausschlüsse und anderes mehr. Die im Verstehen hergestellte Freiheit ist so nicht nur in der Möglichkeit des Anders-Verstehens, sondern auch in der sozialen Öffnung begründet, die ein solches Anders-Verstehen bedeuten kann.

Oder anders gesagt: Das Finden des rechten Worts hängt in dem Sinn konstitutiv mit der Realisierung von Freiheit zusammen, gegebene Strukturen des Verstehens von sich aus verändern zu können. Es ist erforderlich, sich immer wieder von eingespielten Mustern zu lösen, um das rechte Wort zu finden. Dabei haben die Muster und die realisierte Loslösung komplexe soziale Implikationen. Auf der einen Seite können Muster sozial einengen und verhindern, dass der Perspektive Einzelner Rechnung getragen wird. Auf der anderen Seite kann aber auch das Verlassen sozialer Muster zu Isolation und ausbleibender Anerkennung führen. So ist die Suche nach dem rechten Wort immer auch mit einem Ringen um soziale Zusammenhänge verknüpft, die Einzelnen in ihren Eigenarten Rechnung tragen, ohne dass es zu sozialer Isolation und Ausschluss kommt. So gesehen kann die im Sinne Gadamers begriffene hermeneutische Aufgabe nur von einer kritischen Theorie des Verstehens erledigt werden.

Eine solche Theorie hat sich noch einer weiteren Herausforderung zu stellen, die mit sozialen Ein- und Ausschlüssen zusammenhängt und die zu kritischen Theorien in einem weiteren Sinn führt. Fragen von unter anderem Gender, Diversität und postkolonialen gesellschaftlichen Konstellationen stellen einen besonderen Anspruch an eine kritische Theorie des Verstehens. Ihnen gerecht zu werden, bedeutet nicht nur, danach zu fragen, wie Verstehen den Eigenarten von Anderen gerecht werden kann, sondern auch danach, inwiefern Konzepte des Verstehens der Eigenarten von Anderen oft von Verzerrungen geprägt sind. Entsprechend gilt es, den

26 Hans-Georg Gadamer, »Grenzen der Sprache«, in: ders., *Gesammelte Werke*, Band 8, Tübingen 1993, S. 350-361, hier: S. 361.

Blick auf die normalisierenden und kolonialisierenden Tendenzen zu richten, die mit dem Gedanken des Verstehens von Eigenarten verbunden sein können. Emanzipatorische Theoriebildung steht damit vor der Frage, ob und wie unsere begrifflich artikulierten Verständnisse von Geschlechterrollen und anderen sozialen Differenzen sich verbessern lassen.[27] Feministisches Denken und postkoloniales Denken verlangen jeweils nach einer kritischen Theorie des Verstehens, die auch damit verbunden sein kann, dass man die Frage nach einer an spezifischen Konzeptionen orientierten Verbesserung unserer Verständnisse ihrerseits als eine begreifen kann, die eine kritische Haltung zu Verständnissen geradezu verhindert.[28] Die die Kritik von Verständnissen leitenden Vorstellungen entfalten immer wieder eine normalisierende Kraft, die ihrerseits unterdrückend wirkt, sodass sich Kritik in ihr Gegenteil verkehrt.

In diesem Sinn verlangen kritische Theorien nach einer Hermeneutik, die auch für die mit spezifischen Idealen des Verstehens (von Nichtidentität) verbundenen Blockaden und Ausschlüsse sensibilisiert ist. Die Rekonstruktion der Freiheit des Verstehens bedeutet hier nicht nur, Spielräume des Anders-Verstehens auf die Eigenarten von Gegenständen und Anderen hin auszurichten. Vielmehr gilt es ebenso zu fragen, inwiefern spezifische Ideale des Anders-Verstehens das Potential der Freiheit im Verstehen gerade auch verschütten können. Die Reaktualisierung der Hermeneutik, um die es mir im Folgenden geht, ist mit dem Anspruch verbunden, das Nachdenken über das Verstehen auch für die kritischen Theorien der Gegenwart fruchtbar zu machen.

Die Gewinnung der Dimension der Freiheit für ein hermeneutisch-kritisches Denken soll im Folgenden in fünf Schritten zustande kommen. Zuerst erläutere ich die Motivation für die gesuchte Neuausrichtung der Hermeneutik in Auseinandersetzung mit neueren hermeneutischen Positionen. Danach rekurriere ich auf Improvisation und überlege, inwiefern Verstehen in Analogie zu Praktiken der Improvisation erläutert werden kann. Im dritten Schritt beleuchte ich die Bedeutung von Konflikten für alles Verstehen, um dann Selbstkritik als zentrales Moment verstehender

27 Vgl. hierzu Sally Haslanger, *Der Wirklichkeit widerstehen. Soziale Konstruktion und Sozialkritik*, Berlin 2021, Kapitel 2.

28 Vgl. Achille Mbembe, *Ausgang aus der langen Nacht. Versuch über ein entkolonisiertes Afrika*, Berlin 2016, Kapitel 2.

Subjektivität einzubeziehen. Zuletzt nehme ich das damit entfaltete Verständnis von Freiheit in den Blick. Etwas ausführlicher lässt sich das Kommende folgendermaßen vorzeichnen:

Im ersten Kapitel setze ich mich kritisch mit dem Gedanken der Selbstverständlichkeit des Verstehens auseinander, der neuere hermeneutische Positionen, so meine Diagnose, beherrscht. Ich verfolge die Probleme, die dieser Gedanke in den Positionen von Gadamer, Davidson und McDowell zeitigt. Dabei interessiert mich, inwiefern das mit allem Verstehen verbundene Infragestellen von Verständnissen in der hermeneutischen Theoriebildung übergangen wird und was es heißen könnte, diesem wesentlichen Moment des Verstehens theoretisch Rechnung zu tragen.

Das zweite Kapitel unterbreitet den Vorschlag, den Ansatz für eine Hermeneutik der Freiheit aus der Theorie der Improvisation zu gewinnen. Auf Grundlage improvisationstheoretischer Überlegungen kläre ich zentrale Strukturen des Verstehens. Mein besonderes Augenmerk gilt dabei der offenen normativen Praxis des Verstehens und seiner irreduziblen Gemeinschaftlichkeit, die allerdings nicht von einer geteilten Sprache oder Praxis, sondern von einem Teilen der kritischen Weiterentwicklung von Praxis her gedeutet wird.

Die gemeinschaftliche Dimension des Verstehens wird im dritten Kapitel dadurch fundiert, dass sie als eine Gemeinschaftlichkeit im Konflikt rekonstruiert wird. Ausgehend von der sozialen Grammatik von Konflikten beleuchte ich die konfliktive Dimension alles Verstehens. Ich lege dar, dass Gemeinschaften des Verstehens erst im Konflikt Stabilität gewinnen und dass dabei Reflexionspraktiken in Bezug auf Verständnisse eine entscheidende Rolle zukommt. Diese Klärungen bringen mich dazu, ein revidiertes Bild des Gedankenexperiments der radikalen Interpretation vorzuschlagen.

Mit dem vierten Kapitel wird die für alles Verstehen konstitutive Infragestellung von der Seite der Selbstkritik her beleuchtet. Dabei geht es mir darum, die für alles Verstehen grundlegende Subjektivität derjenigen, die verstehen, zu erläutern. Subjekte sind demnach nicht als Gravitationspunkte von Selbstsicherheit, sondern als Instanzen von Selbstkritik zu begreifen. Subjekte können nur dadurch zu Verständnissen kommen, dass sie sich von Gegenständen und Anderen distanzieren. Dafür ist Selbstkritik konstitutiv. Es gilt, den Zusammenhang von Subjektivität und Verstehen von der Selbstkritik her zu begreifen.

Auf dieser Grundlage lässt sich, so lege ich im abschließenden fünften Kapitel dar, der Begriff der Freiheit des Verstehens schärfen. Die Realisierung der in allem Verstehen angelegten Freiheit ist als Aufgabe zu bestimmen, die sich konstitutiv nicht vollenden lässt. Dabei spielen der Umgang mit der Welt und die Interaktionen mit Anderen eine entscheidende Rolle. Eine solchermaßen verstandene Freiheit lässt sich weder von Zwang noch von Macht abgrenzen, sondern muss aus unlösbaren Verknüpfungen mit beiden heraus begriffen werden. Ihre Prekarität liegt darin begründet, dass aus den Mechanismen heraus, die sie begründen, immer wieder auch Unfreiheit entstehen kann. So wird die Freiheit des Verstehens in einer Geschichte von Ausschlüssen und Brüchen realisiert und ist aus dieser Geschichte heraus zu denken.

Die Kapitel zwei bis vier sind nicht so zu verstehen, dass sie in isolierter Weise Schlaglichter auf Aspekte des Verstehens werfen. Sie setzen vielmehr sukzessive ein Bild zusammen, das den Begriff des Verstehens und des ihm inhärenten Potentials der Freiheit erhellt. Um es knapp zu sagen: Konflikt und Selbstkritik gehören zu einer recht verstandenen improvisatorischen Praxis. Die Rekonstruktionen der Gemeinschaft im Konflikt und der subjektiven Eigenständigkeit aus Praktiken der Selbstkritik heraus tragen zu einer Weiterentwicklung der Explikationen bei, die bei Improvisationen ansetzen. Insofern zeigt sich in den folgenden Überlegungen das Erfordernis, Verstehen umfassend aus den Grundstrukturen menschlicher Praxis heraus zu fassen.

Nicht zuletzt geht ein hermeneutisch-kritisches Denken der Freiheit damit von der Tradition aus, die Charles Taylor immer wieder als diejenige der »drei großen H« bezeichnet hat: die Tradition von Johann Georg Hamann, Johann Gottfried Herder und Wilhelm von Humboldt.[29] Mit ihren Positionen haben die drei das hermeneutische Denken im Sinne einer umfassenden Analyse menschlicher Existenz am Rande der akademisch institutionalisierten Philosophie begründet. Ihre randständige Stellung verdanken die drei nicht nur einer Akzentuierung der Relevanz von Sprache für den menschlichen Geist, die ihrer Zeit voraus war. Ihr Denken prägte auch ein Geist der Freiheit, den es zu aktualisieren gilt.

29 Vgl. Charles Taylor, *Das sprachbegabte Tier. Grundzüge des menschlichen Sprachvermögens*, Berlin 2017, u. a. S. 97-101.

Kapitel I
Die Selbstverständlichkeit des Verstehens und das Problem der Freiheit

Philosophien, die im weitesten Sinne als hermeneutisch gelten können, versprechen eine Versöhnung von Geist und Welt. Aus diesem Grund haben sie in der Gegenwart eine besondere Konjunktur. Sie sollen sicherstellen, dass der Geist in der Welt verankert ist, also nicht gegenüber dem, was ihn umgibt, kontaktlos verbleibt. Die Versöhnung, von der hier die Rede ist, hängt mit einer Betonung des Verstehens als einer grundlegenden Dimension des menschlichen Weltverhältnisses zusammen. Die These, die die besagten Philosophien diesbezüglich in der ein oder anderen Variante und Explizitheit vertreten, lässt sich folgendermaßen fassen: Menschen sind in ihrem Verstehen von Grund auf mit der Welt verbunden.

Mit der These der Verankerung alles Verstehens in der Welt knüpfen neuere Philosophien weit über die hermeneutische Tradition im engeren Sinn hinaus an Philosophien wie diejenigen von Johann Georg Hamann, Johann Gottfried Herder und Georg Wilhelm Friedrich Hegel, aber letztlich auch an diejenige von Aristoteles an.[1] Entsprechend sind auch im Rahmen von zum Beispiel sprachanalytisch geprägten Philosophien zunehmend Rekurse auf diese Autoren zu finden. Von besonderer Bedeutung ist hier die Philosophie von John McDowell, der sich nicht nur explizit auf Gadamer beruft, sondern seiner eigenen Philosophie eine deutlich hermeneutische Anlage gegeben hat.[2] McDowell führt unter anderem Diskussionen, die an Aristoteles, Kant, Wittgenstein und Davidson orientiert sind, zusammen und zeigt so indirekt, dass auch in Bezug auf diese Philosophien hermeneutische Lesarten entwickelt werden können.

Der Grundbegriff des hermeneutischen Ansatzes, den McDowell vorschlägt, ist der Begriff der »zweiten Natur«, der program-

1 Vgl. u. a. Michael N. Forster, *After Herder. Philosophy of Language in the German Tradition*, Oxford 2010.

2 Vgl. z. B. Axel Honneth, »Between Hermeneutics and Hegelianism: John McDowell and the Challenge of Moral Realism«, in: N.H. Smith (Hg.), *Reading McDowell. On »Mind and World«*, London 2002, S. 246-265.

matisch festhält, dass ein verstehendes Weltverhältnis die Natur des Menschen ausmacht.[3] Menschen leben demnach immer schon in Zusammenhängen, die durch Verständnisse artikuliert sind. Sie stehen mit ihren Verständnissen der Welt nicht gegenüber, sondern sind in sie eingelassen. McDowell begreift den von ihm verteidigten philosophischen Ansatz als eine Beruhigung in Bezug auf die in der Philosophie der Neuzeit und Moderne immer wiederkehrenden skeptischen Bedenken. Das hermeneutische Denken soll so leisten, was schon Martin Heidegger sich von ihm versprochen hat: Es soll die skeptischen Beunruhigungen überhaupt nicht erst aufkommen lassen. In diesem Geist hielt Heidegger pointiert fest, dass der Skandal im Umgang mit dem Skeptizismus nicht – wie Kant meinte – darin liege, dass man ihm keinen hinreichenden Beweis entgegenstellen könne, »sondern *darin, daß solche Beweise immer wieder erwartet und versucht werden*«.[4]

Die Beruhigung, die die Hermeneutik verspricht, ist in wichtigen hermeneutischen Ansätzen mit einem Gedanken verbunden, den ich mit dem Begriff der »Selbstverständlichkeit des Verstehens« umreißen will. Die fundamentale Dimension des Verstehens ist demnach dadurch gesichert, dass Verstehen als ein grundlegendes und unmittelbares Geschehen begriffen wird. Entsprechend lässt sich der Gedanke, um den es mir geht, auf zwei Thesen bringen: (1) Episoden des (sprachlichen) Verstehens sind grundlegend für ein verstehendes Weltverhältnis. (2) In Momenten, in denen verstehende Wesen (sprachlich) etwas verstehen, können sie nicht anders, als so zu verstehen, wie sie verstehen. Aufgrund dieser Selbstverständlichkeit gilt als gewährleistet, dass Verstehen das menschliche Weltverhältnis von Grund auf durchdringt. Zwischen dem, was verstanden wird, und dem Verstehen selbst gibt es keine Lücke.

Der Gedanke von der Selbstverständlichkeit des Verstehens allerdings wird dem Verstehen nicht gerecht. Wenn man ihn vertritt, kann man wichtige Momente eines verstehenden Weltverhältnisses nicht angemessen fassen. Die problematischen Konsequenzen, die der Gedanke von der Selbstverständlichkeit des Verstehens in dieser Weise zeitigt, will ich dadurch aufklären, dass ich drei hermeneutische Positionen analysiere, die den Gedanken in unterschied-

3 Vgl. John McDowell, »Zwei Arten von Naturalismus«, in: ders., *Wert und Wirklichkeit. Aufsätze zur Moralphilosophie*, Frankfurt/M. 2002, S. 30-73.

4 Martin Heidegger, *Sein und Zeit*, Tübingen [16]1986, S. 205.

lichen Varianten präsentieren. Es handelt sich um die Positionen von Gadamer, Davidson und McDowell. Nun bietet diese Auswahl übliche Verdächtige, also Positionen, die keine sonderlich innovative Perspektive versprechen. Ich wähle sie, da sie es nach meinem Verständnis erlauben, Probleme der Selbstverständlichkeit des Verstehens in besonders klärender Art und Weise im Zusammenhang zu behandeln.

Jeweils will ich an diesen Positionen Momente beleuchten, die für ein verstehendes Weltverhältnis grundlegend sind, die aber von Gadamer, Davidson und McDowell verfehlt oder zumindest nicht angemessen gefasst werden. Meine Rekonstruktionen sind nicht von dem Anspruch geleitet, ihren Philosophien als solchen gerecht zu werden. Ich nehme Verkürzungen in Kauf, um jeweils die Momente, um die es mir geht, markant herausarbeiten zu können. Dabei geht es mir aber wiederum auch nicht darum, die diskutierten Positionen gegen den Strich zu lesen. Ich folge ihnen vielmehr jeweils immer in Aspekten, die sie von sich aus stark machen. So ziele ich darauf darzulegen, inwiefern unterschiedliche grundlegende Aspekte, die in Gadamers, Davidsons und McDowells Philosophien im Spiel sind, konsequenter und zum Teil auch anders gefasst werden müssen, um einen angemessenen Begriff des Verstehens zu gewinnen.

In Bezug auf Gadamers Hermeneutik zeichne ich nach, wie die von ihm profilierte Struktur von Frage und Antwort als eine Grundstruktur alles Verstehens verkürzt wird, wenn man sie auf die Selbstverständlichkeit des Verstehens hin fixiert. Übersehen wird aufgrund dieser Verkürzung, dass alles Verstehen grundsätzlich mit der Möglichkeit der Befragung von Verständnissen verbunden ist – einer Befragung, die von Individuen aus ihren je unterschiedlichen Perspektiven hervorgebracht wird. Davidsons Hermeneutik interessiert mich bezüglich des von ihr vertretenen Interaktionismus, der allerdings in seinem Potential nicht ausgeschöpft wird, weil Davidson der Konfliktivität alles Verstehens keine Rechnung trägt. Die Position von McDowell ist schließlich aus dem Grund relevant, da sie einerseits den transformatorischen Charakter und andererseits Kritik als Moment des Verstehens betont. Kritik wird aber dabei als bloß objektives Geschehen und nicht als Selbstkritik begriffen. Verstehen aber ist konstitutiv mit Selbstkritik verbunden.

Dieses erste Kapitel zielt insgesamt darauf aufzuklären, welche

Konsequenzen es hat, wenn man die freiheitseröffnenden Potentiale des Verstehens nicht in den Blick nimmt. Ich will zeigen, warum es erforderlich ist, die Aspekte, denen die Positionen von Gadamer, Davidson und McDowell nicht angemessen Rechnung tragen, ins Zentrum einer Erläuterung des Verstehens zu stellen. Gefordert ist im Lichte der Desiderate, die dadurch zutage treten, eine Thematisierung der konstitutiven Verknüpfung von Verstehen und Freiheit. Eine solche Thematisierung will ich durch die folgenden Überlegungen vorbereiten.

1. Gadamer: Verstehen als Frage-und-Antwort-Geschehen

Gadamer hat auf Grundlage der hermeneutischen Arbeiten Heideggers eine Position entwickelt, die die Einseitigkeiten von Hermeneutik als einer Kunstlehre des Verstehens hinter sich zu lassen sucht. Im Rahmen der Tradition hermeneutischen Denkens ab dem 18. Jahrhundert hatten unter anderem Friedrich Ast und Friedrich Schleiermacher in erster Linie den methodischen Charakter von Hermeneutik im Blick. Hermeneutik ist für sie besonders an dem Vorhaben orientiert, Momente des Nichtverstehens zu überwinden.[5] So zielt unter anderem die klassische Interpretation des hermeneutischen Zirkels darauf, das, was an einem Text oder anderen kulturellen Artefakten bereits verstanden ist, als Grundlage für ein Verständnis des zunächst Nichtverstandenen zu gewinnen.[6] Charakteristisch für einen methodischen Begriff von Hermeneutik ist so, das Nichtverstehen als Ausgangspunkt hermeneutischer Überlegungen zu platzieren.

Genau mit diesem Ausgangspunkt brechen die philosophischen Hermeneutiken, die Heidegger und Gadamer vorgelegt haben.[7] Sie argumentieren, dass der grundlegende Charakter des Verstehens für

5 Vgl. Friedrich Schleiermacher, »Über den Begriff der Hermeneutik mit Bezug auf F. A. Wolfs Andeutungen und Asts Lehrbuch«, in: Manfred Frank (Hg.), *Hermeneutik und Kritik*, Frankfurt/M. 1977, S. 309-346, hier: S. 314 f.

6 Vgl. Friedrich Ast, »Hermeneutik«, in: Hans-Georg Gadamer und Gottfried Boehm (Hg.), *Seminar: Philosophische Hermeneutik*, Frankfurt/M. 1976, S. 111-130, hier: S. 116 f.

7 Vgl. hierzu Georg W. Bertram, *Hermeneutik und Dekonstruktion*, München 2002, S. 33-36.

das menschliche Weltverhältnis nur dann begreiflich gemacht werden kann, wenn man Verstehen selbst als Ausgangspunkt ansetzt. Verstehen gilt Heidegger und Gadamer entsprechend als unhintergehbar.[8] Momente des Nichtverstehens werden von ihnen als Momente rekonstruiert, die sich nur vor einem Hintergrund grundlegenden Verstehens ergeben können. Dieser für die hermeneutische Tradition des 20. Jahrhunderts wegweisende Gedanke lässt sich auch mit dem oben eingeführten Begriff der Selbstverständlichkeit des Verstehens artikulieren. Bei Heidegger und Gadamer wird diese Selbstverständlichkeit dadurch zum Ausdruck gebracht, dass sie Verstehen als unhintergehbare Grundlage des menschlichen Weltverhältnisses analysieren.[9] Diejenigen, die verstehen, befinden sich demnach immer schon in einem Raum des Verstehens. Sie können Verstehen nicht aus eigener Aktivität herbeiführen, sondern erfahren es unwillkürlich.

Das heißt aber gerade für Gadamer nicht, dass Verstehen ein bloß objektives Geschehen wäre. Verständnisse sind aus seiner Sicht so verfasst, dass in ihnen diejenigen, die verstehen, durchweg mit im Spiel sind. Was verstanden wird, geht aus einer Beziehung zwischen den Objekten, um die es geht, und den jeweils involvierten Subjekten hervor. Insofern wird Verstehen für Gadamer verfehlt, wenn man es als einen bloßen Bezug auf Objekte fasst. Markant heißt es daher bei ihm, dass »*alles* […] *Verstehen am Ende ein Sichverstehen ist*«.[10] Gadamer ist bemüht, den Geschehenscharakter alles Verstehens so zu erläutern, dass die für ihn wesentliche Bezogenheit von Objektivität und Subjektivität aufeinander begreiflich wird. Zwei Theoreme aus Gadamers Hermeneutik stehen in besonderer Weise für diese Bemühung: das Theorem der Applikation und dasjenige von Frage und Antwort. Meine Rekonstruktion dieser Theoreme soll klären, inwiefern Gadamer gerade aufgrund seiner Betonung des Geschehenscharakters ein wichtiges Moment von Verstehen nicht angemessen fasst.

Unter Rekurs auf die juristische Hermeneutik pointiert Gadamer den Gedanken, dass alles Verstehen als eine Applikation, also als Anwendung eines in einem verständniseröffnenden Gegenstand vor-

8 Vgl. Heidegger, *Sein und Zeit*, S. 86; Hans-Georg Gadamer, *Wahrheit und Methode*, Tübingen ^{6}1990, S. 270 f.

9 Vgl. Gadamer, *Wahrheit und Methode*, S. 314.

10 Gadamer, *Wahrheit und Methode*, S. 265.

liegenden Gehalts auf die Situation, in der ein verstehendes Subjekt sich befindet, zu begreifen ist.[11] Das Paradigma einer entsprechenden Applikation ist die rechtliche Entscheidung über einen spezifischen Fall, die die Aufgabe hat, diesen Fall in seinen Eigenarten von einem oder mehreren bestimmten Rechtsinhalten her zu begreifen. Wenn eine Richterin über einen Einzelfall entscheidet, muss sie gegebene Rechtsbegriffe auf diesen Einzelfall anwenden. Nur durch eine solche Anwendung kann sie zu einer Entscheidung kommen.[12]

Gadamer vertritt die These, dass die Struktur der Rechtsanwendung mit Blick auf Verstehen insgesamt verallgemeinert werden kann. Alles Verstehen ist demnach mit einem Moment von Anwendung verbunden. Verstehen konstituiert sich, so gesehen, dadurch, dass überkommene Verständnisse auf eine neue Situation angewendet werden. Die neue Situation ist dabei als die Situation zu begreifen, in der sich das verstehende Subjekt – im Rahmen einer mit anderen geteilten gegenständlichen Welt – befindet. Dass ein Gegenstand verstanden wird, heißt, dass diejenige, die versteht, ihn für sich aktualisiert. Diese Struktur gilt für das von Heidegger prioritär behandelte praktische Verstehen[13] genauso wie für das historische Verstehen, welches Gadamer primär im Blick hat.[14] Wenn ich mit einem Gegenstand umzugehen weiß, geht es nicht um Handhabungen, die jede und jeder vollziehen könnte, sondern um solche, die ich mir aus der für mich als Subjekt spezifischen Situation heraus angeeignet habe. Wenn ich einen Roman wie Dostojewskis *Der Idiot* verstehe, sagt der Text mir in meinen konkreten Lebensverhältnissen und den daraus resultierenden Fragen etwas. Ich bin nicht primär daran orientiert, wie jedwede Leserin den Text verstehen würde, sondern mache ihn für mich aus dem, was mich spezifisch betrifft, heraus fruchtbar.

Die Struktur der Applikation, die hier zum Tragen kommt, ist nicht als ein aktives Tun zu begreifen. Ich stelle das Sprechen eines Textes oder die Umgangsweise mit einem Gegenstand nicht aus eigener Aktivität her, sondern erfahre sie. Insofern ist die Applikation ein Aspekt des Geschehens, als das Gadamer alles Verstehen

11 Vgl. hierzu besonders Gadamer, *Wahrheit und Methode*, S. 330-346.

12 Vgl. zur Struktur der Anwendung in der Rechtspraxis Sabine Müller-Mall, *Performative Rechtserzeugung*, Weilerswist 2012, S. 239 f.

13 Vgl. Heidegger, *Sein und Zeit*, § 15.

14 Vgl. u. a. Gadamer, *Wahrheit und Methode*, S. 307.

begreift. Allem Verstehen eignet so für Gadamer eine grundlegende Passivität. Diese lässt sich besonders aus seiner Kritik der bewusstseinsphilosophischen Rekonstruktion von Verstehen verdeutlichen. Nicht zuletzt die kritische Philosophie Kants erläutert die verstehende Auseinandersetzung mit der Welt unter Rekurs auf eine Aktivität des Verbindens von Seiten des Subjekts. Aus Gadamers Sicht liegt darin eine entscheidende Verzerrung, die daraus resultiert, dass Kant die Einbettung von Subjekten in eine Welt des Verstehens verkennt. Aus dieser Einbettung folgt für Gadamer, dass die für die Anwendung von Verständnissen relevanten Verbindungen von Gegenständen des Verstehens ausgehen, so dass ein Subjekt sie im Verstehen erfährt und nicht seinerseits herstellt. In diesem Sinn ist Verstehen ihm zufolge ein Geschehen.

Dieses Geschehen klärt Gadamer noch weitergehend mit den Begriffen von Frage und Antwort auf.[15] Verstehen ist seiner Analyse nach von Grund auf dadurch geprägt, dass Antworten auf Fragen, die von Seiten des Gegenstands und des verstehenden Subjekts im Spiel sind, zustande kommen. Der Rekurs auf die Frage-Antwort-Struktur erlaubt Gadamer eine feingliedrige Analyse, da diese Struktur auf drei Ebenen festgemacht werden kann und so die wechselseitige Bezogenheit von Objektivität und Subjektivität aufeinander genauer zu durchdringen vermag.

Die erste Ebene, in der alles Verstehen eine Frage-Antwort-Struktur aufweist, betrifft das verstandene Objekt. Etwas zu verstehen, heißt demnach, es als Antwort auf eine Frage zu verstehen. Charakteristisch für die betreffende Frage ist, dass sie zumeist unartikuliert bleibt. Die historischen und gesellschaftlichen Problemlagen, auf die Dostojewskis Roman antwortet, werden in seinem Text nicht explizit genannt. Sie müssen also rekonstruiert werden, wenn man Dostojewskis Text verstehen will. Auch mit Blick auf die praktische Handhabung eines Geräts sind praktische Problemlagen im Spiel, auf die das Gerät antwortet und die in seiner Handhabung implizit leitend sind. Wo auch immer sich Verstehen einstellt, werden implizit Zusammenhänge zwischen dem Fragenhintergrund und der ihm korrespondierenden Antwort hergestellt, die das zu Verstehende darstellt. Dies geschieht unterschwellig, ist also ein Aspekt des Geschehenscharakters.

15 Vgl. hierzu insgesamt Gadamer, *Wahrheit und Methode*, S. 375-384.

Die zweite Ebene, auf der im Verstehen eine Frage-Antwort-Struktur auftritt, betrifft die Bezogenheit des Objektiven und des Subjektiven aufeinander. Wo auch immer etwas verstanden wird, findet demnach eine Infragestellung statt.[16] Das, was verstanden wird, stellt diejenige, die versteht, indirekt in Frage. Nun mag es so scheinen, als dramatisiere dieser Gedanke Prozesse des Verstehens in einer überzogenen Art und Weise. Um zu zeigen, dass dies nicht der Fall ist, muss man in erster Linie den formalen Charakter der betreffenden Infragestellung betonen. Verstehen kommt nur dadurch zustande, dass ein Gegenstand in einem Subjekt ein auf den Gegenstand bezogenes Verständnis auslöst. Dies setzt voraus, dass das Subjekt durch die Begegnung mit dem Gegenstand nicht einfach unverändert bleibt. Wenn die Begegnung keinerlei Veränderung bei dem Subjekt auslöst, ist nichts geschehen, was sich als Verstehen des Gegenstands begreifen ließe. Das Subjekt bleibt dann einfach bei den Verständnissen, die es bereits unabhängig von der Begegnung mit ihm hatte. Sofern es aufgrund dessen, womit es konfrontiert ist, tatsächlich versteht, muss dieses eine Spur in den Verständnissen des Subjekts hinterlassen. Dies heißt, formal betrachtet, dass der Gegenstand die Verständnisse, über die das Subjekt zuvor bereits verfügte, in Frage gestellt hat. Aufgrund dieser Infragestellung verändert der Gegenstand etwas im Verständnishaushalt des Subjekts.

Die für alles Verstehen grundlegende Infragestellung geht aber über das formale Moment zugleich auch hinaus. Mit dem Begriff der Applikation hat Gadamer bereits betont, dass dasjenige, was verstanden wird, auf die Situation derjenigen, die versteht, bezogen wird. Dieses In-Beziehung-Setzen lässt sich auch artikulieren, indem man sagt, dass das verstehende Subjekt sich den Gegenstand zu eigen macht. Es antwortet auf den Gegenstand. Die Fragen, die Gegenstände des Verstehens grundsätzlich darstellen, sind also auf Seiten der verstehenden Subjekte mit Antworten verbunden. Subjekte lassen sich von dem, was sie verstehen, nicht nur verändern; sie verändern auch ihrerseits, was sie verstehen. Insofern ist die von den Gegenständen ausgehende Infragestellung damit verknüpft, dass Subjekte auf diese Infragestellung antworten und sich damit

16 Gadamer spricht unter anderem von dem »Betroffensein von dem Wort der Überlieferung« (Gadamer, *Wahrheit und Methode*, S. 379).

implizit in das, was sie verstehen, einbringen. Jede Lektüre eines Romans oder jede Betrachtung eines Gemäldes zeigt diese Struktur. Immer entwickeln diejenigen, die verstehen, eine strukturell eigene und in diesem Sinn neue Perspektive auf das, was sie verstehen. Diese neue Perspektive ist als eine von ihnen auf die erfahrene Infragestellung hin gegebene Antwort zu begreifen.

Die Art und Weise, wie verstehende Subjekte sich in jedes Verständnisgeschehen einbringen, lässt sich noch weiter klären, indem man die Frage-Antwort-Struktur in einer dritten Hinsicht akzentuiert. Hier dreht sich das Verhältnis zwischen verstandenem Gegenstand und verstehendem Subjekt um. Wer versteht, bringt seinerseits Fragen mit. Wenn mich Fragen von Einsamkeit in modernen Gesellschaften oder Fragen sozialer Ausgrenzung oder andere vergleichbare Fragen nicht bewegen, werde ich womöglich keinen Zugang zu Dostojewskis Narrativ finden. Ich werde dann den Text vielleicht belanglos finden und kein weiteres Interesse entwickeln, mich mit ihm auseinanderzusetzen. In diesem Sinn gehen auch von denjenigen, die verstehen, Fragen aus, die sie in Prozesse des Verstehens einbringen und von denen diese Prozesse mit getragen sind. Die Gegenstände, die verstanden werden, sind im Rahmen dieser Struktur als Antworten auf solche Fragen zu begreifen.

Gadamers Analyse der Frage-Antwort-Struktur des Verstehens ist von dem Gedanken geleitet, dass diese Struktur Verstehen als Geschehen grundsätzlich bestimmt. Es geht ihm demnach um eine Rekonstruktion von in allem Verstehen impliziten Aspekten. Er spricht von einer »Struktur der hermeneutischen Erfahrung«,[17] die er mit dem Rekurs auf das Zusammenspiel von Frage und Antwort aufklärt. In der Art und Weise, wie er den alles Verstehen prägenden Strukturen Rechnung trägt, sichert er so die Selbstverständlichkeit des Verstehens. Dies aber führt dazu, dass er diese Strukturen verkürzt. Denn für alles Verstehen spielt eine entscheidende Rolle, dass Verständnisse auf ihre Angemessenheit hin befragt werden können. Die Dimension des Fragens spielt nicht nur implizit eine zentrale Rolle, sondern auch explizit. Genau dies wird von Gadamer nicht in dem erforderlichen Maße herausgestellt.

Denken wir an die Lektüre eines Romans wie des Textes von Dostojewski. Das Verstehen eines solchen literarischen Textes setzt

17 Gadamer, *Wahrheit und Methode*, S. 383.

voraus, dass man sich fragt, ob und wie man richtig versteht. So kann man sich grundsätzlich fragen, inwiefern der Protagonist von Dostojewskis Text trotz seiner Eigentümlichkeit für uns alle Relevanz besitzt. Oder man kann sich fragen, was es heißt, dass der Protagonist zu Anfang der Erzählung in St. Petersburg gesellschaftliche Verbindungen knüpft und welchen Charakter diese Verbindungen haben. Wenn man sich Fragen wie diese nicht stellt, kann man Verständnisse nicht aufeinander abstimmen und zusammensetzen. Zweifelsohne kann man in der Lektüre eines Romans auch einfach einzelne Sätze, Satzzusammenhänge und umfassendere Bögen des Textes verstehen, ohne seine Verständnisse zu befragen. Sofern man in dieser Weise versteht, ist der Zusammenhang aber nur Zufall. Jedes Moment des Textes, das sich nicht einfach in den Zusammenhang einbettet, konterkariert ihn und bricht so das Verstehen. Wenn Zusammenhänge nur auf Zufall basieren, kann das Verstehen jederzeit und unvermittelt aussetzen. Einem unabsehbaren Abbruch des Verstehens kann man aber dadurch entgegenarbeiten, dass man Verständnisse dort befragt, wo sich Zusammenhänge von Verständnissen nicht einfach herstellen.

Das Befragen von Verständnissen setzt voraus, dass neben Erfahrungen des Verstehens auch Erfahrungen des Nichtverstehens als grundlegend einbezogen werden. Dies aber ist mit einer Revision der Ausgangslage von Heidegger und Gadamer verbunden: Verstehen kann nicht als unhintergehbar gesetzt werden. Vielmehr sind Verstehen und Nichtverstehen dort, wo Zusammenhänge von Verständnissen befragt werden, miteinander verbunden. Zudem setzt das Befragen von Verständnissen voraus, dass man sie in ihrer Bestimmtheit zu thematisieren weiß. Man hat Verständnisse nicht nur, sondern kann sich auch auf ihren Gehalt und ihre Relation zu anderen Verständnissen beziehen. In Fällen, in denen Zusammenhänge – zum Beispiel in der Lektüre eines literarischen Texts – unklar bleiben oder in denen man sich hinsichtlich ihrer unsicher ist, ist eine Bezugnahme auf den Gehalt von Verständnissen und auf die Relationen, in denen sie zueinander stehen, entscheidend. Auch wenn es nicht ständig stattfindet, gehört ein solches Befragen von Verständnissen konstitutiv zum Verstehen. In dieser Hinsicht ist Verstehen nicht selbstverständlich, sondern konstituiert sich ausgehend von Momenten, in denen nicht einfach verstanden wird.

Nun mag man einwenden, dass bei der Lektüre eines Romans

Zusammenhänge von Verständnissen unklar sein mögen, aber nicht in alltäglichen Kontexten, in denen wir (einander) verstehen. Dieser Einwand ist jedoch nicht berechtigt. Auch im Alltag spielt das Befragen von Verständnissen eine stete und grundlegende Rolle. So mag es zum Beispiel beim Verkaufsgespräch in einer Bäckerei so sein, dass ein Verkäufer mich auf meine Bestellung eines Brotes hin fragt, ob 500 oder 750. Im ersten Moment bin ich verdutzt, warum mir eine solche Menge Brote angeboten wird, bis ich im zweiten Moment realisiere, dass es um eine Gewichtsangabe geht. In einer solchen Situation befrage ich meine Verständnisse und korrigiere sie gegebenenfalls stillschweigend. Meist kommt es ohne größere Aufmerksamkeit zu entsprechenden Korrekturen. Dabei sind, wie Quine und Davidson argumentiert haben, Prinzipien der wohlwollenden Interpretation leitend.[18] Ich kann in einem Verständnis keinen Sinn erkennen, solange ich es nicht als Äußerung einer rationalen Weltsicht der anderen Person zu begreifen vermag. In einem solchen Fall suche ich durch die Befragung eines Verständnisses zu einem Verstehen zu gelangen, das sich als rationale Äußerung der anderen Person betrachten lässt (wobei ich mich – wie im dritten Kapitel deutlich werden wird – auf Kriterien stütze, die in Konflikten des Verstehens bestimmt werden).

Auch hier zeigt sich strukturell, was ich bereits für das Verstehen eines literarischen Textes geltend gemacht habe: Die Befragung von Verständnissen sichert einen Zusammenhang – in diesem Fall einen Zusammenhang in Bezug auf die einer anderen Person zugeschriebenen Überzeugungen. Entsprechende Zusammenhänge werden immer wieder durch eine Befragung von Verständnissen und durch entsprechend ausgelöste Korrekturen her- und sichergestellt. Denken wir auch zum Beispiel an eine Diskussion über die Entwicklung der Sozialdemokratie. Wenn mein Diskussionspartner zu mir sagt, dass der Niedergang der Sozialdemokratie »verwundervoll« ist, werde ich aller Voraussicht nach nachfragen, was damit gemeint sei. Und werde wohl hören, dass es eigentlich hätte »verwunderlich« heißen sollen. Donald Davidson hat in seinen Überlegungen zum Verstehen von so genannten Malapropismen, also (Fehl-)Verwendungen phonetisch ähnlicher, aber andere Bedeutungen aufweisen-

18 Vgl. Willard Van Orman Quine, *Wort und Gegenstand*, Stuttgart 1980, S. 115; Donald Davidson, »Was ist eigentlich ein Begriffsschema?«, in: ders., *Wahrheit und Interpretation*, Frankfurt/M. 1986, S. 261-282, hier: S. 280.

der Wörter, argumentiert, dass wir im Verstehen oft unwillkürliche Korrekturen vornehmen.[19] Dies ist genauso zutreffend, wie es auch richtig ist, dass wir in Gesprächen oftmals explizit nachfragen.

Beide Formen von Korrekturen sind Ausdruck des grundsätzlichen Zusammenhangs, der zwischen dem Verstehen und dem Befragen von Verständnissen besteht. Wer versteht, ist konstitutiv in der Lage, Verständnisse, zu denen er gelangt, zu befragen. Wenn ein solches Befragen ausfällt, wenn sich einfach nur unbefragt Verständnis an Verständnis reiht, droht das Verstehen mehr und mehr brüchig zu werden. Ein gutes Beispiel für eine entsprechende Brüchigkeit ist ein Gespräch, von dem man nur einzelne Fetzen aufschnappt, ohne einen Zusammenhang herstellen zu können. Man weiß dann womöglich, worüber gesprochen wurde, ohne genau sagen zu können, was die einzelnen Gesprächsteilnehmer:innen dazu gesagt haben. Wenn Zusammenhänge nicht verstanden werden, bleibt das Verstandene unklar. Eine solche Unklarheit droht strukturell in allen Kontexten, in denen nicht nachgefragt wird beziehungsweise werden kann. Mit dieser Unklarheit lässt sich umgehen, indem man Verständnisse befragt, sich also zu den eigenen Verständnissen verhält.

Dieses strukturelle Moment alles Verstehens lässt sich entsprechend auch in folgender Weise fassen: Verstehen kann nur jemand, der oder die hinsichtlich seiner oder ihrer Verständnisse auch unsicher zu sein vermag. Wer in seinem Verstehen durchweg sicher ist, für den ergeben sich keine verständniseröffnenden Zusammenhänge, sondern immer nur ein Wechsel von Verständnissen. Genau als einen solchen Wechsel rekonstruiert Gadamer das Verstehen. Er expliziert den Geschehenscharakter alles Verstehens in einer Art und Weise, dass er die konstitutive Rolle, die das Befragen von Verständnissen für alles Verstehen spielt, nicht in den Blick bekommt. Es ist zwar richtig, dass Verständnisse immer in Veränderung begriffen sind. Diese Veränderung aber ist mit Prozessen der Aneignung und der Kritik des Verstandenen verbunden. Insofern resultiert die Veränderung von Verständnissen immer wieder auch daraus, dass man sich zu ihnen verhält, dass man sie befragt. Verstehen ist in diesem Sinn als nicht-selbstverständlich zu begreifen.

Fraglich ist aber, ob all das, was ich hier als Desiderat artikuliere,

19 Vgl. Donald Davidson, »Eine hübsche Unordnung von Epitaphen«, in: ders., *Wahrheit, Sprache und Geschichte*, Frankfurt/M. 2008, S. 151-180.

nicht auch mit der Position Gadamers eingeholt werden kann. Betont Gadamer nicht unentwegt, dass alles Verstehen im Gespräch zustande kommt?[20] Und verhält man sich nicht in einem Gespräch immer zu Verständnissen anderer, so dass sich Zusammenhänge von Verständnissen herstellen? Gadamers Begriff des Gesprächs ist mit einer Betonung des »Zwischen« verbunden.[21] Zwischen den Gesprächspartner:innen ergibt sich das, was Verstehen ausmacht. Diese Erwiderung im Sinne Gadamers aber macht deutlich, dass Zusammenhänge hier nicht aus einzelnen der an einem Gespräch beteiligten Perspektiven hergestellt werden. Insofern erlaubt die Auseinandersetzung mit der zu Gadamers Verteidigung vorgetragenen Erwiderung, die Kritik an Gadamers Position zu schärfen. Entscheidend für das Verstehen ist nicht nur, dass Zusammenhänge von Verständnissen als solche thematisiert und im Lichte solcher Thematisierung hergestellt werden, sondern dass dies aus der Perspektive verstehender Individuen oder Gruppen heraus geschieht. Wie dargelegt, sind es stets einzelne Individuen oder Gruppen, die sich in Bezug auf ihre Verständnisse unsicher sind und sie durch Thematisierung von Zusammenhängen zu klären suchen.

Wenn man die Befragung von Verständnissen von einzelnen Individuen oder Gruppen her begreift, hat dies Konsequenzen für den Begriff des Gesprächs. In Gesprächen stellen sich dann nicht, wie Gadamer meint, Zusammenhänge von Verständnissen her, sondern konfrontieren sich die Beteiligten mit ihren je unterschiedlichen Perspektiven. Die Perspektiven unterscheiden sich unter anderem durch ihre jeweilige Thematisierung von Zusammenhängen von Verständnissen und darin, wie sie im Lichte dieser Thematisierung Zusammenhänge herstellen und anderen gegenüber vertreten. Das Zwischen des Gesprächs ist so als Ort der Konfrontation unterschiedlicher Perspektiven zu begreifen und nicht primär als Ort, an dem sich ein Zusammenhang von Verständnissen herstellt. Individuen, die verstehen, interagieren nicht nur dadurch, dass sie sich explizit mit Fragen konfrontieren. Sie begegnen einander auch mit Zusammenhängen, die sie in unterschiedlicher Weise herstellen.

20 Vgl. die gewissermaßen *ex negativo* getroffenen Bestimmungen in Hans-Georg Gadamer, »Die Unfähigkeit zum Gespräch«, in: ders., *Gesammelte Werke*, Bd. 2, Tübingen 1986, S. 207-215.

21 Programmatisch schreibt Gadamer: »*In diesem Zwischen ist der wahre Ort der Hermeneutik.*« (Gadamer, *Wahrheit und Methode*, S. 300)

Das von Gadamer betonte dialogische Moment des Verstehens ist zentral, muss aber so rekonstruiert werden, dass Impulse einzelner Individuen in Bezug auf die Zusammenhänge, die für Verständnisse bestimmend sind, eingebracht und von anderen aufgegriffen oder zurückgewiesen werden. Eine dynamische Praxis, in der sich Impulse immer wieder fortsetzen oder mit anderen Impulsen konfrontiert werden, ist charakteristisch für die Entwicklung des Verstehens.

Gadamers Erläuterung des Verstehens verkürzt daher die Subjektivität verstehender Subjekte. Gadamer hat sich in seiner Hermeneutik zu Recht gegen einen unhaltbaren Subjektivismus des Verstehens gewandt. Seine Betonung der Selbstverständlichkeit des Verstehens im Sinne des Geschehenscharakters aber führt dazu, dass er Elemente der Struktur der Subjektivität übergeht, die für alles Verstehen wesentlich sind. Wie sich in meiner Kritik von Gadamers Position andeutet, handelt es sich nicht um Elemente, die das einzelne Subjekt als Individuum in seinem Verstehen für sich ausmachen. Vielmehr prägen die Elemente die Stellung eines Subjekts anderen Subjekten gegenüber. Die mit allem Verstehen verbundene Befragung von Verständnissen kommt in Interaktionen zur Geltung, in denen Individuen sich mit Fragen genauso wie mit ihren Perspektiven begegnen. Wenn Gadamer schreibt, »der Fokus der Subjektivität ist ein Zerrspiegel«,[22] so ist dies als ein Ausdruck dessen zu begreifen, dass er das für die Interaktivität des Verstehens grundlegende Moment von Subjektivität übergeht.

2. Davidson: Verstehen als radikale Interpretation

Donald Davidsons Sprachphilosophie ist nicht unter Rekurs auf diejenige Gadamers im Besonderen oder auf die hermeneutische Tradition im Allgemeinen entstanden. Davidson knüpft mit seinem Nachdenken über Sprache an Arbeiten seines Lehrers Willard Van Orman Quine und damit an die Tradition des Wiener Kreises und hier in erster Linie an das Denken von Rudolf Carnap an. Dennoch zeigt Davidsons Sprachverständnis vielfältige hermeneutische Konturen. Diese Konturen lassen sich unter anderem

22 Gadamer, *Wahrheit und Methode*, S. 281.

an dem Punkt fruchtbar machen, an den die Rekonstruktion von Gadamers Position uns geführt hat. Davidson entwickelt ein Verständnis von Sprache, das als Antwort auf Einseitigkeiten begriffen werden kann, die sich bei Gadamer zeigen. Dazu trägt besonders der Aspekt von Davidsons Sprachverständnis bei, den man mit dem Begriff des Interaktionismus umreißen kann.[23]

Davidson hat von seinem Lehrer Quine ein Gedankenexperiment übernommen,[24] das in Davidsons Variante als »radikale Interpretation« bezeichnet wird.[25] Dieses Gedankenexperiment fordert dazu auf, uns vorzustellen, eine Feldlinguistin treffe auf einen Stamm, für dessen Sprache es in den bekannten Sprachen der Welt keine Übersetzung gibt. Wie kann, so lautet die Frage, die Davidson vor diesem Hintergrund (mit Quine) stellt, die Feldlinguistin zu einem Verständnis der Sprache des Stammes gelangen? Die Antwort auf diese Frage soll klären, was Verstehen und sprachliche Bedeutung grundsätzlich ausmacht. Von diesem Szenario aus verfolgt Davidson den Gedanken, dass für alles Verstehen Interaktionen zwischen Sprecher:innen-Interpret:innen grundlegend sind. Die Feldlinguistin kann nur zu einem Verständnis der für sie fremden Sprache gelangen, wenn sie mit den Mitgliedern des Stammes interagiert. Dies setzt voraus, dass sich Verstehen für sie nicht einfach einstellt, sondern dass sie zu ihm beitragen muss. Aus diesem Grund kann man sich von Davidsons Interaktionismus eine Vermeidung der Einseitigkeiten erhoffen, die Gadamers Hermeneutik aufweist.

Zwei Theoreme Davidsons sind im Kontext einer Rekonstruktion des hermeneutischen Potentials seiner Philosophie besonders interessant. Es handelt sich erstens um das Theorem der Triangulation und zweitens um dasjenige, dem zufolge das Verstehen der Interpretin als ein Verfügen über eine implizite Theorie für das von ihr beobachtete Sprachverhalten rekonstruiert werden kann. In der Situation der radikalen Interpretation bleibt der Feldlinguistin nichts anderes als die Beobachtung ihrer Umgebung.[26] Sie

23 Vgl. zu diesem Begriff auch Jasper Liptow, *Regel und Interpretation. Eine Untersuchung der sozialen Struktur sprachlicher Praxis*, Weilerswist 2004, S. 205-207.

24 Vgl. Quine, *Wort und Gegenstand*, S. 63-66.

25 Vgl. Donald Davidson, »Radikale Interpretation«, in: ders., *Wahrheit und Interpretation*, Frankfurt/M. 1986, S. 183-203.

26 Vgl. Donald Davidson, »Bedeutung, Wahrheit und Belege«, in: ders., *Wahrheit, Sprache und Geschichte*, Frankfurt/M. 2008, S. 89-113.

hört das Äußerungsverhalten der Stammesmitglieder und kann so versuchen, Strukturen in den lautlichen Zusammenhängen wahrzunehmen, mit denen sie konfrontiert ist. Zudem kann sie wahrnehmen, was in der äußeren Umgebung vor sich geht. Dies setzt sie instand, Zusammenhänge zwischen dem Äußerungsverhalten der Stammesmitglieder und dem, was in der äußeren Welt vor sich geht, herzustellen. Wenn gerade Regen einsetzt und Stammesmitglieder in offensichtlicher Reaktion darauf etwas äußern, kann sie die Hypothese bilden, dass diese etwas sagen, das in ihren eigenen Worten »Es regnet« bedeutet.

Den hier entstehenden Zusammenhang zwischen dem beobachteten Äußerungsverhalten, den Beschaffenheiten der Welt und der eigenen Sprache der Feldlinguistin bezeichnet Davidson mit dem Begriff der Triangulation.[27] Es bildet sich in der Situation der radikalen Interpretation ein Dreieck aus zwischen den Sprecher:innen des Stammes, der äußeren Welt und der Feldlinguistin. Formal gefasst handelt es sich um ein Dreieck zwischen Subjekt, Objekt und anderem Subjekt. Das von der Feldlinguistin entwickelte Verstehen beruht auf diesem Dreieck. Nur durch die Korrelation, die sie zwischen dem beobachteten Sprachverhalten und dem in der Welt Beobachteten herstellt, kann sie ihre eigene Sprache ins Spiel bringen. Sie weiß, wie sie das, was sie beobachtet, in eigenen Worten artikuliert. Dadurch kann sie die eigenen Worte zu dem beobachteten Äußerungsverhalten der Stammesmitglieder in Beziehung setzen. Die Welt ist gewissermaßen die Mitte, über die sie ihre eigene Sprache und das Sprachverhalten der Stammesmitglieder in Korrelationen bringt, um aus diesen Korrelationen heraus zu Verständnissen des Äußerungsverhaltens zu gelangen, mit dem sie konfrontiert ist.

Verstehen ist so für Davidson – wie für Gadamer – von Grund auf in der Welt verankert. Die Welthaltigkeit des Verstehens geht ihm zufolge von den Interaktionen der Perspektiven aus, die zwischen denjenigen, die ihr Äußerungsverhalten wechselseitig interpretieren, zustande kommen. In Bezug auf diese Interaktionen ist das Szenario der radikalen Interpretation dem ersten Augenschein nach irreführend, da es suggerieren mag, die Positionen von Interpretin und Sprecher seien stabil. Dies aber ist falsch. Die Inter-

27 Vgl. Donald Davidson, »Drei Spielarten des Wissens«, in: ders., *Subjektiv, intersubjektiv, objektiv*, Frankfurt/M. 2004, S. 339-363.

pretin ist ihrerseits eine Sprecherin und der Sprecher ist seinerseits ein Interpret. In Interaktionen des Verstehens besetzen diejenigen, die miteinander interagieren, immer beide Positionen: diejenige als Interpretin und diejenige als Sprecherin. Insofern sind die einzelnen miteinander interagierenden Subjekte jeweils als Sprecher:innen-Interpret:innen zu begreifen.

Aus dem so weit rekonstruierten Dreieck heraus kommt Verstehen Davidson zufolge dadurch zustande, dass diejenigen, die sich aufeinander beziehen, Hypothesen in Bezug auf ihr jeweiliges Äußerungsverhalten ausbilden. Damit bin ich bei dem zweiten Theorem angelangt. Die von der Interpretin geformten Hypothesen sind für Davidson als Elemente einer Theorie zu begreifen, die sie formt. Wie gesehen, entwickelt die Feldlinguistin ihr Verständnis der Äußerungen von Stammesmitgliedern auf der Basis von vielfältigen und komplexen Beobachtungen. In diesem Sinn kann man dem von ihr entwickelten Verstehen den Status einer Theorie zuschreiben. Das heißt selbstverständlich nicht, dass alles Verstehen aus Davidsons Perspektive mit der expliziten Arbeit an einer Theorie für die jeweiligen Äußerungen verbunden wäre. Zweifelsohne verfügen diejenigen, die andere verstehen, im Normalfall nicht über eine Theorie für das Sprachverhalten anderer. Wir können ihr Verstehen aber als eine implizit erarbeitete Theorie erläutern.

Davidson betont so auch den Geschehenscharakter der Sprache. Seine Rekonstruktion der Situation radikaler Interpretation ist nicht mit dem Gedanken verbunden, dass die Feldlinguistin sich aus eigener Kraft heraus ein Verständnis der Stammessprache erarbeiten kann. Sie kann sich zwar bemühen, das eigene Verstehen durch Beobachtungen zu begünstigen, indem sie zum Beispiel besonders auf spezifische Zusammenhänge achtet. Gerade in der feldlinguistischen Arbeit gibt es methodisches Rüstzeug, das beim Gewinnen geeigneter Beobachtungen hilft. Analog ist es zum Beispiel in der Mediävistik bei der Arbeit an Texten aus einer anderen Zeit. Kein methodisches Rüstzeug aber kann Verstehen garantieren. Am Ende basiert es, wie Davidson schreibt, auf »Gefühl, Glück und Geschicklichkeit«.[28]

Wie für Gadamer gilt auch für Davidson, dass Verständnisse

28 Donald Davidson: »Kommunikation und Konvention«, in: ders., *Wahrheit und Interpretation*, Frankfurt/M. 1986, S. 372-393, hier: S. 393.

in steter Veränderung begriffen sind. Allerdings erläutert Davidson dies nicht unter Rekurs auf die Anwendung von Verstehensinhalten auf eine spezifische Situation. Vielmehr rekonstruiert er die Veränderungen von Verständnissen mit Blick auf die Interaktionen, die aus seiner Sicht alles Verstehen ausmachen. Wenn eine Interpretin in eine Situation kommt, in der sie mit einer neuen Äußerung konfrontiert wird, dann ist sie demnach mit all den Hypothesen ausgestattet, die sie bislang mit Blick auf das Äußerungsverhalten ihres Gegenübers implizit entwickelt hat. Diese Hypothesen stellen die Grundlage für ein Verständnis einer neuen Äußerung dar. Davidson bezeichnet diese Grundlage mit dem Begriff der »Ausgangstheorie«.[29]

In der Ausgangstheorie aber fehlen im Normalfall Hypothesen für die Erschließung neuer Äußerungen. Dies liegt darin begründet, dass wir normalerweise mit Äußerungen konfrontiert werden, die in genau der Art und Weise, wie sie von unserem Gegenüber geäußert werden, noch nie geäußert wurden. Aus diesem Grund muss die Interpretin ihre Hypothesen weiterentwickeln, um die neue Äußerung zu verstehen. Damit kommt sie zu einer veränderten Theorie für das Äußerungsverhalten ihres Gegenübers. Davidson spricht hier von einer »Übergangstheorie«.[30] Der Zusammenhang von Ausgangs- und Übergangstheorie ist dabei so zu begreifen, dass die sich an einer neuen Äußerung formende Übergangstheorie im nächsten Moment die Ausgangstheorie für eine weitere Äußerung in der Zukunft abgibt. Davidson rekonstruiert Verstehen dadurch als einen ständigen Anpassungsprozess von Ausgangs- zu Übergangstheorien, die im nächsten Moment wieder als Ausgangstheorien fungieren.

Die irreduzibel zu allem Verstehen gehörenden Veränderungsprozesse werden damit, anders als bei Gadamer, von den Interaktionen zwischen Sprecher:innen-Interpret:innen her verstanden. Sie resultieren daraus, dass Sprecher:innen stets neue Äußerungen hervorbringen und Interpret:innen sich aus diesem Grund in ihren Verständnissen auf diese Äußerungen einstellen müssen. Mit Davidson kann man also sagen, dass Interpret:innen sich stets zu den Äußerungen anderer verhalten, indem sie ihre Verständnisse

29 Davidson, »Eine hübsche Unordnung von Epitaphen«, S. 170.
30 Ebd.

auf diese Äußerungen ausrichten. Auch wenn Davidson damit die steten Veränderungsprozesse im Verstehen interaktiver rekonstruiert, als dies bei Gadamer der Fall ist, bleibt seine Explikation doch einseitig. Dies liegt darin begründet, dass Davidson die für alles Verstehen grundlegenden Interaktionen als solche begreift, in denen man sich nur implizit zu seinen Verständnissen verhält. Unberücksichtigt bleiben dabei die expliziten Thematisierungen eigener Verständnisse und der Verständnisse anderer, die die Interaktionen immer auch prägen. Diese Thematisierungen gehen aber nicht einfach als ruhige theoretische Betrachtungen vonstatten, sondern sind vielfach mit kleineren und größeren Konflikten verbunden. Genau diese Dimension des Verstehens kommt in Davidsons Explikationen nicht zum Tragen.

Denken wir noch einmal an die einfache Unterhaltung über die Entwicklung der Sozialdemokratie. Nehmen wir an, dass ein Gesprächspartner sich auslässt, die Fixierung auf Fragen der Gerechtigkeit sei für eine Politik zu Beginn des 21. Jahrhunderts unpassend. Das Gegenüber ereifert sich über diese Äußerung und entgegnet, es werde sich ja wohl noch herausstellen, wer und was hier zeitgemäß sei. Daraufhin wehrt sich derjenige, der das Wort »unpassend« gebraucht hat, und sagt, er habe mitnichten gesagt, dass hier etwas »unzeitgemäß« sei. Vielleicht sei es gerade besonders zeitgemäß, sich damit zu beruhigen, dass alles sich immer um Fragen der Gerechtigkeit drehe. Es gehe ihm gerade darum zu sagen, dass das mit einer solchen Haltung verbundene Verständnis von Gesellschaft die wahren Konflikte der Gesellschaft verfehle. In diesem Sinne begreife er es als unpassend.

Stellen wir uns für einen Moment vor, dass das Gegenüber auf eine solche Klarstellung hin ablehnend reagiert und etwas sagt wie: »Ist mir doch egal, wie du deine Worte verstehst. Ich habe verstanden, was ich verstanden habe!« Eine solche Äußerung würden wir im Normalfall als Ausdruck einer Haltung begreifen, die den Anforderungen an Interaktionen des Verstehens nicht gerecht wird. Es ist problematisch, das, was man versteht, grundsätzlich einer Korrektur anderer zu entziehen. Das macht deutlich, dass eine solche Korrektur für uns wesentlich zum Verstehen gehört. Wenn wir etwas verstehen, setzen wir uns mit unseren Verständnissen immer einer Auseinandersetzung mit anderen aus. Dies ist trivialerweise klar, wenn zwei Interpretinnen mit ein und derselben Äußerung eines Sprechers konfrontiert sind, die sie unterschiedlich verstehen. In einer solchen Situation sind Auseinandersetzungen über Verständnisse offensichtlich wesentlich für das Verstehen. Wenn eine Interpretin sich einer solchen Auseinandersetzung einfach entzieht, denken wir, dass sie entweder etwas Grundsätzliches über das Funktionieren wechselseitigen Verstehens nicht begriffen hat oder dass sie diesem Grundsätzlichen zuwiderhandelt (zum Beispiel, weil sie ihr Gegenüber missachtet oder weil sie die Perspektive des anderen ausschalten will). Genauso ist es auch in Situationen, in denen Interpretin und Sprecher sich mit Blick auf einzelne ihrer Verständnisse der oder des jeweils anderen miteinander auseinandersetzen.

Dass Verstehende sich in Interaktionen immer wieder explizit zu erzielten Verständnissen verhalten, kann – wie die exemplarischen Situationen bereits deutlich gemacht haben – immer auch die Form des Konflikts annehmen. Gehen wir noch einmal auf das Beispiel zurück, in dem »unpassend« aus Sicht des Sprechers nicht im Sinne von »zeitgemäß« zu verstehen ist. Wenn das Gegenüber nicht darauf besteht, einfach zu verstehen, was sie oder er versteht, sondern die von dem Sprecher getroffene Unterscheidung kritisiert, nimmt die Auseinandersetzung möglicherweise die Form eines Konflikts an. Stellen wir uns vor, dass das Gegenüber sagt, es sei Haarspalterei, in dieser Weise zwischen dem Unpassenden und dem Unzeitgemäßen unterscheiden zu wollen. Ein solcher Einwand wiederum fordert den Sprecher heraus. Er ist jetzt seinerseits aufgerufen, sein Verständnis zu verteidigen. Wenn er darauf nicht eingeht, würden wir rasch geneigt sein zu denken, dass er sich über seine eigenen Verständnisse nicht sonderlich im Klaren ist oder dass er in anderer Weise dem, was in Interaktionen über Verständnisse angemessen ist, zuwiderhandelt. All dies zeigt, dass Verstehen konstitutiv mit Auseinandersetzungen über Verständnisse verbunden ist, die formal immer den Charakter von Konflikten haben und diesen auch oft zeigen. Die Interaktionen realisieren insofern die Form von Konflikten, da die Beteiligten auch im Falle großer Einigkeit ihre jeweiligen Perspektiven miteinander konfrontieren.

Nun kann man einwenden, dass diese Überlegungen nicht in der Lage sind, Davidsons Rekonstruktion zu erschüttern, da er ihnen, so der mögliche Einwand, mit dem theoretischen Apparat, den ich bereits eingeführt habe, problemlos gerecht werden könne. Jede Äußerung in einer Auseinandersetzung über Verständnisse werde dadurch verstanden, dass eine Übergangstheorie für diese Äußerung gebildet werde. Die Interaktionen in entsprechenden Auseinandersetzungen änderten nichts an dem grundlegenden dynamischen Zusammenhang von Ausgangs- und Übergangstheorien, wie Davidson ihn fasst. Insofern hätten, so schließt der Einwand, die kritischen Überlegungen nicht das Potential, ein Desiderat zu fassen, dem Davidsons Modell radikaler Interpretation nicht gerecht werde.

Dieser Einwand kann aber nicht überzeugen. Zu begreifen, warum dies so ist, kann uns dabei helfen, ein grundsätzliches Problem in Davidsons Explikationen besser zu verstehen. Der Einwand geht davon aus, dass Interaktionen zwischen Sprecher:innen-Interpret:innen immer die Struktur haben, dass die eine das sprachliche Äußerungsverhalten des anderen verfolgt. Dies ist eine Konsequenz von Davidsons Erläuterung von Verstehen als einer impliziten Theoriearbeit. Mit einem solchen Bild aber kann man Auseinandersetzungen über Verständnisse nicht begreifen, da diese nicht als ein wechselseitiges Verfolgen von Äußerungen des jeweils anderen zu fassen sind. Vielmehr handelt es sich um gemeinsame Anstrengungen der Problematisierung und Sicherung von Verständnissen. Meine Erläuterung möglicher Verweigerungshaltungen der beiden Beteiligten hat das indirekt bereits deutlich gemacht. Wenn eine Seite in einer entsprechenden Auseinandersetzung sich auf den Standpunkt stellt, auf einem bestimmten Verständnis zu beharren und es damit der Befragung durch andere zu entziehen, dann versperrt sie sich dem gemeinsamen Tun, das um einer Klärung der Situation willen erforderlich ist.

Dies zeigt, dass die Interaktionen zwischen denjenigen, die einander verstehen, falsch rekonstruiert sind, wenn man sie als solche zwischen isolierten Individuen begreift. Für alles Verstehen ist es konstitutiv, dass wir uns nicht nur isoliert wechselseitig verstehen, sondern gemeinsam an Verständnissen arbeiten. In Konflikten über Verständnisse kommt eine Gemeinschaft zustande, die diese Konflikte trägt. Sie lassen sich nicht aus voneinander strukturell getrennten Positionen heraus austragen, sondern setzen voraus, dass man eine gemeinsame Perspektive auf Verständnisse entwickelt. Dies liegt darin begründet, dass es für Auseinandersetzungen über Verständnisse wesentlich ist, Kriterien miteinander zu teilen.[31]

31 Der Begriff der Kriterien, den ich hier ins Spiel bringe, lässt sich auf Ludwig Wittgenstein und Stanley Cavell stützen; vgl. hierzu III.2.4.

Oftmals sind solche Kriterien zu Beginn einer Auseinandersetzung nicht verfügbar oder zumindest unklar. Dann besteht die Auseinandersetzung wesentlich darin, geteilte Kriterien zu etablieren und zu sichern. Denken wir noch einmal an die Auseinandersetzung darüber, was »unpassend« besagt. In einem Konflikt über diesen Begriff müssen beide Seiten klären, inwiefern sie mit diesem Begriff eine zeitliche Dimension verbinden. So kann es sein, dass sie Grundbegriffe zeitlicher Art wie den Begriff der Gegenwart und der Zukunft heranziehen, um in ihrer Auseinandersetzung weiterzukommen. Wenn sie sich hinsichtlich solcher Begriffe nicht einigen können, müssen sie auf noch einmal andere Begriffe ausweichen.

Davidsons Interaktionismus erweist sich, so gesehen, besonders wegen seines latenten Subjektivismus als problematisch. Zwar wird mit dem Begriff der Triangulation der untrennbare Zusammenhang zwischen verstehenden Subjekten betont. Intersubjektivität erscheint aber damit nur als eine Struktur des Zusammenwirkens von Subjekten. Das wird der konstitutiven Konflikthaftigkeit und der von ihr nicht zu trennenden Gemeinschaftlichkeit des Verstehens nicht gerecht. Mit der Konflikthaftigkeit ist eine Dimension gemeinsamen Handelns verbunden, die sich nicht als bloßes Zusammenwirken subjektiver Perspektiven fassen lässt, sondern eine grundlegend übersubjektive Dimension ins Spiel bringt. Diese übersubjektive Dimension ist, wie angedeutet, mit einem spezifischen Typ von Praktiken verbunden: Praktiken des gemeinsamen Ringens um Kriterien des Verstehens. Das gemeinsame Etablieren und Sichern von Kriterien lässt sich nicht unter Rekurs auf eine Interaktion einzelner subjektiver Perspektiven begreifen.

Ich schlage vor, den spezifischen Typ von Praktiken, um den es hier geht, mit dem Begriff der Selbstkritik zu fassen. Für Verstehen ist die Verfügbarkeit selbstkritischer Praktiken grundlegend. Selbstkritische Praktiken werden nicht von einzelnen Individuen hervorgebracht, sondern sind überindividuell verankert, stellen also eine Dimension gemeinschaftlichen Tuns da. Selbstkritik betrifft somit nicht primär ein Individuum für sich, sondern die konfliktiven Zusammenhänge, in denen Individuen miteinander stehen. Die entscheidende Dimension selbstkritischer Reflexionen besteht darin, Auseinandersetzungen und Konflikte zu ermöglichen. Wer von der Selbstverständlichkeit des Verstehens ausgeht, übergeht die konstitutive Bedeutung von Selbstkritik für alles Verstehen. Wir können dieser Bedeutung Ausdruck verleihen, indem wir sagen, dass Verstehen immer die Möglichkeit der gemeinschaftlichen Selbstkritik in Bezug auf Verständnisse einschließt.

3. McDowell: Die Verpflichtung zur Reflexion

John McDowell hat in den vergangenen Jahrzehnten eine Position in Bezug auf die Bestimmung des Verhältnisses von Geist und Welt ausgearbeitet, die in geradezu programmatischer Weise die mit Davidson verbundene hermeneutische Wende sprachanalytischen Philosophierens explizit macht. Dies zeigt sich, wie bereits erwähnt, symptomatisch daran, dass McDowell an zentralen Stellen seines Entwurfs direkt auf Gadamer zu sprechen kommt und sich auf ihn als einen Gewährsmann für den eigenen theoretischen Ansatz beruft.[32] Aber auch unabhängig von dem Rekurs auf Gadamer ist McDowells Denken tiefgreifend hermeneutisch angelegt. Seine Position schließt an Perspektiven an, wie sie von Herder und Hegel vorgezeichnet sind.

McDowells Denken ist an dem Punkt, an den die Diskussionen der Positionen von Gadamer und Davidson uns gebracht haben, besonders aus dem Grund von Interesse, weil er die Explikation des Verstehens, der ich bei Davidson einen latenten Subjektivismus attestiert habe, einer grundlegenden Kritik unterzieht. McDowell vertritt die These, dass Verstehen nur im Rahmen umfassender Gemeinschaften verständlich gemacht werden kann, in denen vernünftige Praktiken entwickelt sind und weitergegeben werden.

Gegenüber dem Interaktionismus Davidsons ist damit, ganz im Sinne der im letzten Abschnitt entwickelten Überlegungen, die Gemeinschaft als Grundlage alles Verstehens behauptet.[33] McDowell begreift die Stellung einzelner Subjekte aus den Zusammenhängen heraus, die von historisch-kulturellen Gemeinschaften getragen werden. Damit geht er davon aus, dass die Strukturen rationaler Praxis nicht von einzelnen Subjekten und ihren Interaktionen mit

32 Inwiefern McDowell seinen Rekurs auf Gadamer gerade auch mit einer Kritik an Davidson verbindet, zeigt John McDowell, »Gadamer and Davidson on Understanding and Relativism«, in: Jeff Malpas u. a. (Hg.), *Gadamer's Century: Essays in Honor of Hans-Georg Gadamer*, Cambridge, Massachusetts 2002, S. 173-194.

33 Vgl. John McDowell, *Geist und Welt*, Paderborn 1998, S. 125, S. 153.

anderen Subjekten her zu begreifen sind. Die fraglichen Strukturen seien insgesamt in historisch-kulturellen Traditionen rationaler Praxis verankert. So sind sowohl einzelne Subjekte als auch das von ihnen entwickelte Verstehen aus solchen Traditionen heraus zu begreifen.

McDowell verfolgt das Ziel, zwei problematische Verständnisse des Verhältnisses von Geist und Welt zu vermeiden. Es handelt sich um einseitige Verständnisse, die entweder den Geist von der Welt oder die Welt vom Geist her rekonstruieren.[34] Gegen entsprechende Einseitigkeiten plädiert McDowell aus einer hermeneutischen Perspektive heraus dafür, Geist und Welt als irreduzibel miteinander verschränkt zu begreifen. Genau dies besagt der von ihm an zentralen Punkten gebrauchte Begriff der zweiten Natur: Im Rahmen eines geistigen Weltverhältnisses geht weder die Welt dem Geist noch der Geist der Welt voran. Das Geistige ist im Rahmen eines solchen Weltverhältnisses natürlich, also immer schon mit der Welt verquickt.

Die Betonung des zweitnatürlichen Charakters menschlicher Geistigkeit ruft die Frage auf den Plan, wie Menschen in ein von Verstehen imprägniertes Weltverhältnis hineinkommen. Offensichtlich werden Menschen nicht als Wesen mit vollentwickelten geistigen Kräften geboren. Sie müssen diese Kräfte erst ausbilden. Dies geschieht nach McDowells Verständnis dadurch, dass Kinder in eine Tradition eingeführt werden. Ihre Initiation ist wesentlich mit dem Erlernen und Verstehen von Sprache verbunden. McDowell betont in diesem Sinn, dass natürliche Sprachen als Speicher von Traditionen zu begreifen sind. In ihnen sind die geistigen Zusammenhänge niedergelegt, die in den Traditionen jeweils etabliert sind. So heißt es in *Geist und Welt*: »Eine natürliche Sprache, nämlich diejenige, in die die Menschen zuerst eingeführt werden, dient ihnen als eine Quelle der Tradition, als ein Schatz von im Laufe der Zeit angesammelten Weisheiten darüber, was wofür einen Grund abgibt.«[35] Wenn Kinder sprechen lernen, werden sie in die geistigen Zusammenhänge der Kultur eingeführt, in der sie leben.

Dabei sind die Strukturen der Sprache für McDowell grundsätzlich mit Praktiken und Sachverhalten in der äußeren Welt ver-

34 Vgl. McDowell, *Geist und Welt*, 1. Vorlesung.
35 McDowell, *Geist und Welt*, S. 153.

knüpft. Sprachliche Zusammenhänge werden nicht für sich gelernt, sondern in Verbindung mit Praktiken und dem Umgang mit Gegenständen und Sachverhalten in der Welt. Man kann McDowell also auch so verstehen, dass er Sprache nur als *pars pro toto* für ein geistig strukturiertes Weltverhältnis anführt. Das von Kindern gelernte sprachliche Verstehen ist mit vielfältigen nichtsprachlichen Zusammenhängen und Praktiken verknüpft. In seiner Kontroverse mit Hubert Dreyfus hat McDowell geltend gemacht, dass er keinen Intellektualismus geistiger Praxis vertritt, sondern diese als körperlich-material realisiert begreift.[36] Nicht nur sinnliche Wahrnehmungen, sondern auch körperliche Bewegungen und Vollzüge sind als Aspekte zweiter Natur von geistigen Strukturen geprägt. So schließt die Einführung in die in einer Tradition entwickelten geistigen Strukturen auch körperliche und materielle Momente ein.

Das für ein geistiges Weltverhältnis wesentliche Verstehen wird von McDowell auf Grundlage des Konzepts der Initiation an die Tradition gebunden, in der Praktiken in all ihren Dimensionen von geistigen Strukturen durchdrungen sind. In einer Tradition sind demnach komplexe Strukturen etabliert, in denen weltliche Materialität, wahrnehmende und andere körperliche Praktiken sowie symbolische Artikulationen miteinander verbunden sind. Verständnisse sind in diesen Strukturen verankert. So prägt die Tradition insgesamt das geistige Tun der Individuen, die innerhalb ihrer leben.

Die Verankerung des Verstehens in einer Tradition, in die Individuen eingeführt werden, mag aber den Vorbehalt wecken, dass eine entsprechende Tradition regungslos in sich erstarrt. Diesem Vorbehalt begegnet McDowell, indem er als eine zentrale Dimension der geistigen Praktiken in einer Tradition die »permanente Verpflichtung nachzudenken«[37] geltend macht. Diejenigen, die in einer Tradition leben, verhalten sich demnach nicht im Sinne der in der Tradition etablierten geistigen Strukturen, wenn sie diesen Strukturen einfach blind folgen. Vielmehr müssen sie die Strukturen immer wieder kritisch bedenken. Dies führt dazu, dass die Tradition nicht einfach in festen Strukturen erstarrt, sondern in

36 John McDowell, »What Myth?«, in: *Inquiry* 50/4 (2007), S. 338-351, hier: S. 344. Vgl. Zur Debatte zwischen Hubert Dreyfus und John McDowell insgesamt: Joseph K. Schear (Hg.), *Mind, Reason, and Being-in-the-World. The McDowell-Dreyfus Debate*, London 2013.

37 McDowell, *Geist und Welt*, S. 65.

Bewegung bleibt. Die Reflexion hat die Aufgabe, die Strukturen auf ihre Stimmigkeit und auf erforderliche Entwicklungen hin zu befragen und so alle nicht plausiblen und angemessenen Zusammenhänge zu korrigieren oder gebotene Zusammenhänge herzustellen. Durch entsprechende Reflexionen entwickeln diejenigen, die in einer Tradition leben, deren Strukturen weiter.

McDowells These, dass für ein geistig strukturiertes Weltverhältnis stete Reflexionen erforderlich sind, klingt dem ersten Augenschein nach so wie die Position, die ich oben andeutungsweise aus einer Kritik an Davidsons Interaktionismus heraus entwickelt habe. Verstehen ist demnach konstitutiv mit Praktiken der Selbstkritik verbunden. Auch wenn McDowells These tatsächlich in diese Richtung weist, sind doch einige Unterschiede wichtig. McDowell macht zu Recht geltend, dass Reflexionen die rationale Verfasstheit geistiger Strukturen unter Rekurs auf die Welt absichern. Allerdings rekonstruiert er sie so, als handele es sich um eine Reparatur dieser Strukturen aus der Konfrontation mit der Welt und ihren Entwicklungen sowie aus sich selbst heraus. Genau dies aber ist eine einseitige Auffassung von Reflexion, und zwar aus dem Grund, dass sie Reflexion nur im Sinne der Korrektur konzeptualisiert. Wer versteht, ist aber nicht nur in der Lage, Verständnisse mit Blick auf Strukturen der Welt oder Strukturen des Verstehens zu korrigieren. Er ist auch in der Lage, Verständnisse zu gestalten. Dafür ist nicht zuletzt die Philosophie selbst ein gutes Beispiel, da es in der Geschichte vielfach gestalterische Impulse gab, die in philosophischen Konzeptionen ausgearbeitet wurden, man denke nur an Platons Ideenlehre oder die Kantische Transzendentalphilosophie. Wenn man die Impulse, die von entsprechenden Konzeptionen ausgehen, im Sinne von Korrekturen zu fassen versucht, wird man ihnen nicht gerecht.

Um die Verkürzungen in McDowells Verständnis der für alles Verstehen konstitutiven Selbstkritik genauer zu rekonstruieren, ist es aufschlussreich, drei Elemente seiner hermeneutischen Theorie im Zusammenhang zu betrachten: das Theorem der Initiation, den Begriff der Reflexion und das Verständnis von Subjektivität. McDowell hat Davidson dafür kritisiert, dass er die Konstitution von Subjektivität unerläutert voraussetze.[38] Diese Kritik impliziert

38 Vgl. McDowell, »Gadamer and Davidson on Understanding and Relativism«, S. 184.

den Gedanken, dass Subjekte als Entitäten zu begreifen sind, für die Verstehen wesentlich ist. Wenn man die Konstitution dieser Entitäten nicht erläutert, setzt man demnach das voraus, was man erklären will: das Verstehen. Entsprechend ist es McDowells Anspruch, im Rahmen seiner hermeneutischen Theorie Subjektivität in ihrer Konstitution nachvollziehen zu können. Genau dies soll das Theorem von der Initiation in eine kulturelle Praxis leisten. Kinder werden demnach dadurch zu Subjekten, dass sie in die geistigen Zusammenhänge einer solchen Praxis eingeführt werden.

Überlegen wir, ob diese Erläuterung tatsächlich leistet, was sie verspricht. Was ist im Spiel, wenn man ein Subjekt als ein Wesen begreift, für das es wesentlich ist, etwas zu verstehen? McDowell kann mit dem Theorem der Initiation gut erklären, dass Subjekte zu Verständnissen gelangen können. Dies erklären demnach die geistigen Strukturen einer Tradition, in der diese Subjekte stehen und in die sie eingeführt worden sind. Ein Subjekt aber ist, so macht McDowell zu Recht geltend, in der Lage, sich zu seinen Verständnissen zu verhalten. Es kann Verständnisse reflektieren. Dies setzt voraus, dass Subjekte Reflexionen von Verständnissen anstoßen können. Der Grund für diese Voraussetzung ist einfach: Wäre es Subjekten nicht möglich, entsprechende Anstöße von sich aus zu geben, müsste es einen Automatismus geben, der Reflexion im Sinne von Korrektur steuert. Offensichtlich aber ist es nicht so, dass Subjekte automatisch reflektieren, wenn Reflexionen angemessen sind. Es liegt an ihren Anstößen, ob Reflexionen zustande kommen oder nicht.

Aus diesem Grund muss die Konstitution von Subjekten so gefasst werden, dass sie das Vermögen einschließt, Anstöße für Reflexionen von Verständnissen zu geben. Betrachten wir den Fall der kritischen Philosophie Kants. In seiner Auseinandersetzung zum Beispiel mit dem Empirismus Humes sieht er eine Notwendigkeit, ein anderes Verständnis geistiger Zusammenhänge zu gewinnen. Humes Erläuterungen bleiben aus seiner Sicht unzureichend, da sie eine uneingeschränkte Allgemeinheit geistig gewonnener Verständnisse (wie die Allgemeinheit von Naturgesetzen) nicht zu erklären vermögen. Kant entwickelt im Anschluss an diese Diagnose mit seiner Transzendentalphilosophie einen Versuch, auf dieses Defizit zu reagieren. Damit aber setzt er sich der philosophischen Mitwelt aus, die er mit seinem Versuch konfrontiert. Die Reflexion, die

Kant liefert, ist weder durch die Verfasstheit der Welt noch durch rationale Strukturen gefordert. Weder ist offensichtlich richtig und notwendig, was Kant vorschlägt; noch ist der von Kant eingebrachte Ansatz offensichtlich falsch. Vielmehr ist es eine Aufgabe der philosophischen Mit- und Nachwelt zu klären, was der Vorschlag Kants leistet. Wie ein Blick auf gegenwärtige philosophische Diskussionen lehrt, ist diese Aufgabe auch in der Gegenwart, also über 200 Jahre nach Kants Tod, noch nicht abgeschlossen. Die Klärung betrifft dabei die Leistungsfähigkeit einer im Rahmen einer gemeinschaftlichen Diskussion eigenständigen Weiterentwicklung philosophischen Denkens, die weder als Korrektur einfach gefordert ist noch als subjektiver Impuls für sich steht. Der Anstoß für eine Reflexion von Verständnissen geht so von einem einzelnen Individuum oder einer Gruppe von Individuen aus. Er kann nicht auf eine spezifische Rationalität geistiger Strukturen reduziert werden.

Nun mag man denken, dass das Beispiel aus dem Höhenkamm der philosophischen Weltliteratur allzu weit hergeholt ist. Insofern könnte es hilfreich sein, an diesem Punkt auch eine eher alltägliche Situation anzusprechen. Nehmen wir an, dass in einem Beziehungsstreit eine zum anderen sagt, er sei ignorant und zeige überhaupt kein Interesse für das, was sie bewege. Und nehmen wir weiter an, dass ihr Gegenüber erwidert, es gehe hier überhaupt nicht um Ignoranz oder Desinteresse, sondern darum, auch einmal etwas für sich zu tun und auch einmal an sich zu denken. Das sei schließlich wichtig für eine Partnerschaft. Dies mag wiederum für diejenige, die den Vorwurf artikuliert hat, ein Grund dafür sein, nachzuhaken und geltend zu machen, dass echtes Interesse für den anderen sich auch gerade dann zeigen könne, wenn man an sich selbst denkt. Das Desinteresse, das sie erlebe, sei etwas anderes, nämlich ein Zeichen dafür, dass einem überhaupt nichts daran liege, was der andere denkt und macht. Wenn man wirklich an sich selbst denke, interessiere man sich auch dafür, dass der andere das mitbekommt.

Oder denken wir an eine noch einmal andere Situation, in der Kinder ein Spiel wie UNO miteinander spielen. Während des Spiels diskutieren die Kinder, ob die Plus-Karten addiert werden oder nicht, und vereinbaren, dass eine Plus-4-Karte nicht addiert wird, alle anderen Plus-Karten aber durchaus. Entsprechende Vereinbarungen gehen von einem oder mehreren Vorschlägen aus, die die spielenden Kinder sich wechselseitig machen. Es kann dabei sein, dass ein Kind in der Lage ist, sich sofort durchzusetzen; und es kann genauso sein, dass erst nach einem heftigen Streit eine Einigung gelingt – wenn überhaupt. In beiden Fällen geht es darum, das Spiel gewissermaßen mittendrin weiterzuentwickeln, indem Regeln neu- beziehungsweise weiterbestimmt werden. Eine solche Weiterbestimmung geschieht nicht einfach nur in der Praxis, sondern oftmals durch eine explizite Thematisierung der Regeln.

Die beiden eher alltäglichen Beispiele zeigen dieselbe Struktur wie diejenige, die in dem Anstoß Kants für die Philosophie zutage tritt. Immer geht es darum, dass das Verstehen von Subjekten konstitutiv damit verbunden ist, im Zusammenwirken mit anderen eigene Anstöße für eine Reflexion von Verständnissen setzen zu können. Reflexion besagt nicht nur, dass Verständnisse thematisiert werden. Sie bedeutet auch, Verständnisse neu- und weiterzubestimmen. Dies geschieht nicht aus einer allmächtigen Position heraus, aus der heraus man aus Verständnissen machen könnte, was man will. Die von einem Subjekt ausgehenden Anstöße zur Reflexion von Verständnissen setzen sich vielmehr immer einer Mitwelt aus, die sich zu ihnen verhält, indem sie ihre Güte einschätzt. Insofern sind Subjekte mit ihren entsprechenden Anstößen grundsätzlich auf andere bezogen. Sie sind aber diesen anderen auch nicht einfach ausgeliefert, sondern haben ihrerseits eine Position, aus der heraus sie eine eigene Perspektive geltend machen können.

Die Reflexion von Verständnissen ist so nicht in einer Tradition fixiert, in der sie allein in Orientierung an den in dieser Tradition etablierten rationalen Strukturen verlaufen würde. Sie ist vielmehr an die Eigenständigkeit der Perspektiven von Subjekten gebunden. Die für alles Verstehen konstitutive Reflexion setzt voraus, dass Subjekte aus einer solchen Eigenständigkeit heraus Verständnisse mitzubestimmen vermögen. Genau diese Dimension von Subjektivität wird bei McDowell nicht ausreichend verständlich. Sein Bild rationaler Praxis begreift Subjekte als Entitäten, die Verständnisse nachvollziehen und die aus einem solchen Nachvollzug heraus zu reflektieren vermögen. Damit aber ist die Selbstkritik, die zum Verstehen gehört, in einer verkürzten Weise gefasst. Selbstkritik geht grundsätzlich über den Nachvollzug hinaus. Aus ihr gehen neue Impulse in der Bestimmung von Verständnissen hervor.

McDowells Variante der Selbstverständlichkeit des Verstehens ist aus dieser Perspektive mit dem Problem verbunden, dass Subjekte nicht ausreichend in ihrer Eigenständigkeit begreiflich gemacht werden. Vor dem Hintergrund dieser Einschätzung ist es aufschlussreich, McDowells Trennung von Initiation und Reflexion zu beachten. McDowell begreift die Initiation in eine geistige Praxis als einen Prozess, der von einem Zustand der Nichtzugehörigkeit zu einem Zustand der Zugehörigkeit führt. Es handelt sich um einen Prozess, der abgeschlossen ist, wenn das Kind den Status eines Erwachsenen erreicht hat.[39] Wenn man Initiation als einen Prozess konzeptualisiert, der als abgeschlossen zu betrachten ist, bevor Subjekte auf ihre Verständnisse reflektieren, versperrt dies den Blick dafür, Reflexion im Sinne von Selbstkritik als eine solche zu begreifen, mit der der Prozess der Initiation sich fortsetzt. Die immerwährende Weiterbestimmung der das Verstehen leitenden Kriterien und damit die nicht endenden Anstöße der Neu- und Weiterentwicklung von Verständnissen bedeuten aber genau dies: Die Initiation kommt an kein Ende. Sie setzt sich in Prozessen der selbstkritischen Reflexion von Verständnissen unentwegt fort.

Die von McDowell vollzogene Trennung zwischen einer gewissermaßen vor dem Eintritt in eine geistige Praxis liegenden Initiation in diese Praxis auf der einen Seite und einer innerhalb dieser Praxis stattfindenden Reflexion auf der anderen Seite kann also so verstanden werden, dass sie die Selbstverständlichkeit des Verstehens sichern soll. McDowell folgt implizit dem Gedanken, dass die Unmittelbarkeit des Verstehens nur unter dieser Voraussetzung zu gewährleisten ist, dass ansonsten Verstehen seinen Halt in der Welt verliert. Die zweite Natur, als die jede geistige Praxis innerhalb einer Tradition begriffen wird, wird so als ein Raum von Selbstverständlichkeiten konzipiert. Dies allerdings führt, wie gezeigt, zu einem verkürzten Begriff von Reflexion als Korrektur. Will man diesen verkürzten Begriff überwinden, gilt es also, die zweite Natur in anderer Weise zu verstehen. Die geistigen Strukturen, die in einer Tradition etabliert sind, müssen so begriffen werden, dass sie

39 Besonders beredt für McDowells Gedanken eines abgeschlossenen Prozesses ist die folgende Erläuterung: »When a decent upbringing initiates us into the relevant way of thinking […]« (John McDowell, *Mind and World*, Cambridge, Massachusetts [2]1998, S. 82 – ich zitiere McDowell hier im Original, da die dort zu findende Wortwahl besonders erhellend ist).

konstitutiv mit produktiven Weiterentwicklungen verbunden sind, die aus selbstkritischen Praktiken resultieren.[40]

Mit Blick auf die Konstitution von Subjekten im Rahmen einer zweiten Natur zeigen sich so zwei Konsequenzen. Einerseits gehört zu Subjektivität mehr als nur die Beherrschung von Verständnissen. Zu ihr gehört auch die eigenständige Infragestellung von Verständnissen. Die Initiation in eine geistig-kulturelle Praxis umfasst also mehr, als zu lernen, »was wofür einen Grund abgibt«, und kritisch auf richtige Gründe zu reflektieren. Es gilt auch, Fähigkeiten zu erwerben, Gründe dadurch in Frage zu stellen, dass man eigene Impulse zur Weiterentwicklung begrifflicher und anderer geistiger Zusammenhänge setzt. Begreift man die Konstitution von Subjektivität in dieser Weise, zeigt sich zugleich, dass diese Konstitution grundsätzlich nie abgeschlossen ist. Denn die Fähigkeiten zur Infragestellung und Weiterentwicklung von Gründen kennen viele Grade, Formen und Medien. Neben sprachlichen und anderen symbolischen Praktiken sind für sie unter anderem Künste und Körperpraktiken wie zum Beispiel Kampfsportarten wichtig. Dabei steht immer in Frage, aus welchen Formen und Medien produktive Anstöße für die Weiterentwicklung von Verständnissen hervorgehen. Auch die Einschätzungen diesbezüglich können ihrerseits immer wieder verändert und weiterentwickelt werden. Die Offenheit der Fähigkeiten, Anstöße für Reflexionen geistiger Strukturen zu entwickeln, lässt sich auch noch einmal anders artikulieren: Der Begriff einer vollen Entwicklung dieser Fähigkeiten ist leer.

Wie im Falle von Davidson ist es auch hier wichtig zu überlegen, inwiefern sich McDowell gegen den Vorwurf eines verkürzten Begriffs der Reflexion verteidigen lässt. Schließt seine Position aus, Reflexion in dem hier geforderten Sinn zu bestimmen? Offensichtlich hält McDowell Veränderungen im Rahmen einer Tradition für allgegenwärtig und begreift insofern Traditionen als dynamische Gefüge. So könnte man ihm auch zuschreiben, dass er Subjekte als Impulsgeber für die Weiterentwicklungen von Traditionen versteht. Ein entsprechendes Verständnis ist ohne Zweifel kompatibel mit McDowells Position. Das ändert aber nichts daran, dass die Art und Weise, wie er Subjekte als Impulsgeber verständlich macht,

40 Vgl. hierzu Georg W. Bertram, »Two Conceptions of Second Nature«, in: *Open Philosophy* 3 (2020), S. 68-80.

einseitig bleibt. McDowell betont die Einbettung von Subjekten in die Tradition. Mit dieser Einbettung ist jedoch eine wichtige strukturelle Bedingung weitergehender von Subjekten ausgehender Impulse nicht erfasst. Subjekte sind bei aller Einbettung in eine Tradition auch von diesem ihrem eigenen kulturellen Kontext distanziert. Anstöße zur Weiterentwicklung gehen immer wieder auch aus einer solchen Distanzierung hervor.

Man kann McDowell in Bezug auf sein Verständnis sozialer Strukturen des Verstehens das komplementäre Defizit zum Interaktionismus zuschreiben. Während Davidson die gemeinschaftliche Seite dieser Strukturen nicht angemessen berücksichtigt, kommt bei McDowell die individuelle Eigenständigkeit nicht ausreichend zum Tragen. McDowell geht implizit von einer grundlegenden Gemeinschaftlichkeit aus, in die einzelne Subjekte integriert sind. Dadurch bleibt ihre Eigenständigkeit im Rahmen gemeinschaftlicher Praxis unterbelichtet. Gerade mit Blick auf ein Verständnis der Fähigkeiten, selbstkritisch Anstöße für die Weiterentwicklung von Verständnissen zu geben, ist die Distanzierung der Subjekte von den geistigen Strukturen, die im Rahmen einer Tradition etabliert sind, entscheidend. Diese Distanzierung hat McDowell in seinem Verständnis von Subjektivität nicht in ausreichendem Maße im Blick.

4. Was ist zu tun? – Ein Zwischenstand

Die unterschiedlichen hermeneutischen Positionen von Gadamer, Davidson und McDowell haben je unterschiedliche Probleme zutage treten lassen, die aus dem Gedanken der Selbstverständlichkeit des Verstehens resultieren. In übersichtlicher Form lassen sich diese Probleme folgendermaßen zusammenfassen:

1. Der Gedanke der Selbstverständlichkeit des Verstehens schlägt sich in Gadamers Position dahingehend nieder, dass die explizite Befragung von Verständnissen nicht als wesentlicher Aspekt des Verstehens begriffen wird. Dies liegt unter anderem darin begründet, dass Gadamer die dialogische Struktur des Verstehens nicht als Konfrontation von Perspektiven fasst. Um Gadamers Version der Selbstverständlichkeit des Verstehens zu überwin-

den, gilt es zu rekonstruieren, inwiefern verstehende Subjekte sich hinsichtlich der Zusammenhänge von Verständnissen unterscheiden können, die sie aus ihren Befragungen dieser Verständnisse heraus herstellen.

2. Davidsons Interaktionismus weist den Gedanken der Selbstverständlichkeit des Verstehens ebenfalls auf, insofern das Verstehen als das implizite Verfügen über eine Theorie über das Äußerungsverhalten anderer gedeutet wird. Der strukturelle Individualismus, der damit impliziert ist, führt dazu, dass gemeinsame Auseinandersetzungen über Verständnisse nicht als konstitutives Moment des Verstehens in den Blick kommen.
3. In McDowells Konzeption geistig-kultureller Strukturen als einer zweiten Natur manifestiert sich der Gedanke der Selbstverständlichkeit des Verstehens dahingehend, dass Subjekte und die von ihnen geleistete Reflexion geistiger Strukturen als in eine Tradition eingebettet konzipiert werden. Aufgrund dieser Einbettung wird die Eigenständigkeit der Subjekte im Hervorbringen von Anstößen zur Weiterentwicklung von Verständnissen nicht begreiflich.

Offensichtlich hängen die drei Probleme strukturell zusammen. Die Befragung von Verständnissen kommt dadurch zustande, dass man sie in Auseinandersetzungen mit anderen thematisiert und weiterentwickelt. Solche Auseinandersetzungen sind gleichermaßen von einer in ihnen realisierten gemeinschaftlichen Perspektive wie von der Eigenständigkeit von Subjekten in der Hervorbringung von Impulsen der Selbstkritik geprägt: Im Konflikt mit anderen geht es zum einen darum, gemeinsame Kriterien für die Thematisierung von Verständnissen zu etablieren oder zu reaktualisieren; zum anderen müssen aber die konfligierenden Individuen auch jeweils in der Lage sein, eigene Anstöße zur Profilierung der Verständnisse zu geben.

Die Probleme, die mit dem Gedanken der Selbstverständlichkeit des Verstehens verbunden sind, lassen sich mit dem Begriff der Freiheit bündeln. Der gemeinsame Nenner der Momente des Sich-Verhaltens zu Verständnissen, der gemeinsamen Arbeit an Kriterien in ihrer Bestimmung und der Eigenständigkeit im Hervorbringen von Anstößen ist die Freiheit des Verstehens. Der Preis, der in den betrachteten hermeneutischen Positionen für die These von der

Unmittelbarkeit des Verstehens erbracht wird, besteht darin, dass die konstitutive Verknüpfung von Verstehen und Freiheit nicht angemessen in den Blick kommt.

Entscheidend für eine Reaktion auf die Probleme, die sich in den diskutierten Positionen gezeigt haben, ist es entsprechend, das in allem Verstehen angelegte Potential der Freiheit auszubuchstabieren. Dies setzt voraus, dass die bislang kursorisch angesprochenen Aspekte des Verstehens, die bei Gadamer, Davidson und McDowell nicht ausreichend geklärt werden, eine systematische Ausarbeitung erfahren. Um eine solche Ausarbeitung vorzubereiten, ist es erforderlich, den Zusammenhang der analysierten Probleme genauer zu fassen. Wie hängen die drei Aspekte systematisch zusammen?

Wenn ein Subjekt versteht, dann kann es sich zu seinen Verständnissen verhalten. Was auch immer verstanden wird, ist als solches nicht unverrückbar, sondern erlaubt grundsätzlich eine Befragung dahingehend, ob es richtig verstanden wurde und inwiefern das Verständnis angemessen ist. Eine solche Befragung aber gewinnt ihre Berechtigung nicht aus sich heraus. Subjekte, die sich entsprechend zu Verständnissen verhalten, stehen immer in einem Zusammenhang mit anderen Subjekten. Die Reaktion dieser anderen Subjekte ist entscheidend dafür, inwiefern eine Befragung von Verständnissen und die auf es erfolgenden Reaktionen Bestand haben oder nicht. Insofern gilt es, die Dimension der Freiheit im Verstehen nicht von einzelnen Subjekten, sondern von ihrem Zusammenwirken her zu konzipieren. In der Diskussion von Davidsons Interaktionismus hat sich dabei gezeigt, dass dieses Zusammenwirken nicht auf die Konfrontation und Interaktion einzelner Subjekte miteinander reduziert werden kann. Verstehen hat eine grundlegend gemeinschaftliche Dimension, da es voraussetzt, dass in einer Gemeinschaft geteilte Kriterien für die Thematisierung von Verständnissen erarbeitet werden. Die Konflikte in Bezug auf Verständnisse, mit denen alles Verstehen fundamental verbunden ist, können nur auf Grundlage solcher Kriterien ausgetragen werden.

Insofern sind alle Befragungen von Verständnissen, die von Subjekten ausgehen, aus einem Zusammenhang heraus zu begreifen, in dem diese mit anderen Subjekten stehen und der über ein Zusammenwirken einzelner Subjekte hinausgeht. Die für das Verstehen grundlegende Gemeinschaft des Thematisierens von Verständnissen integriert allerdings Subjekte nicht bruchlos. Wie sich in der Diskussion von McDowells Konzeption kultureller Praxis als zweiter Natur gezeigt hat, gehört zum Verstehen die Eigenständigkeit von Subjekten dahingehend, Reflexionen von Verständnissen hervorzubringen, die zu ihrer Weiterentwicklung und Neubestimmung beitragen. Die Dimension der Freiheit im Verstehen ist so mit einem Zugleich von Gemeinschaftlichkeit auf der einen Seite und Distanz einzelner Subjekte von dieser Gemeinschaftlichkeit auf der anderen Seite verbunden.

Paradigmatisch für die Verbindung der Aspekte im Verstehen sind politische Diskussionen. In politischen Diskussionen verstehen sich Kontrahent:innen nur dann, wenn sie mit der Unterschiedlichkeit ihrer Verständnisse umzugehen vermögen.[41] Die andere in ihrer Position verstehen zu können, setzt voraus, dass man trotz der Unterschiedlichkeit von Positionen in Bezug auf grundlegende Kriterien, die das Verstehen politischer Positionen ausmachen, Einvernehmen erzielt. Das Verstehen dessen, was andere an politischen Positionen artikulieren, beruht in dieser Hinsicht auf einem gewissen Maß an Gemeinsamkeit. Die diese Gemeinsamkeit tragende Gemeinschaft muss nicht fraglos bestehen. Sie kann immer wieder in Frage stehen und muss dann neu gesichert oder errungen werden. Die Gemeinschaft in Bezug auf grundlegende Kriterien bedeutet aber nicht, dass einzelne Subjekte einfach durch die Gemeinschaft gebunden wären. Das Gegenteil ist der Fall: Subjekte können ihren Beitrag zur Befragung von Verständnissen nur leisten, wenn sie immer auch ein gewisses Maß an Eigenständigkeit gegenüber der Gemeinschaft bewahren beziehungsweise gewinnen.

Politische Diskussionen sind paradigmatisch mit Blick auf die soziale Konstitution des Verstehens, da sich in ihnen Konflikte in ihrer gemeinschaftsstiftenden Bedeutung zeigen.[42] Der Konflikt zerbricht in der politischen Diskussion nicht die Gemeinschaft, sondern stellt sie allererst her. Es kann ernsthafte politische Auseinandersetzungen ohne divergierende Positionen nicht geben. Allerdings setzen die Auseinandersetzungen voraus, dass die Positionen füreinander verständlich sind. Wenn diejenigen, die in ihren politischen Ansichten divergieren, verständnislos voreinander ste-

41 Vgl. hierzu James Tully, *Politische Philosophie als kritische Praxis*, Frankfurt/M. 2009, S. 79-106.

42 Vgl. hierzu Arbeiten von Charles Wright Mills u. a., *Soziologische Phantasie*, Wiesbaden 2016, Kap. 10.

hen, kann sich kein Konflikt entwickeln. Es kommt dann nur zu einer fruchtlosen Konfrontation. Der Konflikt setzt also trotz der Divergenz der Positionen ein wechselseitiges Aufeinandereingehen voraus.

Paradigmatisch sind politische Diskussionen nun gerade aus dem Grund, weil das wechselseitige Verstehen und der für es konstitutive Bezug auf gemeinschaftlich geteilte Kriterien als Voraussetzung nicht unabhängig vom Konflikt zu begreifen ist. Wäre das wechselseitige Verstehen unabhängig davon konstituiert, könnte es bezüglich der betreffenden Verständnisse offensichtlich keinen Konflikt geben. So muss, wenn der Konflikt tatsächlich von diesen Verständnissen her zu begreifen ist, das wechselseitige Verstehen im Konflikt zustande kommen. Es ist eine Voraussetzung für die Realisierung von Konflikten, die in diesen Konflikten selbst erfüllt wird. Das wechselseitige Verstehen kommt durch die Absicherung und Erarbeitung von Kriterien zustande, die trotz der Divergenz von Positionen diese füreinander einsichtig machen. Die Kriterien können in Konflikten immer wieder in Frage stehen, so dass es immer wieder erforderlich sein kann, sie zu sichern beziehungsweise zu erneuern. Genau dadurch wird das wechselseitige Verstehen zustande gebracht und ist als solches an den Konflikt gebunden.

Charakteristisch für politische Diskussionen ist ein weiteres Moment. Verstehen in politischen Diskussionen ist immer mit der Freiheit verbunden, das, was man versteht, noch einmal anders zu verstehen. Auch wenn es in solchen Diskussionen darum geht, die eigene Position zu verteidigen, besteht grundsätzlich immer der Spielraum, Verständnisse neu zu perspektivieren. Ohne diesen Spielraum sind politische Diskussionen sinnlos. Der Spielraum muss nicht bedeuten, dass politische Überzeugungen einfach aufgegeben werden, weil man sich vom Gegenüber überzeugen lässt. Die Dimension der Freiheit im Verstehen kann sich auch dadurch realisieren, dass man die eigene Position aufgrund der Interaktion mit dem Gegenüber revidiert. In diesem Fall bringt einen das Gegenüber nicht zur Übernahme einer ganz anderen Position, stößt aber doch Veränderungen von Verständnissen an, die auf Aspekte, die in der Diskussion in Frage stehen, eingehen.

Ein letztes Moment ist relevant für den paradigmatischen Charakter politischer Diskussionen mit Blick auf die konfliktive Struktur des Verstehens: Die antagonistischen Verständnisse werden im

Konflikt selbst profiliert. Die konfligierenden Parteien haben nicht aus sich heraus spezifische Verständnisse, mit denen sie sich gegenübertreten würden. Vielmehr werden die Verständnisse im Konflikt geklärt und geschärft. Das heißt nun gerade nicht, dass die Differenzen verschwinden würden. Im Gegenteil erweist sich die Differenz als Grundlage für die Klärung der Positionen, so dass diese in gewisser Weise erst durch den Konflikt entstehen. Der Konflikt stellt sich so sowohl als Grundlage der Gemeinschaft wie auch als Grundlage der Differenz unterschiedlicher Positionen dar. Er zeigt insgesamt in politischen Diskussionen sein wesentlich produktives Potential.

Wie lässt sich nun Verstehen vom Paradigma politischer Diskussionen her begreifen? Inwiefern gibt die Praxis der politischen Diskussion Hinweise auf die Konstitution des Verstehens? Charakteristisch für eine solche Diskussion ist, dass es keine sichere Grundlage für politische Positionen gibt. Politische Positionen werden in einem Diskussionszusammenhang entwickelt, der grundsätzlich offen ist. Der Diskussionszusammenhang muss alle Sicherheit in Bezug auf die Einschätzung von Positionen und der Konflikte zwischen ihnen aus sich heraus entwickeln. Daraus folgt nicht, dass es in diesen Diskussionen keinen Halt an dem gibt, was in der äußeren (sozialen) Welt der Fall ist. Dennoch ist dieser Halt nicht so beschaffen, dass man von ihm aus einfach ableiten könnte, was politisch richtig ist. Es gehört zur politischen Diskussion, zu klären, welche politischen Positionen aus spezifischen sozialen und anderweitigen Fakten begründet werden können.

Wenn entsprechende Diskussionen mit Blick auf eine Explikation des Verstehens paradigmatisch sind, muss man klären, wie Verstehen als offener Zusammenhang begriffen werden kann. Dies schließt auch eine Antwort auf die Frage ein, inwiefern Verstehen einerseits letztlich immer unabgesichert ist, aber zugleich doch einen Halt in der äußeren Welt hat, so dass die Unabgesichertheit keine skeptischen Konsequenzen nach sich zieht. Ich werde in den folgenden Überlegungen dieses Buches den Vorschlag machen, Verstehen als ein Geschehen zu begreifen, das in wichtigen Hinsichten *improvisatorisch* verfasst ist. Der Dimension der Freiheit in allem Verstehen kann man gerecht werden, wenn man sie als einen Aspekt von Improvisation erläutert. Es gilt entsprechend, die drei Desiderate, die sich in den Diskussionen dieses Kapitels ergeben haben, von Strukturen des Improvisierens her zu begreifen. Die Befragung von Verständnissen im Rahmen eines gemeinschaftlichen Ringens um Kriterien, das die Eigenständigkeit einzelner Subjekte im Hervorbringen von Anstößen für die Weiterentwicklung von Verständnissen einschließt, zeigt deutlich: Es handelt sich hier um Aspekte eines improvisatorischen Geschehens.

Welche Impulse der Rekurs auf den Begriff der Improvisation für den Begriff des Verstehens geben kann, lässt sich noch einmal am Paradigma politischer Diskussionen andeuten. Wer sich in politische Diskussionen begibt, kann weder mit Blick auf das Verständnis der Positionen anderer noch mit Blick auf seine eigenen Verständnisse irgendeine Selbstverständlichkeit beanspruchen. Nichts lässt sich in überzeugender Weise als unhinterfragbar geltend machen. Insofern ist in politischen Diskussionen grundsätzlich immer offen, wie es weitergeht. All dies sind Aspekte eines improvisatorischen Geschehens. Sie in dieser Weise zu perspektivieren, heißt allerdings nicht, dass politische Diskussionen keinerlei Stabilität erlangen können oder dass in ihnen immer alles in Frage steht. Entscheidend für einen angemessenen Begriff des Verstehens ist es, verbreitete Fehlverständnisse vom Begriff der Improvisation fernzuhalten. Improvisation ist keine *creatio ex nihilo*. Sie tritt auch nicht dann auf, wenn man auf eine Situation trifft, auf die man gänzlich unvorbereitet ist. Solche weit verbreiteten Vorannahmen mit Blick auf Improvisationen müssen zurückgewiesen werden, um den Blick dafür freizumachen, wie Verstehen als ein improvisatorisches Geschehen begriffen werden kann.

Charakteristisch für das Bild, das sich zeichnen lässt, wenn man alles Verstehen grundsätzlich als improvisatorisch begreift, ist, dass man Konflikten und Momenten der Selbstkritik und damit der grundsätzlichen Nichtselbstverständlichkeit in der Erläuterung des Verstehens Rechnung tragen kann. Es geht im Folgenden darum, die Fraglichkeit des Verstehens auch gerade mit Blick auf Konflikte und Selbstkritik begreiflich zu machen. Genau dafür soll der Rekurs auf den Begriff der Improvisation den Blick öffnen. Die Diskussionen der Positionen von Gadamer, Davidson und McDowell können in dieser Weise die Perspektive auf einen plausiblen Begriff des Verstehens vorbereiten.

Die Neuausrichtung eines grundsätzlich hermeneutischen Denkens, die durch die folgenden Ausführungen angestoßen werden soll, zielt darauf, ein Grundlagentheorem der Hermeneutiken des 20. Jahrhunderts in Frage zu stellen, das ich oben bereits angesprochen habe. Wie dargelegt hat der Bruch mit den auf eine Kunstlehre des Verstehens ausgerichteten Hermeneutiken des 18. und frühen 19. Jahrhunderts dazu geführt, dass die These von der Unhintergehbarkeit des Verstehens als Grundlage hermeneutischer Theoriebildung gesetzt wurde. Gehen methodisch ausgerichtete Hermeneutiken von Erfahrungen des Nicht-Verstehens aus, so verschiebt sich der Fokus der existenzialanalytischen Hermeneutiken auf Verstehen als einen unhintergehbaren Ausgangspunkt. Diese Verschiebung aber führt zu einer Einseitigkeit, die es – auch im Lichte berechtigter Kritiken, die an der Hermeneutik geübt wurden[43] – zu korrigieren gilt. Mit der Betonung der Unhintergehbarkeit des Verstehens gerät der fundamentale Zusammenhang von Verstehen und Nicht-Verstehen aus dem Blick.

Hierfür sind Heideggers Erläuterungen in *Sein und Zeit* klärend. Heidegger macht in Bezug auf die aus seiner Sicht grundlegenden praktischen Verständnisse, die das menschliche In-der-Welt-sein ausmachen, einen uneingeschränkten Primat des Verstehens geltend. Das Nicht-Verstehen ist demnach als ein defizienter Modus zu begreifen. In diesem Sinn behauptet Heidegger, dass die »Auffälligkeit, Aufdringlichkeit und Aufsässigkeit«[44] von Gegenständen, die nicht reibungslos in ihren Funktionszusammenhängen aufgehen, als abgeleitet zu begreifen ist. Das mit der nicht umstandslos im Gebrauch stehenden Gegenständlichkeit verbundene Nicht-Verstehen gehört aus Heideggers Perspektive nicht zur Grundschicht verstehender Existenz.

Genau die damit vollzogene Trennung zwischen einem grundlegenden Verstehen und abgeleitet davon auftretenden Momenten des Nicht-Verstehens aber ist unhaltbar. Zu allem Verstehen gehört das Nicht-Verstehen von Grund auf dazu. Jemand kann nur

43 Vgl. Theodor W. Adorno, »Der Essay als Form«, in: ders., *Noten zur Literatur*, Frankfurt/M. 1974, S. 9-33, hier: S. 16; Jacques Derrida, »Guter Wille zur Macht«, in: Philippe Forget (Hg.), *Text und Interpretation*, München 1984, S. 56-58.

44 Heidegger, *Sein und Zeit*, S. 74.

verstehen, wenn er oder sie sich auch fragen kann, ob er oder sie richtig versteht. Mit einer solchen Frage wird jedes Verstehen von Grund auf mit der Möglichkeit des Nicht-Verstehens verbunden. Das heißt wiederum nicht, dass das Nicht-Verstehen primär wäre und der Hermeneutik so die Aufgabe zukäme, den Übergang vom Nicht-Verstehen zum Verstehen einsichtig zu machen. Vielmehr geht es um die grundlegende Verschränkung, um eine – mit Heidegger gesprochen – Gleichursprünglichkeit von Verstehen und Nicht-Verstehen. Gegen die hermeneutische Tradition des 20. Jahrhunderts gilt es, diese Gleichursprünglichkeit in den Fokus zu rücken.

Wenn alles Verstehen immer auch den Keim möglichen Nicht-Verstehens in sich trägt, liegt im Verstehen grundsätzlich ein Potential von Freiheit. Freiheit bestimmt sich dabei zuerst durch Spielräume, das Verstehen (ein spezifisches Verständnis, zu dem man gekommen ist) immer auch als Nicht-Verstehen perspektivieren zu können. Sich zu fragen, ob ein Verständnis richtig oder angemessen ist, impliziert eine solche Perspektivierung. Wenn man Hermeneutik in dieser Weise als Hermeneutik der Freiheit reartikuliert, darf man aber nicht den Fehler machen, Freiheit als Existenzial im Grundbegriff des Verstehens abgesichert zu sehen. Wenn man die Alternative zwischen Hermeneutik als einer Methodenlehre, die von Momenten des Nicht-Verstehens ausgeht, und Hermeneutik als einer Existenzphilosophie, die die Unhintergehbarkeit des Verstehens behauptet, durchbrechen will, kann das nicht durch eine andere Existenzphilosophie (der Freiheit) gelingen. Der Zusammenhang von Verstehen und Nicht-Verstehen ist nicht als konstitutiv gesichert, sondern als stets prekär zu begreifen. Perspektivierungen des Verstehens als Nicht-Verstehen bedürfen der Gestaltung. Insofern ist Freiheit durch Verstehen nicht einfach garantiert. Sie muss erarbeitet und entwickelt werden, liegt also in der Öffnung von Spielräumen begründet, die als Potential im Verstehen grundsätzlich gegeben sind.

Für die Ausarbeitung einer Hermeneutik der Freiheit bedeutet dies, dass die Spielräume der Freiheit, die mit allem Verstehen einhergehen, vermessen werden müssen. Worin bestehen die Strukturen des Verstehens, die Freiheit eröffnen, und welche Gestaltung muss man dem Verstehen geben, damit Freiheit tatsächlich zustande kommt? Die folgenden Kapitel sind so aufgebaut, dass im zweiten Kapitel zuerst Grundstrukturen des Verstehens als eines improvisatorischen Geschehens rekonstruiert werden, bevor dann in den weiteren Kapiteln zwei für dieses Geschehen zentrale Strukturmomente ausgeleuchtet werden. Dabei thematisiere ich in einem ersten Schritt Konflikte und in einem zweiten Schritt Praktiken der Selbstkritik. Ein Schwerpunkt der weiteren Überlegungen dieses Buches liegt also darauf, genauer zu verstehen, inwiefern Verstehen immer mit der Aufgabe der Eröffnung von Freiheit verbunden ist. Diese Aufgabe steht im Zentrum eines hermeneutisch-kritischen Denkens der Freiheit.

Kapitel II
Der improvisatorische Charakter des Verstehens – eine programmatische Rekonstruktion

Zwei Vorverständnisse des Verstehens stehen einem angemessenen Begriff von ihm im Wege. Erstens wird Verstehen auf ein Objekt hin ausgerichtet gedacht, dem es gerecht zu werden hat. Und zweitens wird ihm die Einbindung in eine Praxis zugeschrieben, die es im Sinne von die Praxis leitenden Normen festlegt. Diese beiden Vorverständnisse haben ohne Zweifel eine gewisse Berechtigung. Dennoch werden sie oft mit Konsequenzen verbunden, die eine Einsicht in die Verfasstheit von Prozessen des Verstehens verstellen. Im Zentrum entsprechender Konsequenzen steht der Gedanke, dass alles Verstehen fixiert ist. Die Fixierung resultiert entweder aus der Ausrichtung auf ein Objekt (beziehungsweise einen Sachverhalt) oder aus der normativen Praxis, in deren Rahmen das Verstehen zustande kommt. In den Überlegungen des ersten Kapitels haben wir aber gesehen, dass Verstehen nicht fixiert ist. Es ist für Verstehen konstitutiv, in Frage gestellt werden zu können. Genau dieses Moment wird zumeist übergangen, wenn die beiden genannten Vorverständnisse leitend sind.

In diesem zweiten Kapitel geht es mir darum, einen Ansatz für eine Explikation des Verstehens zu gewinnen, der seiner Offenheit und Unabgesichertheit gerecht wird. Aus diesem Grund rekurriere ich auf den Begriff der Improvisation, um Verstehen zu bestimmen. Meine Überlegungen werden von einem Bild des Verstehens geleitet, das ich in folgender Weise vorzeichnen kann: Verstehen ist das geistige Verhalten eines Wesens, das sich auf unterschiedlichste Situationen und Anforderungen einstellen kann. Wer versteht, vollzieht nicht gewissermaßen zwanghaft geistig etwas nach, sondern lässt sich von Unterschiedlichstem angehen und kann dabei von sich aus auf unterschiedlichste Weise reagieren. Zudem gibt jemand, der versteht, in unterschiedlicher Weise Anstöße zur Weiterentwicklung von Welt, Praktiken und sozialen Verhältnissen. Verstehende Wesen erfinden technische Neuerungen und stoßen gesellschaftliche Revolutionen an. Sie entwickeln hochkomplexe theologische Vorstellungen wie die der Trinität und sind in der

Lage, sich stunden-, tage-, jahre- und sogar jahrtausendelang über die Frage zu streiten, was Gerechtigkeit ausmacht. Verstehende Wesen können sich für die Details spezifischer Spinnenarten genauso begeistern wie für eine Stadt, die vor 2000 Jahren am Vesuv untergegangen ist. Verstehen ist überaus vielgestaltig, wandelbar und produktiv. Dem muss eine philosophische Explikation dessen, was Verstehen ausmacht, gerecht werden.

Die Vielgestaltigkeit, die Wandelbarkeit und die Produktivität des Verstehens verlangen eine theoretische Durchdringung, die dazu führt, sich von Vorstellungen des Verstehens als einem mehr oder weniger gleichförmigen und an einfachen alltäglichen Vollzügen festzumachenden Geschehen zu verabschieden. Genau dies kann der Begriff der Improvisation leisten. Wer das römische Leben im ersten Jahrhundert nach Christus zu verstehen sucht, konfrontiert sich mit vielfältigen Artefakten und Hinterlassenschaften. Daran schult er sein Verständnis genauso wie an gängigen Lehrmeinungen und Theorien aus unterschiedlichen Disziplinen. Ein so entwickeltes Verstehen folgt manchem und lässt anderes aus. Oft entfaltet sich ein Verstehen im Rahmen eines solchen Vorgehens kontinuierlich. Zuweilen kommt es aber auch zu Brüchen, aufgrund deren das Verstehen mit einem Mal eine ganz andere Richtung nimmt. Wer sich in dieser Weise mit einer weit zurückliegenden Kultur auseinandersetzt, improvisiert, wobei oftmals Zusammenhänge improvisatorisch fortgeführt, manchmal aber auch durch neue Impulse unterbrochen werden.

Analog verhält es sich mit dem Verstehen einer anderen Person und ihrer Äußerungen. Hier entwickelt sich das Verstehen vielfach von Äußerung zu Äußerung weiter. Mit jeder Äußerung, Interaktion und Handlung der anderen Person kommen neue Aspekte hinzu, an denen das Verstehen sich entlanghangelt. Dabei kann sowohl aus diesen Momenten der anderen Person ein Impuls hervorgehen, der das Verstehen neu ansetzen lässt, wie ein solcher Impuls auch von derjenigen, die versteht, ausgehen kann. Entscheidend für das Interagieren mit einer anderen Person ist dabei, dass das wechselseitige Verstehen gemeinsam reflektiert wird. Das kann in sehr unterschiedlicher Weise geschehen, gehört aber zur Entwicklung des Verstehens dazu. Das Zusammenwirken in der Interaktion ist ein charakteristisches Moment aller Improvisationen. Im wechselseitigen Verstehen von Personen impliziert es unter anderem, dass man die andere nicht als einen unabhängig gegebenen und gleichbleibenden Gegenstand versteht, sondern dass man mit ihr zusammen das wechselseitige Verstehen gestaltet und sich dabei sowohl einzeln als auch gemeinsam verändert.

Diese Beispiele werfen ein erstes Schlaglicht auf das Bild, um das es mir geht. Sie werden womöglich auch gleich einen ersten Argwohn auf den Plan rufen. Ist der Begriff des Verstehens, der sich hier andeutet, nicht zu inklusiv? Sollte man in der Explikation von Verstehen nicht von grundlegenderen und einfacheren Episoden des (sprachlichen) Verstehens ausgehen? Es mag gefordert scheinen, dass man sich in der Explikation des Verstehens an möglichst voraussetzungslosen Fällen einfacher sprachlicher oder gegenständlicher Zusammenhänge orientiert und sie als paradigmatisch für alles Verstehen in den Blick nimmt. Aber der erste Anschein trügt. Die Fälle sind nicht so einfach, wie es aussehen mag. Sie sind verbunden mit einer bestimmten Ausrichtung der Theorie des Verstehens. Wenn man einfache Episoden des Verstehens theoretisch privilegiert, impliziert dies eine grundlegende Kontinuität des Verstehens, die durch regelmäßige Eigenschaften und Zusammenhänge der äußeren Welt gesichert ist. Die Regelmäßigkeit einfacher Elemente zeichnet Verstehen als eine ungebrochene Kontinuität und Konformität.

Das Bild, das ich unter Rekurs auf den Begriff der Improvisation zeichnen will, versteht sich im Kontrast zu einer solchen Konzeption des Verstehens, die in einseitiger Weise Kontinuität und Konformität hervorhebt. Einfache Episoden des Verstehens haben in dem hier entworfenen Bild Platz, stehen aber nicht in seinem Zentrum. Von diesen einfachen Episoden her lässt sich das genuin produktive und damit auch brüchige Moment des Verstehens nicht begreifen. Die Produktivität des Verstehens ist, wie wir im ersten Kapitel bereits ansatzweise gesehen haben, mit seinem interaktiven Charakter genauso wie mit der ihm eigenen selbstkritischen Reflexivität verknüpft. Von einfachen Episoden aus lassen sich all diese Aspekte des Verstehens nicht plausibel rekonstruieren. Mit Blick auf Improvisationen aber lässt sich der Komplexität des Verstehens Rechnung tragen.

Dies zu leisten, ist das Ziel der folgenden Darlegungen. Um Verstehen als Praxis der Improvisation begreiflich zu machen, ist es zuerst erforderlich, einen für das Vorhaben plausiblen Begriff der Improvisation zu gewinnen. Dies geschieht im ersten Teil des Kapitels. Der zweite Teil erläutert dann auf dieser Grundlage zentrale Momente von Praktiken des Verstehens als improvisatorischen Praktiken, bevor der dritte Teil den daraus resultierenden Begriff des Verstehens dadurch weiter schärft, dass er einen für Improvisationen zentralen Begriff entfaltet, und zwar den der Normativität – im Sinne einer offenen Normativität.

1. Improvisation als normative Praxis

Wenn es um die Bestimmung von Improvisation geht, sind Fragen der Ontologie entscheidend.[1] Wann ist eine Praxis als eine Improvisation zu begreifen? Das ist in erster Linie eine Frage danach, was das Sein einer improvisatorischen Praxis ausmacht. Es mag so scheinen, als sei die Frage nach einer Ontologie der Improvisation verfehlt, da Improvisationen gerade kein stabiles Sein aufzuweisen scheinen und aus diesem Grund ontologisch nicht fassbar seien. Mehr noch: Man kann Improvisation, verstanden im Sinne von »bricolage«,[2] gerade als eine Strategie begreifen, metaphysisches und ontologisches Denken zu überwinden. So könnte es, historisch betrachtet, ein entscheidender theoretischer Fehler sein, sich an eine Ontologie der Improvisation zu machen. Aber Vorbehalte dieser Art sind irreführend, denn sie beruhen auf der unhaltbaren Voraussetzung, Ontologie schließe Prozesse, Veränderungen und Unsicherheit aus. Auch wenn Improvisationen nicht stabil sind, haben sie ein spezifisches Sein, das die Grundlage dafür abgibt, etwas als eine Improvisation zu bezeichnen. Aus diesem Grund ist es wichtig, danach zu fragen, was das Sein von Improvisationen ausmacht.

Theorien, die in Bezug auf eine Ontologie der Improvisation nicht skeptisch eingestellt sind, orientieren eine solche Ontologie vielfach an der kunstphilosophisch motivierten Frage, ob Improvisationen Werke sind. Sie stützen sich dabei auf die in der Philosophie der Kunst verbreitete Unterscheidung von Werken und per-

1 Die Überlegungen dieses Teils habe ich zuerst publiziert in: Georg W. Bertram, »Improvisation as Normative Practice«, in: Alessandro Bertinetto, Marcello Ruta (Hg.), *Routledge Handbook of the Philosophy of Improvisation in the Arts*, London 2021, S. 21-32.

2 Claude Levi-Strauss, *Das wilde Denken*, Frankfurt/M. 1973, S. 29f.

formativen Ereignissen, die nicht den Status von Werken haben.[3] Wenn ontologische Überlegungen zur Improvisation entlang dieser Unterscheidung entfaltet werden, wird zumeist ein besonderer Akzent auf die Frage gelegt, inwiefern Improvisationen keine Werke sind und aus diesem Grund eine Art künstlerischen Wertes realisieren, der sich von demjenigen, der Werken zukommt, grundsätzlich unterscheidet.

Eine analoge Unterscheidung wird häufig im Rahmen des Nachdenkens über Musik getroffen, wenn zwischen Kompositionen und Improvisationen differenziert wird. Vielfach ist man geneigt zu denken, dass Kompositionen Werke mit einer festen Struktur sind, die vorschreibt, wie Aufführungen der betreffenden Komposition auszusehen haben. Hingegen sei es charakteristisch für Improvisationen, dass es keine dominierende Struktur gibt, die Aufführungen reguliert.[4] Auch wenn man behauptet, eine stabile Demarkationslinie zwischen Kompositionen und Improvisationen lasse sich nicht ziehen, tendiert man doch dazu, Improvisationen entlang ihrer Beziehung zu Kompositionen zu bestimmen. So sind Überlegungen zur Ontologie der Improvisation zumeist an der Unterscheidung zwischen Werken beziehungsweise Kompositionen auf der einen Seite und Improvisationen im Sinne von nicht werkförmigen performativen Ereignissen auf der anderen Seite orientiert.

Wenn man Improvisationen auf diese Weise theoretisch mit Werken oder Kompositionen kontrastiert, folgt man einem verbreiteten Selbstverständnis von Improvisationen. Demnach zielen Improvisationen auf die Realisierung von künstlerischen Werten, die das hinter sich lassen, was man eine Ästhetik des Werkhaften nennen könnte.[5] Ein solches Selbstverständnis, so mag man zuspitzend sagen, ist ein Element der künstlerischen Marketing-Strategie, die Improvisationen selbst immer wieder verfolgen (man denke zum Beispiel an Werke und Theorien von John Cage, Eddie Prévost und Derek Bailey). Aber es ist, ganz grundsätzlich, problematisch,

3 Vgl. Stephen Davies, *Musical Works and Performance. A Philosophical Exploration*, Oxford 2001, S. 15; Daniel M. Feige, *Philosophie des Jazz*, Frankfurt/M. 2014, S. 56-89; James O. Young, Carl Matheson, »The Metaphysics of Jazz«, in: *The Journal of Aesthetics and Art Crititicism* 58/2 (2000), S. 125-133.

4 Vgl. Nicholas Woltersdorf, »Toward an Ontology of Art Works«, in: *Nous* 9/9 (1975), S. 115-142.

5 Vgl. Umberto Eco, *Das offene Kunstwerk*, Frankfurt/M. 1973, S. 56-59.

dem Selbstverständnis einer Sache zu folgen, wenn es um ihren Begriff geht. Wenn man zum Beispiel den Begriff der Familie auf das in Familien realisierte Selbstverständnis gründet, droht man die gesellschaftliche Funktion von Familien aus dem Blick zu verlieren. Es ist erforderlich, im Blick zu haben, dass ein Selbstverständnis vielfach einseitig ausfällt, da es einem (wie auch immer gearteten) falschen Bewusstsein entspringt. Entsprechend muss das Selbstverständnis einer Sache kritisch hinterfragt werden, wenn man sie begreifen will.

Tatsächlich sind Bestimmungen von Improvisationen im Kontrast zu Werken beziehungsweise Kompositionen zutiefst problematisch. Alessandro Bertinetto hat gezeigt, dass dieser Kontrast es nicht erlaubt, die Spezifik von Improvisationen zu erfassen.[6] Wie aber lässt sich die Spezifik von Improvisationen dann fassen? Wenn man behauptet, dass es »keine kategoriale Unterscheidung zwischen Improvisation und Aufführung«, sondern »ein Kontinuum von Praktiken«[7] gibt, dann liegt es nahe, Improvisationen nicht im Gegensatz zu Kompositionen zu begreifen, sondern, im Gegenteil, Kompositionen von den Spezifika der Improvisation her neu zu denken. Aber ein solcher theoretischer Zug hilft uns nicht, die Spezifik von Improvisationen zu bestimmen. Er ist bloß Ausdruck der Tatsache, dass der Begriff der Komposition nicht zur Klärung dessen beiträgt, was Improvisationen sind.

Aus diesem Grund ist es erforderlich, die ontologische Bestimmung von Improvisation anders anzulegen. Die Notwendigkeit einer solchen veränderten Anlage in der Ontologie der Improvisation kann man sich auch noch einmal verdeutlichen, indem man festhält, dass Improvisationen sich nicht allein in der Kunst finden. Dies ist für den vorliegenden Kontext entscheidend: Improvisationen sind ein entscheidender Aspekt alltäglicher Praktiken. Aus diesem Grund ist es nicht zielführend, das ontologische Nachdenken in Bezug auf Improvisation an einer kunsttheoretischen Unterscheidung zu orientieren. Wir müssen bei einem anderen

6 Vgl. Alessandro Bertinetto, »Paganini Does Not Repeat. Musical Improvisation and the Type/Token Ontology«, in: *Theorema: International Journal of Philosophy* 31/3 (2012), S. 105-126.

7 Nicholas Cook, »Scripting Social Interaction: Improvisation, Performance, and Western ›Art‹ Music«, in: Georgina Born u. a. (Hg.), *Improvisation and Social Aesthetics*, Durham, London 2017, 59-77, hier: S. 64. (Übersetzung von mir, GWB)

Grundbegriff ansetzen. Im Folgenden mache ich den Vorschlag, die Gattung, zu der Improvisationen gehören, mit dem Begriff der Praktiken zu fassen. Darüber hinaus vertrete ich die These, dass Improvisationen als eine spezifische Art normativer Praktiken zu begreifen sind. Demnach ist es charakteristisch für Improvisationen, dass die in ihnen vorherrschenden Normen innerhalb von Improvisationen selbst entwickelt werden.

Die Überlegungen dieses Teils gliedern sich in vier Abschnitte. Der erste Abschnitt entwickelt einen Vorbegriff der Improvisation. Dieser fungiert als Hintergrund für die Erläuterung der grundlegenden Impuls-Antwort-Struktur von Improvisationen, die ich im zweiten Abschnitt präsentiere. Der dritte Abschnitt erläutert, inwiefern die Impuls-Antwort-Struktur für die spezifische Art normativer Praxis charakteristisch ist, die Improvisationen realisieren. Entscheidend für die spezifische Art normativer Praxis, so werde ich im vierten Abschnitt darlegen, sind Fähigkeiten des Improvisierens.

1.1 Auf dem Weg zu einem Vorbegriff der Improvisation

Was ist eine Improvisation? Eine Improvisation ist eine Praxis, die Entwicklungen im Hier und Jetzt realisiert. Jemand, der improvisiert, weiß nicht im Vorhinein, was zu tun ist. Er entwickelt das, was er macht, während er es macht. Wenn man Improvisationen in dieser Weise erläutert, muss man zuerst erklären, was es heißt, Ereignisse als Praktiken zu bestimmen. Eine Praktik ist ein Ereignis, bei dem etwas getan wird. Was in diesem Sinn getan wird, kann unter sehr unterschiedlichen Rahmenbedingungen zustande kommen. Ich schlage vor, drei Arten von Praktiken zu unterscheiden, um einen Vorbegriff der Improvisation zu gewinnen. Die erste Art sind Praktiken, die von vorgegebenen Regeln geleitet werden, die zweite Art sind Improvisationen, und bei der dritten Art handelt es sich um Praktiken, in denen einfach einmal etwas anders gemacht wird.

Praktiken, die von Regeln geleitet werden, sind – einem gängigen Verständnis zufolge – an Regeln gebunden, die im Vorhinein gegeben sind (unabhängig davon, ob es sich um präskriptive oder konstitutive Regeln handelt[8]). Diese Regeln werden innerhalb der

8 John Searle, *Sprechakte. Ein sprachphilosophischer Essay*, Frankfurt/M. 1971, S. 54-68.

Praktiken angewendet. Improvisationen sind Praktiken, für die keine im Vorhinein gegebenen Regeln verfügbar sind. Aber der Begriff von Praktiken, für die keine im Vorhinein gegebenen Regeln verfügbar sind, umfasst mehr als nur Improvisationen. Eine andere Art von Praktiken, die unter diesen Begriff fällt, sind Praktiken, in denen einfach einmal etwas anders gemacht wird. Wenn ich eine Mahlzeit zubereite und aus Neugierde jegliches Salz weglasse, improvisiere ich nicht. Ich mache einfach etwas anders als sonst. Wenn mein Kochen eine Improvisation ist, stelle ich eine Mahlzeit über eine Folge von Handlungen her, die nicht von einem Rezept oder etwas Ähnlichem geleitet sind. Auf diese Art und Weise unterscheiden sich improvisatorische Praktiken von Praktiken, in denen einfach von dem abgewichen wird, wie man die Dinge gewöhnlich macht.

Aber was genau folgt daraus, Improvisationen zwischen den beiden anderen Typen von Praktiken zu verorten, also zwischen auf der einen Seite Praktiken, die von vorgegebenen Regeln bestimmt sind, und auf der anderen Seite Praktiken, in denen einfach einmal etwas anders gemacht wird? Um ein besseres Verständnis davon zu gewinnen, wie die Unterscheidung dieser drei Typen von Praktiken funktioniert, ist der Begriff des Unerwarteten hilfreich. Das Unerwartete ist ein wesentlicher Aspekt von Improvisationen; hingegen spielt es bei den anderen beiden Typen von Praktiken keine Rolle. Besonders offensichtlich ist dies bei Praktiken, die von im Vorhinein gegebenen Regeln bestimmt sind. Wenn Praktiken an vorgegebene Regeln gebunden sind, sind grundsätzlich zwei Fälle denkbar, nämlich der Fall, in dem die Regeln befolgt, und der Fall, in dem die Regeln gebrochen werden. Keine dieser Möglichkeiten ist unerwartet. Das Gleiche gilt für Praktiken, in denen einfach einmal etwas anders gemacht wird. Wenn das Zufallsprinzip herrscht, kann nichts Unerwartetes geschehen.

Im Vergleich mit den anderen beiden Arten von Praktiken können Improvisationen mittels des Begriffs des Unerwarteten spezifiziert werden. Das Beispiel des Kochens ist aufschlussreich diesbezüglich. Wenn man einfach einmal das Salz weglässt, kann das Ergebnis nicht in einem strikten Sinn unerwartet ausfallen. Wenn man hingegen beim Kochen improvisiert, kann das Weglassen von Salz tatsächlich zu etwas Unerwartetem führen. Man dachte vielleicht, dadurch einen interessanten Geschmack zu realisieren, muss aber feststellen, dass dieser sich nicht einstellt, und aus diesem Grund reagieren und etwas verändern. Es ist charakteristisch für Improvisationen, dass etwas Unerwartetes Reaktionen hervorruft und so die Fortsetzung der Improvisation beeinflusst. Anstelle von etwas Unerwartetem kann man auch von etwas sprechen, das nicht in eingespielten Strukturen funktioniert. Damit wird deutlich, dass es nicht um eine subjektive Erwartungshaltung geht, aus der heraus etwas als unerwartet wahrgenommen wird. Vielmehr spielen Zusammenhänge von Praktiken eine entscheidende Rolle dafür, dass etwas als improvisatorischer Anstoß funktioniert.

Phänomenologisch betrachtet kann das Unerwartete im Rahmen von Improvisationen zwei unterschiedliche Rollen annehmen.[9] Zum einen kann es der Ausgangspunkt des Improvisierens sein. Der berühmte Fall von *Apollo 13* kann in dieser Weise verstanden werden. Die unerwartete Explosion eines Sauerstofftanks des Raumschiffs zwang die Besatzung, das Kommandomodul zu verlassen, um den Weg zur Erde im Mondmodul zurückzulegen. Doch da das System zur Entfernung von Kohlendioxyd in dem Mondmodul nicht für einen solchen Fall ausgelegt war, war die Crew genötigt, zu improvisieren und einen Notbehelf für die Ergänzung des Systems herzustellen. In anderer Weise tritt das Unerwartete im Rahmen von Improvisationen auf, wenn es innerhalb ihrer selbst hervorgebracht wird. Denken wir an die Improvisation eines Jazz-Quartetts und an ein unerwartetes Fill-In, das die Drummerin spielt. Ein solchermaßen unerwartetes Element muss nicht eine radikale Veränderung der Improvisation zur Folge haben. Viele künstlerische Improvisationen weisen eine Vielzahl von unerwarteten Elementen auf, die jeweils kleine Brüche und Veränderungen innerhalb dessen, was gespielt wird, zur Folge haben. In dieser Weise ist das Unerwartete ein wesentliches Moment improvisatorischer Praktiken.

Diese ersten Unterscheidungen klären, inwiefern die Improvisation als eine spezifische Art von Praxis zu verstehen ist. Die Spezifik von Improvisation als Praxis kann demnach unter Rekurs auf die

9 Die Unterscheidung der zwei unterschiedlichen Rollen des Unerwarteten kann, wie Lydia Goehr zeigt, zu einer Unterscheidung zweier Typen von Improvisation herangezogen werden. Vgl. Lydia Goehr, »Improvising Impromtu, Or, What to Do with a Broken String«, in: George E. Lewis u. a. (Hg.), *The Oxford Handbook of Critical Improvisation Studies*, Oxford 2016, S. 458-480.

Dialektik zwischen dem Erwartbaren und dem Unerwarteten gefasst werden.[10] Auch wenn man der Meinung sein mag, dass Improvisationen gerade nichts (im strikten Sinn[11]) Erwartbares aufweisen, zeigt eine einfache Überlegung, dass das Erwartbare als eine wesentliche Dimension von Improvisation begriffen werden muss. Denken wir erneut an die Improvisation eines Jazz-Quartetts.[12] Wenn durch das Spiel der Drummerin ein spezifischer Rhythmus etabliert wird, steht die Erwartung im Raum, dass die Mitspieler:innen sich in der Folge mit dem, was die Drummerin eingebracht hat, auseinandersetzen. Was auch immer im Rahmen einer Improvisation an Strukturen hervorgebracht wird, produziert Erwartungen. Das bedeutet nicht, dass Improvisierende gezwungen wären, den betreffenden Erwartungen einfach Folge zu leisten. Vielmehr sind sie vor dem Hintergrund der etablierten Erwartungen eingeladen, ihrerseits neue Impulse zu setzen, mit denen etwas Unerwartetes zustande kommt. Auf diese Art und Weise wird das Unerwartete vor einem Hintergrund von Erwartungen entwickelt, die ihrerseits im Rahmen der Improvisation hervorgebracht werden. Im Folgenden geht es mir darum nachzuvollziehen, inwiefern die Dynamik zwischen dem Erwarteten und dem Unerwarteten als wesentliche Dimension von Improvisationen zu begreifen ist.

1.2 Die Grundstruktur von Improvisationen: Einzelaktion versus Interaktion

Improvisation ist eine spezifische Art von Praxis. Aus diesem Grund ist es naheliegend, mit Blick auf ihr Verständnis von einzelnen Handlungen als den grundlegenden Einheiten auszugehen, aus denen diese Praxis sich zusammensetzt. Wie sind einzelne Handlungen als fundamentale Elemente von Improvisationen zu begrei-

10 Vgl. Gary Peters, *The Philosophy of Improvisation*, Chicago 2009, S. 97.

11 Vgl. Jacques Derrida, »The Other's Language: Jacques Derrida Interviews Ornette Coleman, 23 June 1997«, in: *Genre* 37/2 (2004), S. 319-329.

12 Auch in der so genannten klassischen Musik finden sich vielfältige Beispiele: Denken wir an Improvisationen in einem spezifischen Stil (demjenigen von Palestrina oder Bach) oder an die Improvisation einer Fuge. In diesen Fällen sind die improvisatorischen Praktiken an Strukturen gebunden, die diesen Praktiken vorausgehen, und die Erwartungen hervorrufen, mit denen die Praktiken sich auseinandersetzen müssen.

fen? Dem ersten Augenschein nach mag es so scheinen, dass jede einzelne Handlung den Fortgang einer Improvisation aufs Neue bestimmt, indem sie zwischen unterschiedlichen Optionen der Fortsetzung wählt. Diesen Gedanken könnte man durch die Behauptung weiter entfalten, dass die spontane Selektion und damit die Optionen jeder einzelnen Handlung unter einer komplexen Struktur äußerer Beschränkungen stehen, die innerhalb und außerhalb der Improvisation gegeben sind.

Der so weit skizzierte Ansatz lässt sich als das Einzelaktion-Modell der Improvisation bezeichnen. Die grundlegende Idee dieses Modells besagt, dass Improvisationen durch einzelne Handlungen entwickelt werden, die kontinuierlich die Strukturen der jeweiligen improvisatorischen Praxis verändern. Mit jeder neuen Handlung kommt demnach ein neuer Status zustande, der seinerseits die Grundlage weiterer Handlungen abgibt.[13] Auch wenn ein entsprechendes Verständnis dem ersten Augenschein nach vielversprechend aussehen mag, ist es doch unhaltbar. Sein zentraler Fehler liegt in dem Gedanken, Improvisieren könne als eine Aktivität erklärt werden, in der einzelne Elemente durch eine Wahl zwischen Möglichkeiten zustande kommen. Der Ansatz suggeriert, Improvisation sei eine Aktivität, die von Moment zu Moment verläuft und die sowohl Momente mit eher erwartbaren Wahlentscheidungen und Momente mit eher überraschenden Wahlentscheidungen umfasst. Dabei wird aber nicht begreiflich gemacht, warum es überhaupt möglich ist, zwischen dem, was erwartet wird, und dem, was unerwartet geschieht, zu unterscheiden, und inwiefern es in Improvisationen überhaupt um ein Auswählen zwischen Möglichkeiten geht. Das Modell kann nämlich nicht erklären, warum die jeweiligen Auswahlentscheidungen innerhalb einer Improvisation bedeutungsvoll sind. Wenn man die Bedeutung, die ein einzelnes Tun innerhalb einer Improvisation erlangt, rekonstruieren will, ist es erforderlich zu verstehen, wie dieses einzelne Tun mit anderem Tun innerhalb derselben Improvisation zusammenhängt. Wie orientiert eine gewählte Handlungsoption eine andere Handlung, die ihr folgt? Warum ist es möglich, manche Handlungen innerhalb von Improvisationen als solche zu begreifen, die Unerwartetes

13 In Bezug auf sprachliche Praktiken hat Robert Brandom eine verwandte Erläuterung vorschlagen: vgl. Robert B. Brandom, *Expressive Vernunft*, Frankfurt/M. 2000, S. 274-279.

präsentieren, wohingegen andere als solche verstanden werden, die das Erwartbare fortsetzen? Um diese Fragen zu beantworten, muss erklärt werden, wie unterschiedliche Handlungen innerhalb einer Improvisation miteinander zusammenhängen.

Eine weitere Verkürzung des Einzelaktion-Modells besteht darin, dass es keine Erklärung für Gruppenimprovisationen bietet.[14] Denken wir noch einmal an ein Jazz-Quartett, das aus vier Musiker:innen besteht, die miteinander improvisieren. Wenn wir von einzelnen Handlungen als den grundlegenden Elementen einer Improvisation ausgehen, können wir das, was ein einzelner Saxophonspieler für sich alleine spielt, nicht davon unterscheiden, was er mit anderen zusammen spielt. Das Einzelaktion-Modell lässt es so erscheinen, als gehe es in beiden Fällen darum, in Orientierung an dem, womit man konfrontiert ist, Handlungen (im Sinne der Realisierung von Auswahlentscheidungen) zu vollziehen. Das lässt sich zum Beispiel an einer typischen Praxis des Übens im Jazz illustrieren, in der man zu einer Aufnahme der anderen drei Instrumente eines Quartetts spielt (eine Praxis, die für Jazzmusiker:innen mit dem Namen Jamey Aebersold verknüpft ist). Es entsteht der Eindruck, die Aufnahme gebe dieselbe Orientierung, wie das gemeinsame Spiel mit drei anderen Musiker:innen es täte. Aber das ist zweifelsohne nicht der Fall. Auch wenn die Aufnahme der drei anderen Instrumente für Zwecke des Übens hilfreich sein mag, muss ein solches Üben von einer Gruppenimprovisation, in der man mit anderen interagiert, unterschieden werden. Der Unterschied liegt darin, dass das, was der Saxophonspieler beim Üben spielt, für niemand anderen im Rahmen eines Zusammenspiels Bedeutung hat, wohingegen die Bedeutung seines Spiels für andere genau das ist, was eine gemeinsame Improvisation zusammen mit drei anderen in einem Jazz-Quartett ausmacht.

Um einen Ansatz zu gewinnen, der die Probleme des Einzelaktions-Modells vermeidet und eine angemessene Explikation von Improvisationen gewährleistet, sollten wir von Interaktionen in Improvisationen ausgehen. In diesem Sinn geht es mir im Folgenden darum, ein Interaktions-Modell der Improvisation zu konturieren und zu verteidigen.[15] Das Modell soll sowohl erklären, wie Hand-

14 Vgl. Eric Lewis, *Intents and Purposes. Philosophy and the Aesthetics of Improvisation*, Ann Arbor 2019, S. 68.

15 Erste Überlegungen in Richtung eines Interaktions-Modells habe ich präsentiert

lungen in Improvisationen aneinander gebunden sind, als auch verständlich machen, wie die Auswahl unter möglichen Handlungsoptionen motiviert ist. Wenn ich allein am Klavier sitze, kann es passieren, dass ich einfach noch einmal spiele, was ich zuvor schon vielfach gespielt habe. Es kann aber genauso dazu kommen, dass ich etwas Neues ausprobiere. Ist dies der Fall, bin ich im nächsten Moment mit der Frage konfrontiert, wie ich fortfahre. Eine Möglichkeit besteht darin, dass ich das, was ich gespielt habe, als nicht ausreichend interessant und vielversprechend verwerfe. Das kann dazu führen, dass ich jeden Versuch unterlasse, das Neue irgendwie fortzuentwickeln. Genauso denkbar ist aber, dass ich eine Fortführung versuche und die neue Idee weiterspinne. In diesem Fall antwortet mein nachfolgendes Spielen auf das, was als Ausgangsimpuls verstanden werden kann. In dieser Weise kann man die fundamentale Verbindung von Handlungen in einer Improvisation rekonstruieren: Es handelt sich um eine Verbindung von Impuls und Antwort, von Aktion und Reaktion.[16]

Der Zusammenhang von Impuls und Antwort lässt sich am besten an realen Interaktionen in einer Improvisation veranschaulichen. Wenn in einer Tanzimprovisation eine Tänzerin ihren Arm in einem spezifischen Rhythmus bewegt, sind die Mittänzer:innen mit der Frage konfrontiert, wie sie auf diese Bewegung reagieren. Abstrakt betrachtet kann es zu drei unterschiedlichen Typen von Reaktionen kommen. Der erste Typ besteht darin, dass die Mittänzer:innen den Rhythmus aufgreifen und sich in einem ähnlichen Rhythmus bewegen. Der zweite Typ besteht darin, eine Art von Gegenrhythmus oder Gegenhandlung hervorzubringen. Dies kann grundsätzlich auf zwei unterschiedliche Weisen geschehen. Zum einen können Gegenhandlungen einen Dialog in dem Sinne eröffnen, dass es zu einer Struktur von Behauptung und Widerspruch und dadurch zu einer Gemeinschaft im Konflikt zwischen unterschiedlichen Positionen kommt. Zum anderen können mit Gegenhandlungen auch unlösbare Streitigkeiten aufbrechen, aus

in: Georg W. Bertram, »Improvisation und Normativität«, in: Gabriele Brandstetter u. a. (Hg.), *Improvisieren. Paradoxien des Unvorhersehbaren*, Bielefeld 2010, S. 21-40.

16 Der Begriff des Impulses klärt den strukturell-praktischen Charakter dessen, was mit der Rede von »Unerwartetem« gefasst ist, macht also deutlich, dass es nicht um eine subjektivistische Kategorie geht.

denen heraus sich keine Gemeinschaft (mehr) herstellt. Der dritte Typ von Reaktionen der Mittänzer:innen besteht darin, dass sie überhaupt nicht auf den Impuls antworten. Dies kann sowohl aus Unachtsamkeit als auch aufgrund einer negativen Bewertung des Impulses resultieren. Die Mittänzer:innen können aufgrund von Unaufmerksamkeit versäumen, die durch den Impuls eröffnete Gelegenheit wahrzunehmen. Oder sie betrachten den Impuls als keiner Antwort wert. In diesem letzten Fall bewerten sie (implizit) den Impuls so, dass er keinen guten Ausgangspunkt für eine plausible Weiterentwicklung der gemeinsamen Improvisation bietet.

Wenn man den Zusammenhang von Impuls und Antwort als die Keimzelle von Improvisationen begreift, verfügt man über eine Antwort auf die Frage, warum es im Improvisieren darum geht, wie man auf Impulse reagiert, mit denen man konfrontiert ist. Diese Antwort wird noch geschärft, wenn man sich klarmacht, dass jeder Impuls selbst als eine Antwort zu verstehen ist. Der Impuls der Tänzerin wird durch die Entwicklung angestoßen, die die Improvisation zuvor genommen hat. Er ist selbst eine Antwort auf Erwartungen, die zuvor innerhalb der Improvisation entstanden sind. Im strengen Sinn ist so kein Impuls innerhalb von Improvisation als ein Anfang zu begreifen.[17] Auch der Beginn einer improvisatorischen Praxis muss als Reaktion auf vorangehende Improvisationen (und anderes mehr) verstanden werden. Aus diesem Grund ist jede Handlung in einer Improvisation grundsätzlich gleichermaßen als Impuls und als Antwort zu begreifen.

Ein wichtiger Aspekt dieser Gleichzeitigkeit besteht darin, dass jede Handlung im Rahmen einer Improvisation als Antwort auf vorangehende Impulse eine grundlegende Wahrnehmungsdimension besitzt. Eine Improvisation kann nur gelingen, wenn eine Improvisierende nicht nur Handlungen hervorbringt, sondern auch, zur gleichen Zeit, die Handlungen wahrnimmt, auf die sie mit ihren Handlungen reagiert (seien es ihre eigenen oder diejenigen anderer). Entscheidend für das hier verteidigte Interaktions-Modell ist so die These, dass Produktion und Rezeption in Improvisationen zusammenfallen. Dieses Zusammenfallen ist zentral für jede Erklärung der Verbindung zwischen dem Erwarteten und dem Unerwarteten in Improvisationen: Das Erwartete ist daran gebunden,

17 Vgl. Jacques Derrida, *Gesetzeskraft. Der mystische Grund der Autorität*, Frankfurt/M. 1991, S. 83 f.

wie die Improvisierenden das wahrnehmen, was im Verlauf der Improvisation bereits zustande gekommen ist. Nur aufgrund der Offenheit ihrer Wahrnehmung sind sie in der Lage, auf die in der Improvisation ausgebildeten Erwartungen zu reagieren und dabei unter anderem auch Unerwartetes hervorzubringen.

Mit seiner Akzentuierung der Struktur von Impuls und Antwort erlaubt uns das Interaktions-Modell zu verstehen, inwiefern eine Erklärung von Improvisationen, die von einzelnen Handlungen ausgeht, irreführend ist: Eine solche Erklärung suggeriert, die Beschränkungen, denen einzelne Handlungen in Improvisationen unterliegen, kämen von außerhalb (unabhängig davon, ob die Beschränkungen im Rahmen der Improvisation selbst zustande gekommen oder zum Beispiel genereller gesellschaftlicher Natur sind). Aber Improvisationen realisieren eine Struktur, durch die Beschränkungen innerhalb der Improvisation selbst etabliert werden. Die allgemeine Form der Beschränkungen, die in Improvisationen wirksam sind, kann mit dem Begriff des Impulses gefasst werden: Handlungen in Improvisationen sind grundsätzlich von Impulsen gebunden, auf die sie zu antworten haben. Improvisationen bestehen aus Ketten von Handlungen, die wechselseitig Beschränkungen füreinander darstellen. Um nicht missverstanden zu werden: Dies impliziert nicht, dass es nicht auch externe Beschränkungen gäbe, die für Improvisationen relevant wären. Zweifelsohne gibt es viele solche Beschränkungen. Dennoch sind solche externen Beschränkungen nicht die Grundlage für die Verbindungen, in denen Handlungen im Rahmen von Improvisationen zueinander stehen. Ihre Verbundenheit kann nur unter Rekurs auf interne Beschränkungen erklärt werden.

Oben habe ich behauptet, dass das Einzelaktion-Modell keine Antwort auf die Frage bereitstellt, warum eine durch eine Handlung realisierte Auswahl unter unterschiedlichen Optionen innerhalb einer Improvisation für zukünftige Handlungen bedeutungsvoll ist. Die bis hierhin entwickelten Überlegungen erlauben uns nachzuvollziehen, warum dies so ist. Das Einzelaktion-Modell lässt es so erscheinen, als beginne eine Improvisation mit jeder einzelnen Handlung von Neuem. Es suggeriert, dass Improvisierende in jedem Moment etwas Bedeutungsvolles aus unterschiedlichen Optionen, mit denen sie konfrontiert sind, etablieren müssen – als sei eine Improvisation eine *creatio ex nihilo* auf Grundlage externer

Beschränkungen. Damit entsteht der Eindruck, jedes einzelne improvisatorische Tun würde aus sich heraus etwas Bedeutungsvolles zustande bringen. Aber dies führt zu einem Widerspruch, denn etwas kann nur dadurch bedeutungsvoll sein, dass es für eine zukünftige Handlung bedeutungsvoll ist. Das Einzelaktion-Modell lässt es so erscheinen, als bestimme jede Handlung aus sich heraus, was bedeutungsvoll ist, so dass keine der in der Improvisation vorangehenden Handlungen ihr als aus sich heraus bedeutungsvoll gilt. Daraus folgt, dass keine (vergangene) Handlung das Potential hat, für zukünftige Handlungen bedeutungsvoll zu sein. Wenn sie aber nicht für zukünftige Handlungen bedeutungsvoll sind, lassen sie sich überhaupt nicht als bedeutungsvoll begreifen. Das heißt nichts anderes, als dass, dem Einzelaktion-Modell zufolge, die Erklärung der Produktion von bedeutungsvollen Handlungen in einer Improvisation immer zugleich besagt, dass in ihr nichts Bedeutungsvolles realisiert wird.

Das Interaktions-Modell erlaubt es, diesen unhaltbaren Widerspruch zu überwinden. Wenn wir improvisatorische Handlungen als Antworten begreifen, verstehen wir, wie sie etwas Bedeutungsvolles realisieren können. Sie sind bedeutungsvoll für zukünftige Antworten, für die sie Impulse bereitstellen. In dem Maße, in dem improvisatorische Handlungen etwas Bedeutungsvolles hervorzubringen suchen, warten sie konstitutiv auf Antworten. Sehr schematisch habe ich oben bereits drei Typen solcher Antworten unterschieden: Antworten führen den Impuls fort oder bringen eine Art von Gegenhandlung hervor oder bleiben einfach aus. Ein Impuls ist auf jeden Fall aus Sicht der ersten beiden Typen von Antworten bedeutungsvoll. Als solchermaßen bedeutungsvoll kann der Impuls in der verbleibenden improvisatorischen Praxis oder auch noch viel länger wirkungsvoll bleiben. Impulse können den gesamten Verlauf einer Improvisation prägen. Sie können auch – man denke nur an die Art und Weise, wie John Coltrane sein Saxophon spielt – in vielen weiteren Improvisationen markante Spuren hinterlassen. Dies macht verständlich, wie innerhalb von Improvisationen Erwartungen und Erwartbares etabliert werden. Das Erwartbare wird durch Ketten von Praktiken zustande gebracht, die sich aus Impulsen heraus entwickeln. Diese Ketten sind aber auch der Hintergrund, vor dem etwas Unerwartetes hervorgebracht werden kann.

Im Sinne eines Zwischenresümees will ich festhalten, dass eine

Ontologie der Improvisation bei der Struktur von Impuls und Antwort als dem Kern dessen, was eine Improvisation ausmacht, ansetzen muss. Wichtig ist – wie die Beispiele bereits angezeigt haben – dabei erstens, dass Impuls und Antwort nicht notwendigerweise von unterschiedlichen Improvisierenden hervorgebracht werden müssen. Die Struktur von Impuls und Antwort gilt gleichermaßen für Solo- wie für Gruppen-Improvisationen. Zweitens gilt es zu betonen, dass eine Interaktion von Impuls und Antwort vielfach weit mehr als nur zwei Handlungen umfasst. In den meisten Fällen sind Impulse innerhalb von Improvisationen mit einer Vielzahl von Antworten verbunden, die über die Zeit hinweg an diese Impulse anschließen.

1.3 Normen in statu nascendi

Wie aber ist die Verbindung von Impuls und Antwort in Improvisationen genau zu verstehen? Betrachten wir einen Impuls, der im Rahmen einer Improvisation hervorgebracht wird. Wie bindet ein solcher Impuls die Handlungen, die auf ihn antworten? Wie wir bereits gesehen haben, bestehen für Antworten, aus deren Perspektive der Impuls bedeutungsvoll ist, zwei Optionen: Sie können das strukturelle Angebot des Impulses fortsetzen. Oder sie können einen Gegenimpuls setzen. Mit Blick auf den Fall des Fortsetzens (durch Wiederholung, Variation oder wie auch sonst immer) gilt es, den Impuls als eine normative Autorität zu verstehen, die mit Blick auf antwortende Handlungen etabliert wurde. Der Impuls setzt eine Norm, der die antwortenden Handlungen gerecht werden müssen, wenn sie ihn fortsetzen wollen.

Zwei Aspekte der Normativität, um die es hier geht, sind entscheidend: Erstens ist die Antwort wesentlich dafür, dass überhaupt eine Norm etabliert wird. Impulse als solche (im Sinne von einzelnen Handlungen) konstituieren keine Norm. Sie bieten Gelegenheiten für eine mögliche Konstitution, die, wenn man so sagen will, durch Antworten vervollständigt werden müssen. Zweitens ist es ein entscheidender Aspekt der betreffenden Normativität, dass Normen über die Zeit hinweg entwickelt werden. Sie sind keine stabilen Entitäten, sondern verändern sich mit der Weiterentwicklung der von ihnen geleiteten Praktiken.

Was den zweiten Typus von Reaktionen angeht: Wenn Impulse

durch Gegenimpulse beantwortet werden, kommen konfligierende Normen ins Spiel, die im Verlauf der Improvisation weiter entfaltet werden. Durch Konflikte werden die Normen geschärft und gewinnen Kontur gegeneinander.

In dieser Weise fordert das Interaktions-Modell der Improvisation ein Verständnis von Improvisation als spezifisch normativer Praxis. Normative Praktiken werden, wie oben bereits angesprochen, üblicherweise als Praktiken verstanden, in denen im Vorhinein bestehende Normen zur Anwendung kommen. Das heißt, dass die betreffenden Normen in dem Sinne vor den Praktiken bestehen, dass ihr Gehalt unabhängig von den Praktiken, die sie bestimmen, konstituiert ist. Die Normen müssen dabei nicht als gänzlich unabhängig von den Praktiken etabliert begriffen werden (im Sinne Platonischer Entitäten zum Beispiel). Es reicht, strukturell zwischen der Konstitution und der Anwendung der Normen zu unterscheiden. Um eine solche Unterscheidung in der Theorie der Normativität zu charakterisieren, kann man von einem Zwei-Stufen-Modell der Normativität sprechen. Das Konzept der Norm-Anwendung wird dementsprechend in einer Vorstellung von Norm-Konstitution fundiert, die diese als den von Normen geleiteten Praktiken vorangehend ausweist. Gemäß einer weit verbreiteten Vorstellung sind normative Praktiken und die Anwendung von Normen in dieser Weise zu begreifen.

Improvisationen aber können nicht in dieser Weise als normative Praktiken verstanden werden, da improvisatorische Praktiken sich nicht auf Normen stützen, die im Vorhinein etabliert worden sind. Nun mag man einwenden, dass viele Improvisationen auf Material zurückgreifen, das bereits vor ihnen bestand. So sind zum Beispiel eine Organistin, die über einen Choral improvisiert, oder ein Jazzmusiker, der »My Favourite Things« zur Grundlage einer Improvisation macht, jeweils einer Struktur verpflichtet, die normative Kraft auf sie ausübt. Aber solche Verpflichtungen machen Improvisationen nicht in der für sie spezifischen Normativität begreiflich, da die bloße Wiederholung einer bestimmten Struktur als solche sie nicht als Improvisationen bestimmt. Vielmehr ist die Normativität einer Improvisation durch die Art und Weise etabliert, in der unterschiedliche Elemente innerhalb ihrer aneinander gebunden sind.

Ein weiterer Einwand könnte geltend machen, dass die in den

bisherigen Überlegungen als zentral für Improvisationen ausgewiesenen Impulse als Normen zu begreifen sind, die dem, was ich Antworten nenne, vorangehen. Aber das wäre ein Missverständnis, und zwar aus einem einfachen Grund: Innerhalb von Improvisationen werden Normen, wie betont, durch Antworten etabliert. Die wichtigste Lehre des Interaktions-Modells besagt, dass Impulse in Improvisationen nicht für sich bestehen. Ein Impuls ist das, was er ist, nur durch Antworten, die auf ihn folgen. Er ist also, wenn überhaupt, als eine mögliche Norm zu begreifen. Erst Antworten auf ihn ›entscheiden‹, ob eine Norm zustande kommt. Innerhalb von Gruppenimprovisationen verbinden solche Entscheidungen unterschiedliche Individuen so miteinander, dass die Gruppe sich formiert. Wenn Improvisierende miteinander spielen, entsteht die Improvisation aufgrund ihrer gemeinschaftlichen Anstrengung.

Die weitergehende Erklärung der spezifischen Normativität von Improvisationen kann auf Jacques Derridas und Ludwig Wittgensteins Überlegungen zur Wiederholung[18] und zum Regelfolgen[19] zurückgreifen. Im Lichte dieser Überlegungen ist es als wesentlich für Normen in Improvisationen zu begreifen, dass sie durch Wiederholung konstituiert werden. Die grundlegende Form der Wiederholung besteht darin, dass eine zweite Handlung aufgreift, was in einer ersten Handlung hervorgebracht wurde. Was von der ersten Handlung ›angeboten‹ wird, wird durch die zweite Handlung als Norm konstituiert. Die Verbindung zwischen erster und zweiter Handlung bildet den Nukleus für eine Wiederholungskette, die durch viele andere Handlungen fortgesetzt werden kann. Ketten wie diese etablieren und verlängern Normen.[20] Die Normen werden also durch potentiell endlose Wiederholungen verwirklicht. Denken wir an Jazz-Standards. Das harmonische Schema eines

18 Vgl. Jacques Derrida, »Signatur Ereignis Kontext«, in: ders., *Randgänge der Philosophie*, Wien ^{2}1999, S. 325-351.

19 Vgl. Ludwig Wittgenstein, *Philosophische Untersuchungen*, in: ders., *Werkausgabe*, Bd. 1, Frankfurt/M. 1984, §§ 198-202.

20 Die Ketten, von denen hier die Rede ist, sind als eine Abstraktion aus netzartigen Strukturen zu begreifen, in denen das improvisatorische Geschehen sich insgesamt fortbildet. Elemente (wie zum Beispiel ein rhythmisches Muster) stehen in Zusammenhängen mit anderen Elementen, so dass die Stabilisierung von Elementen in Ketten insgesamt im Rahmen von netzartigen Zusammenhängen erfolgt, in denen die unterschiedlichen Elemente verbunden sind, die das improvisatorische Geschehen ausmachen.

Jazz-Standards (wie etwa von Gershwins »I Got Rhythm«) kann unbegrenzt iteriert werden. Dabei ist jede neue Instantiierung des Schemas mit Veränderungen verbunden. So ist die Kette von Praktiken, durch die eine Norm in Improvisationen etabliert wird, als eine Kette unentwegter Variation und Veränderung zu begreifen.

Derridas und Wittgensteins Konzeptionen normativer Praktiken erlauben uns so zu verstehen, inwiefern normative Praktiken mit unentwegter Veränderung verbunden sein können. Ihre Philosophien machen begreiflich, dass Normen nicht notwendigerweise eine vorgegebene Identität besitzen müssen, um als Normen zu funktionieren. Vielmehr kann sich ihre Identität immer entwickeln und so auch Veränderung beinhalten. Im Sinne einer solchen Explikation von Normativität ist die Anwendung von Normen nicht im Sinne eines Zwei-Stufen-Modells zu verstehen. Die Anwendung wird hier nicht als eine Wiederholung von Normen gedacht, die im Vorhinein etabliert sind, sondern als eine Praxis, innerhalb deren Rahmen Normen stets re-etabliert werden.[21] Noch einmal anders erläutert: Innerhalb von Improvisationen lässt sich nicht zwischen der Konstitution und der Anwendung von Normen unterscheiden. Man kann in diesem Sinne sagen, dass die normative Struktur hier einstufig ausfällt, Konstitution und Anwendung also in eins fallen. Darin liegt der erste für Improvisation als normative Praxis charakteristische Aspekt.

Eine zweite Charakteristik besteht in der unentwegten Erneuerung von Normen. In jedem Moment einer Improvisation können Impulse eine Konstitution neuer Normen hervorrufen. Jeder Impuls in einer Improvisation kann als Infragestellung der die Improvisation bis zu diesem Punkt beherrschenden Normen verstanden werden. Dabei zeigt die von einem Impuls geleistete Infragestellung von Normen eine grundlegende Ambiguität: Einerseits kann die Infragestellung als Aspekt der Anwendung von in der Improvisation bereits entwickelten Normen fungieren. Andererseits kann die Infragestellung einen Versuch darstellen, neue Normen zu etablieren und so einen Bruch zu realisieren. Diese Ambiguität resultiert aus einem doppelten Potential, das Impulsen zukommt: Zwischen

21 Im ersten Kapitel bin ich bereits darauf zu sprechen gekommen, dass Gadamer eine verwandte Explikation von Anwendung im Sinne von Applikation entwickelt: vgl. Hans-Georg Gadamer, *Wahrheit und Methode*, Tübingen [6]1990, S. 330-346.

Kontinuität und Diskontinuität, zwischen einer unentwegten Veränderung und einer kompletten Erneuerung lässt sich nicht scharf trennen.

Diese These – das zu betonen ist wichtig – ist begrifflicher Natur. Ohne Zweifel gibt es Erfahrungen unzweideutiger Kontinuität und unzweideutiger Diskontinuität in Improvisationen, so zum Beispiel, wenn der Charakter einer Improvisation von einem Moment zum anderen radikal wechselt. Eine solchermaßen als eindeutig erfahrene Diskontinuität könnte dennoch in dem Sinne als eine Form der Kontinuität begriffen werden, dass das Vorangehende eine Gelegenheit dafür eröffnet hat, einen radikalen Wechsel hervorzubringen. Eine entsprechende Kontinuität in der Diskontinuität exemplifiziert die These, dass in Improvisationen keine scharfe Trennung zwischen Kontinuität und Diskontinuität besteht. Jeder Impuls kann eine Entwicklung in der einen oder anderen Weise anstoßen. Er kann eine neue Anwendung einer bereits etablierten Norm genauso wie einen Versuch, etwas ganz Neues zu begründen, hervorrufen. Als normative Praxis ist eine Improvisation ein unentwegtes Ringen zwischen Fortsetzung und Neustart. Wittgenstein hat eine griffige Formulierung gefunden, um eine solche Struktur zu fassen: »[We] make up the rules as we go along.«[22] Improvisationen realisieren in einer Verschränkung von Kontinuität und Diskontinuität eine unentwegte Weiterentwicklung von Normen.

Ein drittes Charakteristikum von Improvisation als normativer Praxis ist implizit in den vorangehenden Erläuterungen bereits mehrfach angesprochen worden: Es handelt sich um die zeitliche Struktur von Improvisationen. Einem verbreiteten Missverständnis zufolge ereignen sich Improvisationen im Hier und Jetzt. Die Erläuterung der Verbindung von Impulsen und Antworten hat aber gezeigt, dass die grundlegende zeitliche Struktur eines Impulses nicht die Gegenwart ist. Vielmehr ist er auf die Zukunft ausgerichtet, in der er auf eine Antwort wartet. Es ist deutlich geworden, dass Normen innerhalb von Improvisationen nur durch Antworten auf Impulse etabliert werden. Hinzu kommt, dass jeder Impuls seinerseits eine Antwort auf vergangene Impulse darstellt. Er trägt möglicherweise seinerseits dadurch zur Konstitution einer Norm bei, dass er auf vergangene Impulse als solche, durch die er sich

22 Wittgenstein, *Philosophische Untersuchungen*, § 83.

gebunden sieht, reagiert. Im Sinne dieser Erläuterungen kann die zeitliche Struktur improvisatorischer normativer Praktiken in der Formel gefasst werden: »Öffnen der Zukunft, indem man auf die Vergangenheit antwortet«.

In dieser Weise ist die Impuls-Antwort-Struktur von Improvisationen mit einer spezifischen zeitlichen Struktur von Normativität verbunden. Die Spezifik dieser Struktur kann man dadurch fassen, dass man, mit einem Ausdruck aus der Chemie, sagt, Normen in Improvisationen seien immer *in statu nascendi*. Es gehört zur Eigentümlichkeit von Improvisationen als normativen Praktiken, dass die in ihnen leitenden Normen niemals stabil sind. Immer warten diese Normen auf eine Weiterentwicklung in der Zukunft, die durch ihre unentwegte Infragestellung hervorgebracht wird. Dadurch werden die im Rahmen von improvisatorischen Praktiken etablierten Normen wieder und wieder erneuert. In diesem Sinn sind Improvisationen an Normen gebunden, die sich in steter Hervorbringung befinden.

Wenn man Improvisation in dieser Weise in ihrer Eigentümlichkeit fasst, kann man begreifen, inwiefern das kreative Moment von Improvisationen in ihrer normativen Struktur verankert ist. Ich habe dafür argumentiert, dass Improvisationen sich nicht aus einzelnen Handlungen, sondern aus Interaktionen zusammensetzen, die in Verbindungen von Impulsen und Antworten bestehen. Aus diesem Grund lässt sich auch die kreative Dimension von Improvisationen nicht unter Rekurs auf Einzelaktionen fassen. Sie muss von den besagten Interaktionen als den strukturbildenden Elementen von Improvisationen her begriffen werden. Auf dieser Grundlage ist die kreative Dimension als Aspekt der Normativität von Improvisationen zu fassen. Improvisation ist ein kreatives Tun, das im Rahmen einer normativen Praxis entwickelt wird. Die Kreativität des Improvisierens besteht in der konstanten Hervorbringung von Normen – verstanden als Normen *in statu nascendi*.

1.4 Improvisatorische Fähigkeiten und die evaluative Dimension improvisatorischer Praktiken

Wenn man das, was Improvisationen ausmacht, in Begriffen spezifischer normativer Praktiken fasst, ist man genötigt, ein weiteres Element in die ontologischen Überlegungen einzubeziehen, und zwar die Fähigkeiten derjenigen, die improvisieren. Die unentwegte Infragestellung leitender Normen durch Impulse beruht auf spezifischen Fähigkeiten, deren es zum Hervorbringen entsprechender Impulse bedarf. Mit anderen Worten: Improvisation muss als eine Praxis begriffen werden, die auf besonderen Fähigkeiten des Improvisierens basiert. Diese Fähigkeiten sind wesentlich für ein Verständnis von Improvisation als normativer Praxis. Sie sind konstitutiv für die spezifische Form von Normativität, die in Improvisationen zustande kommt.

Die Besonderheit der für Improvisationen erforderlichen Fähigkeiten lässt sich dadurch aufklären, dass man improvisatorische normative Praktiken mit einfachen Routinen kontrastiert. Wenn eine Praxis als einfache Routine zu begreifen ist, arbeiten die für sie relevanten Fähigkeiten in einer stereotypen Art und Weise (wie zum Beispiel in Charlie Chaplins *Modern Times*). Im Rahmen einer solchen Praxis verändern sich die Fähigkeiten nicht. Sie sind vielmehr eine Voraussetzung der betreffenden Praxis und bestehen unabhängig von ihrer jeweiligen spezifischen Fortsetzung. Während der Praxis bleiben die Fähigkeiten so, wie sie zuvor gewesen sind. Dies ist in Improvisationen anders. Wir können uns wichtige Unterschiede klarmachen, wenn wir daran denken, wie wir scheiternde Improvisationen kritisieren. Wir schätzen Improvisationen dann als misslungen ein, wenn die Improvisierenden einfach wiederholen, was sie zuvor eingeübt haben. Der Erfolg von Improvisationen wird an der Realisierung von Impulsen gemessen – an dem Unerwarteten, das zustande kommt. Wichtig ist zudem für diesen Erfolg, dass auf das Unerwartete in angemessener Art und Weise geantwortet wird. Die Fähigkeiten, die für Improvisationen grundlegend sind, müssen in Orientierung an diesen Erfolgskriterien verstanden werden.

Insofern sind die Fähigkeiten des Improvisierens als solche des Produzierens von Unerwartetem und des Reagierens auf Unerwartetes zu begreifen.[23] Improvisierende müssen lernen, nicht in eingeübten Mustern und etablierten Schemen zu verharren, sondern Impulse zu produzieren, die eintrainierte Muster und etablierte Schemen in Frage stellen und durchbrechen. Es handelt sich um Fähigkeiten des Befragens und dadurch Ver- und Neulernens von

23 Vgl. Gary Peters, *Improvising Improvisation. From out of Philosophy, Music, Dance, and Literature*, Chicago 2017, S. 165.

Routinen.[24] Dies gilt gleichermaßen für das Hervorbringen angemessener Antworten auf Impulse. Wenn eine Improvisierende mit einem Impuls einer Mitspielerin konfrontiert ist, weiß sie grundsätzlich nicht, wie sie darauf reagieren soll. Kein Muster oder Schema kann ihr dabei helfen, auf eine angemessene Art und Weise zu antworten. Um in gelungener Weise zu reagieren, muss sie von dem abweichen, was sie bislang gelernt und gespielt hat. Die Fähigkeiten, deren es zur Entwicklung einer solchen Abweichung bedarf, sind Fähigkeiten des Infragestellens und damit des Ver- beziehungsweise Neulernens von Routinen.

Wenn entsprechende Fähigkeiten in einer Improvisation im Spiel sind, werden sie transformiert, während sie ausgeübt werden. Unentwegt werden die Fähigkeiten von Impulsen und Antworten im Rahmen der Improvisation herausgefordert. Wenn eine Improvisierende in passender Weise mit diesen Impulsen und Antworten interagiert, werden ihre Fähigkeiten durch diese Interaktionen verändert. Auf diese Weise wirken Improvisationen auf die Fähigkeiten zurück, die Improvisierende mitbringen. Man kann so davon sprechen, dass für die Fähigkeiten das charakteristisch ist, was Catherine Malabou als »Plastizität« bezeichnet:[25] Wenn man improvisiert, entwickelt man die Fähigkeiten, die die Grundlage des Improvisierens darstellen, immer weiter. Es wird so offensichtlich, dass die unentwegte Entwicklung von Normen in Improvisationen und die unentwegte Entwicklung von Fähigkeiten aneinander gebunden sind. Beide Entwicklungen hängen konstitutiv miteinander zusammen.

Nun geht es bei den Fähigkeiten, die ich bislang analysiert habe, um weit mehr als nur um das Hervorbringen von Impulsen und Antworten. Zu ihnen gehört wesentlich auch eine Dimension der Wahrnehmung. Denken wir an eine Improvisierende, die mit einem Impuls, zum Beispiel einer eigentümlichen rhythmischen Struktur, konfrontiert ist. Wenn sie auf diesen Impuls antworten will, muss sie ihn als etwas Unerwartetes in seiner Eigentümlichkeit erkennen können, auch wenn sie ihn gerade nicht erwarten konn-

24 Vgl. Alessandro Bertinetto, Georg W. Bertram, «We make up the rules as we go along – Improvisation as an Essential Aspect of Human Practices?«, in: *Open Philosophy* 3 (2020), S. 202-221, hier: S. 205 f.

25 Vgl. Catherine Malabou, *The Future of Hegel. Plasticity, Temporality, and Dialectic*, London 1996.

te. Wenn wir Fähigkeiten als eingeübte Muster verstehen, können wir nicht erklären, wie jemand in der Lage ist, etwas Unerwartetes in seiner Eigentümlichkeit wahrzunehmen. Die Fähigkeiten, die in einer Improvisation im Spiel sind, müssen so auch hinsichtlich der Dimension der Wahrnehmung als entwicklungsfähig begriffen werden.

Im Rahmen einer Konzeption menschlicher Praxis nach Foucault und anderen neostrukturalistischen Positionen wird vielfach vorausgesetzt, dass normative Strukturen das bestimmen, was wahrnehmbar ist. Diese Voraussetzung spielt unter anderem in Positionen wie denjenigen von Pierre Bourdieu,[26] Jacques Rancière[27] und Judith Butler[28] eine entscheidende Rolle. In einer sehr allgemeinen Art und Weise lässt sich der Grundgedanke dieser Positionen folgendermaßen darstellen: Die normativen Strukturen, die in einem kulturellen Kontext etabliert sind, prägen die Art und Weise, wie diejenigen, die in diesem Kontext leben, denken und handeln. Denken und Handeln sind dabei untrennbar mit Fähigkeiten der Wahrnehmung verbunden, so dass die normativen Strukturen auch diese Fähigkeiten durchdringen. Daraus wird gefolgert, dass diejenigen, die in einem spezifischen kulturellen Kontext leben, nicht in der Lage sind, Gegenstände, Eigenschaften und Ereignisse wahrzunehmen, die auf keine Weise zu den innerhalb des jeweiligen Kontexts etablierten normativen Strukturen passen.

Der Rekurs auf Überlegungen dieser Art hilft uns, besser zu verstehen, welche Wahrnehmungsfähigkeiten Improvisationen voraussetzen. Wenn die Fähigkeiten in der gerade erläuterten Weise eingeschränkt wären, wären diejenigen, die improvisieren, nicht in der Lage wahrzunehmen, womit Impulse sie konfrontieren. Sie könnten nur wahrnehmen, was den etablierten und ihnen so vertrauten normativen Strukturen entspricht. Aber Impulse in Improvisationen entsprechen solchen Strukturen gerade nicht. Daraus folgt, dass die Wahrnehmungsfähigkeiten von Improvisierenden anders geartet sein müssen. Sie müssen es ihnen ermöglichen, etwas Unerwartetes in seiner Eigenart zu erkennen, also eine charakteristische Offenheit besitzen. Es handelt sich um Fähigkeiten, gegebene Muster und etablierte Schemata zu überwinden. Ihre

26 Vgl. Pierre Bourdieu, *Entwurf einer Theorie der Praxis*, Frankfurt/M. 1976.
27 Vgl. Jacques Rancière, *Die Aufteilungen des Sinnlichen*, Berlin 2008.
28 Vgl. Judith Butler, *Kritik der ethischen Gewalt*, Frankfurt/M. 2003.

Wahrnehmungsfähigkeiten erlauben es Improvisierenden, die von Impulsen realisierten Gelegenheiten zur Weiterentwicklung der Improvisation zu erfassen, die sie nicht haben erwarten können. Man kann hier von Fähigkeiten des unentwegten Ver- beziehungsweise Neuerlernens von Wahrnehmungen sprechen.

Die so weit analysierte Wahrnehmungsdimension von Improvisationsfähigkeiten muss mit der normativen Dimension von Improvisationen verbunden werden. Dies kann dadurch geschehen, dass man eine evaluative Dimension als wesentlichen Aspekt des Antwortens in Improvisationen herausstellt. Indem sie antworten, evaluieren Improvisierende Impulse (ihrer Mitspieler:innen). Die Evaluation ist eine implizite Dimension ihres Antwortens. Diese Dimension lässt sich anhand der folgenden beispielhaften Erläuterungen begreifen: Antworten bewerten Impulse unter anderem als solche, die eine gute Idee beinhalten, die eine interessante Ausnahme realisieren oder die einen Bruch mit den bislang die Improvisation leitenden Normen provozieren. Die improvisatorischen Antworten enthalten implizite Einschätzungen dieser Art. Man kann hier von einer in die Praktiken des Antwortens eingelassenen Reflexion sprechen, um zu charakterisieren, inwiefern die antwortenden Handlungen eine evaluative Dimension enthalten: Impulse werden in ihrem Potential reflektiert, die Improvisation durch antwortende Handlungen zu inspirieren. Die Evaluationen manifestieren sich dabei in den drei unterschiedlichen Typen von Antworten, die ich oben bereits unterschieden habe: Sie können zu einer Fortsetzung des Impulses führen oder zu einer Entgegnung oder zu seiner Missachtung beziehungsweise Verwerfung.

Man mag einwenden, dass Evaluation Normen voraussetzt und aus diesem Grund ohne Rekurs auf im Vorhinein bestehende Normen nicht verständlich gemacht werden kann. Aber dieser Einwand beruht auf einer Voraussetzung, die nicht haltbar ist. Auch wenn einige evaluative Praktiken zweifelsohne bestehende Normen voraussetzen, gilt diese Voraussetzung nicht für alle entsprechenden Praktiken. Man denke nur an die Rechtsprechung im Rahmen eines *case-law*-Rechtssystems, in dem Richter nicht auf gesetztes Recht rekurrieren.[29] Das Urteilen der Richter kann hier so beschrieben

29 Vgl. Robert B. Brandom, »Einige pragmatistische Themen in Hegels Idealismus«, in: *Deutsche Zeitschrift für Philosophie* 47 (1999), S. 355-381; Derrida, *Gesetzeskraft*, bes. S. 46-59.

werden, dass sie Urteile aus der Vergangenheit evaluieren, um zu entscheiden, ob sie aus ihrer Sicht beispielhaft sind. Diese Evaluationen sind die implizite oder explizite Grundlage der Urteile, die die betreffenden Richter ihrerseits fällen. Das heißt aber nicht, dass die Richter ohne alle normative Orientierung evaluieren müssten. Ihre normative Orientierung liegt in der Zukunft. Wie sie selbst vergangene Urteile evaluieren, ist Gegenstand zukünftiger Evaluationen zukünftiger Richter:innen (und wie diese Richter:innen wiederum evaluieren, ist seinerseits Gegenstand noch weiter in der Zukunft liegender Evaluationen noch einmal anderer Richter:innen).

Das *case-law*-Model macht verständlich, wie Evaluationen funktionieren, wenn sie nicht in im Vorhinein bestehenden Normen fundiert sind. Ihm zufolge sind Evaluationen durch zukünftige Evaluationen normativ gebunden. In dieser Weise müssen wir auch Evaluationen innerhalb von Improvisationen als normativ fundiert begreifen. Die implizit in Antworten enthaltenen Evaluationen sind normativ dadurch gebunden, wie sie selbst durch zukünftige Antworten evaluiert werden. So können wir erläutern, inwiefern die Konstitution von Normen von Evaluationen abhängt, die ihrerseits nicht in im Vorhinein gegebenen Normen fundiert sind.

Normen *in statu nascendi* sind abhängig von der Handlungs-Dimension, der Wahrnehmungs-Dimension und der evaluativen Dimension der Fähigkeiten von Improvisierenden. Die spezifische Normativität von Improvisation hängt damit zusammen, dass Fähigkeiten aufgrund ihrer Entwicklung eine produktive Transformation im Rahmen improvisatorischer Praktiken zulassen. Aber es geht nicht allein um eine Transformation als solche. Nur dann, wenn diese mit einer evaluativen Dimension verbunden ist, werden im Rahmen der betreffenden Praxis normative Strukturen etabliert. Als normative Praktiken beruhen Improvisationen auf dem Zusammenspiel von Handlung, Wahrnehmung und Evaluation.

Die Überlegungen zu Fähigkeiten des Improvisierens machen verständlich, dass das Unerwartete keine Voraussetzung, sondern eine Errungenschaft des Improvisierens und der in ihm entwickelten Fähigkeiten darstellt. Das Unerwartete ist nicht von einzelnen Subjekten her zu begreifen, die der Welt mit Erwartungen begegnen. Vielmehr basiert es auf Fähigkeiten, die Subjekte im Rahmen komplexer improvisatorischer Praktiken erwerben und mittels deren sie sich auf Momente hin öffnen, die nicht in dem präformiert sind, was sie im Sinne von Mustern und Strukturen beherrschen. Die Fähigkeiten des Improvisierens wiederum beruhen auf den improvisatorischen Praktiken, im Rahmen deren sie durch das Zusammenwirken vieler Subjekte zustande kommen und weitergegeben werden. Insofern besagt die These, dass das Unerwartete eine Errungenschaft des Improvisierens darstellt, dass es in Praktiken und den aus ihnen hervorgehenden Fähigkeiten entwickelt wird.

2. Verstehen als improvisatorisches Geschehen: drei grundlegende Aspekte

Verstehen prägt das menschliche Leben tagein, tagaus. Wir verstehen das, was andere zu uns sagen, und dies in ganz alltäglichen Kontexten, aber auch in besonderen Situationen wie einem Konfliktgespräch. Wir verstehen aber auch Gegenstände und Sachverhalte um uns herum. Nicht zuletzt begegnen wir auch historischen Hinterlassenschaften oder Kunstwerken dadurch, dass wir zu Verständnissen kommen. Verstehen hat in dieser Weise vielfältige Dimensionen, die grundsätzlich untereinander verbunden sind, sich aber nicht aufeinander reduzieren lassen. Paradigmatisch ist zweifelsohne die Sprache, die uns im Gespräch, in geschriebenen Texten, in unterschiedlichen Medien entgegentritt. In dem Maße, in dem wir in Sprache leben, leben wir auch im Verstehen.

Wie aber sind die Strukturen des Verstehens zu begreifen? Im ersten Kapitel habe ich dargelegt, dass ein für (gegenwärtige) hermeneutische Positionen zentrales Moment in der Erläuterung von Verstehen, das sich mit dem Begriff der Selbstverständlichkeit umreißen lässt, Probleme mit sich bringt, weil es wichtigen Strukturmomenten des Verstehens nicht gerecht wird. Insofern stellt sich die Frage, wie ein korrigierter Begriff des Verstehens gewonnen werden kann. Genau an diesem Punkt ist der im zurückliegenden Teil entwickelte Begriff der Improvisation hilfreich. Er macht eine Struktur begreiflich, die es erlaubt, Probleme, auf die wir im ersten Kapitel gestoßen sind, zu vermeiden. Der generelle Nenner dieser Struktur besagt, dass Verstehen mit kontinuierlichen Infragestellungen und Weiterentwicklungen verbunden ist. Insofern kommt ihm gerade keine Selbstverständlichkeit zu.

Um die in Bezug auf Improvisationen entfalteten Strukturen für einen Begriff des Verstehens fruchtbar zu machen, sind aus meiner Sicht drei Aspekte von besonderer Bedeutung. Der erste Aspekt lässt sich durch die Frage umreißen, wie man der steten Veränderung sprachlicher Äußerungen und des mit ihnen verbundenen Verstehens in der Theorie Rechnung tragen muss. Damit verbunden ist zweitens die Frage, inwiefern Verstehen von Grund auf interaktiv strukturiert ist, sich also durch Verbindungen von Impulsen und Reaktionen herstellt. Drittens geht es um die Plastizität der Fähigkeiten, die für alles Verstehen gerade als ein immer wieder von Impulsen getriebenes improvisatorisches Geschehen grundlegend sind. In diesen drei Aspekten lässt sich der improvisatorische Charakter alles Verstehens im Sinne der improvisationstheoretischen Grundüberlegungen des ersten Teils aufklären.

2.1 Die Wandelbarkeit des Verstehens (Chomsky/Davidson)

Wer andere versteht, ist mit immer neuen sprachlichen Äußerungen konfrontiert. Auch wenn es vorkommt, dass bestimmte Äußerungen sich einschleifen und weithin von Sprecher:innen geteilt werden, sind doch viele von ihnen einmalig. Das stellt, wie nicht zuletzt Noam Chomsky konstatiert, unser Verstehen vor nicht unerhebliche Anforderungen. Chomsky argumentiert, dass die Bewältigung dieser Anforderungen nur dann einsichtig zu machen ist, wenn wir in der Theorie auf ein festes Raster als Grundlage des Verstehens zurückgreifen.[30] Er schließt, dass unsere sprachliche Kompetenz aus einem endlichen Repertoire besteht, das wir ständig rekombinieren. Unser Sprechen stützt sich demnach genauso wie unser Verstehen auf dieses Repertoire, so dass erklärlich wird, warum wir mit der unermesslichen Vielfalt dessen, was uns sprachlich begegnet, zurande kommen.[31] Chomsky begreift diese Vielfalt so nur als einen Schein, dem eine begrenzte und aus diesem Grund beherrschbare Struktur zugrunde liegt.

Chomskys Argumentation ist charakteristisch für eine Denkweise, die Improvisation nicht als mögliche Grundstruktur menschlicher Praxis in Betracht zieht. Er geht offensichtlich von

30 Vgl. Noam Chomsky, *Regeln und Repräsentationen*, Frankfurt/M. 1981.

31 Zu einer knappen Darstellung von Chomskys Position mit Blick auf die hier resümierten Aspekte vgl. Sybille Krämer, »Noam Chomsky: Sprache als Kompetenz«, in: dies., *Sprache, Sprechakt, Kommunikation*, Frankfurt/M. 2001, S. 37-54.

der Alternative aus, dass es entweder endliche Ressourcen für unsere Fähigkeiten gibt oder diese Fähigkeiten nicht als strukturierte Fähigkeiten begriffen werden können. Diese Alternative ist aber nur plausibel, wenn gilt, dass ohne endliche Ressourcen unsere Fähigkeiten nicht als strukturiert gelten können. Doch dies gilt keineswegs. Der Mensch ist als ein Wesen zu begreifen, das Kontingenzen produktiv zu machen und aus ihnen Strukturen immer wieder neu- und weiterzuentwickeln vermag. Er ist fehlverstanden, wenn man ihn als ein Wesen begreift, das Kontingenzen eliminiert.

Es gilt also, die Chomsky untergründig leitende Alternative hinter sich zu lassen. Dann wird es aber erforderlich, auch die von Chomsky ausgeschlagene Option zu verfolgen. Improvisation kann demnach erklären, dass wir mit den unbegrenzt vielfältigen Äußerungen klarkommen, mit denen wir unentwegt konfrontiert sind. Improvisation ist sogar insofern eine besonders überzeugende Erklärung, da sie eine Annahme vermeidet, die Chomsky benötigt: die Annahme, dass es ein endliches Repertoire sprachlicher Grundelemente und -strukturen gibt, das in den von uns getätigten und verstandenen Äußerungen immer wieder rekombiniert wird. Eine solche Annahme macht es erforderlich, jenseits der offensichtlich unterschiedlichen Strukturen natürlicher Sprachen und all der Unterschiedlichkeit alltäglichen und nichtalltäglichen Sprachgebrauchs so etwas wie eine unsichtbare Grundstruktur genauso wie ein von unterschiedlichen Sprecher:innen geteiltes Vokabular anzusetzen. Diese (theoretisch überaus voraussetzungsreichen und am Ende wenig überzeugenden) Annahmen sind nicht vonnöten, wenn man den Gedanken verfolgt, dass wir in unserem Verstehen improvisatorisch vorgehen. Wir sind demnach in vielen Situationen mit Äußerungen konfrontiert, auf die wir nicht vorbereitet sind. Es gelingt uns aber dennoch, mit ihnen umzugehen. Dies lässt sich durch die These begründen, dass unsere Fähigkeiten, etwas zu verstehen, im Kern improvisatorische Fähigkeiten sind.

Eine weitere Voraussetzung, die in Chomskys Position entscheidend ist, kann man durch den Rekurs auf das Zustandekommen des Verstehens in improvisatorischen Strukturen hinter sich lassen, und zwar die Unterscheidung von Kompetenz und Performanz.[32]

32 Vgl. hierzu die programmatischen Darstellungen in Noam Chomsky, »Spracherwerb und Sprachgebrauch«, in: ders., *Cartesianische Linguistik. Ein Kapitel in der Geschichte des Rationalismus*, Tübingen 1971, S. 79-94.

In den improvisationstheoretischen Klärungen des ersten Teils dieses Kapitels ist uns eine analoge Unterscheidung begegnet: die Unterscheidung zwischen der Konstitution und der Anwendung von Normen. Wir haben gesehen, dass es für Improvisationen charakteristisch ist, dass Konstitution und Anwendung ineinander fallen: Jede Anwendung bedeutet eine Rekonstitution der betreffenden Normen. Genau diese Struktur gilt auch für alles sprachliche Verstehen: Kein Moment des Verstehens beruht auf einer ihm vorangehenden Kompetenz, die in ihm einfach zur Anwendung kommt. Jedes Verstehen entwickelt die Kompetenzen, auf denen es basiert, weiter. Insofern ist die von Chomsky verfolgte Voraussetzung einer jeder Performanz vorausgehenden Kompetenz unhaltbar. Da Verstehen als improvisatorisches Geschehen zu begreifen ist, müssen wir diese Voraussetzung fallen lassen.

Im Zentrum einer Erläuterung von Verstehen als improvisatorischer Praxis steht, so lassen sich die vorangehenden Überlegungen weiter fruchtbar machen, der Begriff des Unerwarteten als eines Impulses, der Reaktionen erfordert. Vieles von dem, womit wir sprachlich konfrontiert sind, ist für uns unerwartet. Dabei gibt es Grade des Unerwartetseins. Viele kleine Abweichungen von dem, was wir bereits gehört haben, sind auf der einen Seite eines Spannungsfelds, auf dessen anderer Seite Neologismen und exzentrische Sprachverwendungen stehen. Strukturell ähnelt das einer Improvisation in den Künsten. Auch in einer solchen Improvisation gibt es viele Momente, in denen es nur zu kleinen Abweichungen kommt. So sind die Improvisierenden in einer Jazz-Improvisation oft bereits durch kleine rhythmische Betonungen oder Phrasierungen gefordert. Besonders umstürzlerische Impulse kommen auch hier nicht unentwegt zustande. Insofern ist eine Analogie zwischen Improvisationen und alltäglichen und nichtalltäglichen Situationen sprachlichen Verstehens durchaus naheliegend.

Denken wir an ein persönliches Gespräch, in dem es, wie man so sagt, um etwas geht. Wenn wir ernsthaft mit jemand anderem sprechen, ist der Verlauf eines Gesprächs im Normalfall gänzlich unabsehbar. Äußerungen, die man selbst tätigt, stellt man in den Raum, ohne zu wissen, wie die oder der andere darauf reagieren wird. Entsprechend kann man sich auf die Reaktionen, mit denen man konfrontiert wird, nicht einstellen. So macht man auch immer wieder die Erfahrung, dass man nicht versteht, was einem entgegnet wird. Dann muss man sich gemeinsam um Klärungen bemühen, um zu einem Verständnis zu gelangen (vgl. III.2.3). Wenn man – sei es auf Umwegen oder direkt – versteht, reagiert man in einer für das Gegenüber wiederum möglicherweise unabsehbaren Weise, so dass das Gespräch immer neue Wendungen nehmen kann und oft auch nimmt. Wir haben uns in solchen Gesprächen immer wieder auf das einzustellen, womit wir sprachlich konfrontiert werden. Wie das möglich ist, lässt sich erklären, wenn man ein entsprechendes Gespräch als ein improvisatorisches Geschehen begreift.

An diesem Punkt kann man wieder auf Donald Davidsons Sprachphilosophie zu sprechen kommen und überlegen, ob nicht sein Modell sprachlicher Interpretation ein solches improvisatorisches Geschehen erklärt. Im ersten Kapitel habe ich dargestellt, wie Davidson die Veränderbarkeit sprachlichen Verstehens aus einem Wechsel von Ausgangs- und Übergangstheorien heraus rekonstruiert (vgl. I.2). Davidson geht davon aus, dass wir mit immer neuen sprachlichen Äußerungen konfrontiert sind. Er fasst dies pointiert mit der These, radikale Interpretation beginne zuhause.[33] All das, was uns sprachlich begegnet, ist dahingehend als unerwartet zu begreifen, dass es in dieser Form – zum Beispiel der Kombination von Wörtern oder der stimmlichen Betonung – (mehr oder weniger) noch nie gesagt wurde. So ist keine Interpretin genau auf die Äußerungen vorbereitet, mit denen sie es zu tun bekommt.

Der von Davidson behauptete Zusammenhang von Ausgangs- und Übergangstheorien soll dies erklären. Die Interpretin hat auf Basis aller bisherigen Interaktionen mit Sprecher:innen im Allgemeinen und mit der spezifischen Sprecherin, deren Äußerung sie zu verstehen hat, im Besonderen eine Ausgangstheorie für die interpretative Auseinandersetzung mit weiteren sprachlichen Äußerungen gebildet. Mit dieser Ausgangstheorie gerüstet, geht sie an die Interpretation einer neuen Äußerung. Dabei fordert diese Äußerung aufgrund ihres unerwarteten Charakters unterschiedliche Revisionen in der Theorie, die im Rahmen der Übergangs-

33 So schreibt Davidson knapp: »Das Problem der Interpretation gilt für die Muttersprachen ebenso wie für Fremdsprachen.« (Donald Davidson, »Radikale Interpretation«, in: ders., *Wahrheit und Interpretation*, Frankfurt/M. 1986, S. 183-203, hier: S. 183) Davidson wiederholt hier eine These von Quine; vgl. Willard Van Orman Quine, »Ontologische Relativität«, in: ders., *Ontologische Relativität und andere Schriften*, Frankfurt/M. 2003, S. 43-84, hier: S. 62.

theorie vorgenommen werden. Wenn die Sprecherin eine weitere, wieder neue Äußerung tätigt, fungiert diese Übergangstheorie als neue Ausgangstheorie. So ergibt sich eine Dynamik immer neuer Übergangstheorien, die im nächsten Moment als Ausgangstheorien fungieren, um wiederum von Übergangstheorien – um es in der Sprache Hegels zu sagen – aufgehoben zu werden.

Die von Davidson erläuterte Dynamik könnte man als Improvisationsgeschehen begreifen. Dabei ließe sich unterstützend anführen, dass Davidson dezidiert die Relevanz einer geteilten Sprache, ja sogar überhaupt so etwas wie einer natürlichen Sprache für sprachliche Interpretation bestreitet.[34] Dennoch gelingt es seinem Modell nicht, den improvisatorischen Charakter sprachlichen Verstehens hinreichend begreiflich zu machen. Dies liegt – wie bereits im ersten Kapitel betrachtet – primär darin begründet, dass Davidson den sozialen Zusammenhang sprachlichen Verstehens nicht angemessen fasst. Dieser Zusammenhang aber ist wesentlich für das improvisatorische Moment des Verstehens. Der Wechsel von einer Ausgangs- zu einer Übergangstheorie findet in Davidsons Verständnis nur bei der Interpretin statt. In diesem Wechsel bezieht sich die Interpretin zwar auf den Sprecher, stellt aber keine direkte Verbindung zu ihm her. Genau dies ist in einer Improvisation anders. Am Modell der Improvisation lässt sich ein Zusammenhang von Impuls und Antwort festmachen, der auch mit Blick auf eine Explikation von Verstehen aufschlussreich ist.

Wenn wir die sprachliche Interaktion von Sprecher und Interpretin im Sinne von Impuls und Antwort fassen, dann ist das Verstehen mit einer Dynamik verbunden, die Interpretin und Sprecher miteinander verbindet. Um diese Dynamik besser zu verstehen, ist eine Überlegung hilfreich, wie ich sie oben bereits zu Improvisationen angestellt habe. Stellen wir uns vor, dass jemand das Verstehen von anderen dadurch übt, dass er sich mit aufgezeichneten Äußerungen konfrontiert. Wenn dieses Beispiel zu künstlich anmutet, kann man sich auch vorstellen, wie es ist, einen Kommentar über politische oder kulturelle Zusammenhänge im Radio oder Fernsehen zu hören. Eine solche Situation des Verstehens aufgezeichneter Äußerungen unterscheidet sich grundlegend von der

34 Vgl. dazu insbesondere Donald Davidson, »Der soziale Aspekt der Sprache«, in: ders., *Wahrheit, Sprache und Geschichte*, Frankfurt/M. 2008, S. 181-205.

Interaktion mit einem Sprecher. Dies kann man in Analogie zu der Situation der Improvisation erläutern: Im Rahmen einer Interaktion mit einer Interpretin hat es für den Sprecher Bedeutung, wenn die Interpretin versteht. Der Sprecher reagiert in der Entwicklung und Weiterentwicklung seiner Äußerungen auf das Verstehen der Interpretin, das diese ihm unter anderem mimisch oder gestisch kommuniziert. Dies ist uns unter anderem aus der eigenen Perspektive als Sprecher:innen in einem Gespräch oder vor einer Zuhörer:innenschaft vertraut. Das Verstehen derjenigen, mit der ein Sprecher interagiert, trägt zur Gestaltung seiner Äußerungen bei. Das Verstehen der Interpretin ist in diesem Sinn als Moment einer Dynamik zu begreifen, in der es um eine Gemeinsamkeit in der Interaktion geht. Genau dies ist nicht der Fall, wenn die Interpretin einer aufgezeichneten Äußerung lauscht. In diesem Fall hat ihr Verstehen unmittelbar keinerlei Bedeutung für jemand anderen als für sie selbst.

Die Impuls-Antwort-Struktur der Improvisation hilft uns in dieser Weise zu begreifen, inwiefern Davidsons Interaktionismus das improvisatorische Moment des Verstehens nicht hinreichend fasst. Davidson konzipiert das Zustandekommen von Verstehen so, dass es sich nicht als Element eines gemeinsamen Geschehens ergibt. Die Übergangstheorie, zu der die Interpretin günstigstenfalls gelangt, ist ein Element ihrer subjektiven Perspektive, trägt also nicht zu einem gemeinsamen Aufeinandereingehen in Äußerungen und Verstehensakten bei. Davidson kann so in seinem Modell keinen Unterschied machen zwischen dem Hören einer aufgezeichneten Äußerung und der realen Interaktion mit einer Sprecherin. Wie die Theorie der Improvisation aber lehrt, ist dieser Unterschied entscheidend. Das Verstehen in der Interaktion zwischen Interpretin und Sprecher ist als Antwort auf einen Impuls zu begreifen, der von dem Sprecher ausgeht. Als eine solche Antwort ist es bedeutungsvoll für die Weiterentwicklung der Interaktion.

Nun kann man einwenden, dass Davidson zwar das gemeinschaftliche Moment der Interaktion nicht in dieser Weise rekonstruiert, dass er es aber rekonstruieren könnte. Nichts, was hier im Sinne einer Kritik vorgetragen wird, widerspreche, so ließe sich entgegnen, dem, was Davidson behauptet. Mein Anspruch ist nicht, ein Knock-Down-Argument gegen Davidsons Position zu präsentieren. Dennoch geht es mir darum, eine Tendenz herauszuarbeiten, die entscheidend für seine Sprachphilosophie ist und die sie das improvisatorische Moment sprachlichen Verstehens letztlich verfehlen lässt. Davidson begreift Verstehen als ein Geschehen, das auf Äußerungen hin orientiert ist. Jede neue Äußerung stellt demnach neue Anforderungen an das Verstehen. Damit verfolgt Davidson ein Modell, das ich in Bezug auf Improvisationen als ein Einzelaktion-Modell bezeichnet habe. Wie dargelegt, übergeht ein solches Modell die Zusammenhänge der Interaktionen, da es Handlungen gegeneinander vereinzelt.[35]

In Bezug auf Verstehen hat diese Vereinzelung zur Folge, dass der Zusammenhang zwischen einer Äußerung und dem auf sie bezogenen Verstehen zerbricht. Das Verstehen aber gehört zu der Äußerung in dem Sinn, dass erst durch das Verstehen die Äußerung ihre interaktive Bedeutung gewinnt. Daraus folgt, dass Akte des Verstehens für die Äußerung ihrerseits Bedeutung haben. Erst mit Akten des Verstehens gewinnt eine Äußerung den Gehalt, den sie in der gemeinschaftlichen Interaktion hat. Das Interaktions-Modell, das ich für den Begriff der Improvisation vorgeschlagen habe, ist hier einschlägig. In seiner Entwicklung habe ich mich unter anderem auf Wittgenstein und Derrida berufen und habe dabei Überlegungen einbezogen, die in die Theorie des Verstehens gehören. Der Kern dieser Überlegungen besteht in dem Gedanken, dass Interaktionen sich vielfach über Ketten (innerhalb von Netzen) hinweg entwickeln, also nicht nur in einzelnen Dyaden bestehen, sondern viele Instantiierungen improvisatorischen Tuns einschließen. Mit Blick auf sprachliches Verstehen bedeutet dies, dass Verständnisse nicht nur an eine einzelne Äußerung anschließen, sondern viele Äußerungen einbeziehen (wie auch Davidson es mit seinem Begriff der Ausgangstheorie behauptet) und dass Äußerungen nicht nur auf einen Akt des Verstehens hin angelegt, sondern auf viele solcher Akte, die ihnen folgen, bezogen sind.

35 In besonders konsequenter Weise hat diese Vereinzelung Robert Brandom mit seinem Scorekeeping-Modell ausbuchstabiert. Vgl. Brandom, *Expressive Vernunft*, S. 272-295.

2.2 Verstehen als Antwortgeschehen (Wittgenstein/Gadamer/Kleist)

Wie aber sind Impuls und Reaktion im Verstehen miteinander verbunden? Inwiefern können uns die improvisationstheoretischen Überlegungen helfen, den Antwortcharakter alles Verstehens zu klären? Der Zusammenhang besteht im Verstehen primär zwischen Äußerungen und Impulsen und den praktischen Reaktionen, die sie zutage rufen und in denen Momente des Verstehens sich manifestieren. Erst darin, wie von Seiten derjenigen, die verstehen, reagiert wird, zeigt sich im Rahmen der gemeinschaftlichen Interaktionen, was genau verstanden wird. Verstehen ist als Antworten nicht im Sinne einer mentalen Episode, mit der das Verstandene registriert wird, zu begreifen. Vielmehr konstituiert sich das Antworten im Rahmen von Interaktionen.[36] Die Revision der Frage-Antwort-Struktur des Verstehens, deren Erfordernis sich im ersten Kapitel gezeigt hat, lässt sich in diesem Sinne weiter schärfen.

Betrachten wir praktische Reaktionen als Ausdruck des Verstehens. In einem Gespräch zeigt sich dies besonders dort, wo ein Wort, wie man im Deutschen sagt, das andere gibt. Wenn eine Gesprächspartnerin mit ihrem Gegenüber in einer Art und Weise spricht, dass die Worte ineinandergreifen, realisiert sich ein wechselseitiges Verstehen. Dies wird besonders dann deutlich, wenn Reaktionen aus Sicht einer Gesprächspartnerin unpassend sind. »Ich verstehe nicht, wie du jetzt das sagen kannst. Ich habe doch von etwas ganz anderem gesprochen!« oder »Was soll ich mit dem anfangen, was du jetzt sagst. Das passt doch gar nicht zu dem, wovon ich gesprochen habe!« sind mögliche Formen der Artikulation des Eindrucks, dass Reaktionen kein Verständnis zeigen.

Die improvisationstheoretischen Überlegungen zur Impuls-Antwort-Struktur sind hier wiederum hilfreich. Impulse in Improvisationen, so habe ich oben dargelegt, sind auf Antworten angewiesen, da sie sich erst in diesen Antworten in ihrem Potential zeigen und entscheiden. Ein Impuls als solcher bedeutet innerhalb einer Improvisation nichts. Erst durch die Reaktionen, die er hervorruft, ge-

36 Vgl. zum interaktiven Charakter des Verstehens neben Davidson insbesondere auch den Ansatz von Robert Brandom, den dieser unter dem Begriff eines normativen Pragmatismus entwickelt. Vgl. Brandom, *Expressive Vernunft*, 1. Kap., bes. S. 75-94.

winnt er an Bedeutung. Mit Blick auf den Zusammenhang des Verstehens in einem Gespräch heißt dies: Ein Gesprächsbeitrag führt in einem Gespräch in dem Maße zu einem Verständnis, wie Reaktionen in produktiver Weise an ihn anschließen. Der Gesprächsbeitrag als solcher bedeutet innerhalb des Gesprächs nur insofern etwas, als er aufgegriffen und fortgeführt wird. Seine Bedeutung entscheidet sich in den Reaktionen, die er hervorruft. Dabei gilt auch, was ich in Bezug auf improvisatorische Interaktionen bereits herausgearbeitet habe: Eine Reaktion kann aus einem Gesprächsimpuls nicht einfach machen, was sie will. Die Art und Weise, wie sie den Impuls aufgreift, ist ihrerseits Impuls für weitere Reaktionen, die sich kritisch mit der ersten Reaktion auseinandersetzen. Keine Reaktion hat das letzte Wort.

Die improvisationstheoretischen Überlegungen helfen uns in diesem Sinn, die Realisierung von Verstehen in praktischen Reaktionen zu begreifen. Verstehen ist darin ein Antwortgeschehen, dass nur praktische Fortführungen von Impulsen des Verstehens die Bedeutung dieser Impulse klären. Verstehen basiert auf Praktiken, mittels deren Verständnisse geklärt werden. Verstehen konstituiert sich durch Impulse, die auf improvisatorische Art und Weise in ihrer Bedeutung bestimmt werden. Verstehen hat nicht einfach aufgrund der Gegenstände, um die es geht, eine gegebene Bestimmtheit. Vielmehr muss um die Bestimmtheit immer gerungen werden. Dies geschieht durch Reaktionen und Reaktionen auf Reaktionen, mittels deren einzelnen Verständnissen Kontur gegeben wird. Insofern ist die Struktur des steten (praktischen) Antwortens auf Impulse, die sich in Improvisationen gezeigt hat, für eine Explikation des Verstehens richtungweisend.

Nun sieht sich eine solchermaßen auf praktische Reaktionen abzielende Explikation des Verstehens zwei Einwänden ausgesetzt: Zum ersten lässt sich geltend machen, dass Verstehen vielfach nicht im Rahmen einer Interaktion zwischen Gesprächspartner:innen zustande kommt. Man denke nur an die Verständnisse, die sich bei der Lektüre von Texten oder bei der Auseinandersetzung mit kulturellen Artefakten ergeben. Zum zweiten scheint mit der Akzentuierung praktischer Reaktionen Verstehen in seiner innerlichen Dimension verfehlt zu werden. Verstehen kann sich, so ist man geneigt zu sagen, bei einem Subjekt einstellen, das mit einem zu verstehenden Gegenstand konfrontiert ist. Es muss im Sinne einer mentalen Episode verstanden werden. Es ist wichtig, sich mit diesen beiden Einwänden auseinanderzusetzen, um die praktische Dimension alles Verstehens besser zu begreifen.

Beginnen wir mit dem ersten Einwand. Inwiefern hilft die Rekonstruktion, die praktische Reaktionen in den Vordergrund stellt, bei einer Explikation der vielen Momente, in denen ein Subjekt einfach für sich versteht? Denken wir an die Lektüre eines literarischen Textes. Hier ist ein Individuum in der Entwicklung von Verständnissen oftmals auf sich gestellt. Auch wenn es in manchen Fällen dazu kommen mag, dass Lektüren in Lesegruppen oder im Dialog mit anderen Individuen geschehen, ist dies doch keinesfalls ein notwendiges Moment des Verstehens. Muss man also nicht das Verstehen im Rahmen intersubjektiver Interaktionen von Momenten des Verstehens unterscheiden, die ein Subjekt für sich allein gewinnt? Ist Verstehen nicht letztlich mit Schleiermacher immer als subjektiver Nachvollzug der Struktur zu begreifen, die der zu verstehende Gegenstand aufweist[37] – so dass es am Ende einerlei ist, ob Verstehen im Rahmen einer Interaktion oder in Konfrontation mit einem Gegenstand zustande kommt?

Um zu einer Antwort auf diese Frage zu gelangen, ist ein Blick auf die offene Struktur improvisatorischer Praktiken hilfreich. Offen ist eine Improvisation in dem Sinne, dass sie gewissermaßen niemals zu Ende ist. Wenn Miles Davis mit Herbie Hancock improvisiert, kann das von ihnen entwickelte Material in vielen Improvisationen aufgegriffen werden. Dies muss nicht in direkter Kontinuität zur Improvisation von Davis und Hancock geschehen. Es kann leichterdings dazu kommen, dass Improvisationen längere Zeit nicht auf Impulse von Davis und Hancock eingehen, diese aber nach Jahren und über weite Distanzen hinweg wieder aufgegriffen werden. Die Zusammenhänge von Impuls und Antwort bilden sich also nicht nur in kontinuierlichen Zusammenhängen aus, sondern können auch in indirekter Art und Weise auftreten. Die improvisatorischen Impulse erfahren dann Reaktionen über größere Distanz hinweg.

37 Schleiermacher spricht unter anderem davon, es gehe im Verstehen darum, »von dem Zustand der Gedankenerzeugung, in welchem der Autor begriffen war, ausgehend [...] jenen schöpferischen Akt nachzubilden« (Friedrich Schleiermacher, »Über den Begriff der Hermeneutik mit Bezug auf F.A. Wolfs Andeutungen und Asts Lehrbuch«, in: *Hermeneutik und Kritik*, Frankfurt/M. 1977, S. 309-346, hier: S. 325).

Auch in Prozessen des Verstehens findet sich diese offene Struktur. Hier besagt sie, dass Reaktionen auf Impulse, die von Gegenständen des Verstehens ausgehen, vielfach nicht direkt erfolgen. Wenn ein Individuum sich mit einem literarischen Text auseinandersetzt, kommt es unter Umständen erst weit später zu Reaktionen, in denen Verständnisse an Bestimmtheit gewinnen. Diese Reaktionen können mit einzelnen Begriffen verbunden sein, die aus dem literarischen Text aufgegriffen werden oder die der Eigenart des Textes gerecht zu werden versuchen. Sie können aber auch mit einer sprachlichen Stimmung verbunden sein, die das Individuum in Reaktion auf seine Lektüre in Schilderungen irgendwelcher Geschehnisse evoziert. Die Reaktionen erfolgen damit in zeitlichem Abstand und in einer zum Teil indirekten Art und Weise. Insofern ist das Verstehen eines literarischen Textes vielfach mit Reaktionen verbunden, die nicht direkt auf den Text und einzelne seiner Aspekte reagieren, sondern den gewonnenen Verständnissen in späteren Zusammenhängen Bestimmtheit verleihen.

Diese Erwiderung auf den ersten Einwand lässt sich auch noch einmal in einer anderen Art und Weise resümieren: Sie richtet sich gegen den Gedanken, dass Verstehen in einzelnen Episoden verläuft. Charakterisieren wir diesen Gedanken als die These von der episodischen Verfasstheit des Verstehens. Dieser These zufolge stellt sich mit jeder Konfrontation mit einem Gegenstand des Verstehens günstigstenfalls eine Episode des Verstehens ein. Mit jeder Konfrontation mit einem neuen Gegenstand (einem Satz, einer Äußerung, einem Satz- oder Textgefüge, einem Artefakt usw.) kommt eine neue Episode ins Spiel. Die These vom episodischen Charakter des Verstehens aber wird ihm nicht gerecht. Verstehen ist ein Geschehen, das nicht in einzelnen Episoden erfolgt. Es entwickelt sich wie Improvisationen in weitreichenden Zusammenhängen von Impulsen und Antworten. Anders als Improvisationen in den Künsten sind dabei einzelne improvisatorische Geschehnisse auch auf der phänomenalen Ebene nicht von anderen isoliert. Kein einzelnes Gespräch lässt sich als in gewisser Hinsicht für sich bestehende Improvisation begreifen. Die improvisatorischen Zusammenhänge des Verstehens reichen über einzelne Gespräche und auch über einzelne Auseinandersetzungen mit Gegenständen wie literarischen Texten hinaus. Verstehen konstituiert sich in einem umfassenden Antwortgeschehen, in dem Antworten vielfach in deutlichem zeitlichen Abstand zu den Impulsen, auf die sie reagieren, erfolgen.

Der Antwortcharakter alles Verstehens lässt sich durch eine Auseinandersetzung mit dem zweiten Einwand weiter aufklären. Ich bezeichne ihn als Einwand der übergangenen Innerlichkeit. Demnach bleibt der Rekurs auf praktische Reaktionen einseitig, da er der innerlichen Dimension des Verstehens keine Rechnung trägt. Dieser Einwand ist nicht unberechtigt, verfehlt aber zugleich das, was er zur Geltung bringt. Es ist richtig, dass Verstehen eine innerliche Dimension hat. Aber diese Dimension besteht nicht unabhängig von Praktiken. Es gilt, eine Spannung von Innerlichkeit und Äußerlichkeit zu rekonstruieren, in der die Innerlichkeit keine eigenständige Position innehat. Dabei kann man sich auf die Positionen von Wittgenstein und Gadamer stützen.

Wittgenstein hat im Rahmen seiner Spätphilosophie in intensiver Weise Überlegungen verfolgt, die Verstehen als Dimension eines praktischen Geschehens begreiflich machen. Der Begriff des Sprachspiels steht für den Gedanken, dass Verstehen sich durch praktische Vollzüge realisiert. Der Gebrauch sprachlicher Ausdrücke ist ein zentraler Aspekt dieser Vollzüge.[38] Bei aller Betonung der Praxis aber argumentiert Wittgenstein zugleich dafür, dass Verstehen sich nicht in einer rein äußerlichen Praxis erschöpft. Die Praxis ist für ihn vielmehr auch mit innerlichen Momenten verknüpft. Keine der beiden Seiten hat die Vorhand, und es besteht eine grundlegende Spannung zwischen ihnen. David Finkelstein hat in überzeugender Weise dargelegt, dass Wittgenstein fehlverstanden ist, wenn man seine Position als ein Plädoyer für die Reduzierbarkeit alles Innerlichen auf Praxis begreift.[39] Innerliche Momente fungieren demnach als irreduzibler Aspekt sprachlicher Praxis.

Komplementär zu Wittgenstein hat Gadamer gegen ein Primat von Innerlichkeit argumentiert. In Auseinandersetzung mit der romantischen Hermeneutik bestreitet er, dass Verstehen eine Sache des Bewusstseins und damit der Innerlichkeit ist.[40] Ganz in diesem

38 Wittgenstein notiert markant: »Wenn man aber sagt: ›Wie soll ich wissen, was er meint, ich sehe ja nur seine Zeichen‹, so sage ich: ›Wie soll *er* wissen, was er meint, er hat ja auch nur seine Zeichen.‹« (Wittgenstein, *Philosophische Untersuchungen*, § 504)

39 David Finkelstein, *Expression and the Inner*, Cambridge, Massachusetts 2003.

40 Vgl. Gadamer, *Wahrheit und Methode*, S. 188-201.

Sinn betont er, Verstehen sei »mehr Sein als Bewusstsein«.[41] Die romantische Vorstellung verkürzt aus Gadamers Perspektive die irreduzible Verknüpfung von Verstehen mit der Welt. Sein Akzent liegt somit nicht auf der Praxis, sondern auf der Objektivität. Zugleich aber hält Gadamer an der Perspektive des Subjekts fest, indem er die (bereits zitierte) These vertritt, alles Verstehen sei »*am Ende ein Sichverstehen*«.[42] Gegen die Subjektivität der romantischen Hermeneutik und ihrer bewusstseinszentrierten Perspektive setzt Gadamer nicht einseitig eine Objektivität des Verstehens, sondern macht eine Spannung von subjektiver Innerlichkeit und sich objektiv manifestierender Praxis in allem Verstehen geltend.

Wittgenstein und Gadamer sind sich so generell darin einig, dass Verstehen einen spannungsvollen Zusammenhang von Innerem und Äußerem aufweist. Diese Spannung kann man im Anschluss an die Überlegungen zum improvisatorischen Charakter des Verstehens genauer fassen. Alle improvisatorischen Antworten schließen, so habe ich dargelegt, eine Dimension von Wahrnehmung und Evaluation ein. So weisen improvisatorische Aktivitäten immer auch eine innerliche Seite auf. Die Wahrnehmung eines Impulses ist aber nicht ein für sich bestehender Zustand beziehungsweise eine für sich bestehende Episode, sondern hängt in der Improvisation konstitutiv mit der Reaktion auf den wahrgenommenen Impuls zusammen. Dies gilt auch für alles Verstehen. Auch wenn die verstehende Auseinandersetzung mit einem Gegenstand wie einer Äußerung eines Gegenübers, einem literarischen Text oder einem kulturellen Artefakt eine innerliche Dimension hat, besteht diese nicht unabhängig von den praktischen Antworten, die auf einen Impuls hin erfolgen.

Die innere Dimension ist im Falle des Verstehens mit dem Begriff der Wahrnehmung nicht angemessen zu fassen, auch wenn alles Verstehen Momente von Wahrnehmung aufweist. Ein Gegenstand, mit dem ein Individuum konfrontiert ist, wird in verständnisförmigen Wahrnehmungen erschlossen. Im Sinne McDowells kann man sagen, dass die Wahrnehmungen begriffliche Strukturen aufweisen, auch wenn es sich bei ihnen nicht um begriffliche Aktivitäten handelt.[43] Begriffliche Aktivitäten sind die praktischen

41 Hans-Georg Gadamer, »Selbstdarstellung Hans-Georg Gadamer«, in: *Gesammelte Werke*, Bd. 2, Tübingen 1986, S. 479-508, hier: S. 496.

42 Gadamer, *Wahrheit und Methode*, S. 265.

43 Vgl. John McDowell, *Geist und Welt*, Paderborn 1998, 2. Vorlesung.

Reaktionen, die auf Impulse von Gegenständen des Verstehens hin erfolgen. Aber die von Begriffen hervorgebrachten Strukturen prägen auch die Wahrnehmungen, die Gegenständen des Verstehens gewidmet sind. Diese Wahrnehmungen hängen dabei untrennbar mit Überzeugungen zusammen, die sich in Auseinandersetzungen mit Gegenständen des Verstehens bilden. Das Verständnis eines Gegenstands manifestiert sich in Form einer Überzeugung, dass dies und das der Fall ist. Genauso wie für Wahrnehmungen gilt aber auch für Überzeugungen als Momenten des Verstehens, dass diese nur im Zusammenhang mit praktischen begrifflichen Aktivitäten zu begreifen sind, also nicht für sich stehen.

Mit diesen Erläuterungen wird begreiflich, inwiefern es falsch ist, Verstehen im Sinne innerlicher Zustände oder Episoden zu konzipieren. Zwar hat alles Verstehen eine innerliche Dimension. Diese muss aber in ihrem konstitutiven Zusammenhang mit praktischen Reaktionen begriffen werden, in denen Verständnisse bestimmt werden. Da Wahrnehmungen und Überzeugungen als innerliche Momente einen wesentlichen Aspekt von Verstehen als einem improvisatorischen Geschehen darstellen, lässt sich zugleich nachvollziehen, dass immer wieder die Idee verfolgt wird, Verstehen sei im Sinne innerlicher Zustände oder Episoden zu rekonstruieren. Verstehen aber wird mit einer solchen Perspektive nur einseitig gefasst und aus diesem Grund letztlich verfehlt. Seine innerlichen Momente gilt es in dem umfassenden Zusammenhang zu begreifen, in dem die von Gegenständen des Verstehens ausgehenden Impulse und Reaktionen auf diese Impulse miteinander in Beziehung stehen. So zeigt sich, dass dieser Zusammenhang nicht nur vielfältige Impulse und Antworten umfasst, die großflächig zusammenhängen, sondern auch eine innerliche Dimension aufweist, die für das Antwortgeschehen des Verstehens entscheidend ist. Auch wenn Verstehen kein innerliches Geschehen ist, ist eine innerliche Dimension konstitutiv für es.

In seinem Essay »Über die allmähliche Verfertigung der Gedanken beim Reden« hat Heinrich von Kleist den konstitutiven Zusammenhang von innerlichen Momenten und sprachlichen Praktiken in prägnanter Weise beleuchtet. Kleist hat in einer klassisch neuzeitlichen Perspektive primär die Frage im Blick, inwiefern Gedanken ihre Bestimmtheit durch sprachlichen Ausdruck erlangen (womit er unter anderem an die Metakritiken anschließt, die Hamann und Herder zu Kants theoretischer Philosophie vorgelegt haben). Seine Überlegungen haben aber auch Relevanz für die Bestimmung der innerlichen Dimension des Verstehens. Auch für sie gilt, dass sie erst durch sprachliche Artikulation Bestimmtheit gewinnt. Bei Kleist heißt es in Bezug auf ein von ihm verfolgtes Beispiel aus einer Fabel von La Fontaine: »Ein solches Reden ist wahrhaft lautes Denken.«[44] In Bezug auf Verstehen lässt sich das folgendermaßen abwandeln: Ein sprachliches Antworten auf eine Äußerung eines anderen beziehungsweise einen zu verstehenden Gegenstand ist wahrhaft lautes Verstehen. Es kommt dadurch zustande, dass sich zwischen Impulsen, die das Verstehen fordern, und sprachlichen Reaktionen ein Zusammenhang ausbildet. In diesem Sinn ist alles Verstehen aus einem improvisatorischen Antwortgeschehen heraus zu begreifen.

2.3 Die Plastizität der Fähigkeiten sprachlichen Verstehens (Malabou)

Ein weiterer Aspekt der improvisationstheoretischen Überlegungen ist hilfreich für eine Klärung dessen, was Verstehen ausmacht. Er betrifft die Fähigkeiten, die allem Verstehen zugrunde liegen. Die vor dem improvisationstheoretischen Hintergrund rekonstruierten Aspekte des Verstehens beruhen auf Fähigkeiten, die erworben werden müssen. Kinder kommen nicht mit den Fähigkeiten auf die Welt, die sie benötigen, um sich verstehend in der Welt zu bewegen. Sie müssen sich diese Fähigkeiten aneignen. Insofern ist hier die im ersten Kapitel angesprochene Überlegung von John McDowell einschlägig, der zufolge Kinder in ein sprachlich imprägniertes Weltverhältnis initiiert werden. Sie müssen lernen, zu sprechen und sprachliche Äußerungen zu verstehen.[45] Sie müssen Fähigkeiten der Wahrnehmung und der körperlichen Bewegung entwickeln, um das, womit sie konfrontiert sind, in seiner Eigenart wahrzunehmen und sich in Wahrnehmungs- und Kommunikationssituationen in passender Art und Weise körperlich zu verhalten.

44 Heinrich von Kleist, »Über die allmähliche Verfertigung der Gedanken beim Reden«, in: *Sämtliche Erzählungen und andere Prosa*, Stuttgart 1984, S. 340-346, hier: S. 343.

45 Vgl. dazu auch Michael Tomasello, *Die Ursprünge der menschlichen Kommunikation*, Frankfurt/M. 2009, S. 168 f.

Sie werden dabei sukzessive auch in sprachliche Äußerungen als Reaktionen auf Äußerungen anderer und auf Gegenstände und damit in eine Praxis von Sprachspielen im Sinne Wittgensteins eingeführt, in der sprachliche und nichtsprachliche Momente untrennbar miteinander verbunden sind. Eine solche Einführung besteht darin, dass diejenigen, die bereits innerhalb dieses Weltverhältnisses leben, Kindern diese Praxis vorleben sowie einzelne Elemente dieser Praxis dezidiert präsentieren. Kinder lernen dabei unter anderem, Wörter und Sprechweisen sowohl zu verstehen als auch selbst hervorzubringen.

Die im Zuge des Hineinwachsens in ein sprachliches Weltverhältnis erworbenen Fähigkeiten müssen aber auch der Veränderbarkeit des Verstehens und der Dynamik des für es grundlegenden Antwortgeschehens Rechnung tragen. Sie können das Verständnisgeschehen nur in dem Maße erklären, wie sie so konzipiert sind, dass sie mit dem steten Wandel von Sprache und individuellen und kollektiven Sprechweisen Schritt halten. Zwei Aspekte in Bezug auf solche Fähigkeiten sind aus diesem Grund entscheidend: Zum einen sind die Fähigkeiten in sich so verfasst, dass Verstehende mit Abweichungen und Veränderungen umgehen können. Zum anderen sind aber für all die Fälle, in denen Abweichungen und Veränderungen von bereits erworbenen Fähigkeiten nicht bewältigt werden können, Fähigkeiten zweiter Stufe im Spiel, die dafür Sorge tragen, dass Fähigkeiten des Verstehens ihrerseits verändert, also an neue Anforderungen von Verständnissen angepasst werden. In Analogie zu Improvisationen gilt auch für alles Verstehen, dass all die Praktiken, in deren Rahmen Individuen zu Verständnissen kommen, auf ihre Fähigkeiten zurückwirken, so dass diese Fähigkeiten sich sukzessive und zum Teil auch sprunghaft weiterentwickeln.

Mit Blick auf den ersten Aspekt, also den in Fähigkeiten angelegten Spielraum für den Umgang mit Abweichungen und Veränderungen, ist der Begriff der Gewohnheit wichtig. Wie andere Fähigkeiten werden auch Fähigkeiten des Verstehens durch Übung in Gewohnheiten sedimentiert. Hegel hat in seinem Nachdenken über das, was Subjekte ausmacht, besonders auf den Gewohnheitscharakter subjektiver Fähigkeiten hingewiesen.[46] Wir können

46 Vgl. hierzu Thomas Khurana, *Das Leben der Freiheit: Form und Wirklichkeit der Autonomie*, Berlin 2017, S. 409-435.

entsprechende Gewohnheiten in einer ersten Annäherung so begreifen, dass sie in einer routinierten Ausübung entsprechender Fähigkeiten bestehen. In diesem Sinn erläutert Hegel sie als eine »zweite Natur« und spricht von »eine[r] Ein- und Durchbildung der Leiblichkeit, die den Gefühlsbestimmungen als solchen und den Vorstellungs- [und] Willensbestimmungen als verleiblichten [...] zukommt«.[47] Dies passt zu dem von McDowell entwickelten Theorem von der Initiation in ein sprachliches Weltverhältnis: Die Initiation führt zu einem Erwerb von Fähigkeiten, die die zweite Natur der entsprechend initiierten Individuen ausmachen.

Die Bedeutung von Gewohnheiten für ein von Verstehen geprägtes Weltverhältnis kann auch als ein Hintergrund verstanden werden, der es naheliegend macht, Verstehen als selbstverständlich zu konzeptualisieren. Wenn entsprechende Gewohnheiten ausgebildet sind, geschieht Verstehen unmittelbar, ohne alle Mühe und eigene Aktivität. Wie aber bereits im ersten Kapitel indirekt deutlich geworden ist, liegt hier allzu leicht ein Missverständnis dessen vor, was Gewohnheiten ausmacht. Gewohnheiten sind keine Automatismen. Wenn Verstehen sich automatisch vollzieht, kann man nicht anders, als so zu verstehen, wie man (sei es als Mensch oder Maschine) versteht. Wenn man aus Gewohnheit heraus versteht, kommt es zwar zu vielen Vollzügen, die routiniert und wie selbstverständlich verlaufen; dennoch umfasst eine Gewohnheit des Verstehens, dass man ins Stocken geraten und Selbstverständlichkeiten durchbrechen kann. So mag es im Rahmen eines normalen Verkaufsgesprächs jederzeit dazu kommen, dass man sich fragt, ob man gerade richtig verstanden hat, oder es kann im Rahmen eines belanglosen Gesprächs unter Kolleg:innen der Fall sein, dass man den anderen verwundert fragt, ob er das Gesagte denn ernsthaft so meine.

Solche Formen des Durchbrechens bloßer Routine sind ein wesentliches Element von Gewohnheiten.[48] Zu Gewohnheiten gehört die implizite Aufmerksamkeit auf Momente, die eine Abweichung von Routinen verlangen. Für gewohnheitsmäßig beherrschte Rou-

47 Georg Wilhelm Friedrich Hegel, *Enzyklopädie der philosophischen Wissenschaften*, in: ders., *Werke in zwanzig Bänden*, Bd. 8-10, Frankfurt/M. 1970, Bd. 10, S. 184.

48 Vgl. zu einem solchermaßen konturierten Begriff der Gewohnheit Bertinetto/Bertram, »We make up the rules as we go along – Improvisation as an Essential Aspect of Human Practices?«, S. 212-215.

tinen ist so charakteristisch, dass man sie – aus Gewohnheit – jederzeit aussetzen kann. Gewohnheiten umfassen eine Sensibilität für Aspekte, in Bezug auf die eine einfache Routine nicht trägt und aus diesem Grund unterbrochen werden muss. Gewohnheiten sind, so gesehen, als offene Routinen zu begreifen. Ein gewohnheitsmäßiges Verstehen darf also nicht als stereotyp begriffen werden. Auch wenn man ohne jede Aufmerksamkeit für Besonderheiten einer Situation ist, heißt das nicht, dass man im Verstehen einfach nur stereotyp verfahren würde. Wer Gewohnheiten des Verstehens erworben hat, kann auch implizit Besonderheiten bemerken und aufgrund ihrer einen routinierten Weg des Verstehens verlassen. Wenn das typische Begrüßungsgespräch nicht so verläuft, wie es eingespielt ist, muss keine besondere Reflexion beginnen, um mit der Situation klarzukommen. Zweifelsohne gibt es Situationen, in denen nur eine solche Reflexion weiterhilft. Aber in vielen Situationen reichen die Gewohnheiten des Verstehens aus, um mit den Abweichungen, mit denen wir konfrontiert sind, zurechtzukommen. Wir verstehen dann auch Außergewöhnliches, ohne uns darüber irgendwelche besonderen Gedanken zu machen.

Um es in Begriffen der Improvisation zu sagen: Die gewohnheitsmäßigen Fähigkeiten des Improvisierens sind aus sich heraus darauf eingerichtet, immer wieder mit Momenten des Unerwarteten umzugehen. Improvisierende sind es gewohnt, mit vielen kleinen Abweichungen konfrontiert zu werden. Sie begegnen ihnen aus Gewohnheiten heraus. Die Antworten, die sie entwickeln, setzen keine Unterbrechungen von Gewohnheiten, sondern Unterbrechungen aus Gewohnheiten voraus. Die Fähigkeiten des Improvisierens sind also in Gewohnheiten eingelassen, die gerade nicht auf Stereotypie, sondern auf stete Abweichungen hin ausgelegt sind. Je mehr diese Fähigkeiten entwickelt sind, desto reibungsloser gelingt der Umgang mit Momenten, die so nicht vorherzusehen waren. Die Gewohnheiten sind ein praktisches Wissen, das gerade auch für Situationen, in denen man nicht aus einer einfachen Routine heraus weiß, was zu tun ist, offen ist.

Die so weit rekonstruierte Offenheit der Gewohnheit macht aber noch nicht in ausreichendem Maße verständlich, was ich, mit dem oben bereits eingeführten Begriff von Catherine Malabou, die Plastizität der Fähigkeiten des Verstehens nennen möchte. Aus ihrer Interpretation der Hegel'schen Naturphilosophie heraus führt

Malabou den Begriff der »zerstörerischen Plastizität« für Strukturen ein, die aus sich heraus in unentwegter Wandlung begriffen sind.[49] Auf eine solche Plastizität bin ich bei der Explikation von Improvisationen gestoßen, als ich über die Rückwirkungen von Improvisationen auf die Fähigkeiten, die ihnen zugrunde liegen, nachgedacht habe. Improvisationen sind nicht nur von Gewohnheiten geprägt, die man im Zuge komplexer Lernprozesse erworben hat. Vielmehr bedarf es zum Improvisieren immer auch der Fähigkeit, Fähigkeiten im Laufe der Improvisation zu verändern, sie also zu verlernen beziehungsweise neu zu lernen. Gewohnheiten des Improvisierens schließen nicht nur Offenheit ein, sondern sind auch selbst steten Transformationen unterworfen. In diesem Sinne sind Fähigkeiten des Sprechens und Verstehens, der Wahrnehmung und des körperlichen Verhaltens als plastisch zu begreifen. Die Plastizität kann auch in Begriffen von Fähigkeiten erläutert werden – Fähigkeiten, die gewissermaßen auf zweiter Ebene angesiedelt sind: Fähigkeiten zur Entwicklung von Fähigkeiten.

Wiederum sind hier die oben angesprochenen Wahrnehmungsmomente, die für alles Verstehen grundlegend sind, aufschlussreich. Individuen müssen in der Lage sein, von eingefahrenen Mustern der Wahrnehmung immer abweichen zu können, um in angemessener Weise zu Verstehen gelangen zu können. Immer wieder ist es erforderlich, Strukturen wahrnehmend zu erfassen, auf die man unvorbereitet trifft. Denken wir zum Beispiel an Neologismen oder spielerische Wortbildungen. Oder denken wir an die Färbungen, die einzelne Phoneme bei unterschiedlichen Sprecher:innen erhalten. Wer Fähigkeiten des Verstehens erworben hat, ist in der Lage, seine Wahrnehmungen auf Vielfältiges einzustellen, das ihm unerwartet begegnet. Die Wahrnehmungsfähigkeiten sind so mit Fähigkeiten verbunden, mittels deren die Wahrnehmungsfähigkeiten immer wieder neu ausgerichtet werden. Diese Fähigkeiten zweiter Ordnung tragen dazu bei, dass Wahrnehmungen immer wieder verlernt beziehungsweise neu gelernt werden.

Auch andere Fähigkeiten, die für sprachliches Verstehen grundlegend sind, sind auf Plastizität hin angelegt. Die Fähigkeiten, sich

49 Sie spricht in diesem Zusammenhang von einem »Vermögen zur Veränderung ohne Erlösung, ohne Teleologie, ohne irgendeine andere Bedeutung als Fremdheit« (Catherine Malabou, *Ontologie des Akzidentiellen. Über die zerstörerische Plastizität des Gehirns*, Berlin 2011, S. 32).

sprachlich auszudrücken, zum Beispiel können den von Impulsen des Verstehens ausgehenden Herausforderungen nur dadurch gerecht werden, dass sie immer wieder weiterentwickelt werden. Sie müssen verstehende Individuen nicht nur in die Lage versetzen, angemessen auf unerwartete Momente von Gegenständen des Verstehens zu reagieren, sondern auch immer wieder neu ausgerichtet werden. Wer versteht, lernt immer weiter, sich sprachlich zu artikulieren. Das betrifft unter anderem das Vokabular, aber auch syntaktische Formen und Weisen, Gespräche mit anderen zu führen. Veränderungen von Fähigkeiten des sprachlichen Ausdrucks lassen sich in Sprech- und Präsentationstrainings in gezielter Weise herbeiführen. Zumeist aber stellen sie sich ein, ohne dass den Veränderungen große Aufmerksamkeit geschenkt würde. Ihre Grundlage aber ist immer die Plastizität der Fähigkeiten sprachlichen Ausdrucks.

Gerade in Bezug auf Fähigkeiten des Verstehens lässt sich die Plastizität improvisatorischer Fähigkeiten gut mit einem von Hegel gebrauchten Vokabular erläutern. Wer versteht, muss die Voraussetzungen seines Verstehens immer wieder transformieren. Sagen wir es noch einmal mit Davidson: Auf Grundlage einer Ausgangstheorie lässt sich mit unerwarteten Momenten einer neuen Äußerung des Gegenübers nicht umgehen. Die Ausgangstheorie muss aus diesem Grund in eine Übergangstheorie transformiert werden. Auch wenn Davidsons Explikation des Verstehens in Begriffen einer theoretischen Begegnung mit Gegenständen, die es zu verstehen gilt, nicht haltbar ist, ist die von ihm behauptete Transformationsbewegung wichtig. Mit Hegel kann man die Transformation von Voraussetzungen als Bedingung des Verstehens artikulieren, indem man davon spricht, dass die Voraussetzungen des Verstehens gesetzt werden müssen:[50] Von den Äußerungen und Gegenständen her, die verstanden werden, werden Voraussetzungen, die für das Verstehen erforderlich sind, immer wieder neu gesetzt. In Begriffen von Fähigkeiten heißt dies, dass die für das Verstehen grundlegenden Fähigkeiten von den betreffenden Äußerungen und Gegenständen her weiterentwickelt werden.

Die Setzung der Voraussetzung beziehungsweise Weiterentwicklung von Fähigkeiten ist dabei niemals abgeschlossen. Verstehen

50 Vgl. zu Hegels Theorem des Setzens der (eigenen) Voraussetzungen Michael Theunissen, *Hegels Lehre vom absoluten Geist als theologisch-politischer Traktat*, Berlin 1970, S. 54.

ist immer der Bewährung ausgesetzt. Die Entwicklung, die Fähigkeiten in Prozessen des Verstehens nehmen, muss sich in weiteren Situationen des Verstehens bewähren. Die im Sinne einer Weiterentwicklung von Fähigkeiten gesetzten Voraussetzungen gelten also nicht einfach, da sie einmal entwickelt wurden. Alle Weiterentwicklungen des Verstehens weisen, so gesehen, in die Zukunft. Diese Zukunft wird durch sie nicht festgelegt, sondern geöffnet (vgl. dazu IV.1.2). Die Öffnung besteht darin, dass Fähigkeiten immer weiter durch das herausgefordert werden, was uns in unseren Versuchen begegnet, andere und die Welt zu verstehen. Jede Weiterentwicklung bedeutet so eine Öffnung für noch einmal neue Herausforderungen. So ist das Setzen der eigenen Voraussetzungen als ein nicht schließendes, sondern öffnendes Geschehen zu begreifen.

3. Die offene Normativität des Verstehens

Ein zentraler Aspekt der improvisatorischen Struktur des Verstehens ist mit den zurückliegenden Überlegungen noch nicht gefasst, und zwar das normative Moment des Verstehens. Auch bezüglich dieses Aspekts sind die grundsätzlichen Überlegungen dazu, was eine Improvisation ausmacht, wegweisend. Sie haben ergeben, dass Improvisieren nicht als ein nicht-normatives Geschehen zu begreifen ist, sondern Normativität in ihm eine spezifische Gestalt annimmt. Normativ ist die Improvisation gerade darin, dass sie sich nicht aus einzelnen Episoden zusammensetzt, die im Sinne einer *creatio ex nihilo* auf etwas Unvorbereitetes reagieren würden, sondern aus Zusammenhängen von Impulsen und Antworten besteht. Die Impuls-Antwort-Struktur des Improvisierens ist insofern als eine normative Struktur zu begreifen, als Impulse sich in vielen Antworten als Normen etablieren, die über viele Momente des Improvisierens fortgeführt werden.

Eine Impuls-Antwort-Struktur ist auch im Verstehen realisiert. Im Zentrum der Kritik an dem Gedanken der Selbstverständlichkeit des Verstehens steht die Überwindung eines Bildes, dem zufolge Verstehen in einzelnen Episoden besteht, die unverbunden nebeneinanderstehen. Verstehen basiert auf umfassenden Kooperationen derjenigen, die verstehen. Die Kooperationen bestehen nicht nur in Auseinandersetzungen über Verständnisse, sondern auch in vielfältigen Arten und Weisen, aneinander anzuschließen. Wer versteht, setzt Verständnisse anderer fort, variiert sie und gibt sie so wiederum an andere weiter, die ihrerseits anschließen. Verstehen ist insofern grundsätzlich als ein Kooperationsprojekt zu begreifen, wobei es nicht möglich ist, einzelne Zusammenhänge von kooperierenden Individuen – wie beispielsweise Sprecher:innen einer natürlichen Sprache, sofern es sich bei einer natürlichen Sprache überhaupt um eine theoretisch aufschlussreiche Entität handelt – voneinander abzugrenzen. Die überindividuellen Zusammenhänge des Verstehens sind vielfältig und bilden sich in offener, pluraler und heterogener Art und Weise weiter (vgl. hierzu auch V.4); sie basieren darauf, dass viele unterschiedliche Individuen sich beispielsweise für bestimmte Sportarten interessieren, in einem spezifischen Kiez leben oder sich für einen außergewöhnlichen Hip-Hop-Stil begeistern.

Überindividuelle Zusammenhänge des Verstehens sind normativer Natur. In diesem Teil geht es mir darum, grundlegende Aspekte der Normativität alles Verstehens zusammenzutragen. Dabei ist der Hintergrund von Improvisation hilfreich, denn – anders als man zuerst denken mag – auch die Normativität alles Verstehens ist improvisatorisch strukturiert. Mit Blick auf diese Struktur gilt es, gleichermaßen Analogien wie Disanalogien zu Improvisationen in den Künsten zu beachten. Oben habe ich dargelegt, dass die Normativität in (künstlerischen) Improvisationen als eine solche *in statu nascendi* zu begreifen ist. Genau dies gilt nicht in gleicher Weise für alltägliche Formen des Verstehens. Anders als in einer künstlerischen Improvisation sind hier Impulse nicht darauf angelegt, immer wieder auch neue normative Zusammenhänge zu stiften. In alltäglichen Verstehensgeschehnissen werden Normen üblicherweise fortgeschrieben. Impulse haben hier primär die Aufgabe, Normen neu zu beleuchten und dadurch zu ihrer Weiterentwicklung beizutragen.

Die Struktur von Normativität, die sich damit ergibt, will ich in drei Schritten aufklären. In einem ersten Schritt beleuchte ich, inwiefern eine konstante Weiterentwicklung von Normen charakteristisch für die Normativität des Verstehens ist. Normen des Verstehens haben demnach nur dadurch Bestand, dass sie immer wieder von einzelnen Momenten der Welt herausgefordert und so verändert werden. Diese Veränderung geschieht, so lege ich in einem zweiten Schritt dar, auch aus einer Spannung zwischen

Individuen und überindividuellen Zusammenhängen heraus. Im Verstehen schließen wir in spannungsartiger Weise immer zugleich an unbestimmte andere und an besondere andere an. Die für die normativen Zusammenhänge des Verstehens grundlegenden Bindungskräfte beruhen auch auf diesen Spannungen. Eine so verstandene Normativität resümiere ich im dritten Schritt dann als Grundlage der Realisierung von Freiheit.

3.1 Konstante Weiterentwicklung von Normen (Hegel/Wittgenstein)

Verstehen ist mit Vollzügen verbunden, in die man hineinwachsen muss. Man versteht nach Gadamers Einsicht, die McDowell aufgegriffen hat, immer aus Traditionen heraus.[51] Dabei gilt es, Traditionen nicht im engen Sinn als kulturelle Einheiten oder Ähnliches zu fassen. Vielmehr ist ein eher formales Verständnis dessen, was Tradition hier besagt, angemessen. Demnach ist eine Tradition ein Zusammenhang von Praktiken des Verstehens, aus dem heraus sich weiteres Verstehen entwickelt. Ein solcher Zusammenhang mag im Rahmen spezifischer kosmopolitisch-polyglotter Orientierungen genauso gegeben sein wie in einer Lebensweise von Jugendlichen in einem Kiez. Er mag sehr lange andauern wie derjenige einer bürgerlichen Lebensweise in einer Kleinstadt oder eher rasch zu Ende gehen wie derjenige von Bewegungen wie den Punks oder der Friedensbewegung nach 1968. Charakteristisch für eine Tradition in dem hier vorgeschlagenen formalen Sinn ist, dass viele verständniseröffnende Praktiken aneinander anschließen und aus ihren netzartigen Zusammenhängen von Anschlussverhältnissen (im oben erläuterten Sinn) heraus Spielraum für weitere Anschlüsse mit sich bringen.

Einzelne Individuen sind nicht einfach an eine einzige Tradition gebunden, sondern gehören vielfach unterschiedlichen Kontexten und damit (formal verstandenen) Traditionen an. In einer Familie kann man sich in anderer Weise ausdrücken und verstehen als in der Schule, im Betrieb oder in einem spezifischen Freundeskreis. In Verkaufsgesprächen spricht und versteht man anders als im Rahmen einer Therapie. Wir beherrschen als Individuen sehr unterschiedli-

51 Vgl. Gadamer, *Wahrheit und Methode*, S. 286-289.

che Sprachen beziehungsweise Sprechweisen (die oftmals innerhalb einer natürlichen Sprache wie dem Deutschen angesiedelt sind), zwischen denen wir mühelos hin und her wechseln. Die Kontexte sind nicht scharf voneinander abgegrenzt, sondern lose miteinander gekoppelt und gehen immer wieder auch fließend ineinander über. Man denke nur daran, wie Kinder auf dem Schulhof und in der Klasse miteinander sprechen, oder an Sprechweisen im Rahmen von modernen Dienstleistungsberufen, die in bestimmte Feierabendkulturen und sich selbst als hip verstehende Lebensweisen eindringen sowie ihrerseits von diesen Kulturen und Lebensweisen geprägt werden. Die Zusammenhänge einer Tradition können in andere Traditionen übergehen und sich gerade darin als nicht im engeren Sinn abgrenzbar erweisen. Es gilt so für die Kontexte, innerhalb deren unser Verstehen situiert ist, was Derrida sagt: Es handelt sich um Kontexte »ohne absolutes Verankerungszentrum«,[52] die in offener Weise ineinander übergehen, aber nichtsdestotrotz als Kontexte im Sinne lokaler und temporaler Zusammenhänge zu begreifen sind.

Was heißt es nun, Verstehen im Rahmen solcher Kontexte – im Sinne formal verstandener Traditionen – zu verorten? Innerhalb der Kontexte knüpft ein Verständnis an das andere an. Man hat einen Ausdruck wie den Begriff »Synkope« mehrfach gehört und setzt so eine Kette fort, wenn man eine andere über Synkopen im Jazz sprechen hört und sie versteht. Im Rahmen der Kette von Verwendungsweisen durchläuft der Begriff immerwährende Veränderungen, die sich in einer ersten Annäherung mit einigen Grundbegriffen der Hegel'schen Logik aufklären lassen. Hegel führt dort die Begriffe des Allgemeinen, des Besonderen und des Einzelnen ein, um die Verhältnisse zu erklären, in denen Sein und Denken verbunden sind.[53] Die in Frage stehende Verbindung lässt sich Hegel zufolge nur begreifen, wenn man von irreduziblen Spannungen ausgeht. Dazu muss man die Allgemeinheit des Begriffs auf der einen Seite mit den Einzelheiten von Gegenständen auf der anderen Seite als von Grund auf unversöhnbar betrachten. Die Einzelheiten von Gegenständen – wie die konkrete Ausgestaltung von Synkopen

52 Derrida, »Signatur Ereignis Kontext«, S. 339.

53 Vgl. zum Folgenden Georg Wilhelm Friedrich Hegel, *Wissenschaft der Logik*, in: ders., *Werke in zwanzig Bänden*, Bd. 5 und 6, Frankfurt/M. 1970, Bd. 6, S. 273-301.

in der Musik von Johannes Brahms im Gegensatz zu derjenigen, die sich bei Miles Davis findet – lassen sich nicht bruchlos in der Allgemeinheit des Begriffs »Synkope« fassen. Aus diesem Grund sind sie in der Lage, immer neue Weiterentwicklungen dieser Allgemeinheit anzustoßen.

Weiterentwicklungen kommen durch den Anstoß von Besonderheiten zustande, die in den Begriff Eingang finden. In dem Begriff der Synkope werden Besonderheiten der Akzentuierung, Taktverschiebung und anderes mehr gefasst. So verbindet der Begriff aus der Entwicklung heraus, die er in Konfrontation mit unterschiedlichen Gegenständen durchläuft, unterschiedliche Besonderheiten, die er unter sich vereint. Die Besonderheiten sind Einzelbestimmungen, die an der Allgemeinheit vorgenommen werden und die sich so in die Allgemeinheit einschreiben. Entscheidend ist aus Hegels Perspektive, dass mit allen Besonderheiten, die der Begriff in sich aufnimmt, Einzelheiten als solche nicht gefasst sind. Grundsätzlich bleibt ein Moment des Widerstands, das von Einzelheiten ausgeht und das sich mit der Allgemeinheit nicht versöhnen lässt. Ein Begriff ist eine Verbindung eines allgemeinen Gehalts mit vielen Besonderheiten, die Einzelheiten nicht restlos in sich fassen und so durch Einzelheiten immer wieder herausgefordert werden.

Auf Grundlage dieser strukturellen Überlegungen lässt sich die Entwicklung von Normen des Verstehens im Rahmen einer (formal gefassten) Tradition begreifen. Dabei kann man sich erst einmal an Begriffen als Normen des Verstehens orientieren. Begriffe wie der der Synkope werden mit Blick auf viele Gegenstände beziehungsweise Zusammenhänge gebraucht. Jeweils nehmen sie Besonderheiten der Gegenstände in sich auf. Zugleich sind die Gegenstände beziehungsweise Zusammenhänge als Einzelheiten zu begreifen, die den Begriff strukturell herausfordern. Mit jeder neuen Verwendung eines Begriffs in verstehenden Praktiken findet eine solche Herausforderung statt – wie minimal sie auch immer sein mag. Kein Begriff funktioniert als eine ungestörte Allgemeinheit. Begriffe sind durchbrochene Allgemeinheiten, die, solange sie in Gebrauch sind, von Einzelheiten herausgefordert werden und aus solchen Herausforderungen heraus immer wieder Besonderheiten in sich aufnehmen.

Verständnisse unterliegen so auch hinsichtlich der in ihnen

leitenden Normen konstanten Weiterentwicklungen. Diese gehen von den Einzelheiten der Gegenstände bzw. Zusammenhänge aus, mit denen die Verständnisse verbunden werden. Wittgenstein hat in seinen Überlegungen zum Regelfolgen die stete Entwicklung von Verständnissen als eine Praxis der Fortsetzung erläutert. In diesem Sinn spricht er mit Blick auf sprachliche Normen von »einem ständigen Gebrauch, einer Gepflogenheit«.[54] Dabei ist die Fortsetzung einer Norm weder im Vorhinein festgelegt noch gänzlich offen. Erst die jeweilige Entwicklung von Praktiken des Verstehens im Rahmen einer Tradition klärt die »Übereinstimmung« beziehungsweise »Gleichheit«, die durch die Allgemeinheit der Norm gefordert ist.[55] Genau in dieser Weise ist Wittgensteins knapper Verweis auf das Regelfolgen als eine Praxis zu deuten.[56] Die Forderung von Allgemeinheit wäre also in Wittgensteins Sinn fehlverstanden, wenn man Normen des Verstehens als von vornherein festgelegt begreifen würde.

Wittgensteins Überlegungen zur Fortsetzung von Verständnissen lassen sich gut mit denjenigen Hegels verbinden. Wittgenstein geht es darum, die Offenheit der Allgemeinheiten in allem Verstehen zu erläutern. Zu dieser Offenheit gehört, was Hegel betont: Die Welt trägt sich immer wieder in unsere Verständnisse ein. Dies geschieht nicht einfach reibungslos, sondern ist mit nicht auflösbaren Spannungen verbunden. Für die Bewegung unserer Verständnisse ist zentral, dass die Welt ihnen einen nicht abzuarbeitenden Widerstand entgegenbringt.

Wenn man eine konstante Weiterentwicklung von Verständnissen aus der Spannung von Allgemeinheit der Gehalte des Verstehens und den Einzelheiten der Welt heraus begreiflich macht, kann man auch einen ersten Ansatzpunkt für eine kritische Theorie des Verstehens gewinnen. Verstehen unterliegt grundsätzlich der Gefahr, die Spannung zur Welt zu verlieren, so dass Verständnisse eine spannungslose Wiederholung erfahren. Praktiken im Rahmen eines Kontexts von Verständnissen können sich so entwickeln, dass die Verständnisse stereotyp gebraucht werden, so dass es zu keinen Weiterentwicklungen mehr kommt. Nun ist eine Situation, in der sich Verständnisse überhaupt nicht weiterentwickeln, als ein Grenzfall zu begreifen. Strenggenommen dürfte es eine solche Situation

54 Wittgenstein, *Philosophische Untersuchungen*, § 198.

55 Vgl. ebd., §§ 224 f.

56 Ebd., § 202.

kaum geben. Dennoch lassen sich Grade der Stillstellung von Verständnissen festmachen. Sobald es in irgendeiner Hinsicht zu einer solchen Stillstellung kommt, werden Verständnisse von der Welt abgeschnitten. Dadurch, dass sich stereotype Momente in Praktiken des Verstehens eintragen, verlieren Verständnisse – in Graden – ihren Halt an der Welt. Je stärker stereotype Momente Oberhand gewinnen, desto weiter geht der Haltverlust.[57]

Eine kritische Theorie des Verstehens muss dessen Normativität von der Gefahr des Erstarrens her begreifen. Das heißt, dass die konstante Weiterentwicklung von Normen im Verstehen nicht einfach als deskriptiver Normalfall begriffen werden kann. Die Notwendigkeit einer konstanten Weiterentwicklung liegt darin begründet, dass alles Verstehen der Rückbindung an die Welt bedarf. Wie genau das normative Ideal in konkreten Praktiken des Verstehens zu realisieren ist, lässt sich aus Perspektive der Theorie nicht sagen. Es ist den konkreten Auseinandersetzungen in Bezug auf Verständnisse und Prozesse des Verstehens überlassen, diese Frage immer wieder neu zu beantworten. Die grundsätzliche Gefahr einer Abkopplung des Verstehens von der Welt aber lässt sich aus Perspektive der Theorie einsichtig machen und muss als zentraler Aspekt hermeneutisch-kritischer Theoriebildung profiliert werden.

Dies bedeutet eine Korrektur des Theorems von Verstehen als einem Geschehen, das bei Heidegger und Gadamer überwiegt. Wenn man Verstehen bloß als ein – mit steten Veränderungen verbundenes – Geschehen begreift, erweckt man den Eindruck, dass die Veränderungen als solche garantiert sind, also nicht in Frage stehen können. Das aber ist nicht der Fall. Alles Verstehen steht vor der Aufgabe, sich selbst in dem Sinne in Bewegung zu halten, dass es sich von der Welt korrigieren lässt. Insofern muss ein Spielraum rekonstruiert werden, der grundsätzlich mit Verstehen verbunden ist und der die Möglichkeit erklärt, dass Verstehen sich in unterschiedlicher Weise entwickelt. Für eine solche Rekonstruktion ist der Begriff der Freiheit entscheidend. In dem Maße, in dem Verstehen so entwickelt ist, dass Erstarrungen immer wieder vermieden werden können, ist in Praktiken des Verstehens Freiheit realisiert. Freiheit ist dabei, im Sinne Heideggers, mit einem Öffnen von Zukunft

57 Adorno vertritt in seiner negativen Dialektik die These, dass der Haltverlust als Erfahrungsverlust zu verstehen ist; vgl. Theodor W. Adorno, *Negative Dialektik*, in: ders., *Gesammelte Schriften*, Bd. 6, Frankfurt/M. 1970, u. a. S. 366-368.

verknüpft.[58] Wenn Verständnisse erstarren, geht Zukunft dadurch verloren, dass sich die Gegenwart bis in alle Zukunft hinein durchsetzt. Wenn hingegen im Verstehen die Freiheit, den Objekten in ihren Einsprüchen gegen festgefahrene Verständnisse zu folgen, verwirklicht ist, ist die Zukunft nicht festgelegt. Dabei bedarf eine solchermaßen rekonstruierte Freiheit der Mitwirkung der Welt, die immer wieder ihren Widerstand einbringen muss (vgl. III.2.2).

Wenn man die konstante Weiterentwicklung von Normen des Verstehens in dieser Weise als mit allem Verstehen verbundene Möglichkeit begreift, die zugleich eine Aufgabe darstellt, gewinnt man für die hermeneutisch-kritische Theoriebildung einen Ansatzpunkt, um die von der Theorie der Improvisation ausgehenden Impulse systematisch aufzugreifen. Man kann dann der Gefahr entgehen, Improvisation einfach als das neue Paradigma von Hermeneutik als kritischer Theorie einzuführen. Stattdessen lassen sich an der Improvisation Chancen und Gefahren für die Entwicklung und Gestaltung von Prozessen des Verstehens nachvollziehen. Das grundlegende Moment der Weiterentwicklung des Verstehens aus der Spannung zwischen Allgemeinheit und Einzelheit heraus erfordert so eine weitergehende Erläuterung, die genau solche Chancen und Gefahren in unterschiedlichen Hinsichten verfolgt. Dadurch wird die mit allem Verstehen als Potential verbundene Freiheit konkretisiert.

3.2 Normen des Verstehens und die Spannung zwischen Individuen und überindividuellen Praxiszusammenhängen

Die normative Dimension des Verstehens habe ich unter Rekurs auf formal verstandene Traditionen als offene Praxiszusammenhänge gefasst. Die formale Betrachtungsweise als solche ist aber insofern eine Abstraktion, als alles Verstehen im Rahmen überindividueller Praxiszusammenhänge immer auch mit konkreten Individuen verknüpft ist. Wer versteht, ist in ihren oder seinen Verständnissen konstitutiv mit anderen verbunden. Verständnisse schließen nach dem von Wittgenstein gezeichneten Bild aneinander an. Dabei sind grundsätzlich unterschiedliche Individuen und Gruppen von Individuen im Spiel. Wenn ein Begriff wie der der Synkope verstanden

58 Vgl. Martin Heidegger, *Sein und Zeit*, Tübingen ^{16}1986, § 48.

wird, geschieht das aus einer Praxis heraus, in die man durch Individuen eingeführt wurde und die man mit sowohl bestimmten als auch unbestimmten Individuen teilt.

Im Sinne einer sehr vereinfachten Darstellung kann man erst einmal eine bloße Wiederholungskette eines Begriffs (wie desjenigen der Synkope) betrachten. Jemand, der diesen Begriff versteht, schließt an vielfältige andere Individuen an, sowohl an bestimmte Individuen, die ihm gegenüber den Begriff gebraucht haben, als auch an unbestimmte Individuen, die in einer darüber hinausgehenden Vergangenheit mit dem Begriff verbunden sind. In der Kette reagieren Individuen aufeinander. Sie schließen aneinander darin an, welche Zusammenhänge sie mit einem Begriff verbinden und welche Aspekte ihnen besonders wichtig sind. So ist der Begriff der Synkope aus Diskussionen über experimentellen Jazz heraus anders besetzt als aus solchen über die Kunstmusik des 19. Jahrhunderts. Solche Besetzungen schreiben sich in der Weise fort, wie Individuen den Begriff aus ihren Kontexten heraus aufgreifen.

Über die Wiederholungsketten von Begriffen bilden sich, so gesehen, überindividuelle Praxiszusammenhänge derjenigen aus, die spezifische Besetzungen oder Akzentuierungen von Begriffen miteinander teilen. Die Praxiszusammenhänge sind nicht in sich geschlossen, und sie sind steten Veränderungen unterworfen. Wenn man sie nur von den Fortführungen von Begriffen im Rahmen von Praktiken des Verstehens her fasst, sind sie eine bloß implizite Größe, also nicht mit einem Selbstverständnis von sich als spezifischer Gemeinschaft verbunden.[59] Die implizit mit allem Verstehen verbundenen offenen Traditionen sind als theoretische Instanzen auch beliebig kleinteilig anzulegen. Der Praxiszusammenhang derjenigen, die sich über Jazz-Musik verständigen, lässt sich genauso ansetzen wie der Praxiszusammenhang derjenigen, die den Begriff »Synkope« verstehen. Entscheidend ist nicht der jeweilige Zuschnitt der formal verstandenen Tradition, sondern dass alles Verstehen insgesamt in überindividuellen Zusammenhängen geschieht. Wie diese genau in Bezug auf bestimmte Verständnisse und Kontexte des Verstehens festgelegt werden, ist mit Blick auf grundlegende Fragen des Verstehens irrelevant.

59 Im nächsten Kapitel lege ich dar, dass Gemeinschaften des Verstehens sich erst auf Grundlage der in Konflikten etablierten Kriterien begreifen lassen, mittels deren Verständnisse kommentiert werden.

Innerhalb der offenen Praxiszusammenhänge von Normen des Verstehens geht es nicht nur um Gehalte des Verstehens und um die Frage, wie das spannungsreiche Verhältnis zwischen der Allgemeinheit dieser Gehalte und einzelnen Beschaffenheiten der Welt ausgestaltet wird. Immer spielen auch Beziehungen zwischen Individuen eine entscheidende Rolle. Dies lässt sich besonders an Fällen illustrieren, in denen so etwas wie ein persönlicher Nahbereich im Spiel ist. Nehmen wir an, dass mir ein spezifischer philosophischer Begriff (wie der der negativen Dialektik) erstmals von einer wichtigen akademischen Lehrerin vermittelt wurde. Ein solcher Begriff kann dann für mich immer mit ihr verbunden bleiben, so dass ich einen Akzent in diesem Begriff besonders beachte, der ihr wichtig war. Der Begriff wird so aus einer persönlichen Beziehung heraus gefärbt.[60] Denkbar ist aber genauso, dass ich einen Begriff nicht mag, weil er von einer Person verwendet wurde oder wird, die mich mehrfach abschätzig behandelt oder mir gegenüber Macht ausgespielt hat. Für Alltagsverständnisse wie »Tisch« und »Stuhl« gilt sicher weniger, dass sich in entsprechender Weise persönliche Verhältnisse in sie einschreiben. Aber die Übergänge sind hier fließend, und letztlich ist der gesamte Bereich des Verstehens von den Verhältnissen affiziert, in denen wir zu anderen Personen stehen.

Die Spannung von Allgemeinheit und Einzelheit prägt Normen des Verstehens so nicht nur in Bezug auf die Gehalte von Verständnissen, sondern auch in Bezug auf die intersubjektiven Zusammenhänge, innerhalb deren Verständnisse weitergegeben werden. Die Allgemeinheit von Verständnissen, die durch überindividuelle Weitergaben zustande kommen, und die Einzelheit der Prägungen, die Verständnisse durch besondere Individuen erhalten, stehen in einer konstitutiven Spannung zueinander. Für die für alles Verstehen grundlegenden offenen Praxiszusammenhänge gilt so, dass sie immer auch von affektiven individuellen Bezugnahmen aufeinander, also nicht zuletzt auch von Sympathien und Antipathien durchdrungen sind. Die Wiederholungsketten von Verständnissen sind keine neutralen Zusammenhänge, in die nur unterschiedliche Beschaffenheiten der Welt Änderungen eintragen würden. Ände-

60 Die Mechanismen eines entsprechenden Bezugs lassen sich unter anderem unter Rekurs auf die Alteritätsphilosophie von Emmanuel Lévinas aufklären. Vgl. u. a. Emmanuel Lévinas, *Jenseits des Seins oder anders als Sein geschieht*, Freiburg, München 1998, S. 116-123. Vgl. hierzu auch III.1.2.

rungen von Verständnissen resultieren immer auch aus Beziehungen heraus, in denen verstehende Individuen zueinander stehen.

Nun mag man sich fragen, ob dies nicht auch anders sein könnte. Ist es ein Ausdruck fehlender Neutralität des Verstehens, wenn wir Verständnisse mit persönlichen Beziehungen verquicken? Könnte es nicht bei idealen Verhältnissen des Verstehens so sein, dass nur das, worum es in der Welt geht, die Zusammenhänge bestimmt, in denen für uns Verständnisse stehen? Hilfreich ist hier noch einmal ein Blick auf die abstrakten Zusammenhänge von Allgemeinheit und Einzelheit, bei denen wir die Überlegungen zur Normativität des Verstehens begonnen haben. Wie wird in einer konkreten Situation die Spannung zwischen Allgemeinheit und Einzelheit ausgestaltet? Entscheidend für die improvisatorisch zu begreifende Normativität des Verstehens ist, dass die Welt nicht einfach Änderungen an Verständnissen vornimmt. Diese Änderungen geschehen im Zuge des Verstehens oder werden von verstehenden Individuen dezidiert vorgenommen. Dabei ist entscheidend, wie einzelne Individuen mit ihren Verständnissen zu anderen Individuen stehen. Die bindenden Beziehungen, die zwischen einzelnen verstehenden Individuen innerhalb überindividueller Zusammenhänge herrschen, stiften die Bindungen, aus denen heraus Änderungen von Verständnissen festgelegt und beurteilt werden. Welche Reaktionen auf Einzelheiten der Welt im Verstehen angemessen sind, klärt sich nur in der Konfrontation unterschiedlicher subjektiver Perspektiven miteinander.

Auf eine solche Konfrontation sind wir oben in der Erläuterung von Evaluationen im Rahmen von Improvisationen bereits gestoßen. Das bereits angesprochene *case-law*-Recht (vgl. II.1.4) bietet uns ein gutes Modell, um sie zu begreifen. Eine Richterin, die einen Fall entscheidet, konfrontiert mit ihrer Perspektive diejenigen, die bereits in der Vergangenheit analoge Fälle entschieden haben, und ist ihrerseits mit der Perspektive derjenigen konfrontiert, die sich in der Zukunft auf ihre Entscheidung beziehen werden. Gerade die zukünftigen Perspektiven binden die Richterin in ihrer Entscheidung, sorgen also dafür, dass sie das Verhältnis von Allgemeinheit einer rechtlichen Norm und der Einzelheit des Falls nicht einfach nach eigenem Gutdünken einstellen kann. In der Zukunft erfährt ihre Entscheidung eine Bewertung dahingehend, ob die von ihr geltend gemachte Besonderheit tatsächlich in Verständnisse der

Rechtsnorm aufgenommen werden sollte oder nicht. Die normative Bindung ihrer Entscheidung resultiert so wesentlich aus ihrer Konfrontation mit zukünftigen Perspektiven anderer Richter:innen.

Diese Überlegung lässt sich in folgender Weise für eine Explikation von überindividuellen Praxiszusammenhängen des Verstehens fruchtbar machen: Die normativen Bindungen, in denen das im Rahmen solcher Praxiszusammenhänge entwickelte Verstehen steht, ergeben sich daraus, dass Verstehende in ihren Verständnissen aneinander anschließen. Die dabei resultierenden wechselseitigen Anschlüsse sind konstitutiv mit Bewertungen verbunden, die alles Verstehen implizit begleiten. So schließen diejenigen, die Ketten von Verständnissen fortsetzen, nicht einfach an jedwede Verständnisse an, sondern schließen diejenigen Verständnisse aus, die aus ihrer Sicht keine plausible Weiterentwicklung der betreffenden Verstehens-Norm erbracht haben. Entsprechende Bewertungen und Ein- beziehungsweise Ausschlüsse geschehen implizit und begleiten die Entwicklung von Verständnissen grundsätzlich. Die Konfrontation unterschiedlicher Perspektiven ist so als Grundlage des normativen Zusammenhangs zu begreifen, als der sich ein Praxiszusammenhang des Verstehens entwickelt.

Der normative Kitt des Verstehens liegt so immer auch in den individuellen Perspektiven begründet, die im Rahmen eines Praxiszusammenhangs aufeinandertreffen. Ohne die Interaktion individueller Perspektiven kommt keine normative Bindung des Verstehens zustande. Mit der Interaktion individueller Perspektiven kommen aber auch Aspekte persönlicher Verhältnisse und Momente von Macht und Affektivität in normative Zusammenhänge hinein. Es zeigt sich so, dass diese Momente für das Verstehen nicht verzichtbar sind. Es liegt nicht an der Schwäche und Undiszipliniertheit derer, die verstehen, dass ihre Verständnisse immer wieder von persönlichen Momenten durchdringen sind. Vielmehr ist diese Durchdringung ein notwendiges Moment des normativen Funktionierens von Verstehen.

Die individuellen Bindungen, die für alles Verstehen grundlegend sind, stehen in einer Spannung zu den überindividuellen Zusammenhängen. Diese Spannung lässt sich in einer ersten Annäherung folgendermaßen begreifen (vgl. weitergehend IV.2.4 sowie IV.3.3): Fortsetzungen von Verständnissen aus offenen Traditionen heraus sind aus sich heraus so angelegt, dass sie unterschiedliche Individuen umstandslos einschließen. Auch wenn es sich um Ketten handelt, in denen Verständnisse immer weiterentwickelt werden, spielen besondere Individuen innerhalb dieser Ketten keine Rolle. Jede und jeder kann an Verständnisse, die in einer offenen Tradition entwickelt sind, anschließen. Man kann hier von einer offenen Allgemeinheit sprechen, die sich in der Weitergabe von Verständnissen ergibt. Individuelle Bindungen stehen in einer Spannung zu dieser offenen Allgemeinheit, da sie den überindividuellen Zusammenhang der Weitergabe von Verständnissen aufbrechen.

Normen des Verstehens entwickeln sich durch die Spannung, in der überindividuelle Zusammenhänge und individuelle Bindungen zueinander stehen. Die Normen werden einerseits unter vielen geteilt und andererseits immer wieder von Einzelnen her in bestimmter Weise mit Färbungen und Anstößen versehen. Für Individuen, die innerhalb offener Traditionen verstehen, bedeutet dies, dass sie immer die Spannung zwischen dem Anschluss an besondere Individuen und dem Bezug auf unbestimmte Andere auszubalancieren haben. Die offenen Traditionen von Normen des Verstehens sind von vielfältigen Beziehungen von zum einen eher persönlichen und zum anderen eher unpersönlichen Anschlüssen geprägt. Aufgrund der in ihnen vorherrschenden Spannungen fallen die Traditionen auch immer wieder auseinander, so dass sich heterogene Zusammenhänge ergeben. So erklären gerade auch die für das Verstehen konstitutiven Konfrontationen und Interaktionen individueller Subjekte seine Heterogenität. Praxiszusammenhänge des Verstehens müssen also grundsätzlich im Plural begriffen werden.

3.3 Strukturen des Verstehens und ihr mögliches Erstarren als Grundlage von Freiheit

Der Fluchtpunkt der vom Paradigma der Improvisation ausgehenden Erläuterung des Verstehens ist Freiheit. Nun ist es keine Überraschung, Improvisation als ein freiheitliches Geschehen zu charakterisieren, und es mag zwangsläufig erscheinen, einen am Begriff der Improvisation geschulten Begriff des Verstehens mit dem der Freiheit zu verbinden. Aber die Verbindung, auf die ich ziele, ist anders zu denken: Es geht nicht darum, Verstehen als ein von Grund auf freiheitliches Geschehen zu begreifen, sondern als ein Geschehen, in dem grundsätzlich ein Potential der Eröffnung von Freiheit gegeben ist. Dieses Potential muss entfaltet werden. Darin liegt, bei genauerer Betrachtung, die Moral der improvisationstheoretischen Klärungen zu Beginn des Kapitels: In einer Improvisation kann grundsätzlich immer Freiheit realisiert werden. Aber das Potential der Freiheit kann genauso verschüttet werden. Eine Improvisation kann sich immer so entwickeln, dass diejenigen, die improvisieren, in ihr letztlich keine Freiheit gewinnen. Genau so ist es auch mit dem Verstehen: Sein Potential der Freiheit kann grundsätzlich immer verschüttet werden. So gilt es, Freiheit als prekäres Moment alles Verstehens zu begreifen, das es zu entfalten und in besonderer Weise zu entwickeln gilt.

Mit Blick auf die offene Normativität, die ich bislang erläutert habe, bedeutet dies, dass die Möglichkeit des Erstarrens von Normen zur Grundlage der Erläuterung von Freiheit gemacht werden muss. Aus der doppelten Spannung von Allgemeinheit und Einzelheit, die für die stete Weiterentwicklung von Normen zentral ist, können Normen in einzelnen Praktiken des Verstehens immer wieder gelöst werden. Dann drohen sie zu erstarren. Damit aber werden die Individuen und Gemeinschaften, deren Verstehen von diesen Normen getragen sind, unfrei. Ihre Freiheit realisiert sich in Praktiken des Verstehens, die in Bewegung sind. Entscheidend für eine von der offenen Normativität des Verstehens her begriffene Freiheit sind sowohl die Auseinandersetzungen mit Gegenständen des Verstehens als auch diejenigen mit anderen Individuen.

Wenn Normen des Verstehens von Gegenständen und anderen Individuen her immer wieder in Frage gestellt und so verändert werden, geht aus der Spannung zwischen Allgemeinheit und Einzelheit ein Moment von Freiheit hervor. Die Freiheit resultiert aus der Herausforderung, die von Gegenständen und anderen Individuen ausgeht und die eine Bewegung der jeweils in Spiel kommenden Normen hervorruft. Freiheit ist hier als der Spielraum zu verstehen, der aus der Veränderlichkeit von Normen resultiert. Normen binden Individuen in Praktiken des Verstehens. Diese Bindung kann zu einem erstarrten, stereotypen Gebrauch führen, in dem im Umgang mit den Normen kein Spielraum gegeben ist, so dass Individuen ihnen rigide folgen müssen. Gegen die Erstarrung aber können Normen auch in Bewegung gehalten werden. Dies geschieht dann, wenn Gegenstände und andere Individuen als Einzelheiten die Normen verändern. Diese Veränderung eröffnet Freiheit als Spielraum im Umgang mit beziehungsweise in der Weiterentwicklung von Normen.

Die aus der Spannung von Allgemeinheit und Einzelheit resultierende Freiheit in normativen Praktiken des Verstehens lässt sich weiter dadurch konturieren, dass man sie von einem anderen Modell abgrenzt, Freiheit auf Grundlage von Normen zu erläutern. Robert Brandom hat unter Rekurs auf Kant vorgeschlagen, Freiheit durch Bindung an selbstgesetzte Normen zu erklären.[61] Vernunft ist aus Brandoms Perspektive als ein Vermögen zu begreifen, sich von natürlichen Zusammenhängen dadurch zu lösen, dass man sich eigene Normen gibt, an die man gebunden ist. Nur wenn die selbst hervorgebrachten Normen eine bindende Kraft entfalten, entsteht eine Unabhängigkeit von dem Subjekt externen Gesetzmäßigkeiten und in diesem Sinn Freiheit. Freiheit wird so als Selbstgesetzgebung verstanden.

Dieser Begriff von Freiheit aber bleibt unzureichend, da er das Problem erstarrender Normen nicht adressiert. Im Gegenteil: Mit Kant erläutert Brandom gerade das Erstarren von Normen als Grundlage der Freiheit. Das Problem dieser Konzeption lässt sich auch unabhängig vom Begriff des Erstarrens fassen: Wenn selbstgesetzte Normen aus sich heraus Bindungskraft entfalten, geht aufgrund dieser Bindungskraft der Kontakt zur Welt verloren. Die Welt und ihre Gesetzmäßigkeiten werden durch die Normen auf Abstand gehalten. Genau darin liegt das von Brandom mit Kant verteidigte Verständnis von Freiheit. Die Distanzierung bedeutet aber nichts anderes als Kontaktverlust. In dem Maße, in dem selbstgesetzte Normen Freiheit herstellen, gerät die Welt aus dem Blick.

Nun kann man mit John McDowell einwenden, dass der Kontaktverlust nur dann droht, wenn man die Normen kohärentistisch versteht.[62] McDowell präsentiert in diesem Sinn den Vorschlag, selbstgesetzte Normen im Sinne einer zweiten Natur so zu verstehen, dass sie die Praxis und damit auch die natürliche Umgebung von Individuen insgesamt durchdringen.[63] Er macht geltend, dass

61 Vgl. Robert B. Brandom, »Freedom and Constraint by Norms«, in: *American Philosophical Quarterly* 16/3 (1979), S. 187-196.

62 Vgl. John McDowell, *Geist und Welt*, 1. Vorlesung.

63 Vgl. John McDowell, »Zwei Arten von Naturalismus«, in: ders., *Wert und Wirklichkeit*, Frankfurt/M. 2002, S. 30-73.

die Wahrnehmungsfähigkeiten und körperlichen Fähigkeiten von Begriffsbenutzer:innen insgesamt von begrifflichen Strukturen geprägt sind, so dass die Welt von Grund auf in diesen Strukturen begegnet und keine Lücke zwischen ihnen und der Welt gegeben ist.

Die von McDowell vorgeschlagene Strategie aber leistet nicht, was sie verspricht. Wenn selbstgesetzte Normen das gesamte Weltverhältnis prägen, führt das zwar dazu, dass die Welt, die in den Blick kommt, zu den Normen passt. Aber die Welt kommt hier nicht in die Position, Einspruch gegen die Normen zu erheben. Erst durch einen solchen Einspruch aber kommt es zu einem Kontakt im vollen Sinn. Das eine ist, dass selbstgesetzte Normen in der Welt so durchgesetzt werden, dass sie das gesamte Weltverhältnis durchdringen. Etwas anderes aber ist es, die Welt in eine Position zu bringen, dass sie Widerspruch gegen normative Zusammenhänge zu leisten vermag. Genau diese Form des Kontaktgewinns fehlt in McDowells Erläuterung zweitnatürlicher Normativität. Insofern kann sein Konzept zweiter Natur auch nicht das normativen Praktiken innewohnende Potential von Freiheit erläutern (vgl. hierzu auch III.3.2). Es suggeriert vielmehr, dass in der kritischen Weiterentwicklung tradierter Normen das Potential zur Freiheit liegt. Auch wenn darin ein Ansatz liegt, den es zu verfolgen lohnt (vgl. IV.2), kommt ein wichtiger Aspekt von in Normen begründeter Freiheit zu kurz: die aus dem Widerstand der Welt resultierende Freiheit. Dies ist die in der Struktur von Normen des Verstehens als einer improvisatorischen Praxis begründete Freiheit.

Brandom und McDowell zeigen beide, inwiefern die Freiheit des Verstehens nicht angemessen rekonstruiert werden kann, wenn man die Möglichkeit des Erstarrens von Normen nicht berücksichtigt. Auch wenn die von ihnen rekonstruierte Struktur normativer Praxis – unter anderem aufgrund der Bedeutung der Sprachphilosophie Wittgensteins in beiden Fällen – Dynamik nicht ausschließt, wird doch die Gefahr des Erstarrens als Möglichkeit dieser Dynamik außer Acht gelassen. Es kommt nicht zu einer Unterscheidung zweier grundsätzlich divergenter Entwicklungen der Dynamik: Die Dynamik kann aus sich heraus genauso zu einem Erstarren von Strukturen führen, die immergleich wiederholt werden, wie sie immer wieder Veränderungen hervorbringen kann, die aus Impulsen resultieren, die Eingang in die Struktur finden. Erst die Unterscheidung dieser beiden Entwicklungen macht das mit den Strukturen des Verstehens verbundene Potential der Freiheit begreiflich.

Freiheit kommt im Verstehen dort zustande, wo gegen ein mögliches Erstarren Strukturen des Verstehens in Bewegung gehalten werden. Dafür ist es erforderlich, dass Normen nicht aus sich heraus reaktualisiert, sondern herausgefordert werden. Freiheit muss, so gesehen, von der Möglichkeit her begriffen werden, dass eine Herausforderung von Normen des Verstehens nicht zustande kommen oder – sogar – unterbunden werden kann. In dieser Weise ist sie von der Gefahr des Erstarrens von Normen her zu denken. Nur dort, wo diese Gefahr (explizit oder implizit) als Möglichkeit in Betracht gezogen wird, kann Freiheit tatsächlich realisiert werden. Ihre Realisierung setzt voraus, dass herausfordernde Impulse gesucht und für die Weiterentwicklung von Normen produktiv gemacht werden. Die so geartete Struktur improvisatorischer Praxis ist grundlegend für das in allem Verstehen wurzelnde Potential der Freiheit.

Diese Struktur birgt aber, so lässt sich im Lichte der Überlegungen des letzten Abschnitts sagen, noch das Potential einer anderen Dimension von Freiheit, die sich mit dem Begriff »Freiheit vom anderen her« bezeichnen lässt. Wie dargelegt, ist mit der Konstitution von Normen des Verstehens in offenen Traditionen eine Spannung von Individuen und überindividuellen Zusammenhängen gegeben. Die je unterschiedlichen Traditionen sind für einzelne Verstehende mit unterschiedlichen Individuen verbunden, an deren Gebrauch einzelner Normen sie anschließen. Diese Individuen binden einen neuen Normgebrauch in besonderer Weise, so dass ein spezifisches Individuum durch andere Individuen in seinem Umgang mit einzelnen Normen gebunden ist. Die Bindung hat das Potential, einen Normgebrauch hervorzurufen, der – in leichter oder starker Art und Weise – vom bisherigen Gebrauch der betreffenden Norm in der offenen Tradition abweicht. Diese Abweichung eröffnet ein eigenes Potential von Freiheit als Spielraum des eigenständigen Umgangs mit der Norm. In Analogie zu dem von Gegenständen ausgehenden Potential der Freiheit kann man sagen: Die Einzelheiten anderer Individuen fordern die Normen heraus, indem sie diejenigen Individuen, die die Normen aufgreifen, zu einem veränderten Umgang mit ihnen bringen. In der in dieser Weise von Individuen ausgehenden Bindung im Normgebrauch liegt ein eigenständiges Potential von Freiheit.

Diesem Potential kann man in Auseinandersetzung mit der Position von Emmanuel Lévinas weiter Kontur verleihen. Lévinas vertritt die These, dass durch Bindungen von anderen her Freiheit aus Verantwortung entsteht.[64] Freiheit resultiere aus dem unvordenklichen Anspruch des anderen, mit dem Individuen von Grund auf konfrontiert seien. Individuen sind, so gesehen, von Grund auf von anderen als einzelnen Individuen gebunden.

Die zugespitzte Form, in der Lévinas das Gebundensein vom anderen her denkt, ist genauso klärend, wie sie problematisch ist. Klärend ist der Gedanke, dass von anderen eine eigenständige Bindungskraft ausgeht, die sich nicht auf Gehalte einer in Normen geteilten Welt zurückführen lässt. Problematisch ist an Lévinas Zuspitzung, dass sie die Spannung, in der diese Bindungskraft zu Normen im Rahmen einer Tradition steht, nicht in den Blick nimmt. Er lässt es so erscheinen, als sei die Bindungskraft, die von anderen ausgeht, aus sich heraus zu verstehen. Dies aber ist nicht der Fall, da sie als bloße Bindungskraft nicht mit den normativen Strukturen und Gehalten verbunden ist und insofern keine Relevanz für die normative Praxis entfalten kann. Die von einzelnen Individuen im Sinne eines Anspruchs ausgehende Bindungskraft hängt, so gilt es aus diesem Grund zu sagen, konstitutiv mit den Zusammenhängen des Normengebrauchs in offenen Traditionen zusammen, und dies in einer spannungsvollen Art und Weise. Die von einzelnen anderen Individuen ausgehenden Bindungen stehen in Spannung zu den normativen Zusammenhängen in Traditionen. Sie müssen aus dieser Spannung heraus begriffen werden.

Gerade hier sind Beispiele aus den improvisatorischen Künsten aufschlussreich. Wenn Musiker:innen miteinander improvisieren, droht immer, dass sie in einmal antrainierten Mustern verharren. Wenn das der Fall ist, können wir davon sprechen, dass sie in ihrem Spiel eher unfrei sind. Entsprechende Momente von Unfreiheit können durch andere Musiker:innen, mit denen sie interagieren, aufgebrochen werden. Wenn Herbie Hancock mit Miles Davis improvisiert, kann es dazu kommen, dass Davis Hancock immer wieder herausfordert. Solche Herausforderungen führen dazu, dass Hancock mit antrainierten Mustern nicht weiterkommt. Er wird

64 Vgl. Emmanuel Lévinas, »Die Substitution«, in: ders., *Die Spur des Anderen*, Freiburg: Alber 1998, S. 294-330, hier: S. 327.

dadurch in verstärktem Maße gezwungen, sich von diesen Mustern zu lösen. Dabei spielt die Eigenart der improvisatorischen Impulse von Miles Davis eine entscheidende Rolle: Hancock löst sich in einer bestimmten Weise von eingespielten Mustern und erspielt sich Spielräume für neue Reaktionen, die von Davis geprägt sind. Hier wird greifbar, was es heißt, dass Freiheit im Improvisieren vom anderen ausgeht. Die anderen, die eine Improvisierende in besonderer Weise mit ihren Impulsen herausfordern, eröffnen ihr die Loslösung von eingefahrenen Mustern und damit spezifische Freiheitsspielräume in ihrem eigenen Improvisieren. Herbie Hancock kann durch sein Zusammenspiel mit Miles Davis Freiheit gewinnen.

Die von anderen ausgehenden Freiheitsspielräume konstituieren sich aus Zusammenhängen improvisatorischer Praktiken heraus, die sich bei einzelnen Individuen in Form von Mustern niederschlagen. Erst aus der Spannung zwischen den besagten Zusammenhängen und den mit ihnen verbundenen Mustern und den von anderen ausgehenden Impulsen heraus wird das Potential der Freiheit verständlich. Die Freiheit liegt nicht in der bloßen Bindung, die ein Individuum durch andere einzelne Individuen erfährt. Vielmehr kommt sie dadurch zustande, dass diese Bindung zu einem Spielraum im Umgang mit Normen führt. Aus der Spannung zu den innerhalb einer Tradition fortgeführten normativen Praktiken heraus führt sie zu Freiheit.

Die von Gegenständen und von anderen ausgehenden Potentiale der Freiheit sind wichtige Momente der offenen Normativität des Verstehens. Die improvisationstheoretisch informierte Rekonstruktion erlaubt so einen maßgeblichen Einblick in die normative Verfasstheit des Verstehens. Das Erstarren in normativen Praktiken führt dazu, dass Verstehen sowohl den Kontakt zur Welt als auch den Kontakt zu anderen verliert. Der Drohung eines solchen Kontaktverlusts ist alles Verstehen ausgesetzt. Verstehen als improvisatorische Praxis ist nicht als solches frei. Aber es hat ein untilgbares Potential, Freiheit aus sich hervorgehen zu lassen. Eine weitere Erkundung dieses Potentials ist dadurch möglich, dass die mit dem Verstehen verbundenen Momente des Konflikts und der Selbstkritik in den Fokus gerückt werden.

Kapitel III
Konflikte als Grundlage des Verstehens

Verstehen ist von Grund auf mit Konflikten verbunden. Gerade aus all den Kontexten, in denen Verstehen ernsthaft in Frage steht, ist uns dies nur allzu vertraut. Wenn man unsicher ist, wie etwas zu verstehen ist, kommt es vielfach zu Uneinigkeiten. Dies betrifft nicht nur den Text der Heiligen Schrift, sondern auch zum Beispiel die Auseinandersetzung mit Kunstwerken und historischen Zeugnissen. Auch in vielen kleineren Kontexten, in denen Menschen in ihrem Verstehen nicht in offensichtlicher Weise festgelegt sind, sind Konflikte an der Tagesordnung. Sie drehen sich darum, wie etwas zu verstehen ist. Die konfessionellen Konflikte christlicher Religionsgemeinschaften betrifft dies genauso wie die Konflikte in Partnerschaften und diejenigen unter unterschiedlichen wissenschaftlichen Expert:innen.

In der Geschichte hermeneutischen Denkens haben entsprechende Konflikte als Motor hermeneutischer Theoriebildung fungiert. Unter anderem die theologische Hermeneutik ist hier zu nennen. Folgt man dem Vorschlag Odo Marquards, so ist die Hermeneutik unter anderem als eine Antwort auf die konfessionellen Bürgerkriege der Neuzeit zu begreifen.[1] Der Schub hermeneutischer Theoriebildung hat wiederum nicht dazu geführt, dass dieser konfliktive Anstoß zu ihm seinerseits Gegenstand hermeneutischer Theoriebildung geworden wäre. Das zeigt markant die romantische Hermeneutik Friedrich Schleiermachers, die aus der These von der konstitutiven Differenz unterschiedlicher Individuen ein Einfühlungs-Modell ableitet,[2] dem zufolge Verstehen an eine Überwindung von Differenz gebunden ist. Auch in den großen philosophischen Hermeneutiken des 20. Jahrhunderts, denen von Heidegger und Gadamer, ist die Relevanz des Konflikts für alles Verstehen

1 Vgl. Odo Marquard, »Frage nach der Frage, auf die die Hermeneutik die Antwort ist«, in: ders., *Abschied vom Prinzipiellen: Philosophische Studien*, Stuttgart 1981, S. 117-146.

2 Vgl. Friedrich Schleiermacher, »Über den Begriff der Hermeneutik mit Bezug auf F. A. Wolfs Andeutungen und Asts Lehrbuch«, in: ders., *Hermeneutik und Kritik*, hgg. von Manfred Frank, Frankfurt/M. 1977, S. 309-346, hier: S. 325-327.

nicht theoretisch ins Bewusstsein getreten. Das zeigt nicht zuletzt Gadamers Theorem von der »Horizontverschmelzung«,[3] das wiederum im Verstehen – auf andere Weise als bei Schleiermacher – eine Überwindung von Differenz gegeben sieht.

Eine gewisse Ausnahme von der soweit zu konstatierenden Abstinenz der Hermeneutik vom Konflikt bildet die Hermeneutik Paul Ricœurs. Unter Rekurs auf psychoanalytische Theoriebildungen schenkt Ricœur Uneinigkeiten im Rahmen seiner Hermeneutik eine gewisse Aufmerksamkeit, was markant der Titel *Le conflit des interprétations* anzeigt.[4] Aber auch Ricœur geht mit seiner Betonung von Konflikten der Interpretation letztlich nicht über die Grundtendenz hermeneutischer Theoriebildung hinaus. Zwar betont er mehr als andere, dass Fragen der Interpretation immer umstritten sind. Aus der Perspektive der Psychoanalyse gilt, dass jede Form der Deutung sich Widerständen ausgesetzt sieht, die in Gegendeutungen begründet liegen.[5] Genau dieses Motiv macht Ricœur stark. Der Antagonismus von Deutungen wird dabei aber nicht als Grundlage alles Verstehens begriffen, sondern eher als eine Problematik eingeschätzt, mit der Verstehen grundsätzlich verbunden ist und die es in seinen Möglichkeiten einschränkt. Der konstitutive Charakter von Konflikten für alles Verstehen wird so nicht in den Blick genommen. Dies aber gilt es – über Ricœur hinaus – zu tun.

Die Explikation des Verstehens muss von Konflikten her so angelegt werden, dass einem Desiderat aus den Überlegungen des ersten Kapitels Rechnung getragen wird. Dort habe ich in der Diskussion von Davidsons Gedankenexperiment der radikalen Interpretation die These vertreten, dass Davidson die Interaktion zwischen denjenigen, die um ihr wechselseitiges Verständnis ringen, nicht begreiflich macht. Sein Ansatz, der Verstehen auf Beobachtung gründet und aus diesem Grund als Theorie erläutert, reduziert zu Unrecht die grundlegend interaktive Struktur, die Verstehen ausmacht. Will man dieser Struktur Rechnung tragen, muss man die Situation der radikalen Interpretation als eine Situation des Konflikts zeichnen. Diejenigen, die sich zu verstehen suchen, beobachten sich nicht, sondern streiten miteinander. Ein solcher Streit weist nicht notwendigerweise die

3 Hans-Georg Gadamer, *Wahrheit und Methode*, Tübingen [6]1990, S. 311.

4 Vgl. Paul Ricœur, *Le conflit des interprétations. Essais d'hérmeneutique*, Paris 1969.

5 Freud spricht hier von »Ersatzbildungen« (Sigmund Freud, »Die Verdrängung«, in: *Sigmund Freud-Studienausgabe*, Bd. 3, Frankfurt/M. 1975, S. 107-118, hier: S. 114).

Emphase von offenem Widerspruch und lauter Stimme auf. Er ist auch schon dort gegeben, wo eine offene Frage einer Unsicherheit in Bezug auf das Verständnis eines Wortes Ausdruck verleiht. Mit der einfachen Frage »Wie meinst du das?« wird eine Thematisierung der sprachlichen Interaktion eröffnet, die im nächsten Moment mit Kommentaren wie »Nein, so kannst du es nicht meinen!« fortgesetzt werden kann. Die Interaktion erweist sich – so kann man in den improvisationstheoretischen Begriffen des letzten Kapitels sagen – als von wiederholten Impulsen und Antworten geprägt und hat dabei strukturell immer die Form des Konflikts.

Das konfliktive Moment alles Verstehens soll in diesem Kapitel in drei Schritten beleuchtet werden. Im ersten Teil werde ich die soziale Dynamik von Konflikten erläutern, in Bezug auf die Anerkennungsstrukturen eine entscheidende Rolle spielen. Dabei geht es darum, eine übliche Grundstruktur umzukehren, die sich mit den Formeln »Anerkennung durch Überwindung von Konflikten« und »Konflikte, die zu einer Weiterentwicklung von Anerkennungsordnungen führen« angeben lässt. Konflikte haben vielmehr selbst eine Anerkennungsstruktur, die als Grundlage aller Anerkennung zu begreifen ist. So ist Letztere gerade nicht mit einer Überwindung des Konflikts verbunden, sondern setzt das voraus, was eine Kultur des Konflikts genannt werden kann. Die so gefasste soziale Grammatik von Konflikten soll es mir in einem zweiten Schritt erlauben, Konflikte im Verstehen zu rekonstruieren. Dazu ist es erforderlich, die Unabgesichertheit alles Verstehens herauszuarbeiten, die seine konflikthafte Dimension trägt, und zugleich die spezifische Herstellung von Gemeinsamkeit in Konflikten des Verstehens zu beleuchten, die auf spezifischen Reflexionspraktiken beruht. Im dritten Teil entwerfe ich eine Revision des Szenarios der radikalen Interpretation, um einen konflikttheoretisch gefassten Begriff des Verstehens zu resümieren.

1. Die soziale Grammatik von Konflikten

Konflikte sind eine anspruchsvolle Angelegenheit. In Konflikten werden Divergenzen von Perspektiven ausgetragen. Das heißt, dass die Perspektiven nicht unversöhnt aufeinanderprallen, sondern Unterschiede der Perspektiven ausgehalten werden. Dies gibt Konflikten eine besondere Bedeutung für das Funktionieren von Gemeinschaften, wie unter anderem Hegel, Max Weber und Georg Simmel in unterschiedlicher Weise dargelegt haben. Erst durch Konflikte lassen sich Gemeinschaften stabilisieren, zumindest wenn man davon ausgeht, dass es dort, wo Menschen aufeinandertreffen, immer unterschiedliche Standpunkte und Orientierungen gibt. Wo auch immer unterschiedliche Perspektiven sich gegenüberstehen, drohen soziale Zusammenhänge zu zerbrechen. An diesen Punkten ist das Austragen von Konflikten die Voraussetzung für alle mögliche Stabilisierung von Gemeinschaften. Konflikte, so kann man sagen, sind nicht das Problem gelingenden sozialen Zusammenhalts, sondern seine Grundlage. Werden Konflikte ausgetragen, lässt sich ein Zusammenhalt auch über Unterschiede hinweg sichern.

Die zentrale Bedeutung von Konflikten für das Funktionieren von Gemeinwesen ist immer wieder dahingehend übersehen worden, dass Konflikte als Störungen gesellschaftlichen Funktionierens konzipiert wurden. Markant für eine solche Fehleinschätzung von Konflikten ist die Kantische Einschätzung der Metaphysik als eines Feldes sinnloser Streitigkeiten.[6] Erst mit der Theorie des Klassenkampfes[7] und den an diese anschließenden Überlegungen zu gesellschaftlichen Konflikten im Rahmen der Soziologie[8] ist die produktive Rolle von Konflikten zunehmend ins Bewusstsein der Theoriebildung getreten. Aber auch diese Theorien haben insofern keinen durchschlagenden Erfolg gehabt, als immer noch bei vielen Positionen – auch im Umfeld der kritischen Theorie und anderer emanzipatorischer Theorieprojekte – explizit oder implizit die Einschätzung vorherrscht, Konflikte seien im Falle von Missständen wichtig, um eine Überwindung dieser Missstände anzustoßen, seien aber nicht erforderlich, wenn gesellschaftlich alles im Reinen ist. Mit einer solchen problemgeschichtlichen Verortung aber wird man Konflikten nicht gerecht. Konflikte müssen als genuin produktive Mechanismen pluralistisch verstandener sozialer Zusammenhänge begriffen werden.[9] Wer von ihrer Abwesenheit, Erübrigung oder

6 Vgl. Immanuel Kant, *Kritik der reinen Vernunft*, B XV.

7 Vgl. Friedrich Engels, Karl Marx, *Das kommunistische Manifest*, Berlin [17]2003.

8 Vgl. Max Weber, *Wirtschaft und Gesellschaft: Grundriß der verstehenden Soziologie*, Tübingen [5]1972; Georg Simmel, »Der Streit«, in: ders., *Soziologie. Untersuchungen über die Formen der Vergesellschaftung*, München, Leipzig 1908, S. 186-255.

9 Entsprechend heißt es bei Roberto Esposito: »[...I]f there is no society prior to

Aufhebung träumt, verfolgt *nolens volens* ein Gesellschaftsbild, das die konfliktiven Mechanismen gesellschaftlichen Zusammenhalts missachtet. Ein solches Gesellschaftsbild ist zutiefst problematisch. Konflikte sind nicht als Mechanismen zur Überwindung von Spannungen zu begreifen, sondern als Keimzellen grundlegender gesellschaftlicher Integration.

Max Weber hat moderne Gesellschaften im Sinne der »Entzauberung der Welt« als wertplural konzipiert. Ihm zufolge sind Konflikte eine Konsequenz des Wertepluralismus, der sich aus der Säkularisierung religiös dominierter gesellschaftlicher Strukturen ergibt. Konflikte sind soziale Mechanismen, um mit dieser Pluralität umzugehen. Entsprechend lässt sich Webers Position knapp folgendermaßen resümieren: »Dass alles Leben ›Kampf‹, Kampf des Menschen mit dem Menschen, des Liebsten mit dem Liebsten ist, ist, gleichgültig ob dies nun eine richtige oder verzerrte Sicht der Wirklichkeit menschlicher Existenz ist, niemandem so verbunden wie Nietzsches Vorstellung vom Leben als dem Willen zur Macht. Es gibt bei Weber keine menschliche Beziehung, keine ›Lebensordnung‹, die nicht durch Kampf bestimmt wäre.«[10]

Es gilt aber, den hier leitenden Zusammenhang gerade auch umgekehrt zu begreifen. Ein Pluralismus der Meinungen und des Verstehens ist gerade auch als Resultat von Konflikten zu begreifen. Dies lässt sich nicht zuletzt an Praktiken illustrieren, auf die ich im Folgenden noch mehrfach rekurrieren werde, allem voran Praktiken der Wissenschaft: Eine wissenschaftliche Kultur des Konflikts eröffnet die Möglichkeit, unterschiedliche Positionen zu entwickeln und im Wettstreit der Positionen zu vertreten. Auch in der Diskussion nach dem Film ist das Konfliktgespräch als Grundlage dafür zu begreifen, dass man Sichtweisen profiliert und vertritt, die nicht miteinander übereinkommen. Eine Kultur des Konflikts ist in diesem Sinn als Grundlage der Pluralisierung von Positionen zu begreifen, die wiederum zu einer Weiterentwicklung des Verstehens in den jeweils betroffenen Bereichen führt.

Im Sinne dieser programmatischen Vorbemerkungen zielt eine

conflict, there is also no conflict prior to society. They are co-originary.« (Roberto Esposito, *Instituting Thought. Three Paradigms of Political Ontology*, Cambridge, Massachusetts 2021, S. 187)

10 Wilhelm Hennis, *Max Webers Fragestellung. Studien zur Biographie des Werks*, Tübingen 1987, S. 186 f.

hermeneutisch-kritische Theorie des Konflikts darauf, die sozial-produktiven Momente von Konflikten begreiflich zu machen. Dies wird möglich, wenn man auf den Begriff der Anerkennung rekurriert. Im Sinne der von Hegel entwickelten Erläuterung von Anerkennung lässt sich im Konflikt eine grundlegende Anerkennungsstruktur begreiflich machen, die seine soziale Produktivität erklärt. Dabei wird das Motiv des »Kampfes um Anerkennung«[11] gewendet. Geht die verbreitete Deutung dieses Motivs davon aus, dass der Kampf um die Herstellung von Anerkennungsverhältnissen geführt wird, die, zumindest temporär, keines Kampfes mehr bedürfen, so soll hier gezeigt werden, dass im Kampf selbst die Anerkennungsverhältnisse begründet liegen, die gesellschaftlichen Zusammenhalt stiften. So sind als Ideal gesellschaftlichen Zusammenhalts Verhältnisse zu begreifen, in denen der Kampf als Konflikt auf Dauer gestellt wird. Genau eine in dieser Weise angelegte Konflikttheorie bietet die Grundlage für eine Explikation der Konflikthaftigkeit des Verstehens.

1.1 Anerkennung als konfliktive Praxis

Um Konflikte zu begreifen, muss man bei ihrer Eröffnung ansetzen. Konflikte beginnen damit, dass jemand etwas geltend macht, das in Differenz zu anderem oder anderen steht. Es kann sich um ein Individuum handeln, das einem anderen Individuum eine Frage stellt, von einem Problem erzählt, eine Sorge mitteilt oder was auch sonst immer. Denkbar ist genauso, dass eine Gruppe Erfahrungen der Missachtung oder der Abwertung artikuliert. Wie auch immer der erste Zug in einem Konflikt aussieht: entscheidend ist die Entgegnung, die dieser Zug erfährt. Wenn eine Differenz artikuliert wird, sind diejenigen, denen gegenüber die Differenz artikuliert wird, vor die Anforderung gestellt, eine angemessene Entgegnung zustande zu bringen. Sie müssen darauf eingehen, dass sie mit einer Differenz konfrontiert werden. Wenn sie nicht reagieren oder wenn sie so reagieren, als gäbe es keine Differenz, kommt kein Konflikt zustande. Die Eröffnung eines Konflikts setzt voraus, dass er von

11 Vgl. Axel Honneth, *Kampf um Anerkennung. Zur moralischen Grammatik sozialer Konflikte*, Frankfurt/M. 1992, bes. S. 54-105.

beiden Seiten mitgestaltet wird. Dafür ist die Reaktion der angesprochenen Seite besonders wichtig. In ihr steckt eine Urszene für eine Struktur, die Konflikte ausmacht.

Diese Struktur lässt sich in Begriffen der Anerkennung fassen.[12] Wer auf die Artikulation einer Differenz in angemessener Weise antwortet, erkennt diese Differenz an. Damit erfährt eine Position Anerkennung, die nicht geteilt wird. Die Anerkennung geht aber nicht allein von der Reaktion aus. Ein grundlegendes Moment von Anerkennung liegt bereits in der Artikulation von Differenz. Wer jemand anderem gegenüber eine Differenz artikuliert, erkennt die Perspektive des anderen grundsätzlich an. Das lässt sich so erläutern: Der andere wird als wert erachtet, dass man ihn mit einer Differenz konfrontiert. Er wird als jemand eingeschätzt, dem man zugesteht, aus seiner eigenen Perspektive heraus mit der Differenz umzugehen. Insofern ist das erste Moment von Anerkennung in einem Konflikt die Anerkennung einer divergierenden Perspektive als einer Perspektive, auf die man einzugehen bereit ist. Bereits in einer einfachen Frage, die man jemand anderem stellt, liegt eine solche Anerkennung der Eigenständigkeit der Perspektive der oder des anderen. Die Frage impliziert, dass man ihr oder ihm aus ihrer oder seiner Perspektive heraus eine Antwort eröffnet.

Die Anerkennung, die in der Artikulation von Differenz liegt, kann in vielfältiger Weise unerwidert bleiben. Es kann sein, dass die Artikulation einfach ignoriert wird. Genauso ist es möglich, dass die Differenz bestritten oder unter den Teppich gekehrt wird. All diese Fälle lassen sich so erläutern, dass die durch die anfängliche Artikulation angebotene Anerkennung zurückgewiesen wird. Die Anerkennung wird dadurch gewissermaßen ausradiert. Dies ist für diejenigen, die in einen Konflikt einzutreten suchen, vielfach mit Missachtungserfahrungen verbunden. Grundsätzlich kommt kein Konflikt zustande, wenn der Ausgangsimpuls keine anerkennende Antwort findet. Die von der Initiation ausgehende Anerkennung bedarf also der Bestätigung, um tatsächlich als solche zu funktionieren. Grundlegend für Konflikte erweist sich damit die Anerkennung der Eigenständigkeit der konfligierenden Parteien. Die An-

12 Überlegungen zum Zusammenhang von Anerkennung und Konflikt habe ich zuerst entwickelt in Georg W. Bertram, Robin Celikates: »Towards a Conflict Theory of Recogntion: On the Constitution of Relations of Recognition in Conflict«, in: *European Journal of Philosophy* 23/4 (2015), S. 838-861.

erkennung ist implizit in jedem Ausgangsimpuls gegeben, ist aber auch von der Antwort auf diesen Impuls gefordert.

So sind wir mit einer Grundstruktur konfrontiert, die Hegel in seiner Rekonstruktion von Anerkennung in der *Phänomenologie des Geistes* leitet: Anerkennung ist ein reziprokes Geschehen. Sie setzt eine Symmetrie voraus.[13] Dieser Grundgedanke von Hegels Bestimmung des Anerkennungsbegriffs ist immer wieder als Ausdruck einer in problematischer Weise harmonischen Vorstellung von Sozialität begriffen worden. Dieser Eindruck täuscht aber. Die Reziprozität von Anerkennung muss auch gerade bei Hegel vom Konflikt her gedacht werden. Die Urszene des Konflikts, seine Eröffnung, bedarf der Reziprozität: Eine Artikulation von Differenz führt nur dann in den Konflikt, wenn die in ihr implizit gewährte Anerkennung der anderen Seite ihrerseits Anerkennung findet, wozu es einer entsprechenden Antwort auf die initiale Artikulation von Differenz bedarf. Die von der Artikulation Angesprochenen müssen die Perspektive der Artikulation als eine eigenständige Perspektive anerkennen.

Die Reziprozität der Anerkennung ist, so gesehen, nicht damit verbunden, dass diejenigen, die sich anerkennen, sich einig sind oder sich in irgendwelchen Hinsichten gleichen. Genau das Gegenteil ist der Fall: Die Reziprozität ist als ein Moment der grundlegenden wechselseitigen Bestätigung von Eigenständigkeit zu begreifen. Sie lässt sich entsprechend folgendermaßen auf den Punkt bringen: Anerkannt wird von beiden Seiten die Eigenständigkeit, aus der heraus die jeweils andere Seite zu dem, was man selbst in den Konflikt einbringt, Stellung nimmt. Reziprok ist die Anerkennung, da jeder eigene Beitrag in einem Konflikt nur dann Anerkennung erfahren kann, wenn man der anderen Seite die Eigenständigkeit zuerkennt, die man selbst mit den Artikulationen der eigenen Perspektive für sich in Anspruch nimmt. Die eigene Eigenständigkeit im Konflikt setzt so die Eigenständigkeit der anderen Seite voraus und umgekehrt. In dieser Weise ist die grundlegende Reziprozität von Anerkennung, um die es auch Hegel geht,[14] zu verstehen.

13 Hegel artikuliert dies programmatisch mit folgender Kernthese: »Das Selbstbewußtsein erreicht seine Befriedigung nur in einem anderen Selbstbewußtsein.« (Georg Wilhelm Friedrich Hegel, *Phänomenologie des Geistes*, in: *Werke in zwanzig Bänden*, Bd. 3, Frankfurt/M. 1970, S. 144)

14 Im Gewissenskapitel der *Phänomenologie des Geistes* modelliert Hegel das Zu-

Vor diesem Hintergrund lässt sich ein Grundzug der Konflikttheorie Georg Simmels mit einer entscheidenden Revision aktualisieren. Simmel ist immer wieder (zu Recht) vorgeworfen worden, er propagiere mit seiner These von der individualisierenden Funktion von Konflikten einen gesellschaftstheoretisch unhaltbaren Individualismus.[15] Die individualisierende Funktion von Konflikten lässt sich aber in einer nicht-individualistischen Weise begreifen, wenn man Eigenständigkeit als das zentrale Moment eines Konfliktgeschehens begreift. Diejenigen, die in einen Konflikt miteinander treten, werden in der Eigenständigkeit ihrer Perspektive anerkannt. Sie gewinnen im Konflikt den Status, von sich aus Stellung nehmen zu können. Dieser Status bedeutet eine Individualisierung, die man als formal charakterisieren kann – eine Individualisierung, die nicht mit einem Individualismus der Eigenschaften oder Interessen verbunden ist. Wer von sich aus Stellung zu nehmen vermag, vertritt eine individuelle Perspektive (sei es diejenige eines einzelnen Individuums oder diejenige einer Gruppe). Die dadurch konstituierte Eigenständigkeit individueller Perspektiven ist kompatibel damit, dass diese Perspektiven als gesellschaftlich konstituiert, also nicht als aus sich heraus verständlich begriffen werden. Was in einem Konflikt von den konfligierenden Parteien vorgebracht wird, kann als durch und durch gesellschaftlich verstanden werden. Die Artikulationen von Differenz und die Antworten, die sie erfahren, sind als Individualität mit der Gesellschaftlichkeit dieser Individualität vereinbar.

Der Eintritt in den Konflikt ist dabei kein einmaliges Ereignis. Vielmehr verlaufen Konflikte so, dass sie immer wieder auf ihre Ausgangssituation zurückgeworfen werden können. Es ist charakteristisch für die Unterschiedlichkeit konfligierender Perspektiven, dass die wechselseitige Anerkennung sich als brüchig erweisen kann. Immer wieder kann es dazu kommen, dass der Konflikt nicht fortgeführt wird, da eine der beteiligten Perspektiven mit einem Mal für das, was sie zur Geltung bringt, keine Anerkennung mehr erfährt. In dem Maße, in dem die wechselseitige Anerkennung niemals gesichert ist, kann der Eintritt in den Konflikt sich immer wieder als erforderlich erweisen. Dann ist es für diejenigen, die kei-

standekommen von Anerkennung aus dem Konflikt heraus. Vgl. Georg W. Bertram: *Hegels »Phänomenologie des Geistes«. Ein systematischer Kommentar*, Stuttgart 2017, S. 235-252.

15 Vgl. Randall Collins, *Three Sociological Traditions*, New York 1985, S. 110 ff.

ne Anerkennung erfahren, entscheidend, diese Anerkennung einzufordern. Wiederum führt das zu einer Artikulation, in Bezug auf die die Reaktion der anderen Seite im Sinne einer Anerkennung der Eigenständigkeit, aus der heraus die Artikulation erfolgt, entscheidend ist. Der Eintritt in den Konflikt ist so im Rahmen eines Konflikts potentiell an jeder Stelle aufs Neue erforderlich.

Wenn man in dieser Weise den Eintritt in den Konflikt als Schlüssel zu seiner sozialen Struktur begreift, wird auch erkennbar, inwiefern er Grundlage sozialen Zusammenhalts ist. Sofern ein Konflikt zustande kommt, ist dies mit einer wechselseitigen Anerkennung verbunden, die Divergentes zusammenbringt. Die Anerkennung der Eigenständigkeit der jeweils anderen Partei ist im Konflikt die Grundlage dafür, auf sie zu antworten. Mit jeder Weiterführung eines Konflikts werden so Anerkennungen bestätigt. Genau darin gewinnt der Konflikt seine Bedeutung für soziale Verbundenheit. Wer in Konflikten miteinander interagiert, bekräftigt immer wieder aufs Neue, dass die andere Seite als wert erachtet wird, auf ihre Einlassungen einzugehen. Diese Bekräftigung ist eine Basis des wechselseitigen Verbundenseins.

Nun heißt das nicht, dass nicht auch ohne Konflikte soziale Verbundenheiten möglich sind. Anerkennung kann auch verwirklicht sein, wenn unterschiedliche Subjekte oder Gruppen keine unterschiedlichen Standpunkte miteinander konfrontieren. Zweifelsohne ist unser Zusammenleben vielfach von Situationen geprägt, in denen ein soziales Miteinander mehr oder weniger reibungsfrei funktioniert. Dies schließt nicht nur Selbstverständlichkeiten und eingespielte Verhaltensweisen ein, sondern auch wechselseitige Anerkennungen derjenigen, die sich begegnen und miteinander interagieren. Die Betonung der Bedeutung von Konflikten ist nicht mit dem Gedanken verbunden, dass Konflikte ubiquitär sind und dass gelingende Sozialität nur dort wirklich ist, wo tatsächlich Konflikte ausgefochten werden. Eine solche Überbetonung des Agonalen wäre mit einer Verzeichnung des pluralistischen Gesellschaftsverständnisses verbunden, das die Bedeutung von Konflikten trägt. Der Pluralismus von Positionen in der Gesellschaft ist falsch verstanden, wenn man aus ihm ein unentwegtes Konfliktgeschehen folgert. Viele gesellschaftliche Praktiken sind so zu begreifen, dass unterschiedliche Perspektiven sich ohne größere Reibungen begegnen und in diesem Sinn konfliktfrei koexistieren.

Dennoch funktioniert die Reibungsfreiheit nur in dem Maße, wie erstens das Koexistieren vielfältiger Perspektiven auf Konflikten beruht und wie zweitens im Falle von Störungen Konflikte ausgetragen werden können. Die Anerkennung, die konfliktfreie Situationen prägt, ist aus diesem Grund falsch verstanden, wenn man sie als eine Anerkennung deutet, die eine unproblematische Gleichheit oder eine problematische Normalisierung der Beteiligten impliziert. Die Anerkennung, die Praktiken in einem pluralistischen Gemeinwesen trägt, muss grundsätzlich so verstanden werden, dass sie der Eigenständigkeit Einzelner gilt, also aus dem Konflikt heraus zu begreifen ist. Insofern ist es im Rahmen entsprechend selbstverständlicher Praktiken auch immer möglich, Konflikte miteinander auszutragen. Die Anerkennungsstruktur einer nicht-konfliktiven Praxis ist also in pluralistisch verfassten Gemeinwesen aus einer konfliktiven Wirklichkeit heraus zu fassen. Nur unter dieser Bedingung stehen in Konflikten soziale Bindungen nicht grundsätzlich auf dem Spiel. Auch wenn viele Praktiken konfliktfrei verlaufen, sind Konflikte immer möglich.

Konflikte können dabei einen sehr unterschiedlichen Charakter haben. Es geht nicht immer um tiefgreifende Auseinandersetzungen, die aus umfassenden Divergenzen von Perspektiven resultieren, sondern oft um kleine Divergenzen und Hakeleien. Missverständnisse und Verstörungen sind günstigstenfalls leicht und schnell auszuräumen. Dennoch setzt das voraus, dass alle, denen solche Missverständnisse und Verstörungen widerfahren, über Mechanismen verfügen, mittels deren sie ihre Standpunkte zur Geltung bringen können. Und sie müssen ihre Standpunkte von Erfahrungen her artikulieren, denen zufolge im Konflikt kein Zerbrechen des Sozialen droht. Auch im Kleinen und Unbedeutenden ist es wichtig, dass diejenigen, die anderen gegenüber etwas zur Geltung bringen, keinen sofortigen sozialen Ausschluss fürchten. Auch wenn es zu einem solchen Ausschluss am Ende in sich zuspitzenden Konflikten immer kommen kann, ist es wichtig zu betonen, dass Konflikte mit einer grundlegenden Anerkennung eigenständiger Perspektiven verbunden sind. Die Anerkennungsverhältnisse, in denen diejenigen stehen, die miteinander im Rahmen pluralistischer Zusammenhänge interagieren, sichern – um es so zu sagen – Konfliktgeschehnisse ab.

Nun mag man im Sinne einer Kritik von Anerkennungsverhältnissen einwenden, dass auf Konflikte eingestellte soziale Zusammenhänge in dieser Weise zu symmetrisch gezeichnet sind. Gilt es nicht zu betonen, dass eine auf Symmetrie angelegte Anerkennung immer normalisierende Effekte zeitigt?[16] Ist die Betonung der Symmetrie in der wechselseitigen Anerkennung von Eigenständigkeit nicht mit einer Idealisierung verbunden, die Asymmetrien – unter anderem auch solche, die aus Momenten von Macht und Gewalt resultieren – unterschlägt? Ist nicht gerade mit Blick auf Konflikte eine Skepsis gegenüber einer einseitigen Ideologie von Anerkennung erforderlich?

Der Einwand beruht auf einer zu abstrakten Unterscheidung von Symmetrie und Asymmetrie. Er suggeriert, dass beide sich in Bezug auf soziale Verhältnisse ausschließen. Dies aber ist nicht der Fall. In Konflikten sind Symmetrie und Asymmetrie ineinander verwoben. Der Begriff der Eigenständigkeit ist hilfreich, um dies zu erkennen. Eine eigenständige Perspektive kommt in einem Konflikt dadurch zum Ausdruck, dass die jeweils andere Seite nicht auf das vorbereitet ist, womit sie konfrontiert wird. Wer aus seiner eigenen Perspektive heraus etwas geltend macht, bringt etwas vor, womit die andere Seite grundsätzlich nicht rechnen kann. So setzt die Anerkennung der Eigenständigkeit, aus der ein solches Etwas-zur-Geltung-Bringen hervorgeht, ein asymmetrisches Moment voraus.

Die Anerkennung gilt einer Eigenständigkeit, die man nicht einzuschätzen, die man nicht zu fassen vermag. Insofern betrifft die Anerkennung eine Ungreifbarkeit. Die Selbsteinschätzung, die von der Seite der anerkennenden Partei mit ihrer Anerkennung verbunden ist, lässt sich folgendermaßen artikulieren: Es handelt sich um die Anerkennung des Unvermögens, die andere Partei einschätzen zu können. Insofern ist die Anerkennung so zu verstehen, dass sie nicht mit einer Festlegung bestimmter Positionen, Haltungen, Eigenschaften oder anderem bei einer anderen Partei verbunden ist. Es handelt sich, pointiert gesagt, um eine nicht-festlegende Anerkennung. Eine solche nicht-festlegende Anerkennung enthält ein

16 Vgl. zu einer Kritik in diesem Sinn im Anschluss an Foucault zum Beispiel Judith Butler, *Zur Kritik der ethischen Gewalt*, Frankfurt/M. 2003, S. 31-38.

grundsätzliches Moment von Asymmetrie im folgenden Sinn: Sie geht implizit von einer nicht zu fassenden Andersheit der anderen Partei aus, die sich nicht bestimmen lässt. Daher ist die Anerkennung, um es noch einmal anders zu sagen, in einer gewissen Hinsicht unbestimmt.

Die Asymmetrie des unbestimmten Moments in aller konfliktöffnenden Anerkennung lässt sich weiter schärfen, indem man auf das Denken von Emmanuel Lévinas rekurriert. In der von Lévinas entwickelten Alteritätstheorie wird die Uneinholbarkeit des Anderen als grundlegendes Moment der Bezogenheit auf ihn begriffen. Lévinas sieht Subjekte als soziale Wesen in eine Bezogenheit gestellt, in Bezug auf die sie konstitutiv in dem Sinne zu spät kommen, dass sie ihr nicht abschließend gerecht werden können. Was Subjekte sind, sind sie aus einer Verantwortung einzelnen Anderen gegenüber heraus. In diese Verantwortung sind sie dadurch gestellt, dass Andere ihnen grundsätzlich als Wesen begegnen, die der Um- und Mitwelt ausgesetzt sind. Lévinas spricht in seiner metaphorischen Sprache davon, dass einem der Andere immer in »Nacktheit«[17] begegnet. Man mag das als Unbestimmtheit beziehungsweise Unbestimmbarkeit übersetzen. Die Ausgesetztheit des Anderen der Um- und Mitwelt gegenüber stellt Subjekte in eine Verantwortung, ihm beizustehen. Diese Verantwortung ist so grundlegender Natur, dass sie ihr nicht entkommen können. Subjekte sind so als »Geisel«[18] der Bedürftigkeit des Anderen zu begreifen.

Lévinas betont in dieser Weise eine Vorgängigkeit des Bezogenseins auf Andere, die eine grundlegende Asymmetrie in diesem Bezogensein zur Folge hat. Die basalen sozialen Bindungen sind demnach nicht so zu verstehen, dass sie aus eigener Aktivität hergestellt werden könnten. Subjekte sind in diese Bindungen gestellt, so dass jede Aktivität von ihrer Seite zu spät kommt. Wie auch immer Subjekte der Verantwortung, in die sie der Bedürftigkeit Anderer gegenüber gestellt sind, gerecht zu werden versuchen: Der, für den sie verantwortlich sind, geht ihnen in einer Art und Weise voraus, dass sie dieser Verantwortung niemals abschließend gerecht zu werden vermögen. Lévinas charakterisiert das, was Subjekte aus

17 Emmanuel Lévinas, *Totalität und Unendlichkeit. Versuch über die Exteriorität*, Freiburg, München 1987, S. 101-103 u. a.

18 Emmanuel Lévinas, *Jenseits des Seins oder anders als Sein geschieht*, Freiburg, München 1998, S. 50f. u. a.

ihrer Verantwortung heraus tun, aus diesem Grund mit der Formulierung »Bewegung ohne Wiederkehr«.[19] Subjekte agieren, zeitlich gesprochen, in eine Vergangenheit hinein, die ihnen immer schon voraus ist. So kommt es zu keinem Ausgleich und zu keiner Gegenwart der erledigten Verantwortung. Eine Symmetrie des Ausgleichs von Ansprüchen in einer sozialen Beziehung ist für Lévinas auf dieser grundlegenden Ebene undenkbar.

Die so verstandene Asymmetrie des Bezogenseins auf andere weist allerdings das Problem auf, mit symmetrischen sozialen Verhältnissen nicht vermittelbar zu sein. Lévinas bestreitet nicht, dass Sozialität immer wieder auch symmetrisch verfasst ist. Auf der Ebene normativer Zusammenhänge ist eine solche Verfasstheit für ihn unzweifelhaft gegeben. Mit ihr wird nach seinem Verständnis aber die grundlegende Beschaffenheit menschlicher Bezogenheit nicht erfasst. Dieser Gedanke bedeutet, ob man will oder nicht, eine Trennung von zwei Typen der Sozialität. Eine grundlegende Sozialität, in der asymmetrische Beziehungen vorherrschen, wird von einer faktischen Sozialität, in der Symmetrien gegeben sind, unterschieden. Wie sind aber die beiden Sozialitäten miteinander verbunden? Eine Verbindung lässt sich nur dann erläutern, wenn man Symmetrie und Asymmetrie zusammendenkt. Das aber ist Lévinas zufolge unmöglich. Wenn man die grundlegend asymmetrischen Beziehungen mit symmetrischen verbinde, verfälsche man die Uneinholbarkeit, die für sie konstitutiv ist.

Der Dualismus des Asymmetrischen und des Symmetrischen, den Lévinas auf diese Weise behauptet, und der mit ihm verknüpfte Dualismus zweier Typen von Sozialität lassen sich aber nicht halten. Für diese These kann man in unterschiedlicher Weise argumentieren. Besonders wichtig scheint mir das Argument, das von der Frage ausgeht, auf wen wir asymmetrisch bezogen sind. Im Sinne von Lévinas muss die Antwort auf diese Frage lauten, dass es sich um den Anderen, verstanden in einem generischen Sinn, handelt. Diese Antwort suggeriert, dass es möglich sei, Andersheit als eine unvermittelte Besonderheit zu begreifen. Eine unvermittelte Besonderheit ist aber gänzlich unspezifisch. Wenn etwas einfach nur als ganz und gar besonders gilt, kann das irgendetwas sein: ein Stein,

19 Emmanuel Lévinas, »Die Spur des Anderen«, in: ders., *Die Spur des Anderen. Untersuchungen zur Phänomenologie und Sozialphilosophie*, Freiburg, München ^{3}1998, S. 209-235, hier: S. 213.

eine Mücke oder ein Vollmondschein. Die personale Besonderheit, um die es Lévinas geht, muss so als Besonderheit spezifiziert werden. Das aber heißt, dass sie mit einem Moment von Allgemeinheit verbunden ist, was wiederum symmetrische Beziehungen nach sich zieht. Allgemeinheit ist nämlich nur dadurch möglich, dass ein Wechselverhältnis von Gleichheit besteht.

Diese abstrakten Überlegungen lassen sich dadurch weiter konkretisieren, dass man fragt, was es heißt, in Verantwortung für den Anderen zu sprechen oder zu handeln. Bei einem verantwortungsgetragenen Sprechen und Handeln bezieht man sich nicht auf die Besonderheit des Anderen in dem Sinne, dass man sich implizit auf diese Besonderheit verständigt. Vielmehr ist das Sprechen und Handeln damit verbunden, dass man sich über etwas in der Welt verständigt beziehungsweise in Bezug auf etwas in der Welt handelt. Die Verständigung beziehungsweise das weltbezogene Handeln sind dadurch verantwortungsgetragen, dass sie in den Verständnissen und Handlungsabsichten den Anderen in seiner Einzigartigkeit mit im Blick haben. Entscheidend ist so, dass der Bezug auf den Anderen nie direkt erfolgt, sondern immer indirekt der Bezug auf die Welt im Spiel ist. Das verantwortungsgetragene Sprechen und Handeln erfolgt so spezifiziert durch die Welt, die dem Anderen – um es in einer Lévinas'schen Metaphorik zu sagen – gegeben wird.[20] Der Bezug auf die Welt setzt aber immer ein Teilen von Welt voraus und weist darin symmetrische Aspekte auf. Symmetrien des Teilens von Welt treten gerade nicht in zwischenmenschlichen Beziehungen als solchen auf. Sie sind an die artikulierte oder als Bereich des Handelns fungierende Welt geknüpft.

Lévinas bietet eine wichtige Einsicht mit seinem Gedanken, dass der Bezug auf den Anderen nur dann der Verantwortung ihm gegenüber gerecht wird, wenn er nicht spezifiziert, also nicht (durchweg) mit Bestimmtheit beziehungsweise Bestimmbarkeit verbunden wird. Problematisch aber ist, aus diesem Gedanken zu folgern, der Bezug sei überhaupt nicht mit Spezifizierung verbunden. Er erfordert sie vielmehr, wenn auch in einer indirekten Weise. Die Spezifizierung erfolgt über die Welt, die diejenigen, die in Verantwortung aufeinander bezogen sind, miteinander teilen. Alle Formen der Spezifizierung von Geteiltem sind mit symmetrischen

20 Vgl. Lévinas, *Totalität und Unendlichkeit*, S. 252.

Strukturen verbunden. So gehen mit der Asymmetrie des Bezugs auf die uneinholbare Besonderheit des Anderen konstitutiv symmetrische Strukturen einher.

Diese Verbindung ist beides: einerseits Grundlage von Konflikten und andererseits in Konflikten begründet. Die Verständnisse und Handlungsweisen in Bezug auf eine geteilte Welt werden in ihren grundsätzlich symmetrischen Strukturen in Konflikten gebrochen. In ihren grundlegenden Formen drehen sich Konflikte um die Welt. Sie können aber, wie gesehen, nur ausgetragen werden, wenn die unterschiedlichen Perspektiven der an den Konflikten Beteiligten anerkannt werden. Mit dieser Anerkennung kommt ein asymmetrisches Moment in den Weltbezug hinein. Es geht in ihnen darum, Divergenzen in den Bezugnahmen auf die Welt zuzulassen. Die Perspektive des Anderen wird dabei nicht bestimmt, sondern es werden Unterschiede in die Verständnisse der Welt eingetragen. Konflikte erweisen sich in dieser Weise als eine Grundlage der Verbindung symmetrischer und asymmetrischer Strukturen im Bezug von Subjekten auf die Welt und aufeinander. Aus Konflikten heraus werden in Sprech- und Handlungsweisen Divergenzen eröffnet, so dass Unterschiede von Perspektiven in den Verständnissen und Handlungsformen Berücksichtigung finden. So bilden sich Strukturen aus, in denen diejenigen, die verstehen und handeln, grundsätzlich an Andere und ihre spezifischen Sichtweisen anzuschließen vermögen. Aus solchen Strukturen heraus beziehen sich Individuen als Individuen aufeinander und sind so in ihren Verständnissen nicht an eine übergeordnete Allgemeinheit gebunden.

Die aus Konflikten hervorgehenden Strukturen sind wiederum die Grundlage für (weitere) Konflikte. Wenn Verstehenspraktiken in der explizierten Weise mit der Verantwortung für Andere verknüpft sind, ist die Grundlage dafür gegeben, dass Verstehende auf Artikulationen von Differenz eingehen können. Sie haben ihr Verstehen dann in einer Weise entwickelt, dass sie auf für sie unabschätzbare Unterschiede von Verständnissen zu reagieren vermögen. Hier zeigt sich wiederum die Grundlage von Konflikten. Sie lassen sich nur dann austragen, wenn diejenigen, die miteinander konfrontiert sind, aufeinander eingehen, auch wenn sie auf die Positionen der jeweils anderen Seite nicht vorbereitet sind. In diesem Nichtvorbereitetsein liegt ein grundsätzlich asymmetrisches Moment in der Weise, dass das Nichtvorbereitetsein nur dann zugelassen werden kann, wenn die Beziehung zu Anderen nicht auf Symmetrie hin festgelegt ist. Die Asymmetrie ist fundamental dafür, dass unabschätzbare Besonderheiten und Eigenheiten in Konflikten zugelassen und erwidert werden.

Die Anerkennung der Eigenständigkeit des Anderen ist so nur auf Grundlage der Einbeziehung asymmetrischer Momente in soziale Strukturen möglich. Die Symmetrie, die den Konflikt trägt, baut auf diesen asymmetrischen Momenten auf. Dabei erfährt Lévinas' Grundgedanke in gewisser Hinsicht eine Bestätigung: Die Asymmetrie fungiert als Grundlage der Symmetrie. Die Anerkennung der Eigenständigkeit der jeweils anderen Seite im Konflikt setzt voraus, dass man ihr eine Unabschätzbarkeit zugesteht. Insofern geht die Unabschätzbarkeit der geleisteten Anerkennung – als ihr Bezugspunkt – strukturell voran. Damit ist bestätigt, dass die Symmetrie im Konflikt nicht nur mit einem asymmetrischen Moment vereinbar ist, sondern die Asymmetrie sogar als Grundlage der Symmetrie fungiert.

Unter den vielen Metaphern, die Lévinas heranzieht, um das Verhältnis des uneinholbaren Anderen und des von diesem geforderten Subjekts zu artikulieren, findet sich auch die des »Krieges«.[21] In den asymmetrischen Verhältnissen zwischen Anderem und herausgefordertem Subjekt herrscht, sehr zugespitzt formuliert, Krieg. Die Metapher des Krieges begreife ich als Ausdruck von Gewalt, Radikalität und Regellosigkeit, die mit einer konsequent gedachten Asymmetrie notwendigerweise verbunden ist. Damit aber zeigt sich die Begrenztheit von Lévinas' Denken für eine Theorie des Konflikts. Wie dargelegt, braucht es dort, wo eine asymmetrische Beziehung zu Anderen zur Geltung kommt, immer auch symmetrisch hergestellte Bezugspunkte. In diesem Sinn ist Konflikt die Art und Weise, den asymmetrischen Bezug zum Anderen in einer produktiven Form zur Geltung zu bringen. Im Konflikt herrschen nicht nur Gewalt, Radikalität und Regellosigkeit, sondern werden aus der Eigenständigkeit und Ungreifbarkeit des Anderen heraus Regeln für eine Koexistenz von Perspektiven etabliert. Der Konflikt ist das Paradigma der Beziehung auf einen Anderen im Sinne der Ungreifbarkeit, da hier der Andere in seiner Ungreifbarkeit als Anderer bedeutungsvoll ist. Die Radikalität und Regellosigkeit hin-

21 Lévinas, *Totalität und Unendlichkeit*, S. 321-323 u. a.

gegen ist mit einer Konzeption von Ungreifbarkeit verbunden, in der diese ganz und gar unspezifisch bleibt, also keine bestimmte Bedeutung gewinnt.

1.3 Die Notwendigkeit der Reflexion und die Herstellung von Gemeinsamkeit im Konflikt

Ein weiterer Einwand ist entscheidend: Verfehlt der bislang in Bezug auf eine Rekonstruktion des Konflikts verfolgte sozialontologische Ansatz nicht reale Konfliktgeschehnisse im Rahmen von Gesellschaften? Sind reale Konflikte in Bezug auf soziale Ausschlüsse oder Ungerechtigkeiten nicht auf einer ganz anderen Ebene angesiedelt, so dass die bisher angebotenen Überlegungen in Bezug auf solche Konflikte nichts beizutragen haben? Zeigen die Auseinandersetzungen im Rahmen von Gesellschaften, wie sie unter anderem im Rahmen der kritischen Theorie ins Zentrum der Theoriebildung gestellt werden, nicht eine Dimension von Konflikt, die sich nicht auf einem sozialontologischen Niveau rekonstruieren lässt?

In der kritischen Theorie sind insbesondere im Anschluss an Axel Honneths Motiv des Kampfes um Anerkennung viele Vorschläge dafür ausgearbeitet worden, wie sich sozialen Konflikten theoretisch nachkommen lässt. Honneth selbst argumentiert für ein emanzipatorisches Modell von Konflikten, dem zufolge diese durch Normen getrieben werden, die im Rahmen von Gemeinschaften etabliert sind. Er spricht in diesem Sinn davon, es gehe der kritischen Theorie darum, »an der sozialen Wirklichkeit einer gegebenen Gesellschaft diejenigen normativen Ideale freizulegen, die sich als Bezugspunkte einer begründeten Kritik deswegen anbieten, weil sie Verkörperungen gesellschaftlicher Vernunft darstellen«.[22] Dies stellt Honneth aber vor die Schwierigkeit, zu klären, inwiefern diese normativen Ideale nicht in einem gesellschaftlichen Status quo aufgehen. Er liefert die erforderliche Klärung, indem er einen »Geltungsüberhang« der Ideale behauptet:[23] Sie lassen demnach Neuinterpretationen zu,

22 Axel Honneth, »Rekonstruktive Gesellschaftskritik unter genealogischem Vorbehalt. Zur Idee der ›Kritik‹ in der Frankfurter Schule«, in: ders., *Pathologien der Vernunft*, Frankfurt/M. 2007, S. 57-69, hier: S. 66.

23 Axel Honneth, »Umverteilung als Anerkennung. Eine Erwiderung auf Nancy Fraser«, in: Nancy Fraser, Axel Honneth, *Umverteilung oder Anerkennung? Eine politisch-philosophische Kontroverse*, Frankfurt/M. 2003, S. 129-224, hier: S. 177, S. 220.

die einen gesellschaftlichen Status quo aufzubrechen vermögen. In Konflikten fungieren solche Neuinterpretationen als Motor der (konfliktiven) Weiterentwicklung gesellschaftlicher Verhältnisse. Ausschlüsse, mangelnde Partizipationsmöglichkeiten und Ungerechtigkeiten werden von sozialen Gruppen demnach unter Rekurs auf in der Gesellschaft etablierte normative Ideale zur Geltung gebracht. Die Normen haben als solche ein emanzipatorisches Potential. Eine Gruppe, die sich als unterdrückt begreift, verfügt mit den betreffenden Normen über einen Mechanismus, um einen Konflikt zu entfalten. Insofern gründet die Möglichkeit von Konflikten in historisch-kulturell etablierten Normen, die gegen einen spezifischen Status quo in Stellung gebracht werden.

Honneth stützt sich in seiner Rekonstruktion von Konflikten unter anderem auf Hegel und Dewey.[24] Er begreift Normen damit als Aspekte einer historisch-kulturell eingespielten Praxis, also der Dimension von menschlicher Praxis, die Hegel mit dem Begriff des objektiven Geistes fasst. Die bisherigen konflikttheoretischen Überlegungen, die im Sinne Hegels gehalten waren, haben aber gezeigt, dass man die Normen, von denen Honneth spricht, gerade nicht in dieser Weise verstehen kann. Nehmen wir eine Norm wie den Begriff der gesellschaftlichen Teilhabe. Honneth suggeriert mit seiner Analyse, dass eine solche Norm im Rahmen einer historisch-kulturellen Praxis etabliert ist. Richtig ist aber, dass es im Rahmen einer solchen Praxis etablierte Formen gesellschaftlicher Teilhabe geben mag. Wenn man sich auf den Begriff der gesellschaftlichen Teilhabe in dem Sinne beruft, dass man das Erfordernis einer Neuinterpretation geltend macht, dann geht es aber nicht um eine in Praktiken realisierte Norm, sondern um die Klärung einer Orientierungsgröße für historisch-kulturelle Praktiken durch ihre Thematisierung. Diese Thematisierung erfolgt nicht aus der Praxis, sondern aus einer von der Praxis distanzierten Haltung heraus. Charakteristisch ist zum Beispiel (ganz im Sinne Honneths): »Gesellschaftliche Teilhabe ist für uns nicht so möglich, wie es im Sinne dessen, was gesellschaftliche Teilhabe eigentlich verlangt, erforderlich wäre.« Dies aber ist nicht das Geltendmachen einer so-

24 Vgl. hierzu Axel Honneth, »Is there an Emancipatory Interest? An Attempt to Answer Critical Theory's most Fundamental Question«, in: *European Journal of Philosophy* 25 (2017), S. 908-920, hier: S. 913 f. Wie im Folgenden deutlich wird, ist aus meiner Sicht Hegel nicht für Honneths Position zu reklamieren.

wieso in der Praxis realisierten Norm, sondern die Thematisierung einer Orientierungsgröße, an der die Praxis gemessen wird. Mit dieser Thematisierung kommt es zur Eröffnung eines Konflikts mit all den Aspekten, die ich oben beleuchtet habe.

Zugleich geschieht mit dem Rekurs auf das, »was gesellschaftliche Teilhabe eigentlich verlangt«, mehr als nur die Eröffnung eines Konflikts. Es kommt zu einem Angebot für die Entwicklung einer gemeinsamen Perspektive für den Konflikt. Die Gegenseite wird durch die Thematisierung der Norm der gesellschaftlichen Teilhabe aufgefordert, an dieser Thematisierung mitzuwirken. Die Aufforderung lässt sich so deuten, dass sie eine Orientierungsgröße für die produktive Entfaltung des Konflikts vorschlägt. Eine solche Orientierungsgröße fungiert als ein gemeinsamer Bezugspunkt, der für den Konflikt gesichert wird. Diejenigen, die sich wechselseitig mit verschiedenen Perspektiven konfrontieren, können im Falle einer primär unversöhnlichen Divergenz ihrer Perspektiven nur dann einen Konflikt entfalten, wenn sie sich auf solchermaßen geteilte Orientierungsgrößen beziehen.

Honneth ist unter anderem von Sally Haslanger vorgeworfen worden, dass er gesellschaftliche Konflikte mit seiner theoretischen Rekonstruktion rationalistisch domestiziere.[25] Dieser Vorwurf ist richtig und falsch zugleich. Honneths Ansatz zehrt tatsächlich in seiner Modellierung von Konflikten von dem Gedanken, dass sich am Ende das Vernünftige dadurch durchsetzt, dass man es geltend macht. Die These vom Geltungsüberhang leitender gesellschaftlicher Normen setzt auf die Entfaltung des in diesen Normen angelegten vernünftigen Potentials. Damit aber zeigt Honneth ein eigentümlich materiales Verständnis von Vernunft. Demnach gibt es unterschiedliche Typen von Normen, solche mit besonderem Vernunftpotential und andere, die ein entsprechendes Potential nicht aufweisen. Ein solchermaßen materiales Verständnis von Vernunft ist von Kant zu Recht zurückgewiesen worden, da es dem selbstbestimmenden Moment vernünftigen Tuns nicht gerecht wird. Vernunft kennzeichnet demnach, jedwede Bestimmung distanzieren und einer Prüfung unterziehen zu können. Entsprechend

25 Vgl. Sally Haslanger, »Taking a Stand. Second-Order Social Pathologies or First-Order Critique«, in: Julia Christ u. a. (Hg.), *Debating Critical Theory. Engagements with Axel Honneth*, Essex 2020, S, 35-49, hier: S. 39-41.

muss das, was Vernunft ausmacht, formal beziehungsweise prozedural bestimmt werden.[26]

Dennoch ist die Kritik an Honneth zugleich auch ungerechtfertigt, da sein Vernunftoptimismus in gewisser Hinsicht berechtigt ist. Man darf ihn allerdings nicht so verstehen, dass sich das Vernünftige sukzessive durchsetzt. Es geht vielmehr – im Sinne eines formalen beziehungsweise prozeduralen Begriffs vernünftiger Praxis – darum, dass das Thematisieren von Normen im Sinne von Orientierungsgrößen eine Weiterentwicklung von Praktiken anleiten kann. Honneth verortet die Normen, um die es geht, in unzureichender Weise. Die Normen, die in Konflikten Gemeinsamkeit zu stiften vermögen, sind nicht als Normen zu begreifen, die in Praktiken bereits etabliert sind. Es handelt sich vielmehr um Normen, die durch die Thematisierung in Konflikten so etabliert werden, dass Praktiken an ihnen gemessen werden. Die Normen, die im Konflikt Gemeinsamkeit stiften, sind Orientierungsgrößen, die im Zuge von Konflikten entwickelt und geschärft werden. Was in Konflikten leitend ist, muss aus den Konflikten heraus verstanden werden – es lässt sich nicht allein auf historisch-kulturell Etabliertes zurückführen.

Orientierungsgrößen sind die Grundlage der Entwicklung und Weiterentwicklung von Konflikten. Diejenigen, die einen Konflikt austragen, klären unter Rekurs auf solche Orientierungsgrößen, wovon der Konflikt handelt, woran sie sich halten können, um ihn zu klären, und worum es ihnen in dem Konflikt geht. Nicht zuletzt thematisieren sie, was ihre Worte jeweils bedeuten, an welchen Punkten sie Worte unterschiedlich verstehen und welche Struktur der Konflikt hat. So kann zum Beispiel auch der Begriff des Widerspruchs als Orientierungsgröße wichtig sein. Es kann hilfreich sein, sich kurz darauf zu verständigen, dass das, was der eine sagt, dem, was der andere sagt, widerspricht. Damit ist in der Sache zumeist noch nicht viel gewonnen. Aber entsprechende Rückversicherungen in Bezug auf semantische, strukturelle oder formale Orientierungsgrößen können sich als wichtige Grundlage für die Weiterentwicklung von Konflikten erweisen.

Honneth hat mit seinem Rekurs auf Orientierungsgrößen da-

26 Im Lichte der in diesem Buch entwickelten Überlegungen kann man sagen, dass Konflikte und Selbstkritik entscheidend für die Verwirklichung von Vernunft sind.

hingehend Recht, dass diese sich grundsätzlich nicht in einem einzelnen Konflikt alle jeweils neu entwickeln lassen. Konflikte greifen vielmehr immer auch auf bereits etablierte Orientierungsgrößen zurück, die sie sich dabei sowohl zu eigen machen als auch neu verhandeln. Allerdings sind diese Größen nicht einfach in den Praxiszusammenhängen historisch-kultureller Zusammenhänge verankert, sondern gehören zu spezifischen Praktiken, die mit dem Ausfechten von Konflikten etabliert werden. Diese Praktiken lassen sich allgemein als Reflexionspraktiken bezeichnen. Reflexionspraktiken sind grundlegend für all diejenigen historisch-kulturellen Formationen, die auf Konflikte eingestellt sind – also all die Formationen, die wir als menschliche Praktiken kennen. Menschen vollziehen nicht nur alltägliche Praktiken, in denen sie Gewohntes verrichten, technische Lösungen entwickeln, komplexe Verwaltungsprozesse organisieren und dabei miteinander kommunizieren. Es ist ein unhaltbar einseitiges Bild menschlicher Praxis, Menschen als primär oder gar ausschließlich involviert in einen solchermaßen konzipierten Alltag zu verstehen. Vielmehr gehört zur menschlichen Praxis – und zu alltäglichen Zusammenhängen innerhalb ihrer – auch ein Typ von Praktiken, der mit dem Begriff der Reflexion zu fassen ist. In Reflexionen thematisieren Menschen ihre eigene Praxis und klären und entwickeln dabei im Sinne einer Selbstkritik Orientierungsgrößen für sie (vgl. hierzu weitergehend IV.2).

Honneth siedelt so die Normen, auf die Konfligierende sich im Konflikt berufen, falsch an. Sie entstammen nicht der Praxis, in die Menschen tagein, tagaus involviert sind, sondern der Dimension menschlicher Praxis, die Hegel mit dem Begriff des absoluten Geistes bezeichnet. Hegel ist immer wieder wegen dieses Begriffs im Sinne einer substantialistischen Metaphysik verteidigt[27] und kritisiert[28] worden – zu Unrecht. Hegel entwickelt einen Begriff für eine Dimension menschlicher Praxis, die über spezifische historisch-kulturelle Kontexte hinausreicht und in diesem Sinn absolut ist. Eine Orientierungsgröße wie »gesellschaftliche Teilhabe« ist an keinen spezifischen Kontext gebunden. Sie verknüpft Diskussionen

27 Vgl. Dieter Henrich, »Absoluter Geist und Logik des Endlichen«, in: *Hegel-Studien*, Beiheft 20, Hamburg 1980, S. 103-118; vgl. Hans Friedrich Fulda, »Hegels Begriff des absoluten Geistes«, in: *Hegel-Studien* 36 (2001), S. 171-198.

28 Vgl. Jürgen Habermas, *Wahrheit und Rechtfertigung. Philosophische Aufsätze*, Frankfurt/M. 1999, S. 217 ff.

von Platon mit solchen von Judith Butler. In diesem Sinne betont Hegel, dass Reflexionspraktiken sich nicht auf spezifische historisch-kulturelle Kontexte eingrenzen lassen. Honneths These vom »Geltungsüberhang« wird auf diese Weise gewissermaßen überflüssig. Oder anders gesagt: Der Geltungsüberhang von Orientierungsgrößen ist nicht als ein ihnen innewohnendes emanzipatorisches beziehungsweise rationales Potential zu begreifen. Er liegt überhaupt nicht in den Normen als solchen, sondern in einer grundlegenden Dimension des Typs von Praktiken begründet, in der die Normen als Orientierungsgrößen entwickelt werden: in einer in dem Sinne absoluten Praxis, als die in ihr entwickelten Orientierungsgrößen spezifische historisch-kulturelle Kontexte immer auch überschreiten können (und insofern, um es noch einmal mit Honneth zu sagen, einen Geltungsüberhang besitzen).

Die in Reflexionspraktiken profilierten Orientierungsgrößen können dabei durchaus zentrale Selbstverständnisse von Kulturen betreffen, wie dies zum Beispiel bei grundlegenden Vorstellungen in den großen Religionen der Fall ist. So sind Ideen wie Gottesebenbildlichkeit, Nächstenliebe, Messianismus oder Achtsamkeit als Artikulation eines Grundverständnisses spezifischer Kulturen zu begreifen. Die Grundverständnisse sichern Elemente, die man als Fluchtpunkte der Praktiken im Rahmen der jeweiligen Kulturen fassen kann: Alle alltäglichen Praktiken innerhalb ihrer erhalten durch die entsprechenden religiösen Vorstellungen ihre Bestimmung. Auch wenn Orientierungsgrößen in dieser Weise das Zentrum einer spezifischen historisch-kulturellen Praxis ausmachen können, sind sie niemals auf diese Praxis eingeschränkt. Sie können jederzeit in anderen kulturellen Zusammenhängen Aktualisierung finden. Gerade der Transfer religiöser Orientierungen zwischen unterschiedlichen Kulturen dokumentiert dieses Potential. Es ist auch besonders offensichtlich bei all den Orientierungsgrößen, die eher technischer oder struktureller Natur sind, die also zum Beispiel – wie die bereits angesprochenen Begriffe des Widerspruchs und der Anerkennung – sprachliche Zusammenhänge oder Strukturen des Konflikts artikulieren.

Nun könnte der Eindruck entstehen, die menschliche Praxis werde hier in einer übertriebenen Weise mit selbstkritischer Reflexion aufgeladen. Auch wenn man die Existenz dessen, was ich Reflexionen nenne, nicht bestreiten muss, kann man doch bestreiten wollen, dass diesen eine wichtige Rolle für menschliche Praktiken insgesamt zukommt. Um zu sehen, dass dieser Einwand nicht greift, ist gerade das Nachdenken über Konflikte entscheidend. Im Rahmen von Konflikten spielen selbstkritische Reflexionen eine unersetzliche Rolle. Wann immer im Konflikt eine Verständigung problematisch wird, bieten Orientierungsgrößen die Möglichkeit, den Zusammenbruch des Konflikts zu vermeiden.

Nehmen wir zum Beispiel Konflikte in Bezug auf Verhaltensweisen im Rahmen der Familie. In solchen Konflikten kann es – zumindest vor einem religiösen Hintergrund – hilfreich sein, sich auf die Orientierungsgröße der Nächstenliebe zu berufen, um sich einer geteilten Grundlage für eine mögliche Klärung des Konflikts zu versichern. Ohne Zweifel kann eine solche Berufung auch als Machtgeste fungieren, mittels deren die andere Seite mundtot gemacht werden soll. Ist dies der Fall, kann es geboten sein, sich des Begriffs der Machtgeste als einer Orientierungsgröße zu bedienen, und damit das Nichtgerechtfertigtsein von Machtgesten zu thematisieren. Mit einem Begriff wie dem der Begründung lässt sich auch die Frage aufwerfen, was in einer Diskussion gerechtfertigt ist und was nicht. Diese Beispiele sollen nur andeuten, wie unterschiedlich und zum Teil auch grundlegend Reflexionen in Konflikten ausfallen können. Charakteristisch für sie ist, dass die Ebene selbstkritischer Reflexion sich immer wieder verlagern lässt und grundlegende Fragen der Interaktion im Konflikt adressiert werden können.

In der Berufung auf Orientierungsgrößen sichern diejenigen, die sich miteinander im Konflikt befinden, Gemeinsamkeit im Konflikt. Dario Gentili spricht davon, dass die Konfliktparteien »gerade im Konflikt ihre gemeinsame Potenz ausdrücken«.[29] Diese gemeinsame Potenz aber muss gewonnen werden. Wo entsprechende Orientierungsgrößen nicht verfügbar sind, werden Grundlagen darin gesucht, dass man sich im Konflikt auf geteilte Regeln beruft. Eine andere Art und Weise, Gemeinsamkeit herzustellen, kann darin bestehen, dass man sich darüber verständigt, worüber es in dem Konflikt geht. Die letzte Form der Gemeinsamkeit, die im Extremfall bleibt, besteht darin, sich darüber verständigen, dass man sich nicht einig darüber ist, worüber der Konflikt geht und worin grundlegende Orientierungen bestehen könnten, um ihn zu schlichten.

29 Dario Gentili, *Krise als Regierungskunst*, Berlin 2020, S. 199.

Die Herstellung von Gemeinsamkeit ist eine grundlegende Funktion von Konflikten. Durch sie unterscheiden sich Konflikte von bloßen Kollisionen, gewaltsamen Streitigkeiten oder kriegerischen Auseinandersetzungen. Dabei ist die Gemeinsamkeit im Konflikt nie gesichert. Immer droht sie zu zerbrechen, und immer ist es möglich, dass der Konflikt in eine Auseinandersetzung umschlägt, die mit Macht und Gewalt ausgetragen wird. Gerade aufgrund dieser Unsicherheit sind Reflexionen im Konflikt so wichtig. Auch wenn sie nichts garantieren können, bieten sie den wichtigsten Mechanismus, um über Brüche in der Auseinandersetzung hinwegzukommen. Die Gemeinsamkeiten lassen sich nur dadurch (wieder-)gewinnen, dass man in brüchigen Situationen problematische Aspekte und das Fehlen von Gemeinsamkeiten als solches thematisiert. Dabei sind selbstkritische Reflexionen, also der Rekurs auf Orientierungsgrößen, entscheidend.

Orientierungsgrößen aber bestehen nicht einfach als solche. Sie werden in Reflexionen entwickelt und weiterentwickelt. Auch wenn viele Orientierungsgrößen innerhalb kultureller Zusammenhänge tradiert werden, sind sie doch niemals fixiert. Wo auch immer sie thematisiert werden, werden sie aktualisiert und dabei verändert. Reflexionen haben so einen transformatorischen Charakter. Was auch immer in ihnen thematisch wird, trägt zur Weiterentwicklung kultureller Praxis insgesamt bei.

1.4 Die Weltorientierung im Konflikt

Charles Taylor hat in Auseinandersetzung mit der politischen Theorie Quentin Skinners die Frage aufgeworfen, ob Konflikte ohne Wahrheitsorientierung denkbar sind.[30] Gerade politische oder religiöse Auseinandersetzungen sehen *prima facie* so aus, als seien die unterschiedlichen Interessen und Perspektiven der Beteiligten für den Konflikt relevant. Es entsteht so der Anschein, dass der Konflikt sich allein aus subjektiven Unterschieden speist. Der Konflikt wäre demnach dadurch konstituiert, dass Subjekte sich in den Unterschieden ihrer Interessen und Auffassungen begegnen. Das Aushandlungsgeschehen wäre als ein durch den Konflikt gebremster Machtkampf zu begreifen – wobei es zuletzt keinen großen Unter-

30 Vgl. Charles Taylor, »The Hermeneutics of Conflict«, in: James Tully (Hg.), *Meaning and Context: Quentin Skinner and His Critics*, Boston 1988, S. 218-228.

schied macht, ob ein Machtkampf gebremst ist oder nicht. Taylor stellt nun zu Recht die Frage, ob eine Rekonstruktion von Konflikten auf dieser Linie plausibel ist. Gibt es tatsächlich Konflikte, die sich als ein bloßes Aufeinanderprallen von Subjekten in ihren jeweiligen Perspektiven begreifen lassen?

Aus Taylors Sicht ist eine solche Rekonstruktion unhaltbar, da ein Konflikt voraussetzt, dass es um etwas geht.[31] Das, worum es geht, steht – um es mit Gadamer zu sagen – zwischen denen, die sich im Konflikt miteinander auseinandersetzen. Jede Konfrontation, die als Konflikt entfaltet werden soll, braucht demnach einen Wahrheitsbezug – eine von den Perspektiven der Konfligierenden unabhängige Sache, auf die beide sich beziehen. Nun stellt Taylor es so dar, dass die Wahrheitsorientierung von Konflikten ausschließt, dass die Sache nur aus der Perspektive der Beteiligten gefasst werden könnte. Die Sache muss, so machen seine Überlegungen indirekt geltend, als unabhängiger Bezugspunkt des Konflikts begriffen werden. Taylor bezweifelt damit zu Recht, dass ein Konflikt in einer bloßen Konfrontation subjektiver Perspektiven ausgetragen werden kann. Sofern nur eine solche Konfrontation vorliegt, bestehen letztlich nur die folgenden drei Optionen: (a) Die beiden Seiten sind sich von Anfang an einig, möglicherweise ohne es zu Beginn zu wissen. (b) Beide Seiten beharren auf ihren jeweiligen Positionen, kommen also in Bezug auf keine Sache überein. (c) Eine Seite gewinnt die andere Seite durch den Einsatz von Machtmitteln (gegebenenfalls auch rhetorischer Art) oder Gewalt für die eigene Perspektive. Wenn es bloß zu einer Konfrontation subjektiver Perspektiven kommt, kann sich nichts entwickeln, was die beiden Parteien in der Sache weiterbringt.

Auch wenn Taylor somit grundsätzlich in seiner Kritik an einem Modell von Konflikten als einem subjektiven Aushandlungsgeschehen Recht hat, greift seine Korrektur doch zu kurz. Wenn man Konflikte einfach auf die Sache verweist, um die es in ihnen geht, ist der Konflikt grundsätzlich neutralisiert. Es sieht dann so aus, als stünde das Ergebnis des Konflikts von Anfang fest: Es besteht demnach in dem, was wahr ist. Diejenigen, die miteinander konfligieren, müssen das Wahre nur nachvollziehen, womit der Konflikt strukturell immer bereits beendet ist. Aber auch dieses Modell von

31 »I believe […] that the bracketing of the issue of truth is never successfully achieved.« (Taylor, »The Hermeneutics of Conflict«, S. 220)

Konflikten, das wir das Wahrheitsmodell nennen können, wird ihnen nicht gerecht. Es verortet den Bezug auf die Sache in einer zu direkten, ungebrochenen Weise.[32]

Einer angemesseneren Verortung können wir uns dadurch nähern, dass wir noch einmal bei Reflexionspraktiken ansetzen. Konflikte werden, so habe ich bislang argumentiert, durch Reflexionspraktiken getragen. In ihnen gewinnen diejenigen, die in ihren Perspektiven divergieren, eine Gemeinsamkeit, die es ihnen ermöglicht, sich in ihren Divergenzen zu artikulieren. Die Reflexionspraktiken leisten aber noch mehr. Sie erlauben es denjenigen, die miteinander konfligieren, auf Distanz zu ihren eigenen Perspektiven zu gehen. Wer in Reflexionspraktiken Orientierungsgrößen profiliert, kann seine Überzeugungen in Bezug auf diese Orientierungsgrößen befragen. Er kann zum Beispiel fragen, ob eine bestimmte Praxis, die er für richtig hält, in angemessener Weise gesellschaftliche Teilhabe realisiert. Oder er kann sich fragen, ob die sprachlichen Ausdrücke, mit denen er eine persönliche Beziehung artikuliert, diese Beziehungen angemessen fassen. Mit solchen Befragungen von Verständnissen rückt die Welt in neuer Art und Weise in den Blick. Es wird eine Differenz zwischen Verständnissen und Welt konstituiert. Wenn die Welt ansonsten immer direkt mit Verständnissen verknüpft ist, kann diese Verknüpfung durch Reflexion gelöst werden. Mit dieser Lösung kommt die Welt als eine solche in den Blick, die nicht direkt mit Verständnissen verbunden ist.

Nun ist es nicht plausibel, eine ganz von Verständnissen befreite Welt geltend zu machen. Aus der Sicht verstehender Wesen gibt es keine solche Welt. Die Kritik am Mythos des Gegebenen – dem Gedanken, dass Überzeugungen an dem unmittelbar sinnlich in der Welt Gegebenen gemessen werden, oder anders gesagt, dass die Welt von sich aus darüber Auskunft gibt, was richtig ist – greift auch hier.[33] In der kritischen Befragung von Verständnissen kommt also die Welt nicht einfach als bloß Gegebenes in den Blick. Vielmehr bleiben einige Verständnisse, die die in Frage stehenden Ge-

32 Der Fairness halber will ich anmerken, dass Charles Taylor den Wahrheitsbezug in Konflikten nicht direkt in der hier zugespitzten Art und Weise erläutert. Letztlich lässt er offen, wie der Wahrheitsbezug genau funktioniert. Seine Überlegungen deuten aber in die hier artikulierte Richtung.

33 Vgl. zur Kritik am »Mythos des Gegebenen« Wilfrid Sellars, *Empirismus und die Philosophie des Geistes*, Paderborn 1999, S. 23.

genstände und Sachverhalte betreffen, durchaus in Kraft. Andere Verständnisse hingegen werden gelöst und so distanziert betrachtet. Die Befragung betrifft also nie alle Verständnisse insgesamt, sondern nur einige von ihnen. Nichtsdestotrotz werden im Zuge der durch Reflexion angestoßenen Distanzierung einzelne Aspekte der Welt – um es so zu sagen – gegen Verständnisse in Stellung gebracht. Die Distanzierung führt also dazu, dass die Welt in einzelnen ihrer Momente in eine gewisse Verständnisferne gerückt wird.

Wir stoßen hier auf einen entscheidenden Mechanismus für das Austragen von Konflikten. In Konflikten erlaubt die gemeinsame Reflexion eine Infragestellung von Verständnissen, die den Blick auf die Welt so öffnet, dass Verständnisse neu justiert werden können. Der Konflikt erlaubt den konfligierenden Parteien einerseits, wechselseitig ihre Perspektiven in Frage zu stellen, aber auch die eigene Perspektive in neuer Weise an der Welt zu messen. Dabei ist es entscheidend, dass die Welt nicht vorgibt, wie sie zu verstehen ist. Gerade wenn man nicht dem Mythos des Gegebenen verfallen möchte, kann man Konflikte nicht als solche verstehen, die sich einfach an dem orientieren könnten, wie die Welt verfasst ist. Vielmehr wird die Welt in Konflikten so in Stellung gebracht, dass sich die unterschiedlichen Perspektiven an ihr und dadurch auch aneinander zu reiben vermögen. Die Distanzierung der Verständnisse von der Welt führt dazu, dass es tatsächliche Auseinandersetzungen in Bezug auf die Veränderung von Verständnissen zu geben vermag. Die konfligierenden Parteien gehen durch die Reflexion von Verständnissen in einen Prozess der gemeinsamen Neujustierung von Verständnissen an der Welt. Konflikte sind gerade darin als ein offenes Geschehen zu begreifen, dass bezüglich der erforderlichen Neujustierung nicht in selbstverständlicher Weise Einigkeit erzielt werden kann. Das heißt nicht, dass eine Einigkeit unmöglich wäre. Sofern sie sich herstellt, kommt sie aber aus einem unter Rekurs auf Aspekte der Welt vorgenommenen Abgleich von Perspektiven heraus zustande und wird nicht von der Welt diktiert. Ein Konflikt ist insofern als ein offenes Geschehen der Neubestimmung von Verständnissen in einer gemeinsamen Auseinandersetzung mit der Welt zu begreifen.

Diese Rekonstruktion macht deutlich, inwiefern die aus Charles Taylors Kritik an Skinner extrapolierte Explikation der Wahrheitsorientierung von Konflikten zu kurz greift. Die Wahrheitsorientierung setzt eine Distanzierung voraus, die durch Reflexion hergestellt wird. In diesem Sinn kommt sie vermittelt zustande. Taylor sucht der Drohung eines Relativismus im Konflikt gewissermaßen dadurch zu entgehen, dass er der Welt einen direkten Eintrag in den Konflikt zutraut. Damit aber wird der Konflikt nur stillgestellt. Dem möglichen Relativismus subjektiver Perspektiven wird die Verfasstheit der Welt entgegengehalten. Damit aber kommt man nur zu einer Spielart vom Mythos des Gegebenen (der sich auch mit Taylors Position nicht verträgt). Die Rückkehr dieses Mythos aber lässt sich vermeiden, wenn man der Drohung des Relativismus anders begegnet, und zwar durch die Möglichkeit einer grundsätzlich unbegrenzten Befragung von Verständnissen.

Genau dies leistet das Moment der Reflexion als Selbstkritik im Konflikt. Die Orientierungsgrößen, die Konfligierende profilieren und an die sie sich auf dieser Grundlage in ihren Konflikten halten, erlauben eine immer neue kritische Betrachtung von Verständnissen. So ist es mit dem Begriff der gesellschaftlichen Teilhabe immer aufs Neue möglich, sich zu fragen, ob bestimmte Verhältnisse diesem Begriff entsprechen. Dabei werden einzelne Aspekte dessen, was in der sozialen Welt der Fall ist, in den Blick genommen, so dass die Verständnisse von dem, was sozial der Fall ist, herausgefordert werden. Dies führt möglicherweise zu einer Korrektur dieser Verständnisse. Da die Orientierungsgrößen nicht direkt mit bestimmten Zusammenhängen der Welt und den Verständnissen, die wir von diesen Zusammenhängen entwickeln, verbunden sind, erlauben sie es, die Verständnisse immer weiter zu befragen, also keiner einzigen Revision, die im Konflikt angestoßen wird, das letzte Wort zu lassen. Nicht die Stillstellung überwindet so den drohenden Relativismus, sondern die konsequente Verflüssigung.

Der soweit rekonstruierte Zusammenhang von Reflexion und Distanzierung von einigen Verständnissen der Welt erlaubt auch ein besseres Verständnis davon, wie Orientierungsgrößen mit der Welt verbunden sind. Die bisherigen Erläuterungen mögen den Eindruck erweckt haben, dass Orientierungsgrößen einfach so in Reflexionspraktiken (wie der Kunst, der Religion oder der politischen Theorie) festgelegt werden. So könnte man auch in Bezug auf solche Begriffe wie gesellschaftliche Teilhabe oder Nächstenliebe den Vorbehalt haben, dass diese beliebig festgelegt seien, also keinen Sitz in historisch-kulturellen Praktiken haben. Man könnte, zum Beispiel aus Honneths Sicht, fordern, dass die Begriffe als immanentes Moment bestehender Praktiken begreiflich sein müssen, um in ihrer Relevanz für gesellschaftliche Konflikte einsichtig zu werden.

Der Zusammenhang von Reflexion und Distanzierung von einigen Verständnissen der Welt öffnet hier die Möglichkeit einer anderen Erklärung. In dem Maße, in dem Orientierungsgrößen eine Korrektur und Neujustierung von Verständnissen anstoßen, wirkt die Welt in ihrer Verfasstheit auf die Orientierungsgrößen zurück. Wenn der Begriff der gesellschaftlichen Teilhabe dazu beiträgt, dass gesellschaftliche Verhältnisse in neuer Weise bestimmt werden, so dass zum Beispiel ungerechtfertigte Ausschlüsse zum Gegenstand von Verständnissen werden, schlägt sich das in dem die Reflexion leitenden Begriff nieder. In dem Maße, in dem Orientierungsgrößen tatsächlich die Auseinandersetzung in Konflikten orientieren, werden sie von den jeweiligen Gegenständen der Konflikte verändert, nehmen also die Welt in sich auf. Im Sinne einer Grenzbestimmung kann man sagen, dass eine einfach als solche und nicht in Konflikten bewährte Orientierungsgröße als weltlos zu verstehen ist. Bei Licht besehen aber gibt es eine solche Orientierungsgröße nicht.

Zur sozialen Grammatik von Konflikten gehört so, dass die Welt nicht nur vielfach Gegenstand der Konflikte ist, sondern sich auch in die für Konflikte leitenden Orientierungsgrößen einträgt. Eine hermeneutische Deutung von Konflikten begreift diese, wie Charles Taylor zu Recht geltend macht, nicht allein als Auseinandersetzung der subjektiven Perspektiven konfligierender Parteien. Vielmehr sind Konflikte grundsätzlich so zu begreifen, dass die Welt zu ihrer Klärung herangezogen wird. Dabei stellt die Welt aber keine absolute Größe dar, in der jeder Konflikt immer bereits aufgehoben wäre. Die Welt kommt als unabhängig nur insofern ins Spiel, wie sie in ihrer Unabhängigkeit die Perspektiven der konfligierenden Parteien herausfordert. Sie kann also Reibung nur insoweit entwickeln, wie sie gerade nicht eine den Subjekten gegenüberstehende Objektivität, sondern eine für die Subjekte perspektiverweiternde Objektivität abgibt. Die Distanz, die in Konflikten zwischen Verständnissen und der Welt gestiftet wird, führt dazu, dass der Antagonismus der Verständnisse aus möglicherweise festgefahrenen Perspektiven heraus weiterentwickelt werden kann.

2. Konflikte im Verstehen

Die bisherigen Überlegungen haben bereits deutlich gemacht, dass ein innerer Zusammenhang zwischen einer Theorie des Konflikts und einer Theorie des Verstehens zumindest von Seiten des Konflikts besteht. Die These, dass es in einem Konflikt um eine Öffnung von Verständnissen auf die Welt hin und so um Distanzierung und Infragestellung geht, artikuliert eine grundlegende Verstehensdimension von Konflikten. Konflikte sind konstitutiv damit verbunden, dass von einer Divergenz von Verständnissen aus ein Prozess der (wechselseitigen) Befragung von Verständnissen in Gang gesetzt wird. Insofern ist jeder Konflikt als ein Verständnisgeschehen zu begreifen. Damit aber ist ein spezifischer Typ von Konflikten noch nicht in seiner Spezifik gefasst, den ich als Konflikte des Verstehens bezeichne. Konflikte können sich dezidiert daran entzünden, wie etwas verstanden wird beziehungsweise zu verstehen ist. Entsprechende Konflikte sind von entscheidender Bedeutung für das Verstehen als solches, so dass sich an ihnen die Verbindung von Konflikt und Verstehen gewissermaßen in der Gegenrichtung zeigt. Das Verstehen selbst ist von einer grundlegend konfliktiven Struktur geprägt. Diese Struktur lässt sich auf Grundlage der rekonstruierten sozialen Grammatik von Konflikten gut fassen.

Wenn man Verstehen von Konflikten her zu begreifen sucht, dann stößt man wiederum auf die Schwierigkeit, dass der Konflikt allzu häufig nur als Ausnahme begriffen wird, deren Beendigung man sucht. Diese Schwierigkeit gilt es zu überwinden. Es bedarf eines Bildes, in dem Konflikte in ihrem produktiven Charakter gewürdigt werden. Die zumindest dem Anschein nach konfliktfreien alltäglichen Situationen im Sinne der Gespräche über das Wetter oder der Berichte über Kaninchen dürfen nicht im Zentrum der Explikationen des Verstehens stehen. Ins Zentrum des Bildes müssen vielmehr Situationen gerückt werden, die nicht mit der Suggestion alltäglicher Selbstverständlichkeit verbunden sind. Denken wir an das Verstehen heiliger Texte. Im Christentum zum Beispiel sind die Texte des Alten und des Neuen Testaments schon immer Gegenstand von Konflikten gewesen. Mit dem Verstehen dieser Texte steht man immer schon in Auseinandersetzungen, die über Jahrhunderte hinweg diese Texte begleitet haben und wohl immer begleiten werden. Das Verstehen der Texte ist damit verknüpft, dass man das Anders-Verstehen immer im Blick hat, dass man das eigene Verstehen in Konfrontation mit dem Anders-Verstehen formt.

Genauso ist es in der Literatur. Gadamer zufolge ergibt sich das Verstehen eines literarischen Textes aus seiner »Wirkungsgeschichte« heraus.[34] Der Text wird aus den Rezeptionen heraus verstanden, an die das Verstehen anschließt. Der Begriff der Wirkungsgeschichte suggeriert, dass Rezeptionen Ketten bilden, in denen immer neue Rezeptionen sich an bereits bestehende Ketten von Rezeptionen anhängen. Damit wird das Rezeptionsgeschehen in einer unhaltbaren Weise als konfliktfrei konzipiert (vgl. hierzu auch V.4). Sieht man sich zum Beispiel den Literaturbetrieb an, wird schnell deutlich, dass er eine grundlegend konfliktive Struktur aufweist. Man muss dabei nicht nur an medial hoch aufgeladene Auseinandersetzungen wie diejenige zwischen Marcel Reich-Ranicki und Günter Grass denken.[35] Auch schon Gustave Flaubert war, wie unter anderem Pierre Bourdieu in seiner Interpretation der *Éducation sentimentale* gezeigt hat, mit dem Literaturbetrieb seiner Zeit nicht im Reinen.[36] Er verfolgt das Scheitern des Protagonisten an den Machtmechanismen des Literaturbetriebs und legt so die Konflikte offen, die Literatur im sozialen Raum im Frankreich des 19. Jahrhunderts bestimmen. Nicht zuletzt zeugen Praktiken der Zensur, die bis in die Gegenwart hinein vorherrschen, vom Umstrittensein von Literatur. Ihre Rezeption ist also nicht als friedliches Aneinanderanschließen von Interpretationen, sondern als Konfliktgeschichte zu denken. Sie ist von Kämpfen, Brüchen und Widersprüchen durchzogen. Interpretationen stehen gegen andere Interpretationen. Kein Verstehen eines literarischen Textes ergibt sich bruchlos aus anderen Verständnissen heraus. Erst in einem grundlegenden Antagonismus der Verständnisse gewinnen neue Verständnisse Kontur. So macht Uneinigkeit das Verstehen eines literarischen Textes aus.

Analoges gilt auch für alle grundlegenden Aspekte gesellschaftlicher Zusammenhänge wie zum Beispiel das bereits mehrfach angesprochene Verständnis von gesellschaftlicher Teilhabe. Spätes-

34 Vgl. Gadamer, *Wahrheit und Methode*, S. 305.

35 Emblematisch ist das Cover von *Der Spiegel* Nr. 34 im Jahr 1995, auf dem Marcel Reich-Ranicki dabei dargestellt wird, wie er ein Buch von Günter Grass buchstäblich zerreißt.

36 Vgl. Pierre Bourdieu, *Die Regeln der Kunst. Genese und Struktur des literarischen Feldes*, Frankfurt/M. 1999, S. 98-103.

tens seit der Antike ist die Norm der gesellschaftlichen Teilhabe in immer wieder neuer Weise bestimmt worden. So gibt es keine Möglichkeit, Vorstellungen der Strukturen von Einbettung von Individuen in eine Gesellschaft zu entwickeln, die nicht aus Konflikten in Bezug auf eine solche Norm gespeist sind. Jedes denkbare Verständnis ist in Abgrenzung und in Kontinuität zu anderen Verständnissen entwickelt, die in einem Netz gegenläufiger und unterstützender Verständnisse stehen. Erst aus diesem Netz heraus haben die Vorstellungen die Kontur, die sie haben.

Im Folgenden geht es mir darum, die mit diesen Beispielen angesprochene Konflikthaftigkeit des Verstehens systematisch auszuarbeiten. Dabei gehe ich von der für alles Verstehen konstitutiven Wiederholungsstruktur aus und lege dar, inwiefern diese Struktur in grundlegender Weise Konflikte einschließt. Diese Konflikte, so argumentiere ich weiter, sind unter anderem dadurch relevant, dass sie zu einer Verunsicherung von Verständnissen beitragen. So werden Verständnisse auf die Welt hin geöffnet und einer Korrektur von Seiten der Welt ausgesetzt. Zuletzt lassen sich auch für Konflikte im Verstehen Reflexionspraktiken herausstellen, die Kriterien in der gemeinsamen Thematisierung von Verstehen sichern. Insgesamt ist die für alles Verstehen primäre Gemeinsamkeit so nicht in einer geteilten Sprache oder einer geteilten Praxis, sondern in einer gemeinsamen Auseinandersetzung über Verständnisse zu verorten.

2.1 Wiederholungsketten des Verstehens

Grundlegend für hermeneutische Positionen der Gegenwart ist der im zweiten Kapitel ausgeführte Gedanke, dass Verstehen mit steter Veränderung verbunden ist (vgl. II.2.1). Unter anderem bei Gadamer, Davidson und Derrida steht die stete Veränderbarkeit von Verständnissen im Zentrum. Von Moment zu Moment, von Sprecherin zu Sprecherin und Kontext zu Kontext ändern sich Verständnisse. Gadamers Konzeption der Wirkungsgeschichte, Davidsons Überlegungen zum steten Wechsel von Ausgangs- und Übergangstheorie und Derridas Konzept der Iteration erläutern eine solche Veränderung mit je unterschiedlichen Akzenten. Gadamer, Davidson und Derrida sind sich darin einig, dass die Veränderung von denjenigen, die verstehen, nicht als solche herbeigeführt wird, sondern sich mit jedem Verstehen Verständnisse wandeln. Kurz gesagt: Verstehen bedeutet eine stete Veränderung von Verständnissen.

Wie aber ist der Mechanismus der Veränderung zu begreifen? In den Erläuterungen zur offenen Normativität des Verstehens bin ich unter anderem Jacques Derrida in seiner neostrukturalistischen Theorie von Sprache und Bedeutung gefolgt, die bei Wiederholungen ansetzt. In dem programmatischen Text »Signatur Ereignis Kontext« schreibt Derrida: »Betrachten wir ein beliebiges Element der gesprochenen Sprache, eine kleine oder große Einheit. [...] Durch die empirischen Variationen des Tons, der Stimme und so weiter, eventuell eines bestimmten Akzents hindurch muß man die Identität einer, sagen wir, bezeichnenden Form wiedererkennen können.«[37] Unterschiedliche Vorkommnisse eines sprachlichen Elements basieren, so gesehen, nicht auf einer vorgegebenen Identität. Vielmehr konstituiert sich die Identität durch unterschiedliche Verwendungen sprachlicher Elemente hindurch, wobei deren Form trotz der Kontingenzen von Tonfall oder Stimmfärbung erkennbar sein muss. Entscheidend für die Erläuterung, die ich von Derrida und Wittgenstein aus entwickelt habe (vgl. II.1.3), ist die Umkehrung eines typischen Gedankens. Üblicherweise wird Identität als Voraussetzung von Wiederholung begriffen. Wiederholungen sind demnach nur unter der Voraussetzung einer vorgängigen Identität möglich. Dieser Gedanke wird in der Erläuterung offener Normativität gewendet. Ihm zufolge gilt, dass Identitäten sprachlicher Elemente sich durch Wiederholung konstituieren. Erst dadurch, dass unterschiedliche Vorkommnisse sprachlicher Elemente als Wiederholungen voneinander behandelt werden, bildet sich die Identität dieser Elemente. Aus diesem Grund ist die Identität immer mit Veränderung verbunden.

Diese Erläuterung wirft allerdings die Frage auf, warum einzelne Vorkommnisse von Elementen als Wiederholungen voneinander gelten und andere Vorkommnisse nicht. Warum stehen bestimmte Vorkommnisse in einer Wiederholungskette, in der andere Vorkommnisse nicht stehen? Gerade der pragmatistische Zungenschlag in meiner Reformulierung des Grundgedankens offener Normativität macht diese Frage drängend:[38] Wenn Identitäten darauf be-

37 Derrida, »Signatur Ereignis Kontext«, in: ders., *Randgänge der Philosophie*, Wien [2]1999, S. 325-351, hier: S. 336.

38 Die pragmatistische Lesart wird unter anderem dadurch gestützt, dass Derrida

ruhen, dass unterschiedliche Vorkommnisse als Wiederholungen voneinander behandelt werden, gilt es zu klären, wer eigentlich entscheidet, was in dieser Weise behandelt wird. Steht im Rahmen einer sprachlichen Praxis einfach fest, wie Vorkommnisse in Wiederholungsketten eingebunden sind? Man könnte argumentieren, dass mit dem Verstehen eines sprachlichen Elements feststeht, als Wiederholung welcher anderen Vorkommnisse es behandelt wird. So würde immer aus der Perspektive einer Gegenwart des Verstehens heraus das rekonstruiert, was diesem Verstehen Bestimmtheit verleiht. Jede einzelne Episode des Verstehens würde so eigene Zusammenhänge implizieren, die seine Bestimmtheit ausmachen. Wiederholungsketten würden von Episode des Verstehens zu Episode des Verstehens neu und anders angelegt.

Eine solche Rekonstruktion aber kann nicht zufriedenstellen, da sie nicht klärt, wie unterschiedliche Wiederholungsketten miteinander zusammenhängen. Unterstellt wird indirekt, dass Verständnisse immer an andere Verständnisse anschließen, so dass sie die von Letzteren implizierten Wiederholungsketten fortführen.[39] Dies aber ist auf Grundlage der soweit skizzierten Erläuterung keineswegs garantiert. Denkbar ist genauso, dass Momente des Verstehens immer in unterschiedlicher Weise an andere Momente anschließen. Damit aber wäre jede Möglichkeit wechselseitigen Verstehens zunichtegemacht. Insofern hat die Frage Gewicht, wie unterschiedliche Wiederholungsketten miteinander zusammenhängen.

Der in Frage stehende Zusammenhang kann erklärt werden, wenn man das mit dem Gedanken der Selbstverständlichkeit des Verstehens verbundene episodische Bild des Verstehens aufgibt (vgl. hierzu II.2.2). Die in den letzten Zeilen angebotenen Erklärungen konzipieren Verstehen von der gegenwärtigen Situation eines Individuums her. Jeder Moment von Verstehen ist demnach an die gegenwärtige Situation eines verstehenden Individuums gebunden. Eine solchermaßen präsentische Konzeption des Verste-

sein programmatisches Vorhaben einer Grammatologie an einer Stelle selbst mit dem Begriff der »Pragrammatologie« fasst (Jacques Derrida, »Bemerkungen zu Dekonstruktion und Pragmatismus«, in: Chantal Mouffe (Hg.), *Dekonstruktion und Pragmatismus*, Wien 1999, S. 171-195, hier: S. 174).

39 Wenn man Derridas Konzept der Iterabilität in dieser Weise ausbuchstabiert, ergibt sich eine klare Verwandtschaft zu Gadamers Begriff der »Wirkungsgeschichte«.

hens aber gilt es – nicht zuletzt auch im Sinne der Kritik Jacques Derridas an präsenzorientierten Konzeptionen von Bedeutung[40] – zu überwinden. Dies ist dadurch möglich, dass man der sozialen Dimension des Verstehens Rechnung trägt. Alles Verstehen muss sich anderen gegenüber bewähren. Wenn ich etwas verstehe, zeigt sich mein Verstehen daran, wie ich meinem Verstehen praktisch Ausdruck verleihe. Im zweiten Kapitel habe ich diesen praktischen Ausdruck als Reaktion auf Verständnisse als Impulse ausbuchstabiert (vgl. II.2.2). Der praktische Ausdruck ist die Grundlage von Interaktionen zwischen Individuen mit Blick auf das von ihnen entwickelte Verstehen.

Die grundlegende Struktur solcher Interaktionen lässt sich folgendermaßen rekonstruieren: Individuen klären, ob sie in ihrem Verstehen an das Verstehen anderer anschließen oder nicht. »Verstehst du es so?« oder »Meinst du es so?« sind entsprechend als Fragen zu begreifen, die paradigmatisch ausdrücken, worum es in Interaktionen geht. Nun mag man aus einer zum Beispiel am Denken Derridas geschulten Perspektive einwenden, dass sich mit einer solchen Frage das Problem nur verschiebt: Jede Rückversicherung dahingehend, wie andere verstehen, ist ihrerseits ein Akt des Verstehens und bietet strukturell aus diesem Grund nur einen weiteren Anschluss an Ketten von Verständnissen. Mit einem Einwand dieses Typs habe ich mich bereits im ersten Kapitel anlässlich der Diskussion der Position Davidsons auseinandergesetzt (was indirekt auch noch einmal die Verwandtschaft der Positionen sichtbar macht). Der Einwand setzt fälschlicherweise voraus, dass Verstehen ein bei einzelnen Individuen zu verortendes Geschehen ist und dass alle Abstimmungen zwischen einzelnen Individuen immer nur wieder ein Geschehen bedeuten, das einzelne Individuen betrifft. Abstimmungen zwischen Individuen müssen aber anders gedacht werden. Sie werden von Individuen gemeinsam vorgenommen.

Die Frage »Verstehst du es so?« wird aus diesem Grund falsch erläutert, wenn man davon ausgeht, dass sie von der anderen die Wiederholung eines bereits artikulierten Verständnisses erbittet. Die Frage zielt vielmehr auf eine gemeinsame Kommentierung eines Verständnisses, wünscht also von der anderen, an einer solchen Kommentierung mitzuwirken. Nehmen wir an, dass die andere das

40 Vgl. Jacques Derrida, *Grammatologie*, Frankfurt/M. 1974, S. 119-123 u. a.

vermutete Verständnis bestätigt. Ist das der Fall, ist nicht einfach eine unterschiedslose Einigkeit hergestellt. Wäre es so, könnte die andere nicht von sich aus an der Kommentierung mitwirken. Die Bestätigung, die sie zum Beispiel hervorbringt, setzt voraus, dass sie von sich aus Position beziehen kann. Die Eigenständigkeit der Positionen der Beteiligten ist wichtig für eine gemeinsame Kommentierung. Die soziale Struktur der gemeinsamen Kommentierung ist also die einer Realisierung von Gemeinschaft aus der Eigenständigkeit heraus.

Die gemeinsame Kommentierung weist so die Struktur eines Konflikts in dem Sinn auf, wie ich sie im ersten Teil dieses Kapitels entwickelt habe. Wenn es zu einer Rückversicherung in Bezug auf Verständnisse kommt, bedarf es dafür eines konfliktiven Miteinanders. Die Eigenständigkeit der beteiligten Individuen ist also nicht als Eigenständigkeit der je erzielten Verständnisse zu begreifen. Es handelt sich vielmehr um die Eigenständigkeit der Mitwirkung an einem gemeinsamen Konfliktgeschehen. Der Konflikt bricht mit jeder noch so einfachen und *prima facie* harmlosen Nachfrage auf. Strukturell fordert die Nachfrage »Verstehst du es so?« in Bezug auf die gemeinsame Thematisierung der Verständnisse genauso eine eigenständige Positionierung des Gegenübers, wie dies ein scharfer Widerspruch macht. »Siehst du nicht, dass du das ganz anders verstehen musst, nämlich so?« fordert auch die Eigenständigkeit der Positionierung des anderen. Insofern kann man sagen, dass jede Stellungnahme im Rahmen einer Thematisierung von Verständnissen den Charakter eines Widerspruchs hat. In diesem formalen Sinn betrachtet, ist der Widerspruch als das Zurgeltungbringen einer gegenüber dem Anderen eigenständigen Perspektive zu begreifen. Die Stellungnahme ist eine Entgegnung, die ihrerseits auf eine Entgegnung wartet.

Charakteristisch für das konfliktive Miteinander in der gemeinsamen Kommentierung beziehungsweise Thematisierung von Verständnissen ist so das strukturelle Gegeneinander von Perspektiven, das keine Vereinzelung, sondern ein Zusammenwirken bedeutet. Die Eigenständigkeit des Einen gibt es nur durch die Eigenständigkeit der Anderen und umgekehrt. Hier zeigt sich genau die Struktur, die ich oben in Bezug auf das grundsätzlich konfliktive Moment aller Anerkennung rekonstruiert habe. Anerkennung setzt die Eigenständigkeit aller Beteiligten voraus, die sich wechselseitig anerkennen. Nur aus der Eigenständigkeit heraus können sie anderen Anerkennung zuteilwerden lassen. Damit steht die Anerkennung jedoch strukturell immer in Frage. Sie ist nur in dem Maße möglich, in dem sie auch (begründetermaßen) verweigert werden kann. Die Gemeinsamkeit in der Anerkennung setzt die Offenheit für Konflikte und eigenständige Stellungnahmen voraus.

Was aber besagt diese Struktur des konfliktiven Miteinanders für die Wiederholungsketten im Verstehen sprachlicher Elemente, von dem die Überlegungen dieses Abschnitts ihren Ausgang nahmen? Die Entwicklung von Wiederholungsketten ist mit Mechanismen verbunden, in denen diese Ketten in einer Konfrontation unterschiedlicher Perspektiven miteinander abgestimmt werden. Konflikte über Verständnisse fungieren als Mechanismen der Sicherung von geteilten Ketten von Verständnissen. Wenn Individuen sich wechselseitig in Bezug auf Verständnisse befragen oder sich widersprechen, findet eine Abstimmung von Perspektiven genauso statt, wie dies in der Thematisierung von Verständnissen zum Beispiel in schulischen Unterrichtsmaterialien geschieht. Ein wichtiger Ort entsprechender Abstimmungen sind gerade Situationen der Erziehung oder der vorschulischen und schulischen Bildung. Diskussionen über moralische Aspekte der Erziehung sind genauso wie Standardisierungen von Unterrichtsmaterial für die Schule als Orte zu begreifen, an denen in strukturell konfliktiver Weise Verständnisse gemeinschaftlich befragt werden.

Wiederholungsketten von Verständnissen entwickeln sich also nicht einfach aus sich heraus. Vielmehr sind für ihre Entwicklung immer auch Abstimmungsprozesse entscheidend, in denen die Ketten mit sozialen Zusammenhängen (gemeinsam ausgetragener Konflikte) verschränkt sind. Wie wir gesehen haben, ist es für die sozialen Zusammenhänge entscheidend, nicht auf einer übersubjektiven Einigkeit zu beruhen, sondern auf der Verbindung von Individuen und Gruppen in strukturell antagonistischen Prozessen. Die Gemeinschaften, die die soziale Kohäsion von Verständnissen gewährleisten, sind Gemeinschaften des Konflikts. Diese Gemeinschaften sind grundsätzlich so strukturiert, dass einzelne Individuen und Gruppen eigene Entwicklungen von Verständnissen einbringen können. Die konfliktive Klärung, die auf ein solches Einbringen hin stattfindet, stellt gewissermaßen sicher, dass eine Veränderung von Verständnissen sich bewährt. Wenn wir mit

Gadamer und anderen davon ausgehen, dass sich mit jedem neuen Verstehen Veränderungen ergeben, werden diese Veränderungen durch Konflikte immer wieder aufeinander abgestimmt.

Die steten Veränderungen von Verständnissen sind also nicht so zu denken, dass sie einfach kontingenterweise in einer unbegrenzten Vielfalt von Individuen und Gruppen zustande kommen. Vielmehr werden die Veränderungen immer wieder konfliktiv aufeinander bezogen. Je weitreichender Verständnisse mit entsprechenden Konflikten verbunden sind, desto mehr sind sie als solche zu begreifen, die in Gemeinschaften verankert sind. Diese Gemeinschaften sind aber niemals als in einfacher Weise harmonisiert zu denken, sondern beruhen auf konfliktiven Auseinandersetzungen. Im Umkehrschluss bedeutet dies, dass das Ausbleiben von Konflikten immer als problematisch zu begreifen ist. Wenn es nicht zu Konflikten kommt oder Konflikte unterbunden werden, werden Gemeinschaften des Verstehens brüchig oder kommen gar nicht zustande. Das kann auf der einen Seite bedeuten, dass Individuen oder Gruppen mit der Verschiedenheit ihrer Verständnisse (zunehmend) unverbunden nebeneinanderstehen. Verständnisse divergieren dann, ohne dass diese Divergenzen ausgelotet würden. Auf der anderen Seite können Verständnisse auch – zum Beispiel aus machtpolitischen Interessen heraus – stillgestellt werden, so dass Veränderungen von Verständnissen verunmöglicht sind oder unsichtbar gemacht werden.

Verstehen ist im Lichte dieser Überlegungen weder – wie das Bild der geteilten Sprache will – an eine mehr oder weniger feste Gemeinschaft gebunden noch ist es einfach zufällig, welche Gemeinschaften sich durch Fortsetzungen von Wiederholungsketten des Verstehens bilden. Verstehende Wesen formen Gemeinschaften durch die Thematisierung von Verständnissen, durch das stete Ausloten von Divergenzen und Gemeinsamkeiten hinsichtlich dessen, wie sie verstehen. Die Gemeinschaften sind als das zu begreifen, was ich im zweiten Kapitel als formal verstandene Traditionen bezeichnet habe: sie sind vielfältig und mit vielfältig sich überlappenden und verschränkten, unterschiedlich weitreichenden sozialen Zusammenhängen verbunden. So ist das Verstehen nicht an spezifische Formen der Gemeinschaft gebunden, sondern trägt seinerseits solche Formen in dem Sinne, dass sie sich mit dem Verstehen zusammen entwickeln.

2.2 Konflikte, Verunsicherung und die Öffnung der Sprache zur Welt

Die bisherigen Überlegungen zu Konflikten haben sich an der Frage entzündet, inwiefern Wiederholungsketten in dem Sinne geteilt werden, dass sie unterschiedliche Individuen und Gruppen in ihren Verständnissen verbinden. Dies hat uns zu einer ersten Bestimmung der Konflikthaftigkeit des Verstehens geführt, die es nun weiter auszuleuchten gilt. Konflikte ergeben sich aus Nachfragen und Widerspruch, aus Ausführungen darüber, wie man das Sprechen der anderen versteht, genauso wie aus allgemeinen Überlegungen zu Verständnissen. Jeweils führen entsprechende Stellungnahmen zur gemeinsamen Befragung von Verständnissen. Wie dargelegt, ist für eine solche Befragung gerade die Unterschiedlichkeit der Perspektiven entscheidend. Die Perspektivendifferenz, auf der Konflikte des Verstehens beruhen, führt dazu, dass Verständnisse auf ihre Wahrheit, Angemessenheit und in Bezug auf andere Kriterien mehr perspektiviert werden.

Konflikte durchbrechen damit die Suggestion, Verständnisse seien als selbstverständlich zu begreifen. Jede Nachfrage und jeder Kommentar führen dazu, dass ein Moment von Nichtselbstverständlichkeit ins Verstehen eingetragen wird. Mit einem Wort: Verständnisse werden durch ihre Befragung verunsichert. Die Verunsicherung ist dabei nicht als problematisierendes, sondern als produktives Geschehen zu begreifen (vgl. hierzu auch IV.2.4). Inwiefern es wichtig ist, die Produktivität von Verunsicherung zu denken, zeigt sich in Auseinandersetzung mit den Aspekten hermeneutischer Positionen, die ich im ersten Kapitel diskutiert habe. Gerade das Motiv einer Welt des Verstehens im Sinne einer zweiten Natur, wie es von John McDowell profiliert worden ist, kann dadurch eine neue Beleuchtung erfahren. Wie dargelegt, vertritt McDowell die Position, dass Individuen in historisch-kulturelle Kontexte des Verstehens hineinwachsen, so dass ihnen Verstehen zu einer Selbstverständlichkeit wird (vgl. I.3 und II.3.3). Diese Selbstverständlichkeit impliziert eine Sicherheit dahingehend, was und wie es zu verstehen ist.

Damit aber tritt in der Konzeption von Verstehen als zweiter Natur ein strukturelles Problem auf, das sich folgendermaßen artikulieren lässt: Wenn man in seinem Verstehen sicher ist, was wie zu verstehen ist, kann man nicht damit umgehen, wenn es zu einer Divergenz von Verständnissen kommt. Auch wenn wir sogar – im Sinne des im zweiten Kapitel verteidigten Begriffs der Gewohnheit – zusätzlich davon ausgehen, dass zur zweiten Natur des Verstehens Selbstverständlichkeiten im Umgang mit Divergenzen von Verständnissen gehören, kehrt das Problem auf einer nächsten Ebene zurück: Sofern die Divergenzen nicht mehr den etablierten Schemata und den entwickelten Fähigkeiten zur Weiterentwicklung von Fähigkeiten entsprechen, wird das Verstehen im Falle der Divergenzen brüchig, wenn es auf Selbstverständlichkeiten gründet. Alles Verstehen bedarf also eines Mechanismus, um mit Divergenzen umzugehen, und zwar die im Konflikt realisierte Verunsicherung in Bezug auf die eigenen Verständnisse. Insofern gehört die Verunsicherung von Verständnissen wesentlich zur zweiten Natur des Verstehens. Jede allzu große Selbstverständlichkeit ist als Gefährdung des Verstehens zu begreifen. Sie führt zu einer Situation, in der unterschiedliche Verständnisse unversöhnlich nebeneinanderzustehen drohen. Gerade insofern sind Konflikte zentral für alles Verstehen. Gegen eine mögliche Verhärtung von Divergenzen stiften sie soziale Zusammenhänge des Verstehens, die nur dadurch entstehen, dass eine Verunsicherung von Verständnissen immer wieder zugelassen und sogar mehr noch gesucht wird.

Wenn Verständnisse in Konflikten verunsichert werden, kommt ein Mechanismus ins Spiel, den ich im ersten Teil dieses Kapitels bereits für Konflikte allgemein analysiert habe. Die Verunsicherung führt zu der Notwendigkeit, Verständnisse neu zu justieren. Dabei spielt zum einen die Divergenz der jeweils beteiligten Verständnisperspektiven eine entscheidende Rolle. Zum anderen wird die Unterscheidung der Verständnisse von dem, wovon sie handeln – von der Welt, die verstanden wird – entscheidend. Die Distanzierung der Verständnisse von der Welt, die aus der Verunsicherung resultiert, bedeutet eine im bereits analysierten Sinn zu begreifende Öffnung des Verstehens zur Welt hin. Sofern Verständnisse sich einfach selbstverständlich oder stereotyp fortschreiben, kommt die Welt nicht als unterschieden von Verständnissen in den Blick. Dies ist in Konflikten in Bezug auf das Verstehen anders. Im Konflikt bricht auch die Decke der Selbstverständlichkeit in Bezug auf das Verhältnis von Sprache und Welt auf. Die Differenz, die damit zwischen Sprache und Welt, gebracht wird, setzt die Welt instand, gegenüber Verständnissen Einspruch zu erheben. In diesem Sinn öffnen Konflikte das Verstehen zur Welt hin.

In der Entwicklung eines offenen Begriffs von Normativität habe ich im zweiten Kapitel mit Hegel das spannungsreiche Verhältnis von normativen Allgemeinheiten, den unter diese Allgemeinheiten fallenden Besonderheiten und den die Allgemeinheiten herausfordernden Einzelheiten verfolgt (vgl. II.3.1). Es wird nun deutlich, dass diese Spannung durch Konflikte verwirklicht wird. Konflikte führen dazu, dass Allgemeinheiten immer wieder auf Einzelheiten hin geöffnet werden. Die Öffnung auf die Welt hin, die in Konflikten geschieht, bringt Einzelheiten in die Position, Widerstand gegen Normen zu leisten und Veränderungen zu generieren. Die normative Struktur des Verstehens, die ich in ihren improvisatorischen Aspekten verfolgt habe, ist so konstitutiv mit konfliktiven Praktiken verbunden. Die Spannung von Allgemeinheit und Einzelheit stellt sich nicht einfach in der Fortsetzung von Normen des Verstehens her. Es bedarf dafür der konfliktiven Öffnung von Normen des Verstehens.

Gadamer hat in seiner Hermeneutik ein von Verstehen geprägtes Weltverhältnis als in besonderer Weise distanziertes Weltverhältnis begriffen. In den Worten McDowells: »Die Spontaneität des Verstandes zu erwerben heißt, wie Gadamer sich ausdrückt, in die Lage versetzt zu werden, ›[s]ich über den Andrang des von der Welt her Begegnenden [zu] erheben‹ (Wahrheit und Methode, S. 448) – d. h. sich aus einer von biologischen Imperativen festgelegten Abfolge von Problemstellungen und Reaktionsmöglichkeiten zu einem ›freie[n], distanzierte[n] Verhalten‹ (ebd.) zu erheben.«[41] Es ist wichtig zu erkennen, dass das freie und distanzierte Verhalten im Verstehen, von dem McDowell hier mit Gadamer spricht, als Potential angelegt ist, also entwickelt werden muss. Anders gesagt: Distanzierung ist nicht als selbstverständliches Moment von Verstehensgeschehnissen garantiert.

Das distanzierte Verhältnis zur Welt basiert auf einer Verunsicherung von Verständnissen, die durch Konflikte hervorgebracht wird. Wer versteht, kann, so habe ich von Beginn an argumentiert, seine Verständnisse in Frage stellen. Aber ein solches Infragestellen muss in Praktiken entwickelt werden. Wenn man bloß Verständ-

41 John McDowell, *Geist und Welt*, Paderborn 1998, S. 143 (Übersetzung verändert, GWB).

nis an Verständnis reiht und auf diese Weise von Verständnissen benommen ist, findet keine Befragung von Verständnissen statt. Praktiken des Konflikts gewinnen hier ihre besondere Bedeutung. In ihnen werden Verständnisse durch andere befragt (auf welche Weise auch immer). Durch die Verunsicherung von Verständnissen, durch die explizite Konfrontation mit der Perspektive von anderen auf diese Verständnisse wird der Blick auf die Welt geöffnet. Diese Öffnung ist entscheidend dafür, die eigene Perspektive zur Geltung zu bringen. Die eigene Perspektive orientiert sich nicht primär daran, wie man ein Verständnis aufgreift, sondern an der Welt, der man in Verständnissen gerecht zu werden sucht. Im Konflikt richtet eine Verstehende die eigene Perspektive auf das aus, was in der Welt der Fall ist.

Die öffnende Funktion von Konflikten lässt sich unter anderem an Praxiszusammenhängen nachvollziehen, in denen Konflikte in spezifischer Weise auf Dauer gestellt sind. Zu Ende des ersten Kapitels habe ich bereits politische Diskussionen angesprochen und indirekt dabei die These vertreten, dass das Etablieren politischer Diskussionszusammenhänge (zum Beispiel durch die Institution von Parteien und Parlamenten) mit Kulturen des Konflikts verknüpft ist. In besonderer Weise sind solche Kulturen in der Wissenschaft relevant. Wissenschaftliche Diskussionszusammenhänge bieten gerade in der Verbindung von Lehre und Forschung eine Praxis, in der die Öffnung von Verständnissen auf die Welt hin gepflegt wird. Dies betrifft das Verständnis von Lehre als die Vermittlung der Eigenständigkeit forschenden Fragens und Arbeitens. Wissenschaftliche Diskussionszusammenhänge sind von dem Gedanken geleitet, dass jede und jeder, die oder der an ihnen partizipiert, Verständnisse neu herausfordern kann. Wer in solche Zusammenhänge eingeführt wird, ist grundsätzlich nicht auf die Position festgelegt, dem zu folgen, was andere für wissenschaftlich geklärt halten. Es ist immer möglich, das, womit die Welt uns konfrontiert, als Anstoß für eine Revision wissenschaftlicher Verständnisse zu mobilisieren.

Nun sind Realitäten wissenschaftlichen Arbeitens oft weit davon entfernt, all denjenigen, die an einem wissenschaftlichen Diskussionszusammenhang beteiligt sind, gleiche Einspruchsmöglichkeiten zu eröffnen. Vielfach ist die wissenschaftliche Praxis von Machtstrukturen durchsetzt, die zum Beispiel dazu führen, dass sich diejenigen, die sich im wissenschaftlichen System etablieren, gegen Einsprüche ihrer Schüler:innen absichern.[42] Wissenschaft ist oft von einem Statusdenken geprägt, das für eine Kultur des Konflikts schädlich ist. Insofern ist Wissenschaft immer wieder auch mit einer Form von (scheinbarer) Selbstkritik befasst, die das problematische Ziel verfolgt, Machtstrukturen zu legitimieren, also gerade nicht auf ein Durchbrechen solcher Strukturen zielt. Dagegen hilft nur eine konsequente Selbstkritik, also ein ständiges Hinterfragen der Machtstrukturen, die wissenschaftliches Arbeiten reglementieren. Recht verstandene Wissenschaft ist daher nicht nur die Praxis des ständigen Hinterfragens von Verständnissen, um sie auf die Welt hin zu öffnen, sondern auch eine Praxis der Selbstkritik in Bezug auf die stete Wiederherstellung und Sicherung der eigenen Konfliktfähigkeit.

Die Öffnung von Verständnissen gegenüber der Welt setzt so nicht nur voraus, dass man Verständnisse in Frage stellt und damit in produktiver Weise Verunsicherung stiftet. Sie steht auch unter der Bedingung, dass eine solche Infragestellung ermöglicht wird. So geht es in der Öffnung von Verständnissen immer auch um die Anerkennung der Eigenständigkeit der Perspektiven einzelner Individuen und Gruppen und in diesem Sinn um die Ermöglichung von Konfliktfähigkeit. Was in der Welt der Fall ist, betrifft immer auch die Struktur des Konflikts als solchen. Es ist nicht auf den Inhalt von Verständnissen beschränkt, sondern umfasst ebenso die sozialen Zusammenhänge, in denen die Verständnisse zustande kommen und weiterentwickelt werden.

2.3 Gemeinsamkeiten in Konflikten über Verständnisse (Arendt/Cavell)

Wenn man die Bedeutung konfliktiver Interaktionen für Praktiken des Verstehens in dieser Weise betont, steht man allerdings vor der Frage, welche Voraussetzungen solche Konflikte haben. Eine zentrale Voraussetzung ist in den grundsätzlichen Überlegungen zu einer Theorie des Konflikts bereits angesprochen worden: Konflikte sind nur dadurch möglich, dass sich in ihnen eine Gemeinsamkeit konstituiert. Dabei handelt es sich nicht um eine Gemeinsamkeit

42 Vgl. bes. Pierre Bourdieu, *Homo academicus*, Frankfurt/M. 1988, Kap. 3.

der geteilten Sprache und Verständnisse, sondern um eine solche der Mitwirkung an selbstkritischen Reflexionen des Verstehens.

Für alles Verstehen ist, so habe ich im zweiten Kapitel in improvisationstheoretischer Perspektive dargelegt, das praktische Reagieren auf Verständnisse entscheidend. Entscheidend ist aber auch, praktische Reaktionen nicht einfach nur vollziehen, sondern auch befragen zu können. Wenn man nicht an der Klärung von Verständnissen mitwirken kann, ist man nicht in der Lage, sich seiner Rolle innerhalb der Fortsetzung von Verständnissen zu versichern. Man kann dann nicht auf einen Fortgang des Verständnisgeschehens eingehen, wenn andere nicht mehr auf die eigenen Verständnisse reagieren. Die Mitwirkung an der Bestimmung von Verständnissen ist so immer auch damit verbunden, dass Einzelne sich ihrer Stellung in einer Gemeinschaft versichern.

In *Anmerkungen zu einer performativen Theorie der Versammlung* argumentiert Judith Butler, dass eine »Reihe von Bindungen und Allianzen« eine wichtige Bedingung dafür darstellt, innerhalb normativer gesellschaftlicher Zusammenhänge transformative Impulse anstoßen zu können.[43] Transformative Impulse aber sind mit Blick auf das Verstehen nicht nur dort gegeben, wo in einer Gesellschaft herrschende Normen des Verstehens herausgefordert werden. Der Gedanke einer solchen Herausforderung zehrt von einem zu homogenen Verständnis dessen, was herrschende Normen des Verstehens ausmacht. Wie dargelegt, sind solche Normen vielfältig und heterogen. Auch wenn herrschende Normen nicht in spezifischer Weise herausgefordert werden, kommt es immer wieder zu transformativen Impulsen. Diese stellen sowohl mit Blick auf die Bestimmung von Verständnissen als auch mit Blick auf die soziale Einbettung von Individuen eine Herausforderung dar.

Die mit Konflikten verbundene soziale Einbettung von Individuen lässt sich unter Rekurs auf Überlegungen von Hannah Arendt und Stanley Cavell aufklären, die das Mit- und Gegeneinander von Individuen und Gemeinschaften beleuchten. Hannah Arendt hat mit ihrer Philosophie des Handelns in *Vita Activa* einen Impuls zu einem Verständnis von Subjekten aus der Gemeinschaft heraus gegeben. Dezidiert geht es ihr darum, einen Antagonismus zwi-

43 Judith Butler, *Anmerkungen zu einer performativen Theorie der Versammlung*, Berlin 2016, S. 61.

schen der Besonderheit des Subjekts auf der einen Seite und seiner möglichen Konformität im Rahmen einer Gemeinschaft auf der anderen Seite zu durchbrechen. Sie wirbt aus diesem Grund für ein Bild, dem zufolge das Subjekt in seinem Handeln Besonderheiten im Rahmen gemeinschaftlicher öffentlicher Praxis stiftet.[44] Die von ihm ausgehenden transformativen Impulse können sich nach diesem Verständnis nur in einem gemeinschaftlichen Zusammenhang realisieren. Arendt richtet sich mit diesen Analysen gegen ein kontemplatives Verständnis von Subjektivität. Diesem setzt sie allerdings nicht den Gedanken eines Engagements in überkommenen Bedeutungszusammenhängen entgegen, sondern plädiert für ein Verständnis des in seinem Handeln produktiven und Transformationen anstoßenden Subjekts. Die Vorstellung der praktischen Wirksamkeit des Subjekts, die dabei im Spiel ist, hängt mit Arendts Begriff des Politischen zusammen.[45] Subjekte sollen als politische Akteur:innen verständlich werden.

Die damit knapp reformulierte Konzeption ist im vorliegenden Zusammenhang insofern von Interesse, als Arendt so verstanden werden kann, dass sie im Handeln einen produktiven Impuls des Subjekts für die Gemeinschaft gegeben sieht. Anders als in kontemplativen Haltungen, in denen keine Impulse realisiert werden, kommt es mit der Wirksamkeit des Handelns im politischen Raum dazu, dass das Subjekt transformativ tätig wird. Es hält sich nicht an Bestimmungen, die im politischen Raum bereits gegeben sind, sondern bringt Bestimmungen hervor, die bereits etablierte Bestimmungen herausfordern. Für die Realisierung einer solchen Herausforderung ist die Gemeinschaft erforderlich, da die Transformation von Bestimmungen den politischen Raum erfordert. Die von Subjekten hervorgebrachten Besonderheiten gewinnen in diesem Raum eine praktische Bedeutung, die sowohl die Gemeinschaft als auch die Subjekte selbst betrifft.

Nun ist es aber mit dem Niederschlag subjektiver Besonderheit im Rahmen einer Gemeinschaft so eine Sache. Es ist mitnichten so, dass Subjekte davon ausgehen können, mit ihren Impulsen in einer Gemeinschaft selbstverständlich und unproblematisch anerkannt zu werden. Genau um solche Anerkennungsverhältnisse

44 Vgl. Hannah Arendt, *Vita activa oder Vom tätigen Leben*, München 1981, bes. S. 234-241.

45 Vgl. ebd., S. 250.

geht es aber, wenn transformative Impulse tatsächlich Widerhall finden sollen. An diesem Punkt sind Überlegungen von Stanley Cavell zum Problem des Skeptizismus lehrreich. Cavell vertritt die These, dass die neuzeitliche Version des Skeptizismus, der von einem erkenntnistheoretischen Problem des Zugangs zur Außenwelt ausgeht, das skeptische Problem verzerrt und verharmlost. Tatsächlich bestehe es darin, in seinem Tun keine Resonanz durch andere zu erfahren.[46] Wer etwas tue beziehungsweise äußere, stehe immer vor dem Risiko, von anderen nicht in dem, was er vorbringt, wahrgenommen zu werden.[47] Der Skeptizismus habe eine existenzielle Dimension darin, dass man als Subjekt in intersubjektiven Zusammenhängen immer alleine zu bleiben droht. Keine gemeinschaftliche Ordnung sichere dem Subjekt zu, wahrnehmbar zu sein und von anderen anerkannt zu werden.

Cavell teilt in dieser Überlegung einen Grundzug der Analyse von Hannah Arendt: Der Raum gemeinschaftlichen Tuns darf nicht so verstanden werden, dass Subjekte in ihm eine selbstverständliche Einbettung erfahren. Das einzelne Tun beziehungsweise Äußerungsverhalten eines Subjekts setzt in diesem Raum Impulse frei, so dass es zu Veränderungen und Weiterentwicklungen kommt. Cavell betont nun eine entscheidende Konsequenz dieses Gedankens der Nichthomogenität des öffentlichen Raums und seiner Alltäglichkeit: Das Subjekt kann sich seiner Einbettung in diesem Raum nicht sicher sein. Die existenzielle Dimension des Skeptizismus zeigt sich dann, wenn das, was man an transformativen Impulsen einbringt, keine Resonanz findet. Genau dies ist für das von Arendt gezeichnete Bild einer politischen Öffentlichkeit entscheidend. Da einzelne Subjekte in ihrer Selbstkritik in diesem Raum produktiv werden und transformative Impulse hervorbringen können, droht ihnen grundsätzlich immer Einsamkeit. Diese Drohung ist die Kehrseite der Realisierung von Subjektivität durch in gemeinschaftlichen Zusammenhängen produktive Impulse.

Der von Cavell analysierte Skeptizismus lässt sich in Begriffen der Anerkennung weiter aufklären. Wer im Rahmen intersubjek-

46 Vgl. Stanley Cavell, »Wissen und Anerkennen«, in: ders., *Die Unheimlichkeit des Gewöhnlichen*, Frankfurt/M. 2002, S. 39-73.

47 Axel Honneth spricht in einer verwandten Überlegung von »Unsichtbarkeit«. Vgl. Axel Honneth, *Unsichtbarkeit. Stationen einer Theorie der Intersubjektivität*, Frankfurt/M. 2003, bes. S. 10-27.

tiver gemeinschaftlicher Zusammenhänge transformative Impulse zu realisieren sucht, ist darauf angewiesen, von anderen anerkannt zu werden. Wie dargelegt, richtet sich die Anerkennung auf die eigenständige Perspektive eines Subjekts, also auf sein Vermögen, etwas für andere Unabsehbares hervorzubringen.[48] Wir können im Lichte der Überlegungen dieses Kapitels auch sagen: Sie gilt seinem Vermögen, in Anerkennungskonflikten eine eigene Perspektive zu vertreten. Was Subjekte in Konflikten artikulieren, ist irreduzibel auf eine solche Anerkennung verwiesen. Da Anerkennung grundsätzlich wechselseitig ist, da die jeweilige Perspektive der Anerkennung ihrerseits Anerkennung finden muss, kann kein Subjekt das Vermögen der Artikulation im Konflikt aus sich heraus und für sich erlangen. Subjekte erlangen dieses Vermögen in konstitutivem Zusammenhang miteinander, da sie nur dann in ihren für andere unabsehbaren Impulsen Anerkennung finden können, wenn sie anderen eine solche Anerkennung grundsätzlich auch zuteilwerden lassen.

Damit aber wird eine gemeinschaftliche Praxis – im Sinne des von Arendt zur Geltung gebrachten öffentlich-politischen Raums – fragil. Immer kann es dazu kommen, dass einzelne Impulse von Subjekten keine Anerkennung finden, dass sie von anderen übergangen werden. Die Konflikte eröffnenden Gemeinschaften tragen stets die Gefahr kommunikativer Abbrüche in sich. Sie müssen immer wieder darin bestätigt werden, dass und wie der Konflikt fortgeführt wird. Einzelne Individuen und Gruppen ringen in Konflikten unentwegt darum, mit ihren Perspektiven Anerkennung zu finden und damit Teil der Gemeinschaft zu sein. So ergibt sich im Konflikt eine irreduzible Spannung von Individuen und Gemeinschaft.

Insofern gilt es die Einsicht Cavells in die existenzielle Dimension des Skeptizismus als produktives Moment gemeinschaftlicher Praxis zu betonen. Cavell macht in seinen Überlegungen zur Philosophie der Alltagssprache deutlich, dass eine homogene Sprachverwendung oder – allgemeiner gesagt – ein homogener Raum von

48 Wenn man wie Judith Butler Anerkennung auf in sozial-kulturellen Zusammenhängen etablierte Anerkennungsnormen zurückführt (vgl. Judith Butler, *Kritik der ethischen Gewalt*, Frankfurt/M. 2003, u.a. S. 35), kann man die von Arendt und Cavell zur Geltung gebrachten nichthomogenen Räume gemeinschaftlicher Praxis nicht rekonstruieren.

Normen in einer Gemeinschaft nicht als Ideal zu begreifen ist.[49] Gemeinschaften bilden entsprechend einen von Grund auf heterogenen Raum aus. Die Heterogenität ist gleichermaßen als der Normalfall wie als produktive Grundlage menschlicher Praktiken zu begreifen. In ihrem Rahmen sind transformative Impulse, die durch subjektives Handeln zustande kommen, entscheidend und gehören zur Normalität einer so verstandenen Gemeinschaft. Die skeptische Drohung ist also kein Unfall, sondern ein konstitutives Moment der entsprechenden Praxis.

2.4 Das Ringen um Kriterien

Die Konstitution einer Gemeinschaft im Konflikt erschöpft sich aber nicht darin, dass einzelne Individuen und Gruppen in ihren eigenständigen Perspektiven Anerkennung finden. Für sie ist zugleich entscheidend, dass im Zusammenwirken der unterschiedlichen Perspektiven Kriterien für Verständnisse etabliert oder bestätigt werden, mittels deren eine gemeinsame Kommentierung von Verständnissen möglich ist. Zur gemeinschaftlichen Basis von Konflikten gehört es, dass Konfliktparteien sich in Konflikten explizit oder implizit auf Kriterien verständigen, an denen sie sich orientieren.[50] Diese Kriterien sedimentieren sich in einer Gemeinschaft und stellen einen Hintergrund bereit, vor dem konfliktive Interaktionen im Rahmen der betreffenden Gemeinschaft vonstattengehen. Das heißt nicht, dass die Kriterien stabil wären. Wie ich mit Arendt und Cavell argumentiert habe, ist das Gegenteil der Fall. Die Kriterien können immer wieder herausgefordert und dabei verändert werden. Dennoch stellen sie einen irreduziblen Hintergrund dar, vor dem sich Subjekte und Gruppen in Konflikten begegnen.

Mit der Betonung der in Gemeinschaften geteilten Kriterien wird die Spannung zwischen Subjekten und Strukturen der Gemeinschaft plastischer: Konflikte setzen voraus, dass Kriterien geteilt und von einzelnen Individuen oder Gruppen immer wieder auch herausgefordert werden. Mit Cavell habe ich die These ver-

49 Stanley Cavell, »Müssen wir meinen, was wir sagen?«, in: ders., *Nach der Philosophie*, hg. von Ludwig Nagl, Kurt R. Fischer, Berlin 2001, S. 37-74, hier: S. 71.

50 Vgl. zum Begriff der Kriterien: Ludwig Wittgenstein, *Philosophische Untersuchungen*, in: ders., *Werkausgabe*, Bd. 1, Frankfurt/M. 1984, u.a. § 253; Stanley Cavell, *The Claim of Reason*, Oxford 1979, S. 37-48.

treten, dass es immer wieder zu Sprachlosigkeit und abbrechenden intersubjektiven Verhältnissen kommen kann. Dennoch ist die Möglichkeit ausbleibender Anerkennung und daraus resultierender Vereinzelung die Kehrseite der Produktivität des spannungsreichen Geschehens. Von der Spannung geht die Bewegung aus, in der sich die Praxis und die in ihr leitenden Kriterien weiterentwickeln.

Was aber sind Kriterien für Verständnisse? In erster Annäherung mag man sagen, dass es sich um Formbestimmungen von Verständnissen handelt. Demnach realisieren Verständnisse neben ihren spezifischen Inhalten Formzusammenhänge. Wenn man Verständnisse in Konflikten thematisiert, kann man diese Formzusammenhänge adressieren. Eine naheliegende Interpretation der Thematisierung von Verständnissen in diesem Sinn hat Robert Brandom vorgelegt. Brandom spricht davon, dass Thematisierungen von Verständnissen die in diesen impliziten Formbestimmungen explizit machen. Das Explizitmachen geschieht mittels eines Vokabulars, das die Strukturmomente von Verständnissen artikuliert. Brandom spricht hier von einem »logischen Vokabular«, das die »gehaltübertragenden Merkmale des Gebrauchs *nicht*logischen Vokabulars« explizit mache.[51] Das logische Vokabular umfasst damit nicht nur Begriffe für formallogische Verhältnisse, sondern expliziert die Grundmomente der Praktiken, in denen sprachliche Ausdrücke Bedeutung gewinnen. Alle formbestimmenden Aspekte der Praktiken können thematisiert werden. Mit Blick auf ein Verständnis von Kriterien in Konflikten bedeutet dies aus Brandoms Sicht, dass neben logischen Formen im engeren Sinn unter anderem soziale Momente sprachlicher Äußerungen wie die von einem Subjekt mit einer Äußerung eingegangenen Verpflichtungen und die von ihm mit dieser Äußerung gewonnenen Berechtigungen thematisiert werden können.

Brandom setzt voraus, dass die durch das logische Vokabular geleistete Thematisierung sprachlicher Praktiken einen reproduktiven Charakter hat. Die durch das Vokabular artikulierten Formbestimmungen liegen demnach in sprachlichen Praktiken fest. Wenn man sie explizit macht, wiederholt man sie. Man fügt den Bedeutungen generierenden sprachlichen Praktiken nichts hinzu. Der reproduktive Charakter des Explizitmachens hat zwei Aspekte. Auf der

51 Robert B. Brandom, *Expressive Vernunft*, Frankfurt/M. 2000, S. 25.

einen Seite besagt er, dass die Formbestimmungen in sprachlichen Praktiken feststehen. Sie sind immer bereits gegeben, ob sie explizit gemacht werden oder nicht. Auf der anderen Seite heißt dies, dass die Reproduktion nichts verändert. Das Explizitmachen der logischen Formbestimmungen sprachlicher Praktiken eröffnet zwar die Möglichkeit der Thematisierung dieser Praktiken, bewegt aber nichts an ihnen.

Die Verwirklichung von Konflikten aber lässt sich auf diese Weise nicht begreifen. Wenn unterschiedliche Perspektiven in einen Konflikt eintreten, müssen sie eine Thematisierung realisieren, die sie allen Divergenzen zum Trotz zusammenbringt. Ein solches Zusammenbringen ist nur dadurch möglich, dass Kriterien für Verständnisse aufeinander abgestimmt werden. Dies impliziert eine produktive Entwicklung von Kriterien. Die Kriterien stehen also nicht einfach fest, sondern werden in Konflikten geprägt. Sie sind nicht in den Verständnissen, die die Konfliktparteien mitbringen, gegeben, sondern werden hervorgebracht. Und sie können zugleich immer wieder verändert werden.

Produktivität und Veränderlichkeit von Kriterien für Verständnisse lassen sich mit Wittgensteins *Philosophischen Untersuchungen* artikulieren. Wittgenstein hat mit seinem Begriff des grammatischen Sprachgebrauchs beide Aspekte theoretisch zu fassen gesucht.[52] Er verfolgt einen weiten Begriff von Grammatik, der alle Thematisierungen von sprachlichen und nichtsprachlichen Handlungszusammenhängen umfasst. Dabei denkt Wittgenstein Thematisierungen in einer primär repräsentationalistischen Perspektive, sieht also das konfliktive Moment von Verständnissen nicht in der notwendigen Art und Weise. Dennoch ist sein Begriff der Grammatik hilfreich, um das Ringen um gemeinsame Kriterien in Konflikten des Verstehens aufzuklären.

Eine zentrale Aussage Wittgensteins in Bezug auf grammatische Sprechweisen – im konkreten Fall geht es um den Begriff des Spiels – lautet: »Kannst du die Grenzen angeben? Nein. Du kannst welche *ziehen*: denn es sind noch keine gezogen.«[53] Kriterien für Verständnisse sind, so kann man von dieser Aussage her extrapo-

52 Zu Wittgensteins Verständnis von Grammatik vgl. Marie McGinn, »Grammar in the Philosophical Investigations«, in: Oskari Kuusela, Marie McGinn (Hg.), *The Oxford Handbook of Wittgenstein*, Oxford 2011, S. 646-667.

53 Wittgenstein, *Philosophische Untersuchungen*, § 68.

lieren, nicht in Verständnissen angelegt, sondern werden gesetzt. Anders als Brandom denkt, sieht Wittgenstein Kriterien, an denen wir Verständnisse messen, nicht implizit in sprachlichen Praktiken bereits festgelegt, sondern macht ein produktives Moment dieser Kriterien geltend, das er unter anderem folgendermaßen erläutert: »Wie wir aber die Worte nach Arten zusammenfassen, wird vom Zweck der Einteilung abhängen, – und von unserer Neigung.«[54] Er verweist im nächsten Satz noch auf die unterschiedlichen Möglichkeiten, Werkzeuge in Werkzeugarten einzuteilen. So verstanden, fügt das grammatische Sprechen den durch es ausgelegten sprachlichen Praktiken und in ihnen realisierten Verständnissen etwas hinzu. Die Verständnisse werden in je spezifischer Weise neu perspektiviert.

Nun kann man einwenden, dass sich bei Wittgenstein auch Aussagen wie die folgende finden: »Die Philosophie darf den tatsächlichen Gebrauch der Sprache in keiner Weise antasten, sie kann ihn am Ende nur beschreiben.«[55] Damit aber macht Wittgenstein keine Aussage über grammatisches Sprechen generell, sondern über eine philosophische Reflexion, die neben dem alltäglichen auch den grammatischen Sprachgebrauch umfasst. Es geht ihm darum, jede Form der grammatischen Normierung, die der sprachlichen Praxis nicht gerecht wird, zurückzuweisen. Eine solche Normierung läge auch darin, eine feststehende grammatische Ordnung zu vertreten, an der aller Sprachgebrauch zu messen ist. Eine solche feststehende Ordnung gibt es aus Wittgensteins Sicht nicht. Wir können unsere Sprech- und sprachlichen Handlungsweisen in unterschiedlichster Weise grammatisch thematisieren. Mit diesem offenen Verständnis von Grammatik erlaubt es Wittgensteins Ansatz, Kriterien in Konflikten weniger restriktiv zu verstehen, als dies mit Brandom möglich ist. Zu ihnen gehören alle Thematisierungen, die Verständnisse erfahren können.

Nach Wittgensteins Verständnis hat eine Thematisierung sprachlicher Praktiken immer auch das Ziel, in Bezug auf sprachliche Praktiken Freiheitsspielräume zu realisieren.[56] Auch dies lässt

54 Ebd., § 17.

55 Ebd., § 124.

56 In der Einleitung habe ich bereits die programmatische Äußerung Wittgensteins erwähnt: »Ein *Bild* hielt uns gefangen.« (Wittgenstein, *Philosophische Untersuchungen*, § 115) Dementsprechend lässt sich Wittgensteins Anspruch so verstehen,

sich für eine Erläuterung von Kriterien, mit denen wir Verständnisse in Konflikten thematisieren, zur Geltung bringen: Immer wieder sind diese Kriterien darauf ausgerichtet, Stillstellungen des Verstehens zu durchbrechen. Die Parteien, die sich im Konflikt zueinander verhalten, können eine Gemeinsamkeit nur dadurch herstellen, dass sie beide durch die Kriterien Spielraum haben, ihre Position zu artikulieren. Wer sich in Konflikten auf formallogische Zusammenhänge beruft oder sie in Frage stellt, zielt damit darauf, einen für beide Konfliktparteien verfügbaren Spielraum zu schaffen. Dies gilt genauso für die Thematisierung einzelner Begriffe oder leitender Hintergrundüberzeugungen. Insofern ist es sinnvoll, Wittgensteins offenes Verständnis grammatischen Sprachgebrauchs dahingehend zu schärfen, dass das freiheitseröffnende Potential von Kriterien verständlich wird.

Dafür ist die Position von Sally Haslanger hilfreich. Haslanger diskutiert die Frage, inwiefern Begriffe wie der des Geschlechts, der Frau usw. in feministischen Positionen in emanzipatorischer Weise gebraucht werden können. Sie vertritt die These, dass ein solcher Gebrauch durch »ameliorative analyses« möglich werde.[57] Verbessernde Analysen zum Beispiel des Geschlechtsbegriffs finden auf der Ebene der Verständigung über Verständnisse statt, also auf der Ebene, auf der Kriterien für Verständnisse verhandelt werden. Haslanger sagt wenig dazu, wer eigentlich bestimmt, was als verbessernde Analyse zählt und was nicht. Aus meiner Sicht muss die Antwort auf diese Frage lauten, dass solche Analysen in Konflikten ihren Ort haben und dann überzeugend ausfallen, wenn sie dazu beitragen, dass unterschiedliche Konfliktparteien in Bezug auf Kriterien übereinkommen, an denen sie ihre Verständnisse messen. Verbessernde Analysen zielen darauf, einen neuen Blick auf Verständnisse zu eröffnen. Sie etablieren Begriffe als Kriterien, mittels deren konfligierende Parteien ihren Konflikt gestalten können.

Auch wenn Kriterien, mittels deren Verständnisse thematisiert werden, in Verständnissen nicht festgelegt sind und auch wenn sie – wie sich im Sinne Wittgensteins sagen lässt – äußerst vielfältig ausfallen können, ist es für Konflikte doch entscheidend, dass Kriterien die unterschiedlichen Perspektiven im Konflikt zusammen-

dass er andere Sichtweisen eröffnen und damit zur Realisierung von Freiheit beitragen will.

57 Sally Haslanger, *Resisting Reality*, Oxford 2012, S. 376.

bringen. Sie tragen dazu bei, dass sich im Konflikt die Gemeinsamkeit herstellt, die für ihn unerlässlich ist. Da Gemeinsamkeit in Konflikten immer wieder brüchig zu werden drohen, ist es vielfach erforderlich, Kriterien neu zu bestimmen. Es müssen dann verbessernde Analysen in Bezug auf das vorgenommen werden, worum es in den Konflikten geht. Bei der Bestimmung und Neubestimmung von Kriterien können diejenigen, die miteinander konfligieren, nicht einfach nur nach ihren jeweiligen Neigungen gehen, da sie von ihren Neigungen her in vielen Fällen nicht zusammenfinden werden. Vielmehr müssen sie Kriterien von dem Ziel her bestimmen, durch sie Gemeinsamkeiten im Konflikt zu gewinnen. Damit haben die Kriterien ein emanzipatorisches Potential: Sie können die Strukturen aufbrechen, an die einzelne Positionen für sich gebunden sind.

Sally Haslangers Überlegungen zu emanzipatorischem Begriffsgebrauch halten für die Explikation von Konflikten eine wichtige Einsicht bereit: Konflikte können nur dadurch gelingen, dass die Konfligierenden sich auf Kriterien verständigen, die ihre jeweiligen Verständnisse übersteigen. Kriterien leisten eine Thematisierung, die Verständnisse herausfordern. Sie haben in diesem Sinn ein Potential des Verbesserns beziehungsweise der Emanzipation. Mit Hegel habe ich im ersten Teil dieses Kapitels von Orientierungsgrößen gesprochen und gesagt, dass Orientierungsgrößen in Hegels Sinn partikulare historisch-kulturelle Verständnisse und Zusammenhänge übersteigen. Genau das Moment des Hinausgehens über das, was historisch-kulturell realisiert ist, fasst Haslanger mit ihrem Begriff der verbessernden Analyse und macht damit deutlich, was in der konflikthaften Realisierung alles Verstehens liegt: Verstehen kann man nur, wenn man zugleich grundsätzlich in der Lage ist, die eigenen Verständnisse über ihre Begrenztheiten hinweg herauszufordern. In diesem Sinne bedarf es für Konflikte Kriterien als Orientierungsgrößen – als Begriffe mit einem verbessernden Potential.

Kriterien sind dabei als Orientierungsgrößen nicht einfach gegeben, sondern bedürfen der ständigen Bearbeitung. Die gemeinsame Arbeit an Kriterien, als die der Konflikt zu begreifen ist, ist dabei nicht im Sinne eines Geschehens zu deuten, in dem die Eine den Anderen überzeugt. Das Modell des wechselseitigen Überzeugens denkt den Austausch von Überzeugungen als eine Interaktion zwischen unterschiedlichen Subjekten. Entscheidend am Konflikt ist die Gemeinsamkeit, die sich in ihm herstellt und die nicht im Bild des Einwirkens von einem Subjekt auf das andere zu fassen ist. Die Transformationen, die ein Konflikt durch die Revision von Kriterien in Bezug auf Verständnisse hervorruft, funktionieren indirekter und grundsätzlicher. Zwar schlägt sich die Veränderung von Verständnissen zweifelsohne auch in Änderungen von Überzeugungen nieder. Aber diese Änderungen sind vielfach nicht im Sinne einer Revision einer einzelnen Überzeugung aufgrund eines spezifischen Grundes zu begreifen, sondern betreffen unterschiedliche Überzeugungen in einem unspezifischen Sinne. Die indirekte Transformation, die im Konflikt stattfindet, ist damit grundsätzlicher Natur. Die Revision von Kriterien greift in Überzeugungen, affektive Reaktionen und Wahrnehmungsweisen insgesamt ein und hat hier vielfältige Änderungen zur Folge.

Denken wir zur Bestätigung dieses Gedankens an eine in christlichen Religionsgemeinschaften verbreitete Praxis der Predigt als einen gewissermaßen in aller Ruhe ausgetragenen Konflikt. Das in der Predigt Ausgeführte betrifft Kriterien des menschlichen Zusammenlebens wie zum Beispiel Friedfertigkeit und Gewaltverzicht. Das Ziel von Predigten lässt sich so fassen, dass solche Kriterien durch die Predigt eine Revision und dadurch Bekräftigung erfahren sollen. Besonders offensichtlich ist der konfliktive Charakter einer solchen Reflexionspraxis in protestantischen Kontexten, in denen die Predigtkritik nach dem Gottesdienst zur Predigt dazugehört. Hier werden die in der Predigt angebotenen Neufassungen von Kriterien für Verständnisse in Bezug auf das Zusammenleben mit anderen ihrerseits reflektiert. Die Predigt zeigt sich so als Element einer konfliktiven Praxis. Die in ihr angebotene Auslegung ist eine Stellungnahme in einem Konflikt um die Kriterien, die für das soziale Sein des Menschen ausgebildet werden. Die jeweiligen Akzentuierungen, die Orientierungsgrößen wie Friedfertigkeit und Gewaltverzicht erfahren, kommen in einem auf Dauer gestellten Konflikt um diese Kriterien zustande, der in den betreffenden Religionsgemeinschaften geführt wird.

Der Konflikt um diese Kriterien greift in die Verständnisse menschlichen Zusammenlebens in der indirekten und zugleich grundlegenden Weise ein, die ich bereits betont habe. Es geht nicht darum, einzelne Überzeugungen der Gläubigen zu ändern, sondern insgesamt auf Überzeugungen, Affekte und Wahrnehmungen einzuwirken. Der fortgesetzte Konflikt in Bezug auf das Zusammenleben mit anderen formt die Gemeinschaft derjenigen, die sich über diese Kriterien verständigen, immer weiter und verändert immer neu die Verständnisse, die die Mitglieder dieser Gemeinschaft vom Zusammenleben haben.

3. Radical Interpretation Revisited

Die Überlegungen dieses Kapitels lassen sich dadurch zusammenfassen und pointieren, dass man das von Davidson gezeichnete Szenario der radikalen Interpretation einer Revision unterzieht. Die Theorie des Konflikts, die ich in den beiden zurückliegenden Teilen entwickelt habe, fordert eine Neufassung, in deren Zentrum der Zusammenhang von Verstehen und Gemeinschaft steht. Wie im ersten Kapitel dargelegt, entwickelt Davidson auf Grundlage der Überlegungen Quines ein subjektivistisches Verständnis wechselseitiger Interpretation. Das Szenario der radikalen Interpretation begreift zwar den wechselseitigen Bezug der Sprecher:innen und Interpret:innen aufeinander als zentral für ihr jeweiliges sprachliches Verstehen. Aber eine Gemeinschaftlichkeit des Verstehens kommt dabei nicht in den Blick. Die zurückliegenden Überlegungen haben begreiflich gemacht, wie eine solche Gemeinschaftlichkeit vom Konflikt her zu denken ist. Insofern ist nun eine Grundlage dafür bereitet, ein verändertes Bild des Szenarios der radikalen Interpretation zu zeichnen.

Das revidierte Szenario lässt sich durch drei Stichworte umreißen: erstens Gemeinschaft des Konflikts, zweitens Freiheit aus dem Konflikt und drittens Reibung an der Welt. Im Folgenden werde ich anhand dieser Stichworte eine Variante des Szenarios der radikalen Interpretation entwerfen. Dabei geht es mir auch darum aufzuzeigen, wie dieses Szenario aussieht, wenn man den Gedanken der Selbstverständlichkeit des Verstehens überwindet.

3.1 Gemeinschaft des Konflikts

Gehen wir von einer Situation radikaler Interpretation im Sinne Quines und Davidsons aus. Eine Feldlinguistin ist mit einem

Stamm konfrontiert, für dessen Sprache es keine Übersetzung gibt. Oder ein Partner ist mit der Äußerung seiner Partnerin konfrontiert, mit der er nicht gerechnet hat und in der er zuerst keinen Sinn erkennen kann. Vor dem Hintergrund der These, radikale Übersetzung beginne zuhause, sind beides Fälle, in denen ein Verstehen nicht auf etablierte Routinen gegründet werden kann. Wie können die, die es mit entsprechenden Äußerungen zu tun haben, dazu kommen, die Äußerungen zu verstehen? Davidson vertritt die These, dass es der richtigen Beobachtungen und der richtigen auf Beobachtungen basierenden Theoriebildung bedarf, um das jeweilige Gegenüber zu verstehen. Die zurückliegenden Überlegungen aber haben gezeigt, dass Beobachtungen dafür aus grundsätzlichen Gründen nicht ausreichen. Sie führen bestenfalls dazu, dass Ausschnitte von Welt verstanden, aber nicht, dass Andere in ihren sprachlich artikulierten Perspektiven verstanden werden. Zu Verstehen kommt die radikale Interpretin nur dadurch, dass sie in eine Position kommt, in der sie sich in ihren Verständnissen durch die jeweils andere Seite in Frage stellen lassen kann. Sie muss sich in ihren Verständnissen von denen, die sie zu verstehen sucht, kritisieren lassen können, um zu verstehen.

Dies setzt voraus, dass sie zusammen mit denen, die sie zu verstehen sucht, eine Teilnehmerin einer Gemeinschaft des Konflikts ist oder wird. Um diese Gemeinschaft in der richtigen Art und Weise zu begreifen, ist es wichtig, zwei einseitige Konzeptionen von ihr zurückzuweisen. Die erste Konzeption besagt, dass die Gemeinschaft als eine solche der geteilten Praxis zu begreifen ist. In diesem Sinn hat Charles Taylor Davidsons Szenario der radikalen Interpretation als unzureichend kritisiert. Die Feldlinguistin müsse ihre Beobachtungsposition aufgeben und zu einer Teilnehmerin der betreffenden Praxis werden, um die Äußerungen der Stammesmitglieder verstehen zu können.[58] Diese Konzeption von Gemeinschaft geht davon aus, dass sich das Verstehen von Äußerungen aus praktischen Zusammenhängen ergibt, in denen diese Äußerungen getätigt werden, und suggeriert zudem, dass die praktischen Zusammenhänge, um die es geht, als homogen zu begreifen sind. Wir haben aber gesehen, dass Verstehen unter diesen Voraussetzungen gerade nicht

58 Vgl. Charles Taylor, »Bedeutungstheorien«, in: ders., *Negative Freiheit?*, Frankfurt/M. 1988, S. 52-117, hier: S. 101 f.

zustande kommt. Taylor impliziert den Gedanken, dass praktisch begründete Verständnisse in einer Gemeinschaft geteilt werden und dass sie alle Mitglieder der Gemeinschaft verbinden. Unter diesen Umständen aber können diejenigen, die verstehen, nicht mit Divergenzen von Verständnissen umgehen, so dass ihr Verstehen als brüchig zu begreifen ist. Die Gemeinschaft des Verstehens muss aus diesem Grund als eine Gemeinschaft des Konflikts gedacht werden. Sie verbindet Individuen, die in der Lage sind, sich miteinander auseinanderzusetzen. Insofern geht es in der radikalen Interpretation nicht um die Partizipation an einer geteilten Praxis, sondern um die Partizipation an einer Kultur des Konflikts.

Diese Kultur aber ist – und dies bringt mich zu der zweiten Fehlkonzeption von Gemeinschaft, die es zu überwinden gilt – falsch verstanden, wenn man sie als eine Konfrontation individueller Perspektiven begreift. Davidson verbindet sein individualistisches Bild wechselseitigen Verstehens mit der These, dass Verstehen gerade nicht von einer geteilten Sprache abhänge. In einer markanten Zuspitzung hält er fest, »daß es so etwas wie eine Sprache gar nicht gibt, sofern eine Sprache der Vorstellung entsprechen soll, die sich viele Philosophen und Linguisten von ihr gemacht haben«.[59] Damit ist unterstellt, dass diejenigen, die sprachliches Verstehen von dem Eingebettetsein in einer Gemeinschaft her begreifen, in ihrer Erklärung auf eine geteilte Sprache rekurrieren. Davidson hat Recht mit seiner These, dass Verstehen nicht auf dem Teilen einer Sprache beruht. Unser sprachliches Verhalten ist viel zu divergent, als dass eine solche Erklärung erfolgversprechend sein könnte. Damit erübrigt sich aber, anders als Davidson denkt, der Rekurs auf die Gemeinschaft nicht. Um zu verstehen, bedarf es nicht einer Gemeinschaft der geteilten Sprache, sondern einer Gemeinschaft des Konflikts. Die Feldlinguistin kann die Stammesmitglieder nur dann verstehen, wenn diese auf ihre Nachfragen eingehen und sich auf einen Disput über Verständnisse mit ihr einlassen. Sie muss so in einem spezifischen Sinn an der Praxis der Stammesmitglieder partizipieren, und zwar an einer Praxis der wechselseitigen konfliktiven Auseinandersetzung über Verständnisse.

Gerade wenn man an unterschiedliche kulturelle Praktiken

59 Donald Davidson, »Eine hübsche Unordnung von Epitaphen«, in: ders., *Wahrheit, Sprache und Geschichte*, Frankfurt/M. 2008, S. 151-180, hier: S. 180.

denkt, mag man den Begriff des Konflikts für problematisch halten. Man mag argwöhnen, dass hier ein europäisch-aufklärerischer Begriff sozialer Interaktion leitend ist, der vielen Kulturen auf der Welt nicht gerecht wird. Dieser Argwohn aber ist insofern unberechtigt, als der Begriff des Konflikts, den ich in diesem Kapitel profiliert habe, formaler Natur ist. Jede Form der Nachfrage, die eine Verständigung über Verständnisse eröffnet, ist in diesem Sinn als Konflikt zu verstehen. In unterschiedlichen Kulturen sind Praktiken solcher Nachfragen in sehr unterschiedlicher Weise etabliert. Entscheidend ist nicht, wie sie konkret ausfallen, sondern dass es sich um Praktiken der Auseinandersetzung über Verständnisse handelt. Solche Praktiken erlauben es, Verständnisse zu klären und gemeinsam weiterzuentwickeln. Genau in ein solches Geschehen von Klärung und Weiterentwicklung muss die Feldlinguistin aufgenommen werden, um verstehen zu können. Dabei können die Beobachtung der Umgebung und des Verhaltens der Stammesmitglieder genauso wichtig sein wie die Partizipation an den Praktiken des Stammes. Letztlich aber kommt es darauf an, dass die radikal Interpretierende in Interaktionen hineinkommt, in denen sie und andere die Verständnisse, die sie und die anderen gewinnen, aus ihren je unterschiedlichen Perspektiven zu thematisieren vermögen.

3.2 Freiheit aus dem Konflikt

Mit dieser Revision des Szenarios der radikalen Interpretation kommt man einem oben bereits angesprochenen Desiderat nach, das John McDowell in Bezug auf Davidsons Sprachphilosophie formuliert hat (vgl. I.3). McDowell hat Davidson dafür kritisiert, dass er die Erklärung des Verstehens von Sprache nicht daraufhin anlege, auch etwas zur Konstitution von Subjekten zu sagen. Letztere werde damit unerklärt vorausgesetzt.[60] McDowell sieht seine eigene Erläuterung von Verstehen als zweiter Natur dadurch motiviert, diesem Desiderat gerecht zu werden. Individuen werden, so sein Ansatz, durch ihre Initiation in eine historisch-kulturelle Praxis zu Subjekten. Im ersten Kapitel habe ich bereits dargelegt, inwiefern McDowells Modell der Initiation seinem Ziel, die Konstitution von

60 John McDowell, »Gadamer and Davidson on Understanding and Relativism«, in: Jeff Malpas u. a. (Hg.), *Gadamer's Century*, S. 173-194, hier: S. 184.

Subjektivität begreiflich zu machen, nicht gerecht wird. Was diesem Modell fehlt, lässt sich aber erst an diesem Punkt zufriedenstellend klären: McDowell fehlt ein Verständnis der Freiheit von Subjekten, die diese nur im Rahmen einer konfliktiven Praxis gewinnen. Der Eintritt der Feldlinguistin in eine Auseinandersetzung über Verständnisse ist genau in diesem Sinne zu begreifen. In dem Maße, in dem sie in eine Gemeinschaft des Konflikts aufgenommen wird, gewinnt sie Subjektivität im Sinne der Freiheit, eigenständig Anstöße für Befragungen von Verständnissen geben zu können.

Das Gedankenexperiment der radikalen Interpretation ist immer wieder auch für eine andere Voraussetzung kritisiert worden: Es setzte voraus, dass die Interpretin bereits über Sprache verfüge.[61] Wie lasse sich sprachliches Verstehen von Grund auf erläutern, wenn zugleich sprachliches Verstehen auf Seiten der Interpretin immer bereits vorliege? Man kann Davidson gegen den Vorwurf, hier einen unerklärten Erklärer in Spiel zu bringen, verteidigen: Wenn man radikale Interpretation als Grundsituation alles Verstehens begreift, gilt, dass eine Interpretin nur in dem Maße über Sprache verfügt, wie sie andere in Situationen radikaler Interpretation zu interpretieren vermag. Dennoch ist mit dieser Verteidigung ein wichtiger Aspekt des diagnostizierten Problems nicht berührt: Die Interpretin wird so verstanden, dass sie sich von sich aus auf das sprachliche Verhalten anderer einstellen kann. Sie ist nicht an eine spezifische Sprache gebunden, der sie zu folgen hat, um verstehen zu können. Der Interpretin wird, anders gesagt, ein grundlegendes Moment von Freiheit in ihrer subjektiven Perspektive zugesprochen. Dieses Moment von Freiheit aber muss erläutert werden. Sich auf andere einstellen zu können, bedarf der Auseinandersetzung mit anderen, in denen Differenzen gemeinsam ausgelotet werden.

Insofern ist die Gemeinschaft im Konflikt als Grundlage eines Moments der Subjektivität zu begreifen, die entscheidend für Situationen radikaler Interpretation ist. Die Feldlinguistin kann nur dadurch zu einem Verständnis der Äußerungen ihrer Gegenüber gelangen, dass sie ihre Verständnisse in Konflikten in Frage stellen lässt. In dem Maße, in dem die Stammesmitglieder sie als einer solchen Infragestellung und Partizipation im Konflikt für wert erach-

61 Vgl. Albrecht Wellmer, *Sprachphilosophie. Eine Vorlesung*, Frankfurt/M. 2004, S. 190.

ten, gewinnt sie die Freiheit, aus der heraus sie verstehen kann. Auf den Punkt gebracht: Sie versteht in dem Maße, in dem diejenigen, mit denen sie sich auseinandersetzt, auf ihre eigenständigen Reaktionen auf von ihnen ausgehende Infragestellungen von Verständnissen eingehen. Die Subjektivität des Verstehens ist eine solche der Freiheit, die aus konfliktiven Interaktionen resultiert.

3.3 Reibung an der Welt

Die Eigenständigkeit der Perspektive, die die radikale Interpretin in Auseinandersetzung mit ihren Gegenübern gewinnt, ist die Grundlage für die Distanzierung der Welt, die für radikale Interpretationen immer wieder entscheidend ist. Auch an diesem Punkt ist noch einmal die Kritik hilfreich, die John McDowell an Davidsons Sprachphilosophie geübt hat. McDowell vertritt die These, dass in Davidsons Explikation radikaler Interpretation keine Reibung an der Welt verständlich wird. Es bleibe bei einem »reibungslosen Kreiseln im luftleeren Raum«[62] von Überzeugungen und sprachlicher Bedeutung, wenn die Interpretin in der Konfrontation mit dem anderen Äußerungsverhalten und der Welt bei ihren Überzeugungen und ihrer eigenen Sprache bleibt. Davidsons Szenario radikaler Interpretation zeichnet die Interaktion zwischen dem Interpreten und der Sprecherin so, dass die Welt nicht als eigenständige Instanz in den Blick kommt. Aus Perspektive der zurückliegenden Erläuterungen lässt sich die Kritik McDowells noch einmal anders artikulieren: Davidson versteht die Interaktion als eine solche, in der der Interpret keinen Widerstand von Seiten der Sprecherin erfährt. Erst dieser Widerstand bietet jedoch die Grundlage dafür, die Widerständigkeit der Welt in den Blick zu rücken und so Reibung an ihr zu gewinnen.

Davidson zeichnet die Situation der radikalen Interpretation so, dass Interpretin und Interpretierte in der Welt über eine Mitte für ihre Bezugnahmen aufeinander verfügen. Dabei ist es die Funktion dieser Mitte, Sicherheit in der Bestimmtheit von Verständnissen zu gewährleisten. Wer genau sieht oder hört, weiß, worauf sich die Gegenüber möglicherweise sprachlich beziehen. Damit aber gewinnt die Welt nicht die Rolle, die sie in Situationen ra-

62 McDowell, *Geist und Welt*, S. 35.

dikaler Interpretation innehaben muss. In diesen Situationen ist es entscheidend, die eigenen Verständnisse von der Welt in Frage stellen zu lassen, um so zu einem besseren Verständnis der Gegenüber zu gelangen. Gerade nicht das zu sehen, was man bereits zu sehen vermag, kann das Verständnis eröffnen. Die Konfrontation mit der anderen Sprecherin-Interpretin trägt so dazu bei, dass die Allgemeinheiten in Frage gestellt werden, die für die Interpretin gelten. Es ist für sie zentral, nicht in eingefahrenen Verständnissen zu verharren, sondern sich aus ihnen gerade zu lösen. Genau dafür braucht sie die Reibung an der Welt. Zu dieser Reibung verhilft ihr die Herausforderung der Allgemeinheit ihrer Verständnisse durch Einzelheiten der Welt, die sie aus konfliktiven Interaktionen heraus gewinnt. Die Welt ist nicht die Mitte, die eine Abbildung von Verständnissen aufeinander erlaubt, sondern der Widerstand, der die Verständnisse in Bewegung setzt.

Wer mit dem Sprechen anderer im Sinne einer Situation radikaler Interpretation konfrontiert ist, muss sich also in seiner Auseinandersetzung mit der Welt verunsichern lassen. Im zweiten Kapitel habe ich argumentiert, dass der improvisatorische Charakter des Verstehens unter anderem darin liegt, dass Verstehende immer wieder ihre Fähigkeiten der Auseinandersetzung mit der Welt und mit anderen weiterentwickeln. Wahrnehmungen, affektive Verläufe, Imaginationen und praktische Vollzüge werden im Zuge des Verstehens verändert. An diesem Punkt wird ein für entsprechende Veränderungen wichtiger Mechanismus begreiflich. Immer wieder sind es Konflikte, die uns in unserer Auseinandersetzung mit der Welt zu Veränderungen bringen. Sie sorgen für die Reibung, die nicht nur Verständnisse der Interpretin, sondern auch ihre Fähigkeiten in Bewegung setzt. Wer in seinem Verstehen – wie es das Szenario der radikalen Interpretation paradigmatisch festhält – auf etwas Sprachliches eingeht, worauf er nicht eingestellt ist, muss seine Fähigkeiten weiterentwickeln, und zwar nicht nur in Bezug auf das, womit er sprachlich konfrontiert ist, sondern auch in Bezug auf die Welt.

Kapitel IV
Subjekte als Instanzen von Selbstkritik

Inwiefern bedarf eine Theorie des Verstehens einer Theorie der Subjektivität? Dem ersten Augenschein nach sieht es so aus, als sei Verstehen als eine kognitive Dimension von Subjekten zu fassen, die neben unter anderem Wahrnehmungen, Affekten und Überzeugungen steht. Naheliegend ist es daher, davon auszugehen, dass sich solche kognitiven Dimensionen für sich untersuchen lassen. Mit ihnen steht nicht Subjektivität insgesamt zur Diskussion, sondern nur eine der unterschiedlichen Facetten, die das komplexe geistige Leben von Subjekten ausmachen. Erst dort, wo man die Komplexität des Zusammenspiels all der Dimensionen betrachtet, die Geistigkeit insgesamt konstituieren, geht es, so gesehen, um Subjektivität als solche. Eine Rekonstruktion des Verstehens müsste sie demnach nicht in den Blick nehmen. Sie kann sich, so scheint es, auf die Analyse eines spezifischen Bereichs von Geistigkeit begrenzen.

Nun kann man gegen die Idee einer solchen Bereichsanalyse einwenden, dass das Verstehen eine irreduzible Dimension von Subjektivität darstellt. Subjekte sind, so der für diesen Einwand leitende Gedanke, wesentlich verstehende Wesen.[1] Aus diesem Grund ist es, so könnte der Einwand fortgesetzt werden, erforderlich, mit dem Verstehen zugleich deren wesentlichen Charakter für Subjekte zu thematisieren. Auch wenn eine derartige Überlegung in eine dem ersten Augenschein nach plausible Richtung weist, kann sie doch nicht überzeugen, da auch Wahrnehmungen, Affekte und andere geistige Dimensionen für Subjekte wesentlich sind. Keine Dimension subjektiver Geistigkeit lässt sich in dem Sinne als partikular begreifen, dass sie einfach für sich, isoliert von ihrer Relevanz für Subjektivität, insgesamt bestimmt werden kann. Insofern führt der Versuch einer Auszeichnung des konstitutiven Charakters von Verstehen doch wieder zu dem Gedanken, dass Geistigkeit von einem komplexen Zusammenspiel unterschiedlicher Dimensionen geprägt ist. Eine isolierte Hervorhebung des Zusammenhangs von

1 Diese Bestimmung kann sich unter anderem auf Heidegger und Gadamer stützen.

Verstehen und Subjektivität unter Verweis auf die wesentliche Bedeutung des Verstehens für Subjektivität lässt sich nicht plausibel rechtfertigen.

Der Rekurs auf Subjektivität im Rahmen einer Theorie des Verstehens muss also anders begründet werden. Die Überlegungen des dritten Kapitels geben der gesuchten Begründung eine gute Stütze. Ich habe argumentiert, dass Konflikte darauf beruhen, dass Individuen oder Gruppen sich mit eigenständigen Perspektiven begegnen und sich wechselseitig in der Eigenständigkeit ihrer Perspektiven anerkennen. Damit aber stellt sich die Frage, wie eigentlich Träger entsprechend eigenständiger Perspektiven zu begreifen sind. Genau diese Frage führt uns zum Begriff des Subjekts, und zwar sowohl im Sinne individueller als auch kollektiver Subjektivität. In dem Maße, in dem Verstehen konstitutiv mit Konflikten verknüpft ist, sind auch Subjekte als Träger eigenständiger Perspektiven in Konflikten entscheidend für alles Verstehen. Insofern erfordert die Erläuterung der Grundstrukturen des Verstehens eine Reflexion auf Subjektivität.

Das Erfordernis des Rekurses auf Subjektivität kann ich auch von der Betonung der für das Verstehen wesentlichen Gemeinschaftlichkeit her motivieren: Eine Theorie der Konfliktivität des Verstehens muss die Konstitution von Gemeinschaftlichkeit im Konflikt verständlich machen. Die Kehrseite dieser Gemeinschaftlichkeit ist die Subjektivität der eigenständigen Perspektiven, die sich im Konflikt miteinander konfrontieren. Der Konflikt ist so mit einer Spannung zwischen Gemeinschaftlichkeit und eigenständiger Subjektivität verbunden. Wie bereits mehrfach betont, ist er falsch verstanden, wenn man ihn als eine bloße Interaktion von Subjekten rekonstruiert. Ohne Gemeinschaftlichkeit, so habe ich argumentiert, kommt kein Konflikt zustande. Daraus folgt aber nicht, dass die Seite der Subjektivität für Konflikte verzichtbar wäre. Sie muss als eine Dimension verstanden werden, die in Spannung zur im Konflikt hergestellten Gemeinschaftlichkeit steht.

Das Erfordernis einer hermeneutischen Neubestimmung von Subjektivität lässt sich besonders auch von den Herausforderungen her begreifen, denen jede hermeneutische Theoriebildung aktuell ausgesetzt ist: vom Denken des Postkolonialen, der Diversität und der Intersektionalität her. In ihrem grundlegenden Text »Can the Subaltern Speak?« hat Gayatri Spivak postkoloniale Theorie explizit mit der Frage des konfliktfähigen Subjekts verbunden.[2] Sie analysiert die Bindung von Subjektivität an ein Dispositiv westlichen Denkens, in dem das Subjekt an kolonisierende Strukturen gebunden ist. Damit ist die Frage aufgeworfen, inwiefern Subjekte jenseits solcher Strukturen sprechfähig sein oder werden können oder ob Sprechfähigkeit insgesamt jenseits des Dispositivs des Subjektiven zu suchen ist, weil – so eine denkbare Begründung – die Form der Subjektivität grundsätzlich an koloniale Strukturen gebunden ist. Auch und gerade das Nachdenken über das Zusammenwirken unterdrückender Strukturen, das mit dem Begriff der Intersektionalität in Angriff genommen wird, stellt die hermeneutische Theorie vor die Frage, inwiefern sich Subjekte überhaupt als Träger und Instanzen eigenständiger Stellungnahmen begreifen lassen.[3] Diese Frage steht im Zentrum der hermeneutisch-kritischen Theoriebildung, um die es mir geht.

Wie aber lässt sie sich beantworten? Eine für Philosophien der Neuzeit wichtige Denktradition hat die Selbstbeziehung ins Zentrum der Erläuterung des Subjekts gestellt. Das »Ich denke« und die Apperzeption sind nach Descartes, Leibniz und Kant als grundlegende Erläuterungen der für das Subjekt konstitutiven Selbstbeziehung zu begreifen.[4] Entsprechende Ansätze sind immer wieder mit dem Begriff des Selbstbewusstseins gefasst und mit der These von der Unhintergehbarkeit der Selbstbeziehung – zum Beispiel im Sinne eines grundlegenden Selbstgefühls – verbunden worden.[5] Entscheidend für den neuzeitlichen Gründungsdiskurs der Subjektivität ist dabei der Gedanke der Einheit des Subjekts, die durch Selbstbeziehung gestiftet wird. Auch wenn diese Einheit, wie in em-

2 Gayatri Spivak, »Can the Subaltern Speak?«, in: Cary Nelson, Lawrence Grossberg (Hg.), *Marxism and the Interpretation of Culture*, Urbana 1988, S. 271-313.

3 Vgl. Elahe Haschemi Yekani u. a., «Where, When and How? Contextualizing Intersectionality«, in: Dorota Golańska, Aleksandra Rozalska (Hg.), *New Subjectivities: Negotiating Citizenship in the Context of Migration and Diversity*, Łódź 2008, S. 19-47.

4 Vgl. zur neuzeitlichen Theorie der Subjektivität u. a. Christian Barth, *Intentionalität und Bewusstsein in der frühen Neuzeit. Die Philosophie des Geistes von René Descartes und Gottfried Wilhelm Leibniz*, Frankfurt/M. 2017.

5 Vgl. die für entsprechende Ansätze in der Theorie der Subjektivität grundlegenden Studien von Dieter Henrich und Manfred Frank: Dieter Henrich, *Fichtes ursprüngliche Einsicht*, Frankfurt/M. 1967; Manfred Frank, *Die Unhintergehbarkeit von Individualität*, Frankfurt/M. 1986.

piristischen Ansätzen, episodisch gedeutet wird, stellt sie einen Zusammenhang her, der all das umfasst, was das Subjekt ausmacht.[6] Das Subjekt stellt demnach einen aus sich heraus zu begreifenden Zusammenhang dar.

Es stellt sich nun an diesem Punkt unserer Überlegungen die Frage, inwiefern dieser Grundgedanke neuzeitlichen Subjektivitätsdenkens die von Subjekten in Konflikten vertretenen eigenständigen Perspektiven begreiflich macht. Dem ersten Augenschein nach mag es so aussehen, als stelle das »Ich denke« eine gute Erklärung für die in Frage stehende Eigenständigkeit bereit. Gerade wenn man das »Ich denke« in einem praktischen Sinn, also im Sinn der Selbstbehauptung versteht, scheint es die Eigenständigkeit einer Perspektive innerhalb eines konfliktiven Geschehens gut zu erklären. Dennoch bleibt eine entsprechende Erklärung unzureichend, da sie im Konflikt interagierenden Einheiten als für sich stehende Einheiten fasst. Das »Ich denke« steht dem »Du denkst« bzw. das »Wir denken« dem »Ihr denkt« gewissermaßen als eigenständiger und in sich abgeschlossener Zusammenhang gegenüber. Damit aber lässt sich weder die möglicherweise – aufgrund zum Beispiel von Diskriminierungen – resonanzlos verbleibende Eigenständigkeit im Konflikt noch die für ihn entscheidende Gemeinschaftlichkeit rekonstruieren. Letztere setzt voraus, dass die sich konfrontierenden Einheiten als solche begriffen werden, die zugleich offen sind, sich mit der jeweils anderen Perspektive beziehungsweise den anderen Perspektiven auseinanderzusetzen. Es gilt also aus hermeneutischer Perspektive, die Einheit des Subjekts im Sinne einer grundlegenden Offenheit zu fassen.

Entsprechend ist es an diesem Punkt erforderlich, den Grundgedanken neuzeitlichen Subjektivitätsdenken einer Revision zu unterziehen. Das Subjekt stiftet demnach keinen aus sich heraus bestehenden Zusammenhang, sondern gewinnt einen Zusammenhang nur dadurch, dass es sich öffnet. Verstehen ist aus Sicht hermeneutischer und kritischer Theorien gerade nicht so zu begreifen, dass ein Subjekt Verständnisse in den ihm eigenen Zusammenhang integriert. Vielmehr muss der Zusammenhang sich durch Verständnisse verändern lassen, um Verstehen zu begründen. Der An-

6 Dies gilt gerade auch für neo-empiristische Ansätze wie denjenigen von J. David Velleman, *Self to Self*, Cambridge, Massachusetts 2006.

stoß hermeneutisch-kritischer Theoriebildung für den Begriff der Subjektivität besteht so in dem Gedanken, dass für Subjektivität ein Über-sich-hinaus-Gehen konstitutiv ist.

Im Folgenden argumentiere ich, dass Subjekte nicht von einer wie auch immer abgeschlossenen Einheit, sondern von der von ihnen realisierten Bewegung der Selbstkritik her zu begreifen sind. Das Subjekt ist gerade dadurch offen, dass es in Prozessen kritischer Selbstbefragung steht, die gleichermaßen von ihm selbst wie von anderen beziehungsweise anderem ausgehen. In diesen Prozessen geht es, so lege ich weiter dar, um (stete) Revisionen von eigenen und gemeinschaftlichen Stellungnahmen zu Verständnissen. So konstituieren sich Subjekte in konstitutiven Spannungen zu den Gemeinschaften, in denen sie stehen, zu anderen, mit denen sie diese Gemeinschaften aushandeln, und zur Welt, zu der sie eine produktive Distanz zu gewinnen suchen. Es mag überraschend sein, eine Theorie konstitutiver Konflikthaftigkeit mit dem Gedanken der Selbstkritik zu verbinden, klingen doch in diesem Begriff unweigerlich Überlegungen zur Selbstwahl und Authentizität an. So wird es nicht überraschen, dass ich Selbstkritik in anderer Weise konturieren will. Ihre konstitutive Funktion für Konflikte lässt sich einsehen, wenn man sie als Mechanismus der Öffnung begreift – einer Öffnung, wie sie für den revidierten Begriff der Einheit des Subjekts, den ich verteidige, entscheidend ist.

Die Explikation von Subjektivität aus Prozessen der Selbstkritik wird im Folgenden in drei Teilen entwickelt. Im ersten Teil zeichne ich Grundkonturen eines hermeneutisch-kritischen Begriffs von Subjektivität dadurch, dass ich vier Modelle der Einheit des Subjekts unterscheide und diese Modelle mit den Stichworten Integration und Öffnung unterscheide. Vor diesem Hintergrund komme ich dann im zweiten Teil auf den für das Öffnungsmodell entscheidenden Mechanismus der Selbstkritik zu sprechen. Ich lege dar, dass Selbstkritik aus der Spannung von eigenen und gemeinschaftlich eingegangenen Stellungnahmen heraus zu begreifen ist, so dass Subjekte in einer Spannung von Einbettung in und Abgrenzung von gemeinschaftlichen Zusammenhängen konstituiert sind. Für diese Spannung ist zugleich eine Bewegung der Distanzierung von Subjekt und Objekt unerlässlich. Der dritte Teil resümiert den soweit entfalteten Begriff der Subjektivität mit Blick auf die in diesen einleitenden Absätzen angesprochenen Zusammenhänge.

1. Auf dem Weg zu einem hermeneutisch-kritischen Begriff der Subjektivität

Das Nachdenken darüber, was Subjekte ausmacht, ist sowohl in empiristischen als auch in rationalistischen Ansätzen immer wieder mit der Fragestellung verbunden, wie Subjekte Kontakt zur Welt und zu anderen gewinnen können. Im Rahmen hermeneutischer Theoriebildung wurde grundsätzlich ein anderer Ansatz im Nachdenken über Subjektivität verfolgt. Das Verhältnis von Subjekten zur Welt muss demnach aus ihrer grundlegenden Verbundenheit heraus begriffen werden. Subjekte sind das, was sie sind, aus der Welt heraus, in der sie stehen. Die Hermeneutik kündigt somit die für die skeptische Grundhaltung neuzeitlichen Philosophierens entscheidende Voraussetzung eines grundlegenden Unterschieds von Subjekt und Objekt auf. Ihr zufolge ist die Grundsituation des Subjekts in seiner Stellung zur Welt und zu anderen gerade nicht von einem solchen Unterschied geprägt. Man kann den Zusammenhang, um den es hier geht, in einer ersten Annäherung aus dem Denken John McDowells heraus begreifen. Geist und Welt sind demnach tiefgreifend ineinander verwoben.

Anders als zum Beispiel John McDowell denkt, ist damit aber erst der Ausgangspunkt hermeneutischer Subjektphilosophie umrissen. Das Subjekt erschöpft sich nicht in seiner Verwobenheit mit der Welt. Der Grund für die Aufgabenstellung, als die ein hermeneutischer Begriff der Subjektivität die Verwobenheit von Geist und Welt begreift, lässt sich im vorliegenden Kontext gut nachvollziehen: Das Subjekt muss sich im Verstehen von der Welt und von anderen herausfordern lassen. Dies aber setzt eine Distanzierung von Subjekt und Objekt und von Subjekt und Subjekt voraus, die in der Grundsituation gerade nicht gegeben ist. Gerade auch aus einer postkolonialen oder intersektionalen Perspektive und mit Blick auf die für sie zentrale Bedeutung gesellschaftlicher Konflikte gilt es zu fragen, inwiefern Subjekte nicht in einem homogenen Verhältnis zur sie umgebenden Welt stehen, sondern sich in Konflikten konstituieren. Ganz in diesem Sinne geht es hermeneutischen und kritischen Theorien darum zu klären, wie Subjekte sich von der Welt und von anderen (zu) distanzieren (vermögen).

Diese Fragerichtung lässt sich in den Philosophien von Hegel und Heidegger besonders gut nachvollziehen. Beide gehen in ihren Explikationen von Subjektivität von Zusammenhängen aus, in die Subjekte grundlegend eingelassen sind. Hegel spricht hier von einer sittlichen Welt als einer »allgemeinen Geschicklichkeit und Sitte aller«,[7] in denen Subjekte aufgehen. Heidegger markiert die Aufgabenstellung, als die er das grundlegende Eingebettetsein von Subjekten in der Welt begreift, deutlicher, wenn er von einem »Verfallen« spricht.[8] Hegel und Heidegger sind sich abstrakt darin einig, dass Subjektivität sich nicht in dem mit diesen Begriffen umrissenen Ausgangspunkt erschöpft. Sie machen es sich zur Aufgabe, eine Bewegung der Distanzierung nachzuvollziehen, die Subjekte in ihrer Konstitution durchlaufen. Aus dieser Bewegung resultiert ihnen zufolge eine Distanz von einerseits Subjekt und Objekt und andererseits Subjekt und Subjekt, die Verstehen begründet, also gerade nicht – wie man aus skeptischer Perspektive immer wieder gemeint hat – verhindert.

Diese Eigentümlichkeit des Einsatzes entsprechender Perspektiven in Bezug auf Subjektivität hat aber Konsequenzen für den Begriff der Einheit des Subjekts. Ich schlage vor, diese Konsequenzen durch die Unterscheidung von vier Modellen der Einheit von Subjektivität auszuloten, wozu ich – in einem zweiten Schritt – auch Integration und Öffnung als Grundorientierungen dieser Modelle unterscheide. Von dieser Annäherung aus mache ich die Dimension von Subjektivität begreiflich, die Heidegger prägnant mit dem Begriff der »Unganzheit« umreißt. Dies erlaubt es mir schließlich nachzuvollziehen, inwiefern die Konstitution von Subjektivität mit einer Bewegung der Distanzierung von Subjekt und Objekt verbunden ist.

1.1 Vier Modelle der Einheit des Subjekts

Um dem Ansatz der Subjektivität, den ich verteidigen will, Kontur zu verleihen, scheint es mir hilfreich, vier Modelle zu unterscheiden, die für die Einheit des Subjekts vorgeschlagen wurden. Diese Modelle formuliere ich hier in einer idealtypischen Art und Weise. Ich gebe Hinweise dahingehend, in welchen Philosophien ich sie realisiert sehe, ohne allerdings zu beanspruchen, diesen Philosophien mit meinen Ausführungen gerecht zu werden.

7 Vgl. Georg Wilhelm Friedrich Hegel, *Phänomenologie des Geistes*, in: ders., *Werke in zwanzig Bänden*, Bd. 3, Frankfurt/M. 1970, S. 265.

8 Vgl. Martin Heidegger, *Sein und Zeit*, Tübingen [16]1986, § 38.

a. Einheit-der-Erfahrung-Modell – Besonders naheliegend ist es, Subjekte als die Summe ihrer Erfahrungen zu begreifen. Dieser Gedanke führt uns zum *Einheit-der-Erfahrung-Modell*, das von empiristischen Philosophien der Neuzeit und Gegenwart vertreten wurde und wird. Sein Grundgedanke stellt sich folgendermaßen dar: Ein Subjekt konstituiert sich durch die Zusammenhänge von Erfahrungen, die es herstellt beziehungsweise die sich ›in ihm‹ herstellen. Das Bewusstsein ist die Bühne unterschiedlicher Erfahrungen, die sich im Subjekt zu einem Zusammenhang verbinden. John Locke hat dieses Modell vorgezeichnet, wenn er schreibt: »Denn da das Bewußtsein das Denken stets begleitet und jeden zu dem macht, was er sein Selbst nennt und wodurch er sich von allen anderen denkenden Wesen unterscheidet, so besteht hierin allein die Identität der Person, das heißt das Sich-Selbst-Gleich-Bleiben eines vernünftigen Wesens. So weit nun dieses Bewußtsein rückwärts auf vergangene Taten oder Gedanken ausgedehnt werden kann, so weit reicht die Identität dieser Person.«[9] Das Subjekt ist der einheitliche Zusammenhang, der sich durch einen Strom von erstpersonal bewussten Erfahrungen und Erinnerungen ergibt.

Diese Erläuterung der Einheit des Subjekts hat allerdings mit einem grundlegenden Problem zu kämpfen: Sie setzt voraus, was sie zu erklären sucht. Woher weiß ich, dass eine Erinnerung mir angehört? Bei Locke lautet die Antwort auf diese Frage: Dadurch, dass ich die Erfahrung gemacht habe, dadurch, dass es meine Erinnerung ist. In der Zuschreibung zu mir wird die Einheit des Subjekts aber bereits vorausgesetzt, so dass sie nicht durch den Zusammenhang als eigen bewusster Erinnerungen erklärt werden kann. Aus diesem Grund ist in neoempiristischen Diskussionen der letzten Jahrzehnte der Versuch unternommen worden, eine weniger anspruchsvolle Beziehung zur Grundlage des Zusammenhangs von Erinnerungen zu machen. Hierfür haben unter anderem Sydney Shoemaker und Derek Parfit den Begriff der »Quasi-Erinnerungen« vorgeschlagen.[10] Aber mit diesem Begriff wird das Problem nur artikuliert und nicht gelöst: Es ist unklar, wie die Einheit des

9 John Locke, *Versuch über den menschlichen Verstand*, Hamburg 1981, Band I, II.xxvii.9.

10 Sydney Shoemaker, »Personen und ihre Vergangenheit«, in: Michael Quante (Hg.), *Personale Identität*, Paderborn 1999, S. 31-70; Derek Parfit, »Personale Identität«, in: Quante (Hg.), *Personale Identität*, S. 71-100.

Subjekts durch einen Zusammenhang von Bewusstseinszuständen begründet werden kann, der diese Einheit nicht bereits in der impliziten oder expliziten Zuschreibung spezifischer Erfahrungen als eigener Erfahrungen voraussetzt.

Ein analoges Problem ergibt sich auch in narrativistischen Ansätzen in der Erklärung von Selbstheit wie demjenigen von Daniel Dennett. Wenn die Einheit des Subjekts auf den Zusammenhang zurückgeführt wird, den das Subjekt in seiner Erzählung von sich herstellt, dann steht auch die Frage im Raum, was in diese Erzählung integriert wird. Dennett hat zur Klärung seines Ansatzes ein Gedankenexperiment entworfen, das von dem Roboter Gilbert handelt. Der Roboter verfügt neben all den Modulen, die ihn bewegungs-, wahrnehmungs- und interaktionsfähig machen, auch noch über ein Modul, das unentwegt erzählend festhält, was Gilbert widerfährt und was er tut. Das Erzählmodul ist dabei so programmiert, dass alle Widerfahrnisse und Aktionen als Bestandteile einer »einzigen, guten Geschichte«[11] erzählt werden. So gilt, dass das Erzählmodul die Einheit des Selbst dadurch herstellt, was es in die Geschichte einbezieht. Konsequent spricht Dennett von dem Selbst als dem »Gravitationszentrum« der Erzählung.[12] Das aber löst wiederum das Problem nicht: Das Erzählmodul muss von sich aus bestimmen, was es in die Erzählung integriert. Dabei trifft es ›Entscheidungen‹, die auf einem Vorverständnis der Einheit des betreffenden Selbst beruhen. Wiederum wird so vorausgesetzt, was erklärt werden soll.

Das Einheit-der-Erfahrung-Modell ist zudem noch mit zwei weiteren Problemen konfrontiert. Das erste dieser Probleme mache ich von einem Kriterium aus geltend, das ich als Einheit-durch-Stellungnahmen-Kriterium bezeichne: Die Einheit eines Subjekts ist demnach falsch verstanden, wenn man sie als kognitiv, also auf Selbstkenntnis basierend begreift. Ein Subjekt gewinnt seine Einheit vielmehr dadurch, dass es sich selbst und anderen gegenüber Stellung nimmt.[13] Wenn ich Erinnerungen oder Elemente meiner Lebensgeschichte als meine verstehe, dann stehe ich damit mir

11 Daniel Dennett, »The Self as a Center of Narrative Gravity«, in: Frank S. Kessel u. a. (Hg.), *Self and Consciousness: Multiple Perspectives*, Hillsdale 1992, S. 103-116, hier: S. 114.

12 Ebd.

13 Vgl. hierzu die Überlegungen in Richard Moran, *Authority and Estrangement*, Princeton 2001.

selbst und anderen gegenüber ein. Die Einheit des Subjekts, die mit dem Mein-Sein behauptet wird, wird verfehlt, wenn sie nur deskriptiv gedeutet wird. Genau dies aber ist im Einheit-der-Erfahrung-Modell der Fall. Dieses Modell erklärt nur das Bestehen von Zusammenhängen, die die Einheit des Subjekts ausmachen, und übergeht damit, dass das Subjekt in ihnen nur in dem Maße Einheit gewinnt, wie es auch sich selbst und anderen gegenüber diese Zusammenhänge geltend macht. Die Einheit des Subjekts hat eine Dimension, die man als performativ oder praktisch bezeichnen kann. Auch diese Dimension muss erklärt werden, was hier nicht (in ausreichendem Maße) geschieht.

Das zweite Problem, das in dem Einheit-der-Erfahrung-Modell zutage tritt, liegt darin begründet, dass hier Einheit als strikte Norm angesetzt wird. Dieses Problem ist besonders von Galen Strawson artikuliert worden, der argumentiert, dass es unterschiedliche Typen von Subjekten gibt.[14] Manche Subjekte seien zwar möglicherweise daran orientiert, ihre Erfahrungen in eine kohärente Einheit zu integrieren. Andere Subjekte hingegen realisierten eine eher episodische Existenz, in der sich kein einheitlicher Zusammenhang von Erfahrungen herstelle, sondern sich unterschiedliche Zusammenhänge ergäben, die von keiner übergreifenden Einheit umfasst werden. Es gibt, so macht Strawson geltend, auch Subjekte, für die es unerheblich ist, ob sie alles, was sie erleben, in ein einheitliches Narrativ einbinden können. Allgemein ist damit die Frage aufgeworfen, inwiefern Subjektsein Brüche ausschließt. Ist es nicht ein wichtiger Aspekt zum Beispiel von Konversionserfahrungen, dass ein Subjekt Brüche realisieren kann? Sind nicht Traumatisierungen und andere existenzielle Krisen oftmals derart, dass sich aufgrund ihrer unterschiedliche Zustände eines Subjekts nicht (mehr) in einen einheitlichen Zusammenhang fügen? Erst einmal besteht wenig Grund, zu sehen, warum Brüche nicht zu Subjekten gehören sollten. Entsprechend muss die Einheit von Subjekten möglicherweise so rekonstruiert werden, dass sie Brüche einzuschließen vermag.

b. Selbstbestimmungs-Modell – Man kann die drei skizzierten Problemzusammenhänge, die das Einheit-der-Erfahrung-Modell der

14 Vgl. bes. Galen Strawson, »Against Narrativity«, in: *Ratio (new series)* XVII (2004), S. 428-452.

Subjektivität mit sich bringt, als Motivation für ein anderes Modell in der Explikation der Einheit des Subjekts begreifen, das ich *Selbstbestimmungs-Modell* nennen will. Dieses ist in besonderer Weise mit der Philosophie Immanuel Kants verbunden und lässt sich so auch philosophiegeschichtlich als Reaktion auf Einseitigkeiten empiristischer Ansätze begreifen. Der Grundgedanke dieses Modells besagt, dass die Einheit des Subjekts aus dem Prinzip resultiert, sich selbst das Gesetz geben, also eigene Bestimmungen, an die das Subjekt sich bindet, hervorbringen zu können.[15]

Charakteristisch für das Selbstbestimmungs-Modell ist so, dass es nicht von einem faktischen Zusammenhang ausgeht, der einen Abbruch erfahren könnte, sondern einen prinzipiellen Zusammenhang des Subjekts geltend macht, der sich auch in möglichen Brüchen durchhält. Auch in einer Konversion gilt, dass das Vermögen der Selbstbestimmung, das zuvor Grundlage der Saulus-Haltung war, nun Grundlage der Paulus-Haltung wird. Kant löst die Frage subjektiver Einheit damit von der eines faktischen Zusammenhangs und behauptet das, was man als einen prinzipiellen Zusammenhang bezeichnen mag. Zudem wird dieser prinzipielle Zusammenhang anderen gegenüber vertreten. Das Subjekt steht für sein Prinzip ein, sich selbst das Gesetz zu geben, also selbstbestimmt zu sein. Insofern genügt das Modell dem Einheit-durch-Stellungnahmen-Kriterium.

In markanter Weise hat Christine Korsgaard in jüngerer Zeit die Kantische Subjektphilosophie aktualisiert. Sie spricht von einem Prinzip der Menschheit, das in jedem einzelnen Subjekt wirksam ist. Die »Menschheit in mir« sichere eine Einheit, die grundsätzlicher Natur ist. Korsgaard schreibt unter anderem knapp: »Wir müssen uns als Menschen wertschätzen.«[16] Jeder Akt der Selbstbestimmung sei daran gebunden, dass die spezifische menschliche Selbstbestimmungsfähigkeit gutgeheißen werde. Überhaupt etwas in praktischer Weise zu bestimmen, beruhe auf einem dem Menschen eigenen Prinzip. Die Einheit des Subjekts wird mit diesen Erläuterungen auf einen Grund zurückgeführt, der nicht brüchig

15 Vgl. zu Kants Verständnis von Subjektivität aus dem Prinzip der Selbstbestimmung: Henry E. Allison, *Kant's Conception of Freedom*, Cambridge, Massachusetts 2019, S. 279 f.

16 Christine Korsgaard, *The Sources of Normativity*, Cambridge, Massachusetts 1996, S. 125 (Übersetzung von mir, GWB).

werden kann und insofern alle möglichen Brüche überdauert. Das Prinzip der Selbstbestimmung ist dieser Grund.

Das Selbstbestimmungs-Modell hat nach Kant eine wichtige Variation durch Fichte erfahren. In programmatischer Weise spricht Dieter Henrich hier von »Fichtes ursprünglicher Einsicht«.[17] Diese bestehe in dem Gedanken, dass das Subjekt eine ursprüngliche Selbstgegenwart besitze. Der Grund des Subjekts sei so ein Selbstgefühl, das sich in allen Zuständen des Subjekts durchhalte und ihm eine Selbstgewissheit gebe, die es aus keiner anderen Quelle als sich selbst schöpfen könne. Dieser Gedanke ist in den letzten Jahrzehnten unter anderem von Manfred Frank und Dan Zahavi aufgegriffen worden.[18] Ihren Argumentationen zufolge ist die Einheit des Subjekts als unvordenklich zu begreifen. Sie sei nicht in einem Prinzip der Selbstbestimmung begründet, sondern – noch grundlegender – in einer Selbstgegenwart, die nicht durchbrochen werden könne. Das Selbstgefühl sei in dem Sinne als grundlos zu begreifen, als es keine weitere Rückführung erlaube, sondern als eine fundamentale unmittelbare Vertrautheit des Subjekts mit sich eine Grundlage biete, die sich nicht hintergehen lasse. Darin bestehe die Einheit des Subjekts.

Ich begreife das Theorem des unvordenklichen Selbstgefühls insofern als eine Variation des Selbstbestimmungs-Modells, als dass auch hier ein Prinzip geltend gemacht wird, das sich über mögliche Brüche im Subjekt durchhält,[19] so dass den Einwänden gegenüber dem Einheit-der-Erfahrung-Modell weiterhin Rechnung getragen wird. Allerdings wird der Rekurs auf das Selbstgefühl dem Einheit-durch-Stellungnahmen-Kriterium nicht gerecht. Die Einheit des Subjekts wird auf eine Weise erläutert, dass sie nicht daran gebunden ist, anderen gegenüber vertreten zu werden. Insofern scheint mir der Rekurs auf ein Prinzip der Selbstbestimmung alles in allem vielversprechender zu sein als der auf ein grundlegendes Selbstgefühl.

17 Henrich, *Fichtes ursprüngliche Einsicht.*

18 Vgl. Manfred Frank, *Die Unhintergehbarkeit von Individualität,* Frankfurt/M. 1986, S. 22; Dan Zahavi, *Subjectivity and Selfhood*, Cambridge, Massachusetts 2005, S. 21.

19 Die ursprüngliche Selbstgegenwart ist zudem als eine Grundlage der Selbstbestimmung zu begreifen, gehört also diesem Prinzip direkt an. Vgl. hierzu u. a. Sebastian Rödl, *Selbstbewusstsein*, Berlin 2011, S. 82-92.

Das Selbstbestimmungs-Modell der Subjektivität ist aber mit zwei Problemen konfrontiert, die von Kants Nachfolgern bereits in unterschiedlicher Weise artikuliert worden sind. Erstens sind die Bestimmungen, die ein Subjekt aus sich hervorgehen lässt, von der Welt und ihren Beschaffenheiten entkoppelt. Der nicht-empirische Grund der Einheit des Subjekts sorgt so gesehen dafür, dass das Subjekt strukturell von der Welt entfremdet ist. Die Entfremdung betrifft auch seine eigene Natur, also seine natürliche Körperlichkeit mit ihrem Wahrnehmungs- und Affektleben. Das sich selbst bestimmende beziehungsweise sich selbst fühlende Subjekt besteht aus sich heraus. In dem Maße, in dem dieser Grundzug es gegen Brüche unempfindlich werden lässt, wird auch kein Kontakt zur Welt hergestellt. Die Bestimmungen, die das Subjekt aus sich heraus generiert, sind nicht von Beschaffenheiten der Welt geprägt.

Charakteristisch für das Problem des fehlenden Weltkontakts ist, dass Entfremdung hier kein produktives Moment gewinnt. Es ist für die Konstitution des Subjekts entscheidend, aus sich heraus etwas zu sein. Aber dieses »aus sich heraus« wird problematisch, wenn es von der Welt und den anderen entkoppelt ist. Entfremdung besagt in diesem Fall bloß Kontaktverlust. Als eine solche aber funktioniert sie nicht. Sie muss, wie ich unten noch genauer verfolgen werde, als eine Distanz aus dem Kontakt heraus begriffen werden. Das ist im Selbstbestimmungs-Modell aber nicht der Fall.

Das zweite Problem dieses Modells hängt mit dem ersten zusammen und betrifft das Verhältnis, in dem ein Subjekt zu anderen Subjekten steht. Wenn das Subjekt seine Einheit aus einem Prinzip der Selbstbestimmung gewinnt, dann sind andere Subjekte nur als eine Beschränkung der Ausübung dieses Prinzips zu begreifen. Diese Konsequenz hat Fichte in aller Deutlichkeit ausbuchstabiert (und Sartre ist ihm auf seine Weise gefolgt).[20] Das Subjekt basiert in seiner Einheit auf dem ihm eigenen Prinzip der Selbstbestimmung, d.h. seiner Freiheit. Diese Freiheit aber erfährt dort eine Begrenzung, wo sie auf andere Freiheit trifft. Subjekte können, insofern sie aus sich heraus bestimmt sind, nur dadurch koexistieren, dass sie jeweils ihre Freiheit mit Blick auf andere einschränken.

Das Konzept der Selbstbestimmung zeigt an diesem Punkt

20 Vgl. Johann Gottlieb Fichte, *Grundlage des Naturrechts nach Principien der Wissenschaftslehre*, in: ders., *Fichtes Werke*, Berlin 1971, § 4. Vgl. Jean-Paul Sartre, *Das Sein und das Nichts*, Hamburg 1993, S. 338-348.

eine besondere Einseitigkeit. Wenn andere Subjekte als Beschränkung der eigenen Freiheit begriffen werden, dann ist das soziale Miteinander nur als ein Einschränkungssystem zu verstehen. Als ein solches ist es auch schon von Rousseau perspektiviert worden. Die soziale Welt führt demnach zur Einschränkung der natürlichen Freiheit von Subjekten. Rousseau lässt an Klarheit nichts zu wünschen übrig: »Unter … fortgesetztem Zwang werden die in die gleiche Lage versetzten Menschen, die jene Herde bilden, die man Gesellschaft nennt, alle dieselben Dinge tun, wenn nicht mächtigere Motive sie davon abhalten.«[21] Kaum einer hat so wie Hegel gesehen, dass die Konzeption von Subjektivität in einen unproduktiven und unlösbaren Widerspruch verstrickt ist, wenn man das Subjekt in seiner Freiheit gegen soziale Zusammenhänge stellt. Hegel argumentiert unter anderem, dass der Mensch in einer solchen Konzeption als Tier erscheint, wenn es um seine Beziehung zu anderen geht, da die eigene Selbstbestimmung eines Subjekts nicht seine Beziehung zu anderen umfasst. Insofern spricht er von einem »geistigen Tierreich«.[22] Damit aber ist Selbstbestimmung fehlkonzipiert. Der Mensch muss – umwillen eines konsistenten Verständnisses seiner eigenen Selbstbestimmung – die Selbstbestimmung anderer anerkennen. Das aber ist nur dann möglich, wenn er sie als einen Aspekt seiner eigenen Selbstbestimmung begreift. Nur darin, dass er andere in ihrer Selbstbestimmung anerkennt, kann er sich selbst als selbstbestimmt begreifen. Dies ist im Selbstbestimmungs-Modell nicht der Fall. Ich komme im fünften Kapitel noch einmal auf diese Problematik zurück (vgl. V.2).

c. Zuschreibbarkeits- und Verantwortungs-Modell – Die Probleme des Selbstbestimmungs-Modells motivieren gerade aufgrund der zuletzt verfolgten Problematik den Übergang zu einer anderen Konzeption, die die Interaktion zwischen unterschiedlichen Subjekten ins Zentrum stellt. Subjekte werden aufgrund der Perspektiven anderer auf sie zu dem, was sie sind. Ich spreche hier von einem *Zuschreibbarkeits- und Verantwortungs-Modell* der Subjektivität. Dieses Modell ist in prägnanter Weise von John Haugeland und Robert Brandom entfaltet worden. Haugeland hat ihm mit dem Slogan

21 Jean-Jacques Rousseau, *Abhandlung über Kunst und Wissenschaft*, in: ders., *Schriften zur Kulturkritik*, Hamburg 1983, S. 1-59, hier: S. 11.

22 Hegel, *Phänomenologie des Geistes*, S. 294.

»alle Konstitution ist Institution« Kontur verliehen.[23] Ich verstehe ihn folgendermaßen: Was auch immer sich an sinnhaften Entitäten und an Entitäten, für die es Sinn gibt, konstituiert, beruht auf sozialen Instituierungen. Soziale Zusammenhänge gehen demnach entsprechenden Konstitutionen strukturell voran.

Haugeland stützt sich in seinen Analysen auf Heideggers Konzeption in *Sein und Zeit*. Er versteht Heidegger so, dass die Hermeneutik der Faktizität eine Instituierung im Rahmen von Strukturen des »Man« bedeutet:[24] Individuen sind demnach in Bedeutungszusammenhänge geworfen, die in anonym geprägten Traditionen weitergegeben werden. Der Vorrang des »Man« wird von Heidegger entsprechend auch in der Formulierung gefasst, es könne »jeder Andere [...]vertreten«.[25] Die Institution geht so nicht von bestimmten Individuen aus, sondern wird von unbestimmten Individuen im Rahmen einer Tradition geleistet. In einer solchen Tradition werden Individuen zu Subjekten. Haugeland spricht hier von »Einheiten der Zuschreibbarkeit«.[26] Innerhalb eines aus sozialen Praktiken heraus konstituierten Gefüges von Bedeutsamkeit konstituieren sich Subjekte so gesehen als Knotenpunkte von Zuschreibbarkeit. Sie werden durch die Perspektiven anderer im Rahmen eines in seinen Konturen nicht fest bestimmten sozialen Miteinanders zu Einheiten, die etwas tun bzw. anderen gegenüber etwas vertreten.

Dieses Bild sozialer Institution von Subjektivität hat Robert Brandom in einer auch auf Überlegungen von Winfrid Sellars zurückgreifenden Art und Weise weiter ausbuchstabiert. Brandom bezeichnet seinen entsprechenden Ansatz als pragmatistisch und spricht insofern von einer pragmatistischen Erklärung von Bedeutung.[27] Das Kernstück des entsprechenden pragmatistischen Ansatzes ist das, was Brandom mit Sellars als »Praxis des Gebens und Verlangens von Gründen« bezeichnet.[28] Einzelne Individuen sind

23 John Haugeland, »Heidegger on Being a Person«, in: ders., *Dasein Disclosed*, Cambridge, Massachusetts 2013, S. 3-14, hier: S. 8 (Übersetzung von mir, GWB).

24 Diese Lesart geht auch zurück auf Hubert Dreyfus, *Being-in-the-World*, Cambridge, Massachusetts 1991.

25 Heidegger, *Sein und Zeit*, S. 126 (§ 27).

26 Haugeland, »Heidegger on Being a Person«, S. 13 (Übersetzung von mir, GWB).

27 Vgl. u. a. Robert B. Brandom, *Expressive Vernunft*, Frankfurt/M. 2000, S. 26.

28 Ebd., S. 155. Sellars spricht von dem »logischen Raum der Gründe« (Wilfrid Sellars, *Der Empirismus und die Philosophie des Geistes*, Paderborn 1999, S. 66).

in dem Maße Subjekte, wie sie innerhalb dieses Spiels der Gründe eine Position innehaben.

Brandom rekurriert für die weitere Explikation des diskursiven Spiels auf das Beispiel des Baseballs und der dort gegebenen komplexen Spielstände.[29] In analoger Weise seien Subjekte als Entitäten zu begreifen, die in den Augen anderer Subjekte einen bestimmten Spielstand realisieren. Unterschiedliche Individuen würden jeweils die Spielstände anderer im Blick behalten. Diese Spielstände werden durch Aussagen realisiert, durch die die einzelnen Individuen sich anderen gegenüber auf spezifische Überzeugungen festlegen. Jede Aussage ist dabei in ein Netz von Schlussfolgerungen eingebunden, innerhalb dessen sie ihren Gehalt gewinnt. Jeweils lässt sie sich aus anderen Aussagen folgern und erlaubt ihrerseits weitere Folgerungen. Wenn ein Individuum die betreffende Aussage hervorbringt, bezieht es demnach eine Position innerhalb eines Netzes, so dass es sich zum Beispiel auch auf eine Vielzahl anderer Aussagen festlegt, die aus der von ihm getätigten Aussage folgen. Genau solchermaßen eingegangene diskursive Verpflichtungen halten andere als Spielstand fest. Dabei ist Brandoms Modell nicht kognitivistisch, sondern primär pragmatistisch zu verstehen. Spielstände werden also nicht im Sinne theoretischer Betrachtungen dessen, was andere äußern, festgehalten; vielmehr manifestiert sich ein festgehaltener Spielstand in (diskursivem) Verhalten, das dem sich äußernden Individuum entgegengebracht wird.

Die Konstitution von Subjekten wird in Brandoms Ansatz als eine Funktion der Perspektiven anderer Subjekte erklärt. Subjekte konstituieren sich demnach wechselseitig dadurch, dass sie sich in einem Spiel der Gründe wechselseitig als verpflichtet behandeln. Ein Subjekt ist in diesem Sinn auch bei Brandom als eine »Einheit der Zuschreibbarkeit« zu begreifen. Man kann von einer Rechenschafts-Einheit sprechen, die anderen gegenüber in Bezug auf die Aussagen, die sie, die Einheit, selbst vertritt, mit Gründen begegnen muss, um ihre Aussagen zu stützen. Das Subjekt stellt eine Instanz des Gründe-Gebens und Gründe-Forderns dar.

Das Zuschreibbarkeits- und Verantwortungs-Modell der Subjektivität lässt sich noch in einem ganz anderen Kontext ausmachen, und zwar in dem neophänomenologischen Denken Emmanuel Lé-

29 Brandom, *Expressive Vernunft*, S. 272-297.

vinas'. Auch Lévinas macht explizit geltend, dass ein Subjekt durch andere konstituiert ist. Dabei geht er nicht von einer Perspektive anderer aus, durch die sich ein Subjekt bildet, sondern von einer uneinholbaren Vorgängigkeit anderer. Subjekt sei man dadurch, dass man Verantwortung gegenüber der grundsätzlichen Verletztlichkeit anderer trage.[30] Das Subjekt sei durch diese Verantwortung immer in der Position, vom anderen angerufen zu sein.[31] In dieser Weise komme die »Nacktheit« des anderen zum Ausdruck, die das Subjekt bindet.[32] Das Subjekt konstituiere sich so dadurch, dass es vom anderen in eine irreduzible Verantwortung gestellt werde.

Auch wenn der von Lévinas entwickelte Ansatz nicht auf begründenden Beziehungen zwischen sprachlichen Aussagen beruht, weist er doch aufschlussreiche Ähnlichkeit zu dem von Haugeland und Brandom vertretenen Theorem der sozialen Instituierung von Subjekten auf. Der zentrale Unterschied zwischen den Ansätzen besteht allerdings darin, dass Haugeland und Brandom zufolge die soziale Bindung aus der Aktivität von Individuen hervorgeht, die sich wechselseitig als verpflichtet behandeln, Lévinas hingegen eine grundlegende Passivität als Quelle des Gebundenseins geltend macht. Die Verantwortung, in der Subjekte für den jeweils anderen stehen, geht demnach in dem radikalethischen Ansatz von Lévinas nicht aus einer Aktivität hervor. Sie wird nicht als solche hervorgerufen, sondern besteht – gewissermaßen – unvordenklich.

Das Zuschreibbarkeits- und Verantwortungs-Modell begreift Subjekte aus grundlegenden sozialen Zusammenhängen heraus. Damit wird eines der beiden Probleme des Selbstbestimmungs-Modells gelöst: Subjekte werden nicht weiterhin als solche begriffen, die durch soziale Zusammenhänge eine Einschränkung eines für sie grundlegenden Prinzips der Selbstbestimmung erfahren. Dem Zuschreibbarkeits- und Verantwortungs-Modell zufolge konstituieren sie sich erst durch die Beziehungen, in denen sie zu anderen Subjekten stehen. So kommt es im Sozialen nicht zu einer Einschränkung des Subjektiven; vielmehr wird es aus sozialen Beziehungen heraus eröffnet.

30 Emmanuel Lévinas, »Die Spur des Anderen«, in: ders., *Die Spur des Anderen*, Freiburg, München ³1998, S. 209-235, hier bes.: S. 222-226.

31 Emmanuel Lévinas, *Totalität und Unendlichkeit*, Freiburg, München 1987, u. a. S. 285.

32 Ebd., S. 308.

Das andere Problem aber, das ich mit Blick auf das Selbstbestimmungs-Modell ausgemacht habe, wird nicht gelöst, sondern eher verstärkt. Der Slogan »alle Konstitution ist Institution« macht indirekt deutlich, dass hier der Kontakt zur Welt noch nachhaltiger verlorenzugehen droht. Der Grund dafür ist die Tendenz zum sozialen Konstruktivismus, die sich in den Positionen findet, die das Zuschreibbarkeits- und Verantwortungs-Modell vertreten. Bedeutung wird, so macht insbesondere Brandoms pragmatistische Erläuterung der Praxis der Gründe deutlich, auf ein soziales Spiel zurückgeführt.

Gerade an Brandoms Position lässt sich diese Problematik in aller Deutlichkeit verfolgen. Denn Brandom sieht die Drohung eines allein internen Spiels und sucht ihr mit einem Theorem zu begegnen, das sich schon bei Wilfrid Sellars findet: Es gebe Eingangs- und Ausgangszüge in bzw. aus dem Spiel der Gründe.[33] Dieses sei durch Wahrnehmungen (als Eingangszüge) genauso wie durch Handlungen (als Ausgangszüge) an Beschaffenheiten der Welt zurückgebunden. Diese Erläuterung kann aber nicht zufriedenstellen, da sie Beschaffenheiten der Welt nicht als solche verständlich macht, die gegen von Subjekten hervorgebrachte Bestimmungen Einspruch erheben können. Der Einspruch ist nur, wie in dem von Quine gezeichneten Bild eines umfassenden Bedeutungszusammenhangs, global möglich.[34] Damit aber werden keine spezifischen Auseinandersetzungen mit der Welt verständlich. Dem Bedeutungsganzen droht der Weltverlust.

Die Problematik lässt sich noch genauer umreißen: Für Bestimmungen, die Subjekte sich geben, bieten Beschaffenheiten der Welt keinen spezifischen Widerstand, der gesucht werden könnte, um sie in Frage zu stellen oder weiterzuentwickeln. Das aber heißt, dass Subjekte sich entkoppelt von der Welt (und ihrer eigenen Natur) konstituieren. Gerade die Entkopplung von ihrer eigenen körperlichen Natur macht die Problematik und die unplausiblen Aspekte entsprechender Ansätze besonders deutlich. Subjekte sind nicht

33 Winfrid Sellars, »Some Reflections on Language Games«, in: ders., *Science, Perception, and Reality*, New York 1963, S. 321-358, hier: S. 328f.; Brandom, *Expressive Vernunft*, u. a. S. 343-350.

34 Vgl. Willard Van Orman Quine, «Zwei Dogmen des Empirismus«, in: ders., *From a Logical Point of View. Drei ausgewählte Aufsätze* (engl.-dt.), Stuttgart 2011, S. 56-127.

nur Instanzen im Rahmen diskursiver Praktiken. Es sind Individuen aus Fleisch und Blut, die ein reges Affektleben führen und mit ihren Körpern befasst sind. Genauso sind Subjekte auf eine Welt von Widerständen bezogen, an denen sie sich mehr oder weniger reiben. All dies muss eine Theorie des Subjekts verständlich machen.

Zuletzt tritt in dem Zuschreibbarkeits- und Verantwortungs-Modell noch das Problem auf, dass die Subjekte zu sehr als soziale Produkte erscheinen. Es ist eines, zu sagen, dass das soziale Miteinander fehlverstanden ist, wenn es Subjekte in ihrer Selbstbestimmung einschränkt. Ein anderes aber ist es, Subjekte ganz auf Funktionen zu reduzieren, die sich aus dem sozialen Miteinander heraus erklären. Subjekte sind nicht einfach als Produkte der Perspektiven anderer zu begreifen. Charakteristisch für sie ist es, dass sie sich möglichen Zuschreibungen im günstigsten Fall auch zu widersetzen vermögen. Nicht zuletzt emanzipatorische Bewegungen haben dies der Subjektphilosophie ins Stammbuch geschrieben. Das Zuschreibbarkeits- und Verantwortungs-Modell führt, zusammenfassend gesagt, dazu, dass die zumindest partielle Eigenständigkeit von Subjekten unverständlich wird.

Die beiden zuletzt artikulierten Problematiken weisen aber indirekt einen Weg zu einem anderen Modell, das sie aufhebt. Subjekte müssen als Instanzen verstanden werden, die grundsätzlich in der Lage sind, Einspruch gegen Zuschreibungen zu erheben. Einen solchen Einspruch darf man allerdings nicht als Selbstbestimmung deuten. Ein Subjekt, das sich in Bezug auf von ihm getroffene Äußerungen und ihm zugesprochene Verantwortungen äußert, kann damit nicht ein für alle Mal bestimmen, was für es gilt. Es positioniert sich vielmehr selbstkritisch anderen und sich selbst gegenüber. Das Hervorbringen eines Einspruchs ist so als Selbstkritik und nicht als Selbstbestimmung zu begreifen. Eine von einem Subjekt hervorgebrachte Selbstkritik kann dabei immer von anderen Subjekten erwidert und ihrerseits in Frage gestellt (oder auch bekräftigt) werden.

d. Selbstkritik-Modell – Die Auseinandersetzung mit den Problemen, die das Zuschreibbarkeits- und Verantwortungs-Modell der Subjektivität aufweist, führt uns so zu einem vierten Modell, dem *Selbstkritik-Modell.* Der Grundgedanke dieses Modells besagt, dass

Subjekte im Zusammenspiel mit anderen Subjekten und in ihrer Auseinandersetzung mit der Welt als Instanzen von Selbstkritik zu begreifen sind. Drei Aspekte sind entscheidend: Die selbstkritische Befragung von Bestimmungen führt erstens dazu, dass Bestimmungen an Widerständen kritisch überprüft und revidiert werden können. Zweitens ist Selbstkritik eine Praxis, die nicht von einem einzelnen Subjekt ausgeht, sondern in der es mit anderen Subjekten verbunden ist. In intersubjektiven konfliktiven Interaktionen und Gemeinschaften werden Kriterien etabliert, die im Rahmen selbstkritischer Reflexionen herangezogen werden. Die Relevanz von intersubjektiven Interaktionen und Gemeinschaften besagt aber drittens nicht, dass Subjekte nicht auch eigenständige Operationen der Selbstkritik hervorbringen können. Praktiken der Selbstkritik funktionieren so, dass Subjekte in ihnen eigenständige Perspektiven zur Geltung bringen können.

Das Selbstkritik-Modell der Subjektivität hat einen wichtigen Anhaltspunkt in Hegels Philosophie des absoluten Geistes. Hegel argumentiert, dass Subjekte nur dadurch im Rahmen eines gemeinschaftlichen Zusammenhangs konstituiert sind, dass sie sich als konfliktfähig erweisen.[35] Konfliktfähigkeit aber setzt voraus, dass Subjekte von sich aus auf Kriterien rekurrieren und sie anderen gegenüber geltend machen können. Anders gesagt: Subjekte müssen in Praktiken der Selbstkritik eingebunden sein. Als solche Praktiken macht Hegel Kunst, Religion und Philosophie aus. Charakteristisch für diese Praktiken ist nicht nur, dass in ihnen Selbstverständnisse historisch-kultureller Lebensformen artikuliert werden, sondern dass es sich um Selbstverständnisse handelt, an die im Sinne geteilter Kriterien appelliert werden kann. In diesem Sinne handelt es sich um Praktiken der Selbstkritik.[36]

An diesem Punkt kann ich auf Erläuterungen des dritten Kapitels zurückkommen. Praktiken der Selbstkritik habe ich dort von Konflikten her eingeführt. Für Konflikte ist es demnach konstitutiv, dass Konfliktparteien sich auf Kriterien verständigen, von denen her sie die Divergenzen ihrer Positionen artikulieren können. Mit

35 Dies hat Hegel besonders in seiner Interpretation von Sophokles' *Antigone*-Tragödie deutlich gemacht; vgl. dazu Georg W. Bertram, *Hegels »Phänomenologie des Geistes«. Ein systematischer Kommentar*, Stuttgart 2017, S. 177-184.

36 Vgl. hierzu Terry Pinkard, *Hegel's Phenomenology. The Sociality of Reason*, Cambridge, Massachusetts 1994, S. 263.

Wittgenstein kann man sagen, dass die Kriterien grammatischer Natur sind, also Strukturen von Verständnissen und verstehenden Praktiken thematisieren (vgl. III.2.4). Durch eine solche Thematisierung distanzieren diejenigen, die in Konflikten miteinander verbunden sind, sich von ihren Verständnissen. Insofern realisiert sich in Konflikten Selbstkritik in dem hier angesprochenen Sinne. Dabei gilt für eine Selbstkritik in Konflikten, dass sie produktiv beziehungsweise transformativ ist: Mit Thematisierungen ändern sich Verständnisse und verstehende Praktiken.

Wie nun lässt sich die Konstitution von Subjekten im Sinne des Selbstkritik-Modells begreifen? Entscheidend ist die – zumindest partiell – eigenständige Partizipation an Praktiken der Reflexion und Selbstkritik im Rahmen intersubjektiver beziehungsweise gemeinschaftlicher Zusammenhänge. Ein Subjekt ist eine Entität, die sich im Rahmen der Welt und sozialer Zusammenhänge eigenständig bewegt. Die eigenständige Bewegung allerdings gewinnt nur dort Kontur, wo sie aus Interaktionen mit anderen heraus Bestätigung erfährt. Und genau dies ist in selbstkritischen Praktiken der Fall.

Das Subjekt konstituiert sich so als eine Instanz eigenständiger Stellungnahme. Eigenständige Stellungnahmen sind dabei fehlverstanden, wenn man sie als Akte der Selbstbestimmung begreift. Es geht nicht darum, sich selbst eine Regel zu geben, der man dadurch folgt, dass man sich an sie bindet. Individuen, die eigenständig Stellung nehmen, sind in vielfältige Regelzusammenhänge verwickelt, die sich ihrem Zugriff entziehen. Nichtsdestotrotz können sie Fähigkeiten erlangen, eigenständig Stellung zu nehmen. Genau dadurch konstituieren sie sich als Subjekte, als Instanzen von Selbstkritik.

Wie auch das Zuschreibbarkeits- und Verantwortungs-Modell behauptet das Selbstkritik-Modell eine wesentliche soziale Einbettung von Subjekten. Nur durch Beziehungen zu anderen Subjekten sind Subjekte das, was sie sind. Dennoch wiederholt sich im Selbstkritik-Modell nicht die problematische Konsequenz, die mit einem Rekurs auf soziale Zusammenhänge verbunden sein kann: Das Subjekt wird nicht als Produkt der Perspektiven anderer verstanden. Trotz seiner wesentlichen sozialen Bindungen kommt dem Subjekt im Rahmen des Selbstkritik-Modells eine gewisse Eigenständigkeit zu. Das ist das entscheidende Moment dieses Modells.

Insofern kommt es hier zu einem Zugleich von sozialer Einbindung und partieller Eigenständigkeit des Subjekts. Seine Einheit ist mit den sozialen Zusammenhängen, in denen es steht, verbunden, ohne auf diese Zusammenhänge reduziert werden zu können.

Auch die weitere Problematik, die andere Modelle aufgewiesen haben, ist hier aufgehoben. Wie bereits betont, führt Selbstkritik dazu, dass Bestimmungen, denen man folgt, kritisch distanziert werden können. So lässt sich sowohl die Widerständigkeit des eigenen Körpers (der eigenen Natur) als auch diejenige der umgebenden Welt als Korrektiv ins Spiel bringen. Wenn es nicht um das Hervorbringen eigener Bestimmungen, sondern um die Kritik von Bestimmungen geht, dann kommen Widerstände in unterschiedlicher Art und Weise in den Blick. Selbstkritik ist so als eine Praxis steter Rückkopplung zu verstehen: Immer wieder wird durch sie in Frage gestellt, ob die Bestimmungen, an die Subjekte sich halten, der Welt, den anderen und nicht zuletzt der eigenen physischen Existenz gerecht werden. Zugespitzt gesagt: Das Subjekt gewinnt sich in Praktiken der Selbstkritik dadurch, dass es sich partiell aufgibt.

Nun mag man argwöhnen, dass die Betonung von Selbstkritik in einseitiger Weise intellektualistisch und elitär sowie zudem von einem übertriebenen Protestantismus geprägt ist. Klingt die Rede von Selbstkritik doch nach Sack und Asche und diskursiver Buße. Aber diese Assoziationen treffen letztlich nicht: Von Selbstkritik spreche ich nicht in dem Sinne, dass Subjekte in emphatischer Weise Kritik an sich üben würden, also an eigenen Fehlern und Versäumnissen orientiert wären. Es geht vielmehr um Praktiken, die eine Distanz zum eigenen Tun (innerhalb intersubjektiver beziehungsweise gemeinschaftlicher Strukturen des Konflikts) herstellen. Dies kann auf sehr unterschiedliche Art und Weise geschehen. Durch ein Stocken in einer Bewegung oder einem Handgriff, durch die Auseinandersetzung mit Kunstwerken – oder durch schlichtes Fragen. Es geht in solchen Fragen nicht darum, eigene Fehler oder Versäumnisse zu klären, sondern sich im Kleinen oder Großen in produktiver Weise zu verunsichern.

Den Einspruch gegen das Selbstkritik-Modell kann ich dadurch schärfen, dass ich ihn im Sinne eines Modells von Subjektivität artikuliere, das man in der hier vorgeschlagenen Typologie vermissen mag und das sich als Reflexions-Modell bezeichnen lässt. Kehrt mit dem Selbstkritik-Modell nicht, so kann man argwöhnen, der Gedanke zurück, dass Subjekte sich durch einen Selbstbezug im Sinne der Selbstobjektivierung konstituieren? Dieser Gedanke ist unter anderem in der klassischen deutschen Philosophie so gefasst worden, dass das Subjekt sich selbst Objekt ist, also in einem irreduziblen Selbstverhältnis steht. Das Reflexions-Modell aber führt in einen Regress.[37] Die Einheit zwischen Subjekt und Objekt ist zugleich eine irreduzible Differenz. Aus diesem Grund muss sie – wie Hegels Formel von der »Identität der Identität und der Differenz« plastisch artikuliert – auf höherer Ebene gesichert werden. Die erste Ebene des Selbstbezugs muss von einer zweiten Ebene aus als eine solche reflektiert werden, die tatsächlich eine Einheit bereitstellt. Die zweite Ebene aber wiederholt das Problem nur: Eine dritte Ebene ist erforderlich, um wiederum sicherzustellen, dass die Reflexion der Einheit tatsächlich leistet, was sie verspricht.

Das Selbstkritik-Modell aber führt nicht in den Regress, der somit umrissen ist; vielmehr löst es ihn auf. Selbstkritik ist nicht Selbstobjektivierung und auch kein Selbstbezug. Vielmehr geht es in der Selbstkritik darum, zu sich auf Distanz zu gehen. Aus dieser Distanz resultiert nicht eine Einheit von Subjekt und Objekt. Vielmehr führt sie zu transformativen Impulsen, die das Subjekt bewegen. Selbstkritik hat strukturell immer den Charakter von Selbstverunsicherung – und dies auch dann, wenn sie bestätigende Wirkungen zeitigt. Durch Distanznahmen von sich selbst setzt das Subjekt sich in Bewegung. Es ist entscheidend, das Subjekt nicht als alleinigen Autor selbstkritischer Impulse zu verstehen. Vielmehr setzt es durch selbstkritische Praktiken die Welt und die anderen in den Stand, Einspruch gegen sich selbst zu erheben und dadurch Bewegungen freizusetzen. Insofern stellt sich nicht die Frage, inwiefern durch selbstkritische Bewegungen auf höherer Ebene eine Einheit hergestellt oder diese Einheit auf noch höhere Ebene vertagt wird (Regress). Was auch immer an Regress drohen könnte, wird dadurch aufgelöst, dass nach dem Selbstkritik-Modell das Subjekt gerade durch Uneinheitlichkeit gekennzeichnet ist. Damit wird auch in grundsätzlicher Weise anders gefasst, was sich als Einheit des Subjekts bezeichnen lässt. Das Selbstkritik-Modell begreift die

37 Vgl. zu einer tiefgreifenden Auseinandersetzung mit dem Regress-Problem Ernst Tugendhat, *Selbstbewußtsein und Selbstbestimmung*, Frankfurt/M. 1979, u. a. S. 134.

Einheit nicht als Voraussetzung subjektiver Verfasstheit, sondern als prekäres Moment des Ringens um Eigenständigkeit.

1.2 Integration und Öffnung

Die vier Modelle, die ich im zurückliegenden Abschnitt unterschieden habe, lassen sich noch einmal in zuspitzender Weise mit den Begriffen Integration und Öffnung resümieren. In den neuzeitlichen Diskussionen von Rationalismus und Empirismus wurden Modelle der Subjektivität profiliert, die sich mit dem Stichwort der Integration umreißen lassen. Einheit soll durch einen integralen Zusammenhang realisiert werden. Deutlich ist das beim Einheit-der-Erfahrung-Modell, das das Verständnis von Subjekten als Instanzen, die unterschiedliche Zustände in sich verbinden, paradigmatisch zeigt. Aber auch das Selbstbestimmungs-Modell, das die Einheit nicht an faktischen Zusammenhängen von Bewusstseinszuständen beziehungsweise an narrativen Zusammenhängen, sondern an Prinzipien der Selbstbestimmung oder des Selbstgefühls festmacht, zielt auf Integration.

Integration ist als Ideal nicht nur dort leitend, wo Subjekte unter Absehung von anderen Subjekten in ihrer Konstitution begriffen werden. Auch das Zuschreibbarkeits- und Verantwortungs-Modell ist in seiner Erläuterung der Einheit des Subjekts an diesem Ideal orientiert. Das wird sowohl am Ansatz Brandoms als auch an dem Lévinas' deutlich. Wenn Subjekte im Spiel der Gründe Position beziehen und sich auf eine spezifische Überzeugung verpflichten, dann werden sie von denjenigen, die sie als verpflichtet behandeln, an einem kohärenten Zusammenhang gemessen. Die anderen, die durch ihre Behandlungsweisen Subjekte in ihren Positionen in den Blick nehmen, zielen auf einen integrierenden Zusammenhang im Subjekt. Dies gilt auch für die Erläuterung der Konstitution des Subjekts im Akkusativ des Angesprochenseins, die Lévinas vorschlägt. Das Subjekt ist als Ganzes Verantwortung für den anderen. Die Verantwortung macht es in integraler Weise aus.

Das Selbstkritik-Modell zielt hingegen nicht auf die Integration von Zuständen im Subjekt. Es macht Transformationen geltend, die das Subjekt aus sich heraus entwickelt. Insofern sind die Zustände des Subjekts hier nicht auf Kohärenz hin orientiert. Die Orientierung lässt sich vielmehr mit dem Begriff der Öffnung umreißen: Durch Selbstkritik öffnet sich das Subjekt auf Veränderungen hin. Diese Öffnung hat eine spezifisch zeitliche Struktur. Selbstkritische Operationen sind auf die Zukunft hin ausgerichtet. Sie bringen Veränderungen hervor. Das Subjekt ist, aus Sicht des Selbstkritik-Modells, nicht auf einen umfassenden Zusammenhang hin angelegt. Es konstituiert sich vielmehr auf die Öffnung von Zusammenhängen hin.

Die spezifische zeitliche Struktur der Öffnung besagt, dass das Subjekt sich nicht in Gegenwart erschöpft. Es ist charakteristisch für die Modelle der Subjektivität, die an Integration orientiert sind, dass sie das Subjekt von der Gegenwart her begreifen. Dies ist im Selbstkritik-Modell anders. Wenn Selbstkritik das Wesen des Subjekts ausmacht, entscheidet sich das Subjekt in der Zukunft. Es bindet sich an seine selbstkritischen Stellungnahmen und ist damit daraufhin orientiert, was aus diesen Stellungnahmen in der Zukunft resultiert. Durch eine entsprechende Bindung stellt sich ein Zusammenhang zwischen der aus der Vergangenheit begründeten Gegenwart und der Zukunft her. Die Einheit resultiert diesem Modell zufolge durch eine Öffnung auf die Zukunft hin. Ein Subjekt steht mit seinen selbstkritischen Stellungnahmen in der Zukunft auf dem Spiel.

Der soweit konturierte Grundgedanke der Öffnung lässt sich an einem Beispiel verdeutlichen: Wenn ein Subjekt sein Verhalten an dem Kriterium der Mildtätigkeit misst, muss es sich mit diesem von ihm verfolgten Anspruch in der Zukunft bewähren. Es steht dann in der Zukunft in Frage, ob es dem selbstkritisch artikulierten Kriterium, mildtätig zu sein, gerecht wird. Erst in der Zukunft erweist sich, was das Subjekt aus der von ihm vorgebrachten Stellungnahme heraus ist. Insofern gewinnt seine Einheit hier eine andere Gestalt. Sie liegt nicht in der Integration von Zuständen – sei es auf Grundlage einer faktischen Entwicklung oder eines Prinzips. Vielmehr kommt sie dadurch zustande, dass das Subjekt sich durch einen selbstkritisch verfolgten Anspruch mit einer Zukunft verbindet, in der es für diesen Anspruch einzustehen hat. Insofern unterscheidet sich die Erläuterung von der des Zuschreibbarkeits- und Verantwortungs-Modells, da es nicht den Status quo, sondern zukünftige Zustände als Einlösungen von zum Beispiel rationalen Ansprüchen versteht. Die Einheit wird hier durch eine Öffnung auf zukünftige Zusammenhänge hin hergestellt und ist so aus sich heraus mit Veränderung verbunden.

Nun mag man sich fragen, ob hier die Rede von einer Einheit tatsächlich gerechtfertigt ist. Ist es nicht charakteristisch für das, was ich als Selbstkritik-Modell bezeichne, dass sich gerade keine Einheit herstellt, so dass es eher um die Auflösung von Subjektivität geht? Betrachten wir genauer, inwiefern ein Subjekt durch seine selbstkritischen Stellungnahmen auf dem Spiel steht. Wenn das Subjekt für sich das Kriterium der Mildtätigkeit als Richtschnur des eigenen Handelns festlegt, dann ist es das, was es ist, nur in dem Maße, wie es sich in seinem zukünftigen Handeln tatsächlich als mildtätig erweist. Es ist, was es ist, nur durch den Zusammenhang, der sich zwischen der selbstkritischen Stellungnahme und dem zukünftigen Tun herstellt. Die Stellungnahme hat für sich keinen Bestand, sondern ist auf die Zukunft verwiesen. Insofern ist das Subjekt dem Selbstkritik-Modell zufolge die Einheit, die sich zwischen von ihm vorgebrachten Stellungnahmen und zukünftigen Praktiken, die diesen Stellungnahmen gerecht zu werden suchen, herstellt. Die Einheit wird dadurch realisiert, dass das Subjekt durch die von ihm verfolgten selbstkritischen Stellungnahmen in der Zukunft auf dem Spiel steht. Es handelt sich nicht um eine Einheit von Zuständen, sondern um eine Einheit dessen, wofür das Subjekt selbstkritisch zu stehen beansprucht.

Der Unterschied von Integration und Öffnung stellt sich im Lichte der bisherigen Erläuterungen folgendermaßen dar: Wenn man die Einheit des Subjekts im Sinne der Integration fasst, wird sie als eine sich aus sich heraus abschließende Perspektive bestimmt. Damit ist eine zeitliche Logik verbunden, die von Gegenwart geprägt ist – unabhängig davon, ob man von einer zeitlichen Erstreckung von der Vergangenheit bis zur Gegenwart ausgeht (wie empiristische Ansätze) oder von einer unvordenklichen Gegenwart (wie Ansätze der Selbstbestimmung oder der Zuschreibbarkeit bzw. Verantwortung). Wird Einheit hingegen auf Öffnung zurückgeführt, tritt die Spannung von Gegenwart und Zukunft ins Zentrum der Erläuterung. Nur durch die Öffnung auf die Zukunft hin, in der etwas auf dem Spiel steht, stellt sich die Einheit her.

Liegt nun zwischen Integration und Öffnung tatsächlich eine Alternative vor? Man könnte argumentieren, dass die beiden von mir unterschiedenen Grundorientierungen von Modellen der Subjektivität als komplementär zu begreifen sind. Dabei ließe sich auf die Philosophie Kants und auf den in ihr bestehenden Zusammenhang zwischen einem theoretisch verstandenen und einem praktisch verstandenen Subjekt verweisen (im Sinne von Kants *Kritik der Urteilskraft*). Das Subjekt stellt demnach kognitiv eine Einheit her, die sich praktisch immer zu bewähren hat. Kants Theorie reflexiver Urteilskraft aus der dritten Kritik ließe sich als Einlösung eines Programms begreifen, in dem die theoretische und die praktische Dimension des Subjekts auf höherer Ebene zusammengeführt werden: Im reflexiven Urteil wird in produktiver Weise ein begrifflicher Zusammenhang konstituiert, der Begriffe auf die Zukunft hin festlegt.[38] In dieser Weise könnte man die theoretische Einheit in die Perspektive der praktischen Einheit bringen.

Ganz so einfach ist es aber nicht. Die integrative Leistung der theoretischen Einheit ist mit der Dimension der Bewährung einer selbstkritischen Stellungnahme, wie sie die praktische Einheit charakterisieren mag, nicht kompatibel. Wenn Zustände (z. B. neue, durch die Eigenart von Gegenständen provozierte Begriffsverwendungen) in einen Zusammenhang integriert werden, dann findet gerade keine Bewährung statt. Die Bewährung einer Stellungnahme ist damit verbunden, dass die hergestellte Einheit immer offen bleibt. Genau dies ist bei der Integration nicht der Fall. Das Subjekt wird durch die Modelle, die die Einheit des Subjekts im Sinne von Integration verstehen, als eine sich durch jeden neuen Zustand aufs Neue schließende Einheit konzipiert. Eine solche Schließung aber ist mit dem Gedanken der Öffnung nicht vereinbar. Aus diesem Grund lassen sich Integration und Öffnung nicht einfach versöhnen.

Das Selbstkritik-Modell gibt uns mit seinem Grundgedanken, Einheit aus Öffnung heraus zu begreifen, einen ersten Anhaltspunkt dafür, wie die Spezifik eines hermeneutisch-kritischen Begriffs der Subjektivität zu fassen ist. Es deutet an, was es heißen könnte, Subjekte auf Momente des Verstehens hin zu denken. Zu den Strukturen des Verstehens gehört der Konflikt, in dem eigenständige Perspektiven sich miteinander konfrontieren. Die Eigenständigkeit ist in einem Konflikt aber nur dann produktiv, wenn sie sich nicht gegenüber der Perspektive von anderen abschließt. Das

38 Vgl. zu einer entsprechenden Lesart von Kants dritter Kritik Juliet Floyd, »Heautonomy. Kant on Reflective Judgment and Systematicity«, in: Herman Parret (Hg.): *Kants Ästhetik/Kant's Aesthetics/L'ésthetique de Kant*, Berlin, New York 1998, S. 192-218.

Selbstkritik-Modell macht, wie dargelegt, grundsätzlich begreiflich, wie eine solche Nicht-Abschließung zu rekonstruieren ist. Darüber hinaus bietet es Spielraum für eine Explikation von Verstehen als einer Konfrontation mit der Spezifik von Gegenständen, wie ich sie bereits im zweiten Kapitel skizziert habe. Dort bin ich Hegel in der These gefolgt, dass Verstehen mit einer steten Herausforderung der Allgemeinheit begrifflicher Strukturen durch die Einzelheiten von Gegenständen zu begreifen ist. Dies setzt voraus, dass Subjekte offen dafür sind, sich von entsprechenden Einzelheiten immer wieder angehen zu lassen. Das Selbstkritik-Modell hilft uns, die Struktur des Sich-angehen-Lassens zu rekonstruieren.

1.3 Die Unganzheit des Subjekts

Um dem hermeneutisch-kritischen Verständnis von Subjektivität weiter Kontur zu verleihen, ist ein Rekurs auf ein Theorem Martin Heideggers produktiv. Der Gedanke der Öffnung, der im Selbstkritik-Modell leitend ist, ist in seinen grundlegenden Konturen an dem von Heidegger in *Sein und Zeit* entwickelten Ansatz orientiert. Heidegger verbindet ihn mit einer These, die im ersten Moment paradox anmutet. Er behauptet, dass die Einheit des Subjekts (das ist, wohlgemerkt, nicht Heideggers Vokabular) als »Unganzheit« zu begreifen ist.[39] Eine Verteidigung dieser These kann uns helfen, das Verständnis des Selbstkritik-Modells der Subjektivität zu schärfen.

Heidegger erläutert die Unganzheit des sich auf die Zukunft hin durch Stellungnahmen gebundenen Subjekts unter anderem mit dem Begriff des »Ausstands«.[40] Wenn ein Subjekt eine selbstkritische Stellungnahme verfolgt, an der es sich in der Zukunft zu bewähren hat, dann steht diese Bewährung grundsätzlich immer noch aus. Nun mag man einwenden, dass dies zwar aus der Perspektive der Gegenwart gilt, in der die Stellungnahme hervorgebracht wird, nicht aber aus der Perspektive der Zukunft, in der sie sich zu bewähren hat. Dies allerdings wäre ein Irrtum. Wenn die Stellungnahme erfüllt ist, können wir sie gerade nicht mehr als eine solche begreifen, die die Einheit des Subjekts begründet. Das Subjekt ist, so habe ich das Selbstkritik-Modell erläutert, die selbstkritischen Stellungnahmen, die es in die Zukunft hinein verfolgt. Aus diesem

39 Vgl. Heidegger, *Sein und Zeit*, S. 242 (§ 48).
40 Vgl. ebd., S. 241 (§ 48).

Grund ist somit konstitutiv für ein entsprechendes Verständnis von Subjektivität, dass die von ihm hervorgebrachten Stellungnahmen sich nicht erschöpfen lassen. Ließen sie sich erschöpfen, bräche die Einheit des Subjekts in sich zusammen.

Der entsprechende Gedanke lässt sich ganz praktisch illustrieren. Stellen wir uns der Einfachheit halber ein Subjekt vor, das sich auf eine einzige Art und Weise selbstkritisch zu sich positioniert hat, und zwar dahingehend, ein aus der eigenen Perspektive großes philosophisches Buch zu schreiben. Das Subjekt setzt sich über Jahre hinweg hin und arbeitet schwer an der Realisierung seiner selbstkritischen Stellungnahme zu sich selbst. Irgendwann ist – nach langen Mühen und beschwerlichem Kampf – das große philosophische Buch fertig. Das Subjekt hat seinen Anspruch erschöpft und ist aus diesem Grund nicht mehr in der Lage, etwas Weiteres zu vollbringen. Es hört damit auf, als das Subjekt zu existieren, das es war. Wenn es in dieser Situation nicht noch über andere Stellungnahmen zu sich verfügt, die es weiter auf die Zukunft hin ausrichten und so offenhalten, erschöpft das Subjekt sich in der von ihm realisierten Gegenwart. In einem solchen Fall lässt sich die Konsequenz noch dramatischer fassen, indem man sagt, dass das Subjekt überhaupt zu existieren aufhört.

Auch wenn das Beispiel sehr zugespitzt ist, sind uns aus der Alltagspsychologie unter anderem Entlastungsdepressionen und Post-Prüfungs-Antriebslosigkeiten bekannt. Nach gängigem Verständnis spielt die (partielle) Ziellosigkeit, die sich mit dem Erreichen wichtiger Lebensziele (wie dem Absolvieren eines Studienabschlusses) vielfach einstellt, eine zentrale Rolle für depressives Erleben. Mein forciertes Beispiel einer Festlegung, ein großes philosophisches Buch zu schreiben, lässt sich von entsprechenden Alltagserfahrungen her verstehen. Es hat sein alltagspraktisches Pendant in einer besonderen Arbeit (wie einer Dissertation), der sich ein Individuum verschreibt und deren Fertigstellung allzu häufig dazu führt, dass das betreffende Individuum nicht mehr recht weiß, was es noch beziehungsweise, etwas weniger dramatisch gefasst, als Nächstes hervorbringen soll. Wenn ein Subjekt in den von ihm verfolgten Stellungnahmen zu sich Erfüllung erreicht, droht eine Antriebslosigkeit, mit der das Subjekt insgesamt gefährdet ist.

Diese praktischen Andeutungen sind hilfreich für ein Verständnis von Heideggers Analyse, die sich durch folgende Überlegung schärfen lässt: Wenn Subjekte dadurch eine Einheit realisieren, dass sie in Bezug auf eine offene Zukunft Stellungnahmen zu sich verfolgen, dann sind diese Stellungnahmen strukturell auf Unerfüllbarkeit beziehungsweise Unerreichbarkeit angelegt.[41] Das Subjekt ist durch Stellungnahmen nur in dem Maße auf die Zukunft bezogen, wie sie jede denkbare Erfüllbarkeit übersteigen. Es verliert strukturell seine Einheit, wenn die Stellungnahmen mit einer möglichen Erfüllbarkeit verbunden sind. Aus diesem Grund ist das, was Heidegger als »Ausstand« bezeichnet, konstitutiv.

So kommt Heidegger zu dem paradox anmutenden Gedanken, dass die Einheit des Subjekts sich als Unganzheit realisiert. Dieser Gedanke ist für einen hermeneutisch-kritischen Begriff von Subjektivität grundlegend. Er lässt sich als wesentliches Element einer Explikation zweier grundlegender Aspekte von Verstehen begreifen, die in den zurückliegenden Überlegungen deutlich geworden sind. Verstehen ist demnach erstens mit einer grundsätzlichen Fraglichkeit von Verständnissen verbunden und setzt zweitens eine Gemeinschaftlichkeit von Kriterien voraus, die in Konflikten erarbeitet werden. Die Fraglichkeit von Verständnissen impliziert, dass Subjekte sich nicht in und mit ihren Verständnissen abschließen. Sie müssen so zu Verständnissen gelangen, dass diese für sie grundsätzlich revidierbar sind, also immer aufs Neue aufs Spiel gesetzt werden können. Dies erfordert eine Öffnung auf die Zukunft hin. Kein Verständnis, zu dem ein Subjekt gelangt, darf strukturell auf Selbstverständlichkeit festgelegt sein (was nicht bedeutet, dass nicht Verständnisse *de facto* als selbstverständlich behandelt werden). Dieser Bedingung wird man durch das Selbstkritik-Modell und den für es charakteristischen Gedanken der Öffnung gerecht. Die Verständnisse, die ein Subjekt gewinnt, werden diesem Modell zufolge nicht einfach als solche in seinen Verständnishaushalt integriert, sondern werden durch den konstitutiven Zukunftsbezug des Subjekts offen gehalten. Aufgrund der für alle Verständnisse konstitutiven Stellungnahmen zu ihnen sind die Verständnisse mit der Struktur einer fortgesetzten Infragestellung verbunden.

Für die Öffnung auf die Zukunft hin ist die Entwicklung der Gemeinschaftlichkeit im Konflikt entscheidend, da in dieser Gemeinschaftlichkeit Kriterien etabliert werden, an denen Subjekte in

41 Vgl. William Blattner, *Heidegger's Temporal Idealism*, Cambridge, Massachusetts 1999, S. 82.

Konflikten mit anderen ihre Verständnisse messen. Die konfliktive Interaktion in Bezug auf Verständnisse gibt damit eine wichtige Teilantwort auf die Frage, wie Subjekte sich auf die Zukunft hin festlegen. Diese Teilantwort lautet: Die Stellungnahmen kommen durch Kriterien der Selbstkritik zustande, die in Konflikten gemeinschaftlich etabliert beziehungsweise reaktualisiert werden. In der Explikation von Konflikten habe ich argumentiert, dass Konflikte Orientierungsgrößen bedürfen, die eine Entwicklung eigenständiger Perspektiven anleiten können. Diese Orientierungsgrößen setzen eine zeitliche Struktur voraus, die erst mit Blick auf den Gedanken der Unganzheit des Subjekts begreiflich wird: Sie stellen Stellungnahmen dar, die auf eine offene Zukunft bezogen sind. Die Stellungnahmen sind so beschaffen, dass sie sich nicht abarbeiten und in diesem Sinn erschöpfen lassen.

Wenn zum Beispiel eine (formale) Orientierungsgröße wie Widerspruchsfreiheit in Meinungsverschiedenheiten etabliert wird, gilt kein zukünftiger Zustand von Meinungen als ein solcher, an dem das Erfülltsein der Orientierungsgröße sich final feststellen ließe. Jeder beliebige zukünftige Zustand von Meinungen muss sich an der Orientierungsgröße messen lassen, sofern sie als solche keine Revision erfährt. Die im Konflikt gemeinschaftlich etablierten Orientierungsgrößen sind in diesem Sinn als unerschöpflich zu begreifen. Die Öffnung von Subjekten in eine unbestimmte Zukunft hinein bildet die Grundlage der Stellungnahme durch Orientierungsgrößen. Die Stellungnahme ist dadurch gemeinschaftsstiftend, dass sie einen Ausstand begründet: Die Orientierungsgrößen lassen sich nicht erschöpfen.

Die Grundstruktur konfliktiver Interaktion, die ich im dritten Kapitel nachvollzogen habe, lässt sich erst an diesem Punkt in ihrer Konstitution einsichtig machen. Sie beruht auf der Verfasstheit von Subjekten, die ihre Einheit gerade dadurch begründen, dass sie sich an Unerschöpfliches binden. Heidegger hat diese Struktur des Subjekts mit der These gefasst, dass Sein eine fundamentale Temporalität aufweise. Wir haben aber gesehen, dass die Temporalität des Bezugs auf eine offene Zukunft nur einen Aspekt der von Heidegger angestoßenen Revision in der Ontologie von Subjektivität darstellt. Der Bezug auf die offene Zukunft muss, so ein weiterer zentraler Aspekt, als ein solcher gefasst werden, der nicht nach der Logik der Erfüllung funktioniert. Die Temporalität der Spannung zwischen

Vergangenheit, Gegenwart und Zukunft, die Heidegger in seinen zeitphilosophischen Überlegungen ausbuchstabiert, macht als solche also nur eine Dimension des hermeneutisch-kritischen Subjektbegriffs aus. Die andere Dimension liegt in dem, was Heidegger als »Entwurf« bezeichnet[42] und was sich am besten mit dem Begriff der selbstkritischen Stellungnahme zu sich einholen lässt. Subjekte sind aufgrund der für sie konstitutiven Stellungnahmen zu sich mit Unerschöpflichkeit verbunden.

1.4 Die Distanzierung von Subjekt und Objekt

Für hermeneutische Erläuterungen von Subjektivität ist es, wie bereits angesprochen, charakteristisch, von einer grundlegenden Verbundenheit von Geist und Welt auszugehen. Anders als verbreitete Varianten, das Verhältnis von Subjekt und Objekt philosophisch anzugehen, setzen hermeneutische Positionen nicht bei skeptischen Bedenken mit Blick auf die subjektive Zugänglichkeit des Objektiven an.[43] Zugleich aber bleiben sie auch nicht einfach bei der These von der grundlegenden Verbundenheit stehen. Sie werfen vielmehr die Frage auf, wie eine Bewegung der Distanzierung von Subjekt und Objekt von der grundlegenden Verbundenheit beider aus begriffen werden kann. Wie vermögen Subjekte aus ihrer grundlegenden Verwobenheit mit der Welt heraus eigenständige Perspektiven zu entwickeln? Mit den Erläuterungen zur grundsätzlichen Unerschöpflichkeit von auf eine offene Zukunft hin eingegangenen Festlegungen von Subjekten sind wir einer Antwort auf diese Frage näher gekommen. Mit den von Subjekten hervorgebrachten Stellungnahmen kommt es zu einer Bewegung der Distanzierung von Subjekt und Objekt. In dem Maße, in dem ein Subjekt Stellungnahmen hervorbringt, wird es durch die Welt korrigierbar. Die Kriterien der Selbstkritik, an die es sich bindet, können sich als solche erweisen, bei denen die Welt nicht mitspielt, gegen die sie Einspruch erhebt.

Die Bewegung der Distanzierung, von der hier die Rede ist, muss aus der Verwobenheit von Geist und Welt heraus begriffen

42 Vgl. Heidegger, *Sein und Zeit*, S. 145 (§ 31).

43 »Der ›Skandal der Philosophie‹ besteht nicht darin, daß dieser Beweis bislang noch aussteht, sondern *darin, daß solche Beweise immer wieder erwartet und versucht werden.*« (Heidegger, *Sein und Zeit*, S. 205, § 43)

werden. In der undistanzierten Situation dieser Verwobenheit folgt das Subjekt der Welt in all dem, womit sie es konfrontiert. John McDowell zum Beispiel erläutert die Gebundenheit des Subjekts an die Welt primär in Begriffen der Wahrnehmung. Ein Subjekt sieht demnach unmittelbar, was in der Welt der Fall ist, und leistet so in seinen Überzeugungen der Welt Folge.[44] Ein solches Folgeleisten ist aber als eine Grenzsituation des Verstehens zu begreifen, in der das dem Verstehen innewohnende Potential von Freiheit nicht entfaltet ist. Die in diesem Fall gegebene Distanzlosigkeit von Subjekt und Objekt im Verstehen wird seinem Potential nicht gerecht. Dieses Potential ist mit den Stellungnahmen verbunden, aus denen heraus ein Subjekt sich konstituiert. Sie führen dazu, dass das Subjekt nicht bloß unmittelbar versteht, womit es konfrontiert ist. Vielmehr fordert das, womit das Subjekt konfrontiert ist, seine Stellungnahmen und stellt damit das Subjekt insgesamt in Frage.

Es mag hilfreich sein, die Struktur der Distanzierung durch Beispiele ein wenig zu verdeutlichen. Stellen wir uns ein Individuum vor, das in eine von religiösen Vorstellungen dominierte Welt hinein sozialisiert wurde. Das betreffende Individuum ist damit vertraut, überall das Wirken Gottes und ein Geschehen zu sehen, das der göttlichen Vorsehung entspricht. Wenn dieses Individuum dann (womöglich im Rahmen religiöser Konflikte) für sich entdeckt, dass Gerechtigkeit als ein übergreifender Wert zu begreifen ist, und sich an diesen Wert bindet (im Sinne von »Ich begreife mich als jemanden, dem es grundlegend um die Verwirklichung von Gerechtigkeit geht«), dann beurteilt es all das, womit es konfrontiert ist, auf diesen Wert hin. Es versteht dann die Welt nicht mehr in selbstverständlicher Weise als im Sinne des göttlichen Willens eingerichtet. So kann sich zum Beispiel Bedürftigkeit aus seiner Perspektive als ein Aspekt der Welt erweisen, der für das Individuum an Verständlichkeit verliert. Vor dem Hintergrund der Stellungnahme mittels der Orientierungsgröße der Gerechtigkeit ist Bedürftigkeit nicht weiterhin als ein Aspekt der göttlichen Ordnung anzusehen, sondern als ein Zustand, den es zu verändern gilt.

Noch ein anderes Beispiel: Denken wir an ein Individuum, das die natürliche Welt in vielen ihrer Zusammenhänge in besonderer Weise zu verstehen gelernt hat. Es ist in eine Perspektive hin-

44 Vgl. McDowell, *Geist und Welt*, Paderborn 1998, u. a. S. 51.

eingewachsen, in der die Natur als Inbegriff einer aus sich heraus zu verstehenden Ordnung erscheint. Die Natur gilt ihm als das schlechthin Selbstverständliche. Wenn nun das Individuum aus einer solchen Situation heraus die Bewahrung der Natur für sich als eine Orientierungsgröße entdeckt, an die es sich bindet, ändert sich sein Verständnis von Natur. Das Individuum begreift sich nun als jemand, dem ein Arbeiten gegen die Zerstörung der Umwelt aufgegeben ist. Dies führt dazu, dass sich ändert, was es in der natürlichen Welt wahrnimmt. Hat es bislang unterschiedliche Momente der natürlichen Welt immer als Aspekte eines umfassenden Naturzusammenhangs begriffen, so werden ihm einige dieser Momente nun fremd. Es beginnt, sie als Manifestationen von Missständen zu verstehen, die nicht zu natürlichen Zusammenhängen gehören. In dem Maße, in dem das Individuum für sich eine Stellungnahme zu sich hervorbringt, bricht der Raum der Selbstverständlichkeit des Verstehens auf und kommt es zu einer Distanzierung, die sich in Unverständnissen beziehungsweise veränderten Verständnissen niederschlägt.

Der Mechanismus der Distanzierung von Subjekt und Objekt lässt sich allgemein folgendermaßen fassen: Die von einem Subjekt hervorgebrachten Stellungnahmen führen zu einer Entfremdung zwischen der Beschaffenheit der Welt und dem, was man als Verständniserwartungen des Subjekts aus den von ihm hervorgebrachten Stellungnahmen heraus bezeichnen kann. Die Entfremdung hat dabei keinen destruktiven oder blockierenden, sondern einen produktiven Charakter.[45] Das Subjekt bildet durch seine Stellungnahmen eine Eigenständigkeit aus, die einerseits eine Infragestellung von Verständnissen und andererseits die Eröffnung von Konflikten mit anderen erlaubt. Die Entfremdung entwickelt sich dabei in gradueller Art und Weise. Je deutlicher Stellungnahmen Kontur gewinnen und je umfassender sie ein Subjekt bestimmen, desto mehr fungieren die Welt und die anderen, mit denen das Subjekt sich auseinandersetzt, als ein Feld möglicher Widerstände. Die Stellungnahmen, mit denen das Subjekt sich voraus ist, führen eine strukturelle Distanz zu all dem ein, was ihm begegnet. Das, was die Welt und andere bereithalten, kann sich als etwas erweisen,

45 Zur Produktivität von Entfremdung bei Hegel Birgit Sandkaulen, »Bildung bei Hegel – Entfremdung oder Versöhnung?«, in: *Hegel-Jahrbuch* 1 (2014), S. 430-438.

das nicht mitspielt und das es insofern auf seine Verständlichkeit hin zu befragen gilt.

Das Subjekt konstituiert sich so durch die Stellungnahmen, an die es sich bindet, in einer Bewegung der Distanzierung von all dem, womit es in der Objektivität und von Seiten anderer Subjekte konfrontiert ist. Es *ist*, so kann man die hermeneutisch-kritische Perspektive zuspitzend artikulieren, diese Distanzierung. In der Grenzsituation der grundlegenden Verbundenheit mit der Welt gibt es das Subjekt in gewisser Weise nicht als eigenständige Instanz – es ist, bildlich gesprochen, in die Welt aufgelöst. Ohne Distanz zur Welt hat es keinen eigenständigen Bestand. Dennoch beruht die Konstitution des Subjekts zugleich auf der Verbundenheit mit der Welt. Gegenüber den auf Integration beruhenden Explikationen der Einheit des Subjekts behauptet das Selbstkritik-Modell diese Verbundenheit als Grundlage von Subjektivität. Die im Sinne der Integration gehaltenen Modelle lassen es so erscheinen, als konstituiere das Subjekt sich aus sich heraus, so dass es in seiner Konstitution als von der Welt getrennt begriffen wird. Damit aber wird Verstehen im Sinne einer nicht-autologischen Konfrontation mit der Welt letztlich unbegreiflich. Das Selbstkritik-Modell geht davon aus, dass Subjektivität nicht von einer grundlegenden Trennung her konzipiert werden kann, sondern auf einer Verbundenheit mit der Welt beruht. Nur von dieser Verbundenheit her lässt sich eine Bewegung der Distanzierung begreiflich machen, die für Subjektivität nach hermeneutisch-kritischem Verständnis konstitutiv ist.

Hier zeigt sich in aller Klarheit das Erfordernis, im Rahmen einer Explikation des Verstehens auf Subjektivität zu sprechen zu kommen. Die mit allem Verstehen verbundene Fraglichkeit von Verständnissen lässt sich nur auf Grundlage der Distanzierung explizieren, die Subjekte durch die von ihnen hervorgebrachten Stellungnahmen realisieren. Die Konstitution der Eigenständigkeit von Subjekten ist ein wesentliches Moment des Verstehens. Wie dargelegt, beruht diese Konstitution darauf, dass Subjekte sich in die Zukunft hinein an Stellungnahmen binden. Dadurch, dass es einem Subjekt um etwas geht, steht es mit seinen Stellungnahmen in der Zukunft auf dem Spiel. Das Auf-dem-Spiel-Stehen begründet eine Distanz zur Welt und zu anderen. Diese Distanz ist nicht als Trennung zu begreifen, sondern hängt graduell an der Art und Weise, wie durch Stellungnahmen zu sich Bindungen an die Zukunft eingegangen werden. Dabei lässt sich sehr pauschal die folgende Formel als Richtschnur heranziehen: Je mehr ein Subjekt durch Stellungnahmen gebunden ist, desto größer ist seine strukturelle Distanzierung von der Welt und von anderen.

2. Die Struktur der für Subjekte konstitutiven Selbstkritik

Mit der Explikation der für Subjekte konstitutiven Bewegung der Distanzierung von der Welt aber ist die hermeneutische Explikation von Subjektivität noch nicht am Ende. Der Grund dafür ist einfach einzusehen. Die Distanzierung des Subjekts von der Welt, die eine notwendige Bedingung alles Verstehens ist, stellt zugleich eine Gefahr für das Verstehen dar. Die vom Subjekt hervorgebrachten Stellungnahmen und als Selbstkonzeptionen verfolgten Ansprüche können so strikt ausfallen, dass sie einen Eigensinn begründen, aufgrund dessen das Subjekt jeglichen Kontakt zur Welt und zu anderen verliert. Die Eigenständigkeit des Subjekts, die sich durch die Ansprüche und Festlegungen konstituiert, kann so auch in ein Extrem ausschlagen, in dem sie mit Blick auf eine Realisierung von Verstehen gerade nicht mehr produktiv ist.

Das Verhältnis, in dem Subjekte zur Welt stehen, ist so aus hermeneutisch-kritischer Perspektive aus einem Spannungsfeld heraus zu begreifen. Auf der einen Seite dieses Spannungsfelds befindet sich die mehrfach angesprochene Grundsituation einer grundlegenden Verbundenheit von Subjekt und Objekt und einem entsprechend selbstverständlichen, unmittelbaren Verstehen. Auf der anderen Seite zeigt sich nun eine Distanzierung des Subjekts von der Welt und von anderen, die alles produktive Maß verliert. In seinen Ansprüchen und Stellungnahmen, die den Bezug auf eine offene Zukunft sichern sollen, muss ein Subjekt also immer eine produktive Mitte zwischen einer zu großen Nähe zur Welt und zu anderen und einer zu großen Ablösung von ihnen finden. Genau dabei spielt Selbstkritik eine entscheidende Rolle.

Mit Blick auf die Struktur der Selbstkritik gilt es, noch einmal auf die Überlegungen des dritten Kapitels zu verweisen. Dort habe ich verfolgt, inwiefern Konflikte die Ausbildung einer Gemeinsamkeit voraussetzen, die auch darauf beruht, dass Konfliktparteien in

Verständniskonflikten an Kriterien arbeiten, die ihre Divergenzen zu artikulieren erlauben. Die Kriterien distanzieren beide Konfliktparteien von ihren Verständnissen. Insofern habe ich mit Sally Haslanger davon gesprochen, dass sie Elemente einer verbessernden Analyse sind. Nun kann ich es anders sagen: Sie sind Elemente von Praktiken der Selbstkritik. Konflikte, in denen um Kriterien gerungen wird, an denen Divergenzen von Verständnissen zu messen sind, leisten Selbstkritik. Selbstkritik ist dabei als der zentrale Mechanismus zu begreifen, der einerseits die Gemeinschaftlichkeit mit anderen gewährleistet und andererseits absichert, dass Subjekte den für ihr Verstehen erforderlichen Zugang zur Welt bewahren. Genau als dieser Mechanismus ist Selbstkritik ein zentrales Element in der Explikation von Verstehen.

In den folgenden Überlegungen will ich eine Rekonstruktion von Selbstkritik entwickeln, die die Überlegungen zu einem hermeneutisch-kritischen Verständnis von Subjektivität weiterführt. Dabei gilt es zum einen, Selbstkritik von der Idee der Selbstbeschneidung oder Selbstoptimierung des Subjekts zu lösen. Selbstkritik muss so gefasst werden, dass ihr primäres Ziel darin besteht, die Offenheit des Subjekts als wesentliches Moment der Konstitution seiner Einheit zu entwickeln und zu bewahren. Entscheidend für einen nicht-existenzialistischen und nicht-romantischen Begriff der Selbstkritik ist dabei zum anderen, Selbstkritik nicht als ein allein individuelles Tun zu rekonstruieren. Ein individuelles Subjekt ist mit sich in Prozessen der Selbstkritik nicht allein, sondern partizipiert in ihnen an gemeinschaftlichen Praktiken genauso wie an Interaktionen mit anderen Subjekten. Ich setze die somit angezeigte Programmatik in der Erläuterung von Selbstkritik bei einer Kritik der Existenzphilosophie an und entwickle von daher einen hermeneutisch-kritischen Begriff der Selbstkritik. Der doppelte Charakter dieser Selbstkritik als eines von einzelnen Subjekten wie von Gemeinschaften ausgehenden Geschehens kommt am Ende zur Sprache.

2.1 Zur Kritik der existenzphilosophischen Deutung von Selbstkritik

Der Begriff der Selbstkritik kann von der kritischen Philosophie Kants aus eingeführt werden. Selbstkritik wäre damit als das Vorgehen zu begreifen, mittels dessen ein Subjekt sich selbst in die eigenen Schranken weist.[46] Diesem restriktiven Verständnis von Selbstkritik lassen sich existenzphilosophische Überlegungen gegenüberstellen, die in einer grundlegenden Weise den produktiven Charakter von Selbstkritik herausgearbeitet haben. In besonderer Weise sticht hier die Philosophie Sören Kierkegaards hervor. In der *Krankheit zum Tode* begreift Kierkegaard das Erfordernis von Selbstkritik von zwei Polen der Verfehlung von Selbstheit her. Die beiden Pole liegen darin, »verzweifelt nicht man selbst sein [zu] wollen« und »verzweifelt man selbst sein zu wollen«.[47] Das Selbst wird demnach verfehlt, wenn man an ihm rigoros festzuhalten und wenn man es rigoros aufzugeben versucht.

Diese Diagnose Kierkegaards lässt sich vor dem Hintergrund der Überlegungen zur Distanzierung von Subjekt und Objekt gut nachvollziehen. Das Subjekt verfehlt sich selbst gleichermaßen in zwei Extremen, und zwar in einem Sich-in-der-Welt-Verlieren genauso wie in einem Sich-in-sich-selbst-Verlieren. Letzteres findet – so kann man im Lichte der hier verfolgten Fragestellung sagen – dann statt, wenn das Subjekt sich in seinen Stellungnahmen zu sich einigelt, also sich gerade nicht durch eine Konfrontation mit der Welt aufs Spiel setzt. Ersteres ist hingegen dann der Fall, wenn gar keine Distanzierung von Subjekt und Objekt zustande kommt. Kierkegaard verbindet die Verzweiflung in der Realisierung von Selbstheit mit der Diagnose, dass Selbstheit hier in falscher Art und Weise verfolgt werde. Es gelte, das Selbst gerade nicht aus sich heraus setzen zu wollen, sondern sein Immer-schon-Gesetztsein anzunehmen. Die Krankheit zum Tode lässt sich demnach dadurch heilen, dass man das Selbst nicht mehr aus sich heraus verfolgt.[48]

Unabhängig von den christlichen Konnotationen, die Kierkegaard mit diesem Gedanken der Überwindung von Verzweiflung verbindet, lässt sich sein Vorschlag folgendermaßen auf den Punkt bringen: Es gilt, ein zu aktivistisches Verständnis von Selbstheit (im Sinne eines *homo faber*) zugunsten eines solchen zu überwinden, das dessen Geworfenheit betont. Die Verständnisse, von denen hier die Rede ist, sind dabei als Selbstverständnisse im Sinne von Selbst-

46 Vgl. zu Kants Begriff der Kritik Adornos zuspitzende Darstellung in: Theodor W. Adorno, *Negative Dialektik*, in: ders., *Gesammelte Schriften*, Bd. 6, Frankfurt/M. 1997, S. 376.

47 Sören Kierkegaard, *Die Krankheit zum Tode*, Frankfurt/M. ²1995, S. 20.

48 Vgl. Kierkegaard, *Die Krankheit zum Tode*, S. 75.

konzeptualisierungen zu begreifen. Selbstkritik wird damit als – ein von Kierkegaard unter anderem als »Sprung«[49] in den Glauben erläuterter – Mechanismus rekonstruiert, der zur Überwindung einer falschen Selbstkonzeptualisierung führt. Ein falsches Selbstverständnis wird durch Selbstkritik in ein richtiges Selbstverständnis überführt.[50]

Mit diesem Vorschlag präformiert Kierkegaard ein existenzphilosophisches Motiv, das die Annahme eines wahren Selbst im Sinne einer richtigen Selbstkonzeption empfiehlt. Selbstkritik wird dabei als der Mechanismus begriffen, der diese Annahme bewerkstelligt. Der existenzphilosophische Ansatz ist aber in zweifacher Hinsicht als problematisch zu begreifen. Zum einen lebt er von der unhaltbaren Unterscheidung zwischen einem falschen und einem richtigen Verständnis des Selbst. Unhaltbar ist diese Unterscheidung, da sie der Rolle von Selbstkonzeptionen in der Konstitution von Subjektivität nicht in angemessener Weise Rechnung trägt. Zum anderen wird Selbstkritik aus diesem Grund nicht als Mechanismus der Modifikation von Selbstkonzeptionen begreiflich. Selbstkritik wird so erläutert, als sei sie den Selbstkonzeptionen äußerlich. Tatsächlich aber trägt Selbstkritik zur Entwicklung von Selbstkonzeptionen bei.

Zum ersten Punkt: Wer zwischen einem richtigen und einem falschen Verständnis des Selbst unterscheidet, trägt einem für Subjektivität entscheidenden Zusammenhang keine Rechnung: Konzeptionen des Selbst tragen zur Ausbildung von Selbstheit bei. Dies lässt sich unter Rekurs auf die zurückliegenden Überlegungen gut nachvollziehen: Selbstkonzeptionen wie das Verständnis eigener Aktivität sind als Festlegungen zu begreifen, mittels deren ein Subjekt sich in eine offene Zukunft hinein entwirft. Mit diesen Konzeptionen setzt es sich in Bezug auf sein zukünftiges Tun aufs Spiel. Dies gilt in analoger Weise für eine Selbstkonzeption, die das Selbst als etwas grundsätzlich Anzunehmendes begreift. Auch eine solche Selbstkonzeption liefert eine Festlegung des Subjekts, realisiert einen Anspruch, mit dem es sich auf die Zukunft bezieht. Selbstkonzeptionen sind also nicht als richtig oder falsch zu begreifen,

49 Vgl. zu Kierkegaards Begriff des Sprunges: Sören Kierkegaard, *Der Begriff Angst*, Frankfurt/M. [3]1988, S. 41 u. a.

50 Oder im Vokabular Heideggers gesagt: Ein uneigentliches Selbstverständnis wird in ein eigentliches Selbstverständnis gewendet. Vgl. Heidegger, *Sein und Zeit*, § 60.

da es keine Struktur von Selbstheit gibt, denen Selbstkonzeptionen gerecht werden könnten. Dies liegt darin begründet, dass Selbstkonzeptionen grundsätzlich zur Ausprägung von Subjektivität beitragen. Sie lassen sich aus diesem Grund nicht als Repräsentationen von Subjektivität begreifen.

Die Rolle von Selbstkonzeptionen in der Ausprägung von Subjekten lässt sich an zwei Konzeptionen hermeneutischer Provenienz ausweisen. So hat Gianni Vattimo seine Hermeneutik unter anderem mit dem Stichwort des »schwachen Denkens« profiliert.[51] Dieses Stichwort suggeriert in gewissermaßen gut existenzphilosophischer Tradition, es gelte Abschied vom starken Subjekt im Sinne einer falschen Konzeption der Verfasstheit von Subjektivität zu nehmen. In dieser Weise beruht aber der Vorschlag Vattimos genauso wie Gadamers Kritik des Subjekts auf einem Missverständnis in der Theoriebildung. Die Empfehlung, das Subjekt schwach zu konzipieren, ist als Begründung einer spezifisch veränderten subjektiven Praxis zu begreifen. In analoger Weise ist das von Harald Bloom ins Spiel gebrachte Konzept der »starken Lektüre« (*strong reading*)[52] als Plädoyer für eine spezifische Ausprägung der Eigenständigkeit interpretierender Subjekte zu deuten. Charakteristisch ist so auch hier, dass in der Theorie revisionistische Konzeptionen von Subjektivität entworfen werden, die mit der Suggestion verbunden sind, falsche Konzeptionen zu ersetzen. Diese Suggestion aber ist zutiefst irreführend. Recht verstanden handelt es sich um Konzeptionen, die in die Ausprägung von Subjektivität im Sinne der für Subjekte leitenden Ansprüche eingehen.

Dies bringt mich zum zweiten Punkt: Wenn die Unterscheidung zwischen richtigen und falschen Konzeptionen von Selbstheit leer ist, kann auch Selbstkritik nicht so rekonstruiert werden, dass sie die Aufgabe hat, von einer falschen Konzeption der Selbstheit aus den Weg zu einer richtigen Konzeption zu weisen. Selbstkritik hat ihren Ort nicht in der Begründung einer richtigen Weise der Existenz, die die Verzweiflung falscher Existenz hinter sich lässt. Vielmehr ist Selbstkritik als ein Mechanismus der Ausgestaltung von Selbstkonzeptionen im Sinne der für Subjekte leitenden Stellungnahmen zu begreifen. Die Existenzphilosophie schreibt echter

51 Vgl. Gianni Vattimo und Pier Aldo Rovatti (Hg.), *Il pensiero debole*, Rom 1983.

52 Vgl. Harald Bloom, *The Anxiety of Influence. A Theory of Poetry*, Oxford 1973, S. 5.

Selbstkritik eine revisionistische Funktion zu. Damit aber ist Selbstkritik überfordert, auch wenn es richtig ist, ihr einen produktiven Charakter zuzuerkennen. Selbstkritik ist vielfach im Sinne kleiner Münze produktiv. Sie verschiebt Festlegungen und von Subjekten verfolgte Ansprüche in unterschiedlicher Weise.

2.2 Zur Kritik der psychoanalytischen Deutung von Selbstkritik

Die Produktivität von Selbstkritik lässt sich unter anderem von einer problematischen Form des Eigensinns her begründen. Dies ist – vor dem Hintergrund nicht zuletzt der naturphilosophischen und existenzphilosophischen Strömungen des 19. Jahrhunderts[53] – in der psychoanalytischen Theorie Sigmund Freuds geschehen. Freud entwickelt seine Konzeption von Selbstkritik aus seiner klinischen Perspektive auf subjektive Blockaden heraus. Im Zentrum steht so die Frage, wie Subjekte aus sie blockierenden Strukturen befreit werden können. Selbstkritik wird als ein Mechanismus gedeutet, der blockierende Strukturen überwindet. Sie hat insofern aus der Perspektive der Psychoanalyse eine irreduzibel praktische Dimension.

Den Grundansatz der psychoanalytischen Deutung von Selbstkritik kann man mit dem Begriff der Verhärtung umreißen. Es geht Freud um Momente der geistigen Konstitution von Subjekten, die deren Verhalten unfrei werden lassen. Solche Momente lassen sich als Traumata bezeichnen. Traumatisierungen führen dazu, dass Subjekte Verhaltensweisen ausprägen, in denen sie zwanghaft befangen sind. Dies kann sich darin äußern, dass sie ihren Selbstverständnissen zuwiderhandeln. Nicht zuletzt kann es dazu führen, dass Selbstverständnisse überhaupt nicht mehr wirksam werden.

Der für die vorliegenden Überlegungen zentrale Begriff der selbstkritischen Stellungnahme ist hier hilfreich. Wenn das Verhalten eines Subjekts von Traumatisierungen bestimmt ist, kann dies bedeuten, dass es nicht mehr in der Lage ist, in wirksamer Weise zu sich und anderen Stellung zu nehmen. Die selbstkritischen Positionierungen, die es hervorbringt, greifen nicht. Richard Moran hat als anschauliches Beispiel für eine solche Stellungnahmeschwäche

53 Vgl. Odo Marquard, *Transzendentaler Idealismus – Romantische Naturphilosophie – Psychoanalyse*, Köln 1987.

folgende Situation skizziert: Ein Subjekt weiß nicht, wie es sich in einer bestimmten Situation entscheiden soll. Aus diesem Grund würfelt es, um sich zu entscheiden. Nachdem der Wurf erfolgt ist und so die Entscheidung eigentlich getroffen sein sollte, ist das Subjekt mit der Entscheidung unzufrieden und sieht sich an den Würfelwurf nicht gebunden.[54] Dieses Beispiel illustriert die Stellungnahmeschwäche, die aus Traumatisierungen resultieren kann. Das Subjekt bleibt in diesem Fall nicht bei seinen Entscheidungen, wie auch immer diese zustande gekommen sind.

Freud hat die Mechanismen, mit denen sich eine psychoanalytische Selbstkritik auseinanderzusetzen hat, unter anderem mit dem Begriff der »Verdrängung« gefasst.[55] Im psychischen Haushalt eines Subjekts kommt es demnach zu Besetzungen, die für es nicht mehr durch eigene Stellungnahmen zu erreichen sind. Die Unerreichbarkeit wird von Freud mit dem Begriff des Unbewussten erläutert. In den ersten Entwürfen seiner Theorie kommt dabei eine räumlich-topologische Vorstellung zum Tragen: Verdrängtes ist demnach an einem unzugänglichen Ort abgelagert.[56] Diese räumlich-topologische Vorstellung hat Freud in späteren Arbeiten zunehmend in Frage gestellt und ist zu einer funktionalen Erläuterung übergegangen: Unbewusste Besetzungen sind für Stellungnahmen des Subjekts unerreichbar.[57] Darin unterscheiden sie sich von bewussten Besetzungen.

Die psychoanalytische Kur zielt entsprechend darauf, Verdrängungen zu überwinden, also zu einem Zustand des psychischen Apparats zu führen, der dem Subjekt wirksame Stellungnahmen zu sich erlaubt. Selbstkritik hat die Funktion, das Subjekt in einen Zustand zu bringen, in dem nicht das Unbewusste die Regie übernimmt. Es geht darum zu verhindern, dass unbewusste Besetzungen sich im Verhalten niederschlagen. Insofern ist die Selbstkritik zum einen darauf gerichtet, dass solche Besetzungen erkannt

54 Moran, *Authority and Estrangement*, S. 95-98.

55 Vgl. dazu die programmatischen Überlegungen in Sigmund Freud, »Die Verdrängung«, in: ders., *Sigmund Freud-Studienausgabe*, Bd. 3, Frankfurt/M. 1975, S. 103-118.

56 Vgl. Sigmund Freud, »Das Unbewußte«, in: ders., *Sigmund Freud-Studienausgabe*, Bd. 3, Frankfurt/M. 1975, S. 119-173, hier: S. 134.

57 Freud spricht immer wieder von »Zensur«. Vgl. u. a. Sigmund Freud, »Das Unbewußte«, S. 152.

werden. Die Analyse zielt darauf, Besetzungen aufzudecken und so für das betroffene Subjekt erreichbar zu machen. Die Besetzungen sollen dadurch ihre Wirksamkeit verlieren. Zum anderen ist das Ziel der Selbstkritik die Wiederherstellung der Wirksamkeit von Stellungnahmen des Subjekts.

Die psychoanalytische Theorie deutet Selbstkritik in einer reaktiven beziehungsweise restitutiven Art und Weise. Selbstkritik zielt auf Wiederherstellung. Die Wiederherstellung richtet sich gegen Verhärtungen, die dem Subjekt Spielräume des eigenen Verhaltens nehmen. Selbstkritik ist damit ein Mechanismus des Aufbrechens von Verhärtungen, die aus Traumatisierungen resultieren. Im Sinne der zurückliegenden Überlegungen kann man auch sagen, dass es darum geht, eine Distanz aufzubrechen, in der jeder Kontakt zur Welt verloren geht. Aus Traumatisierungen resultiert, so gesehen, eine besondere Form des Eigensinns, die auch – wie ich im fünften Kapitel darlege – als ein Verlust von Freiheit zu begreifen ist.

Die damit knapp umrissene Deutung von Selbstkritik, die ich in forcierter Weise auf Grundlage von Freuds Theorie rekonstruiert habe, greift aber aus zwei Gründen zu kurz. Erstens entsteht hier der Eindruck, dass Verhärtungen nicht vom Subjekt selbst ausgehen, sondern aus Geschehnissen resultieren, denen das Subjekt ausgeliefert ist. Zweitens impliziert das reaktive Verständnis von Selbstkritik den Gedanken, dass diese nur dort vonnöten ist, wo das Subjekt nicht voll und ganz funktioniert. Beide Implikationen aber sind unhaltbar. Dies will ich in einigen knappen Überlegungen begründen.

Die Unterscheidung von Bewusstsein und Unbewusstsein im Sinne von dem Subjekt erreichbaren und ihm unerreichbaren psychischen Zuständen seiner selbst trägt dem Zusammenhang zwischen Selbstkritik und Verhärtungen keine Rechnung. Traumatisierungen werden als subjekt-externe Geschehnisse gedeutet, die das Subjekt von sich selbst entfremden. Eine solche Entfremdung aber geht, sofern sie das Subjekt betrifft, von ihm selbst aus. Dies hat Freud auch explizit mit seinen Überlegungen zum »Widerstand« in der Analyse theoretisch gefasst. Das sich verhärtende Subjekt entwickelt selbstkritische Operationen, die spezifische Stillstellungen festschreiben. Zwar kommen Traumatisierungen auf eine kontingente und externe Art und Weise zustande; sie werden im Subjekt aber gerade dadurch wirksam, dass sie von ihm in seinen prägenden

Wirkungen affirmiert werden. Genau dies zeigt sich darin, dass das verhärtete Subjekt sich gegen Versuche zur Wehr setzt, die Verhärtungen aufzubrechen.

Der Zusammenhang von Verhärtungen und Selbstkritik zeigt sich auch an anderer Stelle. Besonders augenfällig ist er in der Konstitution traditioneller Lebensformen – seien es solche kultureller, religiöser oder politischer Provenienz. Auch hier gilt, dass die Verhärtungen nicht einfach auf einem Ausbleiben von Selbstkritik beruhen, sondern durch selbstkritische Operationen herbeigeführt werden. Die Selbstkritik hat hier oft die Form von Rechtfertigungsnarrativen. Das schlichte »Das macht man bei uns so« oder »Das gehört sich so« zählen genauso zu ihnen wie elaboriertere Darlegungen, die die Unveränderlichkeit der jeweiligen traditionellen Formen zur Geltung bringen. In dieser Weise wirken selbstkritische Operationen an der Herausbildung traditioneller Formationen mit. Eine Tradition ist nicht aus sich heraus stabil; ihre Stabilität gewinnt sie vielmehr immer auch durch selbstkritische Operationen, die spezifische Stillstellungen immer und immer wieder bestätigen. Um es in einer knappen Formel zu sagen: Das Immergleiche ist strukturell brüchig und bedarf der immer wiederkehrenden Versicherung.

Die von Freud aus mögliche (aber, wie im fünften Kapitel deutlich wird, Freud nicht erschöpfende) psychoanalytische Deutung der Selbstkritik als eines reaktiven Mechanismus zur Wiederherstellung der subjektiven Fähigkeit, in wirksamer Weise Stellung zu sich zu nehmen, wird so gesehen dem konstitutiven Zusammenhang von Selbstkritik und Verhärtungen nicht gerecht. Selbstkritik ist immer im Spiel, wenn es zu Verhärtungen kommt. Sie ist kein reaktiver, sondern ein genuin produktiver Mechanismus.

Aus diesem Grund ist auch die zweite Implikation der rekonstruierten Deutung nicht zu halten. Selbstkritik wird nicht nur dort relevant, wo das Subjekt in seiner Konstitution nicht funktioniert. Sie ist vielmehr ein zentrales Moment dieser Konstitution. Dies lässt sich durch eine einfache Überlegung untermauern. Für Subjekte ist es nach psychoanalytischer Deutung wesentlich, in wirksamer Weise Stellung nehmen zu können. Kommt es zu einem Wiederholungszwang, ist dieses grundlegende Moment von Subjektivität gestört. Eine wirksame Stellungnahme setzt voraus, dass das Subjekt sich zu dieser Stellungnahme zu verhalten vermag. Wenn jemand anderen gegenüber ankündigt, hinfort bestimmte Verhaltensweisen zu verändern oder abzustellen (zum Beispiel weniger Alkohol zu trinken), und dann nicht zu sagen weiß, ob ein spezifisches Verhalten mit dieser Stellungnahme im Einklang steht oder nicht, werden andere ihm schwerlich folgen können. Wer zu sich Stellung nimmt, muss auf seine Stellungnahmen ansprechbar sein und sich zu ihnen verhalten können. In diesem Sinne ist Selbstkritik ein wesentliches Moment der Konstitution von Subjektivität.

In der von Freud entwickelten Theorie spielt, wie dargelegt, die Erreichbarkeit psychischer Besetzungen für das Subjekt eine entscheidende Rolle. Diese Erreichbarkeit aber ist mit dem Begriff des Bewusstseins nicht glücklich gefasst. Richtiger ist es, von einer Struktur des Selbstbewusstseins zu sprechen. Etwas ist demnach dann für ein Subjekt erreichbar, wenn es von ihm thematisiert werden kann. Insofern schließt die von Freud implizierte Struktur des Bewusstseins Selbstkritik ein. Selbstkritik lässt sich so nicht als Mechanismus begreifen, der primär bei Defekten in der Subjektkonstitution ins Spiel kommt. Sie hat überhaupt keinen reaktiven Charakter. Vielmehr ist sie ein Element der für Subjektivität zentralen Strukturen. Die Kritik der psychoanalytischen Deutung von Selbstkritik muss also herausarbeiten, inwiefern diese den grundlegenden Beitrag von Selbstkritik zur Konstitution von Subjektivität verfehlt.

2.3 Die Entwicklung von Distanz und Nähe in der Selbstkritik: das engagierte Subjekt (Taylor/Foucault/Schmitt)

Die grundsätzliche Produktivität von Selbstkritik für Prozesse des Verstehens muss von der für alles Verstehen grundlegenden Distanzierung her begriffen werden, die sowohl das Verhältnis von Subjekt und Objekt als auch das Verhältnis von Subjekt zu Subjekt betrifft. Selbstkritik hat die Aufgabe, die richtige Form der Distanz immer weiterzuentwickeln. Wie dargelegt, ist Verstehen aus dem Spannungsfeld von einer zu großen Nähe zu den Gegenständen und zu anderen Subjekten sowie einer zu großen Entfernung von ihnen zu begreifen. An den beiden äußeren Polen dieses Spannungsfelds kommt es jeweils dazu, dass eine unhinterfragte Selbstverständlichkeit das Verstehen leitet, auf der einen Seite durch vertraute Gegenstände und Subjekte des Verstehens sowie auf der anderen Seite durch stillgestellte Stellungnahmen von Subjekten bedingt. Wenn das Verhältnis verstehender Subjekte zu dem, worauf sie bezogen sind, durch Distanzlosigkeit geprägt ist, reproduzieren sich eingespielte Verständnisse fraglos. Aber auch wenn Stellungnahmen starr und rigide sind, kommt es zu einer irritationslosen Reproduktion. Erst wenn Stellungnahmen so flexibel sind, dass sie ausreichend Irritation durch Gegenstände und andere Subjekte zulassen, sind Verständnisse mit einer für sie produktiven Dynamik verbunden.

Ziehen wir als Beispiel noch einmal die Interpretation literarischer Texte heran. In den Literaturwissenschaften ist es wie in allen interpretierenden Wissenschaften und Praktiken: Immer wieder kommt es zu einer Verhärtung von Stellungnahmen, die zu einer Stereotypisierung interpretativer Prozesse führt. Mit ein wenig historischer Distanz ist das Problematische entsprechender Verhärtungen besser zu erkennen. So können aus heutiger Perspektive marxistische Interpretationen vielleicht als Beispiel den in Frage stehenden Zusammenhang anschaulich werden lassen. Wenn Interpret:innen sich in ihrer Arbeit von der Stellungnahme leiten lassen, literarische Texte auf Fragen gesellschaftlicher Produktionsverhältnisse hin zu interpretieren, drohen sie den Kontakt zu den Gegenständen zu verlieren. Zwar mag es Texte von unter anderen Honoré de Balzac und Charles Dickens geben, denen man mit einer entsprechenden Stellungnahme zum eigenen Tun gerecht werden kann, aber vielen anderen Texten lässt sich mit ihr womöglich nicht angemessen begegnen. Die Erfahrung der Auseinandersetzung mit Literatur lehrt, dass stereotype Orientierungen allzu leicht dazu führen, in allen Gegenständen, mit denen man sich auseinandersetzt, Ähnliches zu finden. Eine entsprechend forcierte Lesart literarischer Texte kann sich zwar in Einzelfällen als durchaus instruktiv erweisen, wird aber in vielen Fällen doch zu verzerrenden Ansichten führen.

Das Beispiel mag veranschaulichen, inwiefern für Verstehen immer wieder die selbstkritische Befragung von Stellungnahmen erforderlich ist, mittels deren man auf Distanz zu Gegenständen und anderen Subjekten geht. Selbstkritik erweist sich als Prozess, um die durch Stellungnahmen realisierte Distanzierung immer weiter zu justieren. Dabei sind als grundsätzliche Festlegungen Kriterien wie die Angemessenheit von Verständnissen und die Frage nach einer treffenden Ausdrucksweise entscheidend. Das, was angemessen beziehungsweise treffend ist, lässt sich aber nur dann bestimmen, wenn Verstehen nicht als Selbstverständlichkeit funktioniert. Genau dazu muss das jeweils richtige Maß der Distanz zu Objekten und anderen Subjekten realisiert werden. Wenn einfach im Sinne starker und unverrückbarer subjektiver Orientierungen verstanden wird, ist das Verstehen genauso selbstverständlich, wie wenn es aus einer ungebrochenen Verbundenheit von Geist und Welt heraus erfolgt. Stellungnahmen müssen so immer beweglich gehalten werden. Dies geschieht unter anderem dadurch, dass sie mit anderen Stellungnahmen, an die Subjekte sich binden, in ein Verhältnis wechselseitiger Korrektur gebracht werden. Selbstkritik hat keinen stabilen Maßstab, an den sie sich halten könnte, sondern basiert auf einem Abwägen zwischen unterschiedlichen Orientierungen, die Subjekte in Bezug auf ihr Verstehen eingehen.

Für die Nähe und Distanz zu Gegenständen des Verstehens ist auch die Frage entscheidend, wie man sich für Verständnisse engagiert. Diese Frage steht im Zentrum der Analyse moderner Subjektivität, die Charles Taylor vorgelegt hat. In *Quellen des Selbst* legt er dar, dass mit der Genese der Innerlichkeit des modernen Subjekts ein Desengagement und insofern eine problematische Distanzierung von der Welt verbunden sei.[58] Ganz unabhängig davon, ob man Taylor in seiner Geschichte moderner Subjektivität folgt, legt er mit seiner Analyse den Finger auf Probleme einer einseitigen Distanz von der Welt. Taylor impliziert ein Plädoyer für eine Variante der Selbstkritik, die das sich in seiner Innerlichkeit abschließende Selbst betrifft. Selbstkritische Reflexionen moderner Subjektivität sollen die Wichtigkeit normativer Bindungen für Subjektivität verständlich machen. Selbstkritik in diesem Sinn soll zu einer Subjektivität führen, die sich aus dem Engagement für eine bedeutungsvolle Welt konstituiert.

Die Position Taylors lässt sich mit derjenigen kontrastieren, die Michel Foucault in seinem Spätwerk bezogen hat. Foucault geht es darum, die Disziplinierungen zu durchbrechen, die das Subjekt im Rahmen bedeutungsvoller Weltzusammenhänge erfährt. Ihm gelten Normenzusammenhänge, die sich im weitesten Sinne als traditionell begreifen lassen, als Korsett von Subjekten. Aus diesem Grund richtet sich die von ihm reklamierte Selbstkritik des Subjekts gegen eine Praxis, durch die das Subjekt in einen festen diskur-

58 Vgl. Charles Taylor, *Quellen des Selbst*, Frankfurt/M. 1996, u.a. S. 283-287.

siven Kontext eingespannt ist. Diese Form der Selbstkritik soll den Weg dafür öffnen, Subjektivität jenseits von Praktiken der Disziplinierung zu begründen. Erst durch das Aufbrechen von Strukturen der »Subjectivation« (Althusser) kommt das Subjekt demnach zu Verständnissen, in denen es sich selbst zu realisieren vermag.

Foucault spricht unter Rekurs auf antike Praktiken von der »Sorge um sich«,[59] um die Zielvorstellung der Selbstkritik des Subjekts zu charakterisieren. Aus der Perspektive Charles Taylors handelt es sich um eine Realisierung des Subjekts aus einem Desengagement heraus. Taylor kann in der Vereinzelung des Subjekts, für die Foucault argumentiert, nur einen Ausdruck einer ins Extrem getriebenen Innerlichkeit sehen. Diese Sichtweise wiederum ist aus Foucaults Perspektive nichts anderes als eine Apologie der Disziplinierung. Das Subjekt gewinne hier aus dem von Taylor verteidigten Engagement heraus nicht die Distanz, deren es für seine Konstitution bedürfe. Die Position des späten Foucault kann man – auch gerade aus einer kritischen Perspektive wie derjenigen Taylors – als eine solche der Selbstverwirklichung begreifen. Ist Subjektivität an den Wert der Authentizität gebunden, und dies aus dem Grund, dass sie durch Authentizität die richtige Distanz zur Welt gewinnt? Oder beruht sie – im Gegenteil – auf einem erfüllenden Bedeutungszusammenhang, den sie gerade nicht begründet, sondern an dem sie partizipiert?

Die Kontroverse, die ich zwischen Taylor und Foucault inszeniere, handelt in anderer Weise von Nähe und Distanz zu Gegenständen des Verstehens. Es geht nicht darum, wie man sich von Verständnissen distanziert, sondern darum, ob Subjekte sich von sich selbst oder von machtvollen Bedeutungsstrukturen zu distanzieren haben, um sich als die Subjekte, die sie sein könnten, zu konstituieren. In Taylors Vokabular kann man die Frage, um die es geht, so artikulieren: Wie engagiert oder desengagiert hat ein Subjekt zu sein? Hat Selbstkritik auf Engagement oder auf Desengagement zu zielen? Nun sind diese Fragen aus einer gewissermaßen kulturkonservativen Perspektive gestellt. Es scheint mir angemessen, sie noch einmal anders zu artikulieren: Gewinnt ein Subjekt dadurch Distanz zu Verständnissen, dass es auf übergeordnete Bedeutungs-

59 Vgl. Michel Foucault, »Die Ethik der Sorge um sich als Praxis der Freiheit«, in: Daniel Defert, François Ewald (Hg.), *Ästhetik der Existenz. Schriften zur Lebenskunst*, Frankfurt/M. 2007, S. 253-279.

strukturen zurückgreift, oder ist es dafür vielmehr erforderlich, sich von entsprechenden Strukturen partiell zu lösen?

Die mit Taylor und Foucault aufgenommene Debatte liegt in dieser Weise quer zur Frage der Distanz von oder Nähe zu bindenden Verständnissen. Es geht vielmehr um die Frage, auf welche Weise Verständnisse bindend werden. Sind sie aufgrund umfassender Zusammenhänge bindend oder aufgrund ihrer eigenständigen Gestaltung? Sollte eine Selbstkritik, die die Bindung stärkt, das Subjekt in Zusammenhängen engagieren, die aus Tradition heraus Bindungskräfte versprechen? Oder sollte sie zu eher losen Bindungen führen, die das Subjekt aus sich heraus gestaltet? Denken wir noch einmal an das Beispiel der Interpretation von Literatur und an die Frage, wie die für das Verstehen relevante Distanz herzustellen ist: Basiert diese Distanz auf etablierten Orientierungen, auf die das Subjekt sich festlegt, oder basiert sie auf Orientierungen, mittels deren es sich von etablierten Orientierungen loslöst? Stammen die Bindungskräfte der Orientierungen aus ihrer Verankerung in Interpretationstraditionen oder aus der Lösung von ihnen?

Gerade am Beispiel der Interpretation von Literatur wird deutlich, dass diese Fragen in die Irre führen. Wer literarische Texte angemessen interpretieren will, darf sich weder einfach an hergebrachte Orientierungen noch an eigenständig etablierte Orientierungen halten. Beides führt dazu, dass literarische Texte nicht in ihren Eigenheiten erfasst werden können. Dies gilt für alle Gegenstände des Verstehens. Selbstkritik in der Auseinandersetzung mit ihnen kann nicht dadurch realisiert werden, dass man sich einfach an Orientierungen bindet, auf welche Weise auch immer. Selbstkritik kann nur dadurch gelingen, dass Gegenstände des Verstehens eine irritierende Kraft zu entfalten vermögen. Selbstkritik ist mit einem verunsichernden Moment verbunden. Bei der von Taylor und Foucault in Anschlag gebrachten Verstärkung oder Stiftung von Bindungen kommt dieses Moment nicht zustande.

Die konzeptionelle Rahmung, die Charles Taylor dem Verständnis von Selbstkritik gibt, erweist sich hier als klärend. Er macht geltend, dass eine aus Innerlichkeit hervorgehende Selbstkritik zu einer Lähmung von Engagement führt. Auch bei Foucault ist diese konzeptionelle Rahmung indirekt leitend. Auch er setzt voraus, dass Selbstkritik nicht funktioniert, wenn Desengagement vorherrscht. Das Desengagement ist nur für ihn – anders als für Taylor – in einer

Tradition (Foucault spricht von einem »Dispositiv«) begründet, aus der es sich zur Realisierung von Selbstkritik zu lösen gilt.

In den Positionen von Taylor und Foucault wirkt so eine Problematisierung desengagierender Selbstkritik fort, die in nahezu idealtypischer Art und Weise Carl Schmitt vorgetragen hat. In seinen sehr pointierten Überlegungen zu Shakespeares Hamlet interpretiert er den Prinzen von Dänemark als Prototyp einer Selbstkritik, die zu Lähmung führt.[60] Hamlets Reflexion führe, wie man im Vokabular Taylors sagen kann, zu einem Desengagement, das den Protagonisten gegenüber den herrschenden Verhältnissen ohnmächtig mache. Schmitt sieht darin eine für die Neuzeit und Moderne paradigmatische Übersteigerung selbstkritischer Reflexion, die überwunden werden müsse, um zur Tat zurückzufinden.

Gerade an der zuspitzenden Interpretation, die Carl Schmitt anbietet, wird aber ein Fehlverständnis von Selbstkritik deutlich. Offensichtlich ist, dass Schmitt die produktive Seite von Hamlets Haltung übergeht. Er lässt es so erscheinen, als führe Selbstkritik dazu, dass nichts geschieht. Das ist aber sowohl in Shakespeares Narrativ als auch grundsätzlich nicht der Fall. Selbstkritische Reflexion ist eine Weise der Gestaltung von Praxis, die transformative Wirkungen zeitigt. Die zögerliche Reflexion Hamlets ist ein Element, das ein Geschehen in Gang bringt. Insofern ist die Alternative, die von Schmitt in aller Deutlichkeit etabliert wird und die in gewisser Hinsicht auch die Überlegungen von Taylor und Foucault leitet, falsch. Die selbstkritische Reflexion steht der Tat nicht entgegen, sondern muss ihrerseits als eine Transformation der Tat verstanden werden. Sie gehört dem tätigen Subjekt untrennbar an.[61]

Ich schließe aus den Überlegungen zu Taylor, Foucault und Schmitt, dass es entscheidend ist, das genuin verunsichernde Moment von Selbstkritik in seiner Produktivität aufzuklären. Verunsicherung ist als eine Gestaltung tätiger Praxis zu begreifen und nicht als ihre unproduktive Unterbrechung. Es gilt, Selbstkritik so zu rekonzeptualisieren, dass sie in ihrer eigenen Weise der Gestaltung

60 Vgl. Carl Schmitt, *Hamlet oder Hekuba. Der Einbruch der Zeit in das Spiel*, Stuttgart 1985.

61 Die Untrennbarkeit von selbstkritischer Reflexion und tätiger Praxis hat in aller Klarheit Hegel behauptet. Besonders markant sind diesbezüglich seine Überlegungen aus dem Gewissens-Abschnitt der *Phänomenologie des Geistes*. Vgl. Hegel, *Phänomenologie des Geistes*, S. 464-494.

von Engagement gewürdigt wird. Dies ist gerade im vorliegenden Kontext von besonderer Wichtigkeit, da die Fraglichkeit des Verstehens nicht ohne Rekurs auf eine als produktiv verstandene Selbstkritik expliziert werden kann.

2.4 Selbstkritik als Selbstverunsicherung (Hegel)

Die bisherige Diskussion von Verständnissen der Selbstkritik führt zu der Einsicht, dass Selbstkritik vielfach zu sehr im Sinne eines Integrationsmodells von Subjektivität gedacht wird. Selbstkritik soll – so die eine verbreitete Perspektive – das Subjekt rezentrieren oder wird – so die gegenläufige andere Perspektive – als Praxis verstanden, die eine solche Rezentrierung unterminiert. Das im Sinne von Integration einheitliche Subjekt wird dabei als Ziel oder Problemhorizont von Selbstkritik angesetzt. Da wir aber gesehen haben, dass Subjektivität im Sinne der Öffnung zu verstehen ist, liegt es nahe, auch die Orientierung von Selbstkritik an dem Gedanken der Integration in Frage zu stellen. Die Produktivität der Selbstkritik muss im Sinne der Öffnung verstanden werden.

Dies legen auch die Diskussionen zu existenzialistischen, psychoanalytischen und für das engagierte Subjekt plädierenden Verständnissen von Selbstkritik nahe. Wir haben gesehen, dass hier jeweils die Produktivität von Selbstkritik nicht in angemessener Weise gefasst wird. Entweder wird sie ganz übergangen – wie bei einer revisionistischen Konzeption von Selbstkritik – oder sie wird nur eingeschränkt zugestanden – wie bei einer reaktiven Konzeption von Selbstkritik. Selbstkritik aber muss so gefasst werden, dass ihr eine genuine Form der Produktivität zukommt. Selbstkritik ist ein konstitutiver Mechanismus, mittels dessen sich die Einheit des Subjekts ausbildet. Wenn man die Einheit im Sinne der Öffnung begreift, wird dies begreiflich.

Indirekt machen die Diskussionen der zurückliegenden Abschnitte deutlich, dass Selbstkritik im Sinne der Verunsicherung funktioniert. Unzweifelhaft ist dies bei Carl Schmitt zu sehen, der allerdings die Verunsicherung als eine solche missdeutet, die unproduktiv verbleibt. Auch Kierkegaards Plädoyer für ein Selbst, das weder verzweifelt es selbst noch verzweifelt nicht es selbst zu sein sucht, konstatiert indirekt die Notwendigkeit, sich auf Unsicherheit einzulassen. Auch hier aber wird die Produktivität einer solchen Unsicherheit nicht in ausreichender Konsequenz gefasst. Verunsicherung, so das Desiderat der Diskussionen, muss als für das Subjekt produktive Kraft verstanden werden, die auch von ihm selbst ausgeht.

Zwei Thesen erlauben es, sich einem angemessenen Verständnis der für Subjektivität konstitutiven Selbstkritik anzunähern: Erstens öffnet Selbstkritik das Subjekt dafür, Momente anderer und der Welt aufnehmen zu können, auf die es nicht als solche eingestellt ist. Zweitens führt Selbstkritik als Selbstverunsicherung dazu, dass das Subjekt seine Identität stets von neuem aufs Spiel setzt, so dass es nicht von einer bestehenden Identität her zu begreifen ist.

Die erste These lässt sich plausibilisieren, wenn man eine klassische Form von Selbstkritik betrachtet. Denken wir noch einmal an die sonntägliche Predigt in christlichen Religionsgemeinschaften (oder eine verwandte Form religiöser Ansprache in anderen Religionen; vgl. III.2.4). Hier werden religiöse Grundüberzeugungen wie das Konzept der Nächstenliebe ausgelegt. Dadurch wird den Hörerinnen und Hörern der Predigt die betreffende Grundüberzeugung als selbstkritisches Kriterium nahegebracht. Sie sollen ihr eigenes Tun daraufhin ausrichten, dass es der Grundüberzeugung gerecht wird. Insofern ist die Selbstkritik mit dem Anspruch verbunden, in Konflikten (mit sich selbst und mit anderen) produktiv zu werden. Sie soll dazu beitragen, zukünftiges Verhalten in spezifischer Weise auszugestalten.

Denken wir zudem auch an eine alltägliche Form der Selbstkritik, das ernsthafte Gespräch unter Freundinnen und Freunden. Wenn man mit einem Freund über Probleme spricht, die er in seiner Partnerschaft hat, dann können hierbei Kriterien wie die Offenheit dem anderen gegenüber und die Bereitschaft, sich auf den anderen einzulassen, eine Rolle spielen. Auch für solche Kriterien gilt, dass sie mit dem Anspruch verbunden sind, das eigene Tun im Konflikt mit anderen auszurichten. Wie man in einem Gespräch agiert und wie man sich in einer Freundschaft oder einer Partnerschaft verhält, soll durch die Kriterien mitbestimmt werden.

Viele Praktiken lassen sich als solche der Selbstkritik verständlich machen. Jeweils haben diese Praktiken strukturell ihren Sitz in Konflikten, wie ich sie im dritten Kapitel erläutert habe. Es beginnt mit der Erziehung oder allen Lehr- und Lernkontexten, in denen darüber nachgedacht wird, was zu tun richtig ist. Ein Symptom der

Relevanz von Selbstkritik in Erziehungskontexten liegt darin, dass die Erziehenden gerade in Bezug auf das, was sie in selbstkritischer Perspektive für richtig halten, besonders scharf divergieren können. Hier geht es um nichts weniger als das, was man für die richtige Form menschlichen Lebens hält. Diese soll Kindern nahegebracht werden. Auch therapeutische Kontexte sind Orte der Selbstkritik.

Wie bereits erwähnt, macht Hegel Kunst, Religion und Philosophie als besondere Praktiken aus, die eine kritische Reflexion historisch-kulturell etablierter Lebensformen leisten. Die kritische Reflexion treibt die Lebensformen dabei nach seiner Einsicht genauso voran, wie es sie zugleich stabilisiert. In den Künsten sind vielfältige Formen der Selbstkritik entwickelt. Nicht zuletzt Popmusik leistet dies in verbreiteter Weise. Und was Hegel als Philosophie bezeichnet, muss breit verstanden werden: Es umfasst jede Form begrifflicher Auseinandersetzung mit der eigenen Praxis – wie sie zum Beispiel in Kommentaren in den Medien, in Essays, in vielen theoretischen Wissenschaften und nicht zuletzt im bereits erwähnten Gespräch unter Freundinnen und Freunden stattfindet (oft auch angestoßen durch Literatur und andere künstlerische Formen).

Wenn man Selbstkritik als konstitutives Moment von Subjektivität von diesen Kontextualisierungen in Konflikten her begreift, wird zugleich verständlich, dass Subjekte nicht aus sich heraus bestehen. Erst aus intersubjektiven Interaktionen innerhalb von Gemeinschaften heraus können sie sich bilden. Insofern gilt es, Selbstkritik nicht vom einzelnen Subjekt, sondern von seiner Interaktion mit anderen und aus gemeinschaftlichen Strukturen heraus zu begreifen. Selbstkritik ist kein individuelles Verhalten. Sie muss von der Struktur von Konflikten her begriffen werden, in der Subjekte mit anderen zusammenstehen und aus denen heraus sie sich in ihrer Eigenständigkeit konstituieren. Die Eigenständigkeit des Subjekts resultiert aus Strukturen der Selbstkritik, die ihrerseits im Rahmen konfliktiver Interaktionen mit anderen in gemeinschaftlichen Zusammenhängen stehen. Die Selbstkritik eröffnenden Kriterien, aufgrund deren Subjekte ihre Einheit aus Distanzierung heraus gewinnen, entstammen den Gemeinschaften, die sich in Konflikten bilden.

Wie aber wirken diese Kriterien? Wer sein Verhalten auf seine Bereitschaft hin betrachtet, sich auf den anderen einzulassen, geht zu diesem Verhalten auf Distanz. Er wird strukturell unsicher dahingehend, wie er sein eigenes Verhalten einschätzen soll. Die Unsicherheit ermöglicht es, das Verhalten als eines zu betrachten, das möglicherweise unpassend ist und geändert werden sollte. In dieser Weise wirkt die Selbstkritik als Selbstverunsicherung. Wenn Kriterien ins Spiel kommen, an denen man eigene Überzeugungen oder Handlungen kritisch misst, tritt eine Unsicherheit dahingehend ein, welche Überzeugungen oder Handlungen richtig sind. Diese Unsicherheit ist produktiv. Sie führt dazu, dass das Subjekt sich in neuer Weise ausrichten kann und so verhindert, in seinen Überzeugungen oder Handlungsweisen zu verkrusten.

Der Mechanismus der Selbstverunsicherung, die durch Selbstkritik gestiftet wird, hat drei Dimensionen: Erstens schärft Selbstkritik den Blick für Momente in der Welt, die anders als erwartet ausfallen. Wer das Konzept der Nächstenliebe ins Spiel bringt, kann unsicher dahingehend werden, wie genau spezifische soziale Verhältnisse in der eigenen Umgebung einzuschätzen sind. Selbstverständliche Einschätzungen wie die der Bedürftigkeit oder Nichtbedürftigkeit kommen so auf den Prüfstand. Die sozialen Verhältnisse, um die es geht, erfahren eine Aufmerksamkeit, die sich auf Aspekte richtet, die möglicherweise von bisherigen Einschätzungen nicht erfasst werden.

Zweitens öffnet Selbstkritik das Subjekt für das, was Emmanuel Lévinas als Anspruch des Anderen bezeichnet. Das Subjekt wird unsicher darin, wie andere einzuschätzen sind und welche Bedürfnisse sie haben. Aufgrund seiner Unsicherheit ist es in der Lage, in konfliktiven Interaktionen mit anderen Impulse aufzunehmen, die von anderen ausgehen. Die nicht einkalkulierten Momente, die andere mit sich bringen oder die von ihnen hervorgebracht werden, provozieren Reaktionen von Seiten des Subjekts, allerdings nur dann, wenn es offen ist, um die Momente wahr- und aufzunehmen. Das, was das Subjekt berechnend in Bezug auf andere verfolgen mag, wird damit über den Haufen geworfen. Entscheidend in der Auseinandersetzung mit anderen ist, dass sie Impulse setzen können, um die intersubjektiven oder gemeinschaftlichen Interaktionen weiterzuentwickeln. Impulse können nur gelingen, wenn auf Seiten derer, die mit diesen Impulsen konfrontiert sind, Offenheit besteht, um von dem Einkalkulierten abzuweichen. Genau dies wird durch selbstkritische Operationen ermöglicht.

Das Subjekt lässt sich aber aufgrund von selbstverunsichernden

Kriterien nicht nur von der Welt und von anderen in Bewegung setzen. Die Kriterien führen drittens auch dazu, dass das Subjekt sich selbst in Bewegung setzt. Die Befragung eigener Überzeugungen und Verhaltensweisen unter Rekurs auf selbstkritische Kriterien kann auch dazu führen, dass das Subjekt sich selbst verändert. Die Konversion ist der Extremfall einer aus dem Subjekt heraus geschehenden Umformung vieler grundlegender Überzeugungen im Sinne einer Selbstkritik, die einen äußeren Anstoß haben mag, aber immer auch Bewegungen innerhalb des Subjekts einschließt. Die Selbstveränderung des Subjekts nimmt allerdings nicht immer das Extrem einer Konversion an. In vielen Fällen geht es um kleine Verschiebungen von Überzeugungen und Korrekturen von Handlungsweisen. Hier ist nicht zuletzt das Üben eines Instruments, das Üben einer Handwerkstechnik oder das Üben einer chirurgischen Operationstechnik instruktiv. Im Zuge von Vorgängen des Übens kommt es zu einer Aufmerksamkeit auf Abläufe, die nicht funktionieren oder die nicht leichtgängig sind. Solche Abläufe werden oft vielfach wiederholt und nicht zuletzt auch mit Kniffen begleitet, bis sie im Idealfall in Fleisch und Blut übergegangen sind. Hier ist Selbstkritik in einer sehr praktischen Weise daran beteiligt, dass das Subjekt sich in kleinen Schritten verändert. Auch im Alltag finden solche kleinschrittigen Selbstveränderungen vielfach statt, vom einfachen Verlangsamen der Schritte bis zur Vermeidung lästiger Füllwörter oder -laute beim freien Sprechen.

Der hier entfaltete Begriff der Selbstkritik mag erst einmal weit hergeholt klingen. Er ist aber aus vielen Philosophien vertraut, die das Subjekt als in Prozesse eingebettet verstehen. Bereits in der Aristotelischen Bestimmung der Seele kann man prozessuale Elemente ausmachen, die in dem Wesen begründet liegen, das die Entwicklung der Seele (auf die Zukunft hin) festlegt.[62] Diese prozessualen Elemente treten im Denken Spinozas und besonders Hegels noch deutlicher hervor. Hegels Begriff der »Selbstbewegung«[63] bringt den prozessualen Gedanken gut zum Ausdruck. Auch wenn Hegel ihn für übersubjektive Vorgänge in Anschlag bringt, lässt er sich in aufschlussreicher Weise in der Theorie des Subjekts heranziehen. Dass dies eher nicht geschieht, mag auch darin begründet liegen,

62 Aristoteles, *Über die Seele / De anima*, Hamburg 2017, 415b.
63 Hegel, *Phänomenologie des Geistes*, S. 27.

dass Hegels Begriff zu einem Missverständnis einlädt. Er scheint zu besagen, dass das Subjekt (oder in Hegels Perspektive: der Geist) sich aus seiner Identität heraus in seiner Bewegung steuert. Aber das ist nicht, was Hegel sagt. Selbstbewegung heißt für ihn, dass die Identität als Endpunkt der Bewegung zu begreifen ist – ein Endpunkt, der letztlich nicht erreicht wird. Nach Hegels Verständnis macht die Selbstbewegung des Geistes aus, dass er sich selbst von seinem Anderen bewegen lässt. Dies aber ist nur dadurch möglich, dass der Geist aus sich heraus Festlegungen hervorbringt, die dem Anderen Spielräume eröffnen, ihn in Bewegung zu setzen. So ist der Geist (oder das Subjekt) in seiner Selbstbewegung gerade nicht an eine vorgängige Identität gebunden und erreicht auch keine abschließende Identität.

Hegels abstrakte Überlegungen zur Selbstbewegung des Geistes aus seinem Verhältnis zur Natur lassen sich mit dem hier entwickelten Begriff der Selbstkritik im Rahmen der Theorie des Subjekts konkreter fassen. Selbstkritik liegt darin, dass ein Subjekt sich von seinen eigenen Überzeugungen und seinem eigenen Verhalten distanziert. Die Distanzierung resultiert aus Stellungnahmen, in denen das Subjekt auf Kriterien rekurriert, an denen es sich selbstkritisch misst. Genau dadurch öffnet es sich in Bezug auf Irritationen, die die es umgebende Welt bereithält. An diesen Irritationen entwickelt sich das Subjekt weiter. Da die Entwicklungen aus den Stellungnahmen resultieren, die es selbstkritisch hervorgebracht hat, handelt es sich um Selbstbewegungen.

Mit seinen Überlegungen zur Selbstbewegung des Geistes löst Hegel das scheinbare Paradox der Selbstverunsicherung. Folgende Frage kann die Problematik umreißen: Inwiefern kann sich das Selbst selbst verunsichern? Es klingt danach, als wurzele die Selbstverunsicherung im Selbst und damit in Selbstsicherheit. Das aber klingt widersprüchlich. Selbstsicherheit scheint schlecht als Grund für Selbstverunsicherung begriffen werden zu können. Hegel aber macht deutlich, dass hier durchaus eine plausible Struktur vorliegt. Die Formel von der Identität der Identität und der Nichtidentität lässt sich in Bezug auf die durch Selbstkritik initiierte Selbstbewegung des Subjekts folgendermaßen konkretisieren: Das Subjekt setzt sich als (Mit-)Autor:in selbstkritischer Stellungnahmen zu dem Selbst hin in Bewegung, das sich aus einer Auseinandersetzung mit der Welt und mit anderen und nicht zuletzt auch mit sich selbst heraus entwickelt. Das Selbst ist in einem ständigen Werden begriffen, das von ihm selbst ausgeht.

Hegel vertritt damit negativ die These, dass die Identität eines Subjekts weder als solche Bestand hat noch sich einfach aus Kontingenzen – aufgrund äußerer Anstöße – heraus formt. Positiv gewendet besagt seine Einsicht, dass sich die Identität eines Subjekts nur dadurch konstituieren kann, dass sie aufs Spiel gesetzt wird. Eine Identität, die aus sich heraus Bestand hat, kann mit äußeren Herausforderungen nicht umgehen. Sie bleibt als solche konstant oder geht zugrunde. In beiden Fällen kommt es nicht zu einer Reaktion auf Äußeres. Eine solche Reaktion setzt voraus, dass das Subjekt seine Identität dadurch gewinnt, dass es sie aufs Spiel setzt. Sehr allgemein ausgedrückt: Die Identität geht aus Identität (als selbstkritischer Operation) und Nichtidentität (den Herausforderungen, denen gegenüber das Subjekt sich durch seine Selbstkritik öffnet) hervor.

An Hegels Erläuterungen lässt sich ersehen, dass es falsch ist, Selbstkritik im Dienst einer ursprünglichen oder gestörten Identität oder einer intakten Handlungsmacht zu sehen. Die in den ersten drei Abschnitten dieses Teils diskutierten Konzeptionen von Selbstkritik halten aus Hegels Sicht an einer unhaltbaren Vorstellung von Identität fest, die darin besteht, die Identität als in sich gefestigt zu begreifen. Die Identität funktioniert nur in dem Maße, in dem sie aus sich heraus in Bewegung ist. Genau das wird durch die Erläuterung von Selbstkritik als Selbstverunsicherung eingeholt. Selbstverunsicherung geht, so gesehen, tatsächlich von einem Subjekt aus, das sich aufs Spiel setzt, um sich dadurch in seiner stets veränderlichen Identität zu gewinnen.

Das Subjekt ist, so kann man die Rolle von Selbstverunsicherung zugespitzt fassen, dadurch, dass und wie es sich – in Interaktionen mit anderen und in Auseinandersetzung mit der Welt – aufs Spiel setzt. Subjektivität ist immer wieder als ein Bei-sich-Sein verstanden worden. Aber das ist sie nicht. Sie ist ein Sich-aufs-Spiel-Setzen. Subjekte konstituieren sich dadurch, dass sie sich in Auseinandersetzung mit der Welt, mit anderen und mit sich selbst entwickeln. Das aber setzt, wie wir gesehen haben, Momente der Selbstverunsicherung voraus, da nur durch diese Momente die besagten Auseinandersetzungen tatsächlich zu einer Identität beitragen. Andernfalls kommt es nur zu irgendwelchen Veränderungen, die nicht mit einer subjektiven Perspektive verbunden sind.

3. Subjekte des Verstehens – ein letzter Zwischenstand

Die Frage, inwiefern allem Verstehen ein Potential der Freiheit innewohnt, hat uns dazu gebracht, eine Rekonzeptualisierung dessen anzustrengen, was Subjekte ausmacht. Subjekte sind immer wieder von ihrer Einheit und Identität her bestimmt worden. Das gilt auch für Fragen des Verstehens. Gerade der Gedanke, dass Subjekte als Effekte von Verstehensgeschehnissen – Gadamer spricht von einem »Flackern im geschlossenen Stromkreis des geschichtlichen Lebens«[64] – zu begreifen sind, stützt sich auf eine weit verbreitete Auffassung von Subjektivität. Das Subjekt wird in den Positionen, die ich im ersten Kapitel diskutiert habe, von der Einheit und Identität her gedacht, die es im Verstehen auf je neue Weise gewinnt. Der von Donald Davidson gebrauchte Begriff der Übergangstheorie für die Veränderung des Subjekts in einer Situation des Verstehens ist hier klärend (vgl. oben I.2). Das Subjekt wird als Einheit gedacht, die sich in einem Moment des Verstehens jeweils herstellt. Mit dieser momentanen Einheit sind all die Einheiten überwunden, die es zuvor ausmachten, und die Einheiten noch nicht erreicht, die in der Zukunft folgen werden.

Die Überlegungen dieses Kapitels klären, inwiefern eine entsprechende Konzeptionalisierung des Subjekts im Sinne einer momentan im Verstehen hergestellten Einheit fehlgeht. Subjekte bilden in ihrem Verstehen keine momentanen Einheiten, sondern überschreiten die Gegenwart immer auf die Zukunft hin. Die Form von Einheit, die sie ausbilden, resultiert aus der Spannung, die sich zwischen der Vergangenheit, der Gegenwart und der Zukunft herstellt. Der Übergang im Verstehen, von dem Davidson spricht, basiert auf der Überschreitung auf eine offene Zukunft hin, öffnet damit aber auch die Vergangenheit, da er immer wieder eine Umdeutung vergangener Verständnisse herbeiführt. Insofern ist die Überschreitung nicht punktuell, sondern prozessual verfasst. Die Überschreitung beruht auf Prozessen der Selbstkritik, die für alles Verstehen konstitutiv sind. Die Frage, ob richtig beziehungsweise angemessen verstanden wird, fasst den Anstoß dieser Prozesse paradigmatisch. Aus Selbstkritik heraus konstituieren sich Subjekte in ihrem Verstehen so, dass sie sich auf die Zukunft und damit auf

64 Gadamer, *Wahrheit und Methode*, Tübingen ^{6}1990, S. 281.

Gegenstände des Verstehens und andere, mit denen sie im Verstehen interagieren, hin öffnen.

Auch wenn Subjekte von dem bewegt werden, was sie verstehen, werden sie doch nicht allein von Geschehnissen getrieben, die durch immer neue Gegenstände des Verstehens bestimmt sind. Sie bilden ihr Verstehen in dem Sinne mit fort, dass sie implizit und explizit die eigenen Verständnisse immer wieder selbstkritisch befragen. In dieser Befragung sind sie mit anderen verbunden. An der Fassung von Subjekten als momentanen Einheiten ist insbesondere falsch, dass ihr Verstehen in isolierter Weise aus ihnen heraus gedacht wird. Bei aller Betonung des interaktiven Charakters im Verstehen, wie es sich zum Beispiel bei Gadamer und Davidson findet, wird es in einem solchen Bild dennoch in unhaltbarer Weise individualisiert. Eine solche Individualisierung aber wird ihm nicht gerecht. Verstehen ist eine Gemeinschaftsanstrengung, und zwar eine solche, die nicht auf einer gemeinschaftlichen Normierung des Verstehens, sondern auf einer gemeinschaftlichen Kritik des Verstehens beruht.

In Prozessen der Selbstkritik sind Subjekte untrennbar mit anderen verbunden. Ihre Auseinandersetzung damit, wie sie verstehen, geschieht sowohl mit anderen zusammen als auch im Angesicht anderer. Das interaktive Bild legt nahe, dass Subjekte in ihrem Verstehen als je einzelne Einheiten anderen gegenüberstehen. Wenn man dieses Bild hinter sich lässt, kann man eine grundsätzliche Verbindung von Subjekten im Verstehen zur Geltung bringen: Subjekte ringen in Konflikten gemeinsam um Kriterien für ihr Verstehen. Richtig an hergebrachten Explikationen des Verstehens ist, auf seiner Veränderlichkeit zu insistieren. Verstehen ist allerdings nicht nur dadurch beweglich, dass Subjekte mit immer neuen Gegenständen des Verstehens konfrontiert sind. Seine Beweglichkeit rührt auch daher, dass Subjekte sich mit anderen – sei es konsonant oder dissonant – zusammen bewegen. Die von Subjekten in der Gemeinschaft ausgehende Bewegung resultiert aus Selbstkritik.

Mit den steten Veränderungen im Verstehen ist noch ein weiterer Aspekt verstehender Subjektivität verbunden, auf den wir im zweiten Kapitel gestoßen sind und der sich in der Aussage fassen lässt, dass Subjekte des Verstehens improvisatorische Fähigkeiten haben. Sie sind immer wieder in Strukturen befangen, in denen sie im Rahmen eines gemeinschaftlichen Geschehens passiv und aktiv zugleich sind. Die für das Verstehen grundlegenden – unter anderem in Selbstkritik bestehenden – Aktivitäten sind konstitutiv mit Passivität verbunden. Hier ist der Zusammenhang von Impuls und Reaktion instruktiv. Im Verstehen sind Subjekte immer zugleich Reagierende und Impulsgeber. Sie reagieren auf andere und Gegenstände des Verstehens und setzen mit ihren Reaktionen immer wieder auch Impulse für andere. Dafür brauchen sie improvisatorische Fähigkeiten. Sie müssen in der Lage sein, immer wieder in neuer Weise auf andere und Gegenstände, mit denen sie konfrontiert sind, zu reagieren und sich dabei in ihren Reaktionen zu korrigieren.

In den improvisatorischen Fähigkeiten verstehender Subjekte spielen Wahrnehmungen und eigene sprachliche Aktivitäten zusammen. Ein wesentlicher Aspekt ihrer selbstkritischen Aktivitäten besteht darin, in je neuer Weise sprachliche (und andere symbolische) Äußerungen hervorzubringen, mit denen sie Impulse für die Fassung von Kriterien für Verständnisse geben. Ihr Status als Instanzen der Selbstkritik setzt voraus, dass sie immer wieder in eigener Weise Stellung nehmen, und wenn sie dabei möglicherweise auch nur mit ihrer eigenen charakteristischen Stimme die Perspektiven einer Gemeinschaft vertreten. Jede Stellungnahme setzt voraus, dass ein Subjekt seine Stimme erhebt. Dies kann es zugleich nur in angemessener Weise tun, wenn es in seiner Wahrnehmung offen ist für das, was nicht den hergebrachten Schemata entspricht. Verstehen setzt voraus, dass im Hören, Lesen und Sehen eine Offenheit für Zusammenhänge besteht, die nicht vertraut sind. Verstehende Subjekte müssen in der Lage sein, sich in ihren Wahrnehmungen immer wieder auf Unerwartetes einzustellen. Wie auch bereits im zweiten Kapitel angesprochen, ist mit Blick auf sprachliche Zusammenhänge immer wieder geltend gemacht worden, dass viele Zusammenstellungen sprachlicher Elemente, die wir hervorbringen, in dieser Weise noch nicht hervorgebracht wurden und auch zukünftig nicht noch einmal hervorgebracht werden (vgl. II.2.1). Wer verstehen will, muss damit Schritt halten.

In den Überlegungen zu Improvisation, Konflikt und Selbstkritik ist deutlich geworden, dass alles Verstehen auf komplexen Fähigkeiten beruht. Zu diesen Fähigkeiten gehört eine besondere Fähigkeit, die man pointiert als die »Fähigkeit des Verlernens der eigenen Fähigkeiten« bezeichnen kann. Wer versteht, lernt stets neu und anders zu verstehen. Die Grundlagen verstehender Subjektivität bestehen nicht in Fähigkeiten (der Wahrnehmung und der Hervorbringung von Symbolen), die auf Stabilität und Kontrolle angelegt sind, sondern in Fähigkeiten, die stete Veränderungen möglich machen. Wenn man Subjekte als Instanzen der Selbstkritik begreift, kann man diesen Fähigkeiten Rechnung tragen: Selbstkritik liegt auch darin, die eigenen Fähigkeiten zur Disposition zu stellen. Subjekte des Verstehens sind auf Bewegung hin konstituiert.

Die Bewegung hat, wie in den zurückliegenden Überlegungen immer wieder deutlich wurde, eine besondere zeitliche Dimension: Sie ist von Vergangenheit und Gegenwart her auf die Zukunft hin ausgerichtet. Das Subjekt hat seine Existenz nicht in erster Linie im Hier und Jetzt. Es ist vielmehr als unabgeschlossen zu begreifen und überschreitet die Gegenwart aus diesem Grund konstitutiv. Subjekte bestehen nicht aus einem Bewusstseinsstrom, der sich von der Vergangenheit in die Gegenwart erstreckt. Die Erinnerungen, die sie im Rahmen eines Bewusstseinsstroms zu verbinden vermögen, machen sie nicht allein und primär aus. Vielmehr konstituieren Subjekte sich durch das, was sie an Vorhaben verfolgen. Sie sind dadurch, dass sie zu sich selbst Stellung nehmen.

In der Folge neostrukturalistischer Theoriebildung ist immer wieder vom »Tod des Subjekts« gesprochen worden.[65] Das Subjekt wurde für überhöhte Momente von Selbstgegenwart und Gewissheit kritisiert. Entsprechende Kritiken aber sind richtig und falsch zugleich. Richtig ist, dass das Subjekt nicht von Gegenwart und Selbstgewissheit her rekonstruiert werden kann. Damit aber ist das Subjekt nicht erledigt, da es in anderer Weise rekonstruiert werden kann und muss. Subjekte sind konstitutiv durch Strukturen geprägt, aufgrund deren sie unabgeschlossen sind. Sie sind nur dadurch, dass für sie die Gegenwart in die Zukunft überschritten ist. Ein Subjekt, für das es um nichts geht, ist nicht. Insofern trifft die These vom Tod des Subjekts nicht das, was es ausmacht.

Ein Topos philosophischer Geschichtsschreibung will, dass das Subjekt in seiner neuzeitlichen Gestalt von Descartes inthronisiert wurde. Descartes prägt das Verständnis des Subjekts als denkender Selbstgegenwart, als ein Denken des Denkens (*cogitare se cogitare*).[66]

65 Vgl. hierzu Herta Nagl-Docekal, Helmuth Vetter (Hg.), *Tod des Subjekts?*, Wien 1987.

66 Vgl. René Descartes, *Meditationes de prima philosophia*, Hamburg 1977, S. 161 (*meditatio* VI).

Selbstbewusstsein ist konstitutiv für alles Bewusstsein. Diese klassische Übersetzung eines Grundgedankens der Neuzeit, die sich zu dem in der Einleitung dieses Kapitels bereits angesprochenen »Ich denke, [das] alle meine Vorstellungen muss begleiten können«[67] Kants fortschreibt, ist aber nicht unproblematisch. Oder genauer: Es gilt die Struktur dessen zu klären, was mit dem Begriff des Selbstbewusstseins hier genau bezeichnet ist.

Immer wieder wird unterstellt, dass Selbstbewusstsein als eine Vergegenwärtigung des eigenen Bewusstseins zu begreifen ist. Die zurückliegenden Überlegungen aber haben gezeigt, dass diese Bestimmung irreführend ist. Die Eigenart von Selbstbewusstsein wird verfehlt, wenn man es als eine bloße Verdopplung von Bewusstsein versteht. Bewusstsein lässt sich als episodische Gegenwart mentaler Gehalte erläutern. Selbstbewusstsein ist aber nicht ein entsprechendes Bewusstsein des eigenen Bewusstseins im Sinne einer Gegenwart des Bewusstseins als spezifischen mentalen Gehalts. Die entsprechende Erläuterung trägt unter anderem der Transparenz des Bewusstseins keine Rechnung, also dem Sachverhalt, dass zum Beispiel ein Wahrnehmungsgehalt und ein Bewusstsein dieses Wahrnehmungsgehalts keinen unterschiedlichen Gehalt haben.[68] Daraus folgt aber keine Ununterscheidbarkeit von Bewusstsein und Selbstbewusstsein, sondern die Notwendigkeit, die Eigenart von Selbstbewusstsein anders zu verstehen.

Selbstbewusstsein besteht in Stellungnahmen zu sich, zu den Gehalten des eigenen Bewusstseins. Die Stellungnahmen konstituieren keine Selbstgegenwart, sondern eine Distanz von und damit Brechung der Gegenwart. Mit einer Stellungnahme zu einem Gehalt des Bewusstseins steht dieser Gehalt zur Disposition. Damit weist die Stellungnahme in die Zukunft. Sie fordert Möglichkeiten der Revision der Gehalte, die nur in der Zukunft zustande kommen können. Selbstbewusstsein ist so gesehen eine Öffnung des Bewusstseins auf die Zukunft hin und in diesem Sinn ein Durchbrechen von Gegenwart. Wenn man Subjekte als Instanzen von Selbstkritik begreift, zeigt sich, dass der Begriff der Selbstgegenwart sie verfehlt. Das heißt aber nicht, dass das *cogitare se cogitare* gänzlich aufzugeben wäre. Es gilt nur zu verstehen, dass *cogitare*

67 Immanuel Kant, *Kritik der reinen Vernunft*, B131.

68 Vgl. hierzu unter anderem Moran, *Authority and Estrangement*, bes. S. 60-65.

an den beiden Stellen etwas je Unterschiedliches bedeutet.[69] Das zweite *cogitare* steht für eine ›einfache‹ Bewusstseinsepisode. Das erste *cogitare* hingegen bedeutet ein Stellungnehmen, mit dem eine Perspektive auf Gehalte von Bewusstsein eröffnet wird. Höherstufiges Denken besteht nicht in geistigen Gehalten, sondern in Stellungnahmen zu ihnen.

Kants »Ich denke« ist in dieser Hinsicht klärend. Man mag Kant so verstehen, dass er Selbstbewusstsein als bloße Form begreift, die sich durch den urteilsförmigen Zusammenhang geistiger Gehalte herstellt. Aber es ist hilfreich, ihn anders zu verstehen. Wenn geistige Gehalte mit einem »Ich denke« verbunden sind, nimmt ein Subjekt zu ihnen in dem Sinne Stellung, dass es sie vertritt. Es erfährt die geistigen Gehalte nicht einfach, sondern behauptet sie. Nun ist die Behauptung eines bestimmten geistigen Gehalts erst einmal nicht sehr spezifisch. Aber man kann den Gedanken Kants leicht ausweiten: Er besagt, dass das Subjekt sich durch unterschiedliche Akte des Behauptens in Bezug auf seine geistigen Gehalte konstituiert.

Solche Akte des Behauptens habe ich in diesem Kapitel mit dem Begriff der Stellungnahme gefasst. Ein Subjekt hat geistige Gehalte dadurch, dass es sich durch Stellungnahmen auf sie bezieht. Wie ich in den zurückliegenden Überlegungen gezeigt habe, verändert sich damit all das, was Einheit des Subjekts heißen kann. Einheit ist nicht die Gesamtheit all der mentalen Zustände, auf die sich ein Subjekt als sein Eigen bezieht – oder eine Gesamtheit einer wie auch immer zu charakterisierenden anderen Art. Das »Ich denke« zeigt an, dass es dem Subjekt um etwas geht. Insofern ist das Subjekt ein auf Zukunft ausgerichtetes Sein. Mit seinen Stellungnahmen steht es konstitutiv auf dem Spiel und bleibt so unabgeschlossen.

Dabei finden alle Stellungnahmen im Rahmen eines Zusammenspiels mit anderen statt. Das »Ich denke« konstituiert sich nicht isoliert, sondern ist genauso mit anderen, und zwar sowohl

69 Hobbes hat gegen Descartes eingewandt, ein *cogitare se cogitare* sei unmöglich, da das Bewusstsein immer nur einen Gedanken haben könne (vgl. Thomas Hobbes, *Objectiones tertiae in Meditationes de prima philosophia*, Ob. II, AT VII, S. 173). Hobbes' Argumentation aber verliert ihren Angriffspunkt, wenn man die Struktur des Selbstbewusstseins nicht als Verdopplung des Bewusstseins, sondern als sowohl strukturell heterogen wie auch zeitlich über die Gegenwart hinausweisend begreift.

Individuen als auch Gruppen, verbunden. Im Rahmen komplexer Akte des Behauptens kommen Subjekte zugleich mit vielen anderen Subjekten zustande, und dies genauso als individuelle wie als kollektive Subjekte. Insofern lässt sich der Ansatz Kants in der Erklärung von Subjektivität durchaus in produktiver Weise weiterentwickeln. Damit kommt man unter anderem zu Hegels Vorschlag, dem zufolge die wechselseitige Konstitution von Subjekten im Rahmen von Gemeinschaften stattfindet. Ganz im Sinne Hegels lässt sich sagen, dass Subjekte aus diesen Zusammenhängen heraus mit ihren Stellungnahmen konstitutiv auf dem Spiel stehen und so unabgeschlossen bleiben. Für sie ist eine Öffnung anderem und anderen gegenüber konstitutiv.[70]

Die besagte Öffnung hat für eine kritische Theorie des Verstehens eine wichtige Implikation. Die Frage nach der Einheit des Subjekts erweist sich nicht nur von theoretischer Natur, sondern hat eine grundlegend praktische Seite. Das Subjekt steht als Instanz von Selbstkritik in Konflikten mit anderen und steht damit immer vor der Frage, wie die von ihm vertretene Kritik von anderen aufgenommen wird. Subjekte vertreten einander gegenüber Stellungnahmen zur eigenen Praxis. Insofern ist alles Verstehen mit Fragen der Gestaltung intersubjektiver und gesellschaftlicher Verhältnisse verbunden. Welche kritischen Festlegungen sind angemessen? Welche Kriterien sind relevant beziehungsweise erforderlich für eine gute Einrichtung des sozialen Miteinanders? Diese Fragen kommen nicht allein dort ins Spiel, wo es dezidiert um soziale oder politische Zusammenhänge geht. Sie sind auch für die Konstitution des Subjekts relevant, da dieses anderen gegenüber immer selbstkritische Perspektiven vertritt, die sich auch auf Aspekte des Zusammenlebens beziehen.

Nun wären die kritischen Perspektiven von Subjekten falsch verstanden, wenn man alle Subjekte für Gesellschaftskritiker:innen in irgendeinem engeren Sinne hielte. Vielfach sind Stellungsnahmen bestätigend mit Blick auf gesellschaftliche Verhältnisse und werden auch in diesem Geist anderen gegenüber vertreten. Paradigmatisch hierfür sind unter anderem Kontexte, die sich im weitesten Sinn als

70 Entsprechende Überlegungen finden sich bei Hegel unter anderem in dem Gewissens-Abschnitt der *Phänomenologie des Geistes* und dem abschließenden Kapitel zum »Absoluten Wissen«; vgl. hierzu Bertram, *Hegels »Phänomenologie des Geistes«*, bes. S. 291-302.

traditionell charakterisieren lassen, aber vielfach auch Erziehungssituationen. Oftmals geht es in diesen Kontexten beziehungsweise Situationen um die Bekräftigung von herrschenden Normen in einer Auslegung, die wenig substantielle Brüche kennt. Dennoch gilt auch hier, dass es Subjekte ausmacht, sich durch Stellungnahmen immer wieder strukturell von den Normen ihres Verstehens zu distanzieren. Sie bestärken die Normen aus der Distanz heraus.

Auch dort, wo sich gesellschaftlich – zumindest dem Anschein nach – wenig bewegt, sind Subjekte unentwegt mit ihren Stellungnahmen im Sinne des sozialen Miteinanders aktiv. Selbstkritik prägt so die Konstitution des Subjekts auch dort, wo sie nicht als solche hervorsticht. Dennoch ist ihre konstitutive Rolle die Grundlage für alle Gesellschaftskritik im engeren Sinne.[71] Auch wenn sie noch so zurückgezogen leben, sind Subjekte gesellschaftliche Akteure. Mit ihren Stellungnahmen stehen nicht nur sie, sondern immer auch die von ihnen vertretenen Konzepte sozialen Miteinanders auf dem Spiel. Insofern stößt die Frage nach der Einheit des Subjekts uns auf die Art und Weise, wie Subjekte von sich aus im Zusammenspiel mit anderen gesellschaftliche Zusammenhänge prägen. Die Einheit des Subjekts äußert sich darin, wie diese in ihrer Konstitution immer auch zu den Kontexten Stellung nehmen, in denen sie leben.

Ich habe dieses Kapitel unter anderem mit der Frage begonnen, was Subjekte als solche begreifbar macht, die marginalisiert und mit ihren Stimmen aus gesellschaftlichen Diskursen ausgeschlossen werden können. Die Frage »Can the subaltern speak?« stellt sich in einer grundsätzlichen Weise. Im Laufe der zurückliegenden Überlegungen ist deutlich geworden, dass sie in der Konstitution des Subjekts wurzelt. Da die Einheit des Subjekts sich in Stellungnahmen realisiert, die immer auch einen gesellschaftsprägenden Charakter haben, droht Subjekten mit ihren Stellungnahmen konstitutiv der Ausschluss. Dass Subjekte auf dem Spiel stehen, betrifft nicht nur die Frage, ob sie mit ihren Stellungnahmen ihr eigenes zukünftiges Selbst zu prägen vermögen, sondern auch die Frage, ob andere sie mit ihren Stellungnahmen an gesellschaftlichen Zusammenhängen teilhaben lassen. Diese Frage ist in die Konstitution von Subjekten eingelassen.

71 Vgl. zu einer Weiterführung dieses Gedankens mit Blick auf Gesellschaftskritik auch Robin Celikates, *Kritik als soziale Praxis. Gesellschaftliche Selbstverständigung und kritische Theorie*, Frankfurt/M. 2009.

So führt eine kritische Theorie des Verstehens zu einem Bild von Subjektivität, das nicht nur ihren prekären Charakter, sondern auch ihre stete soziale Unabgesichertheit betont. Es gehört zu Subjekten, dass ihnen – wie ich im Geiste Stanley Cavells sagen will – die Stimme genommen werden kann. Dies ist dann der Fall, wenn andere auf ihre Stellungnahmen nicht eingehen. Wenn man erkennt, dass das Subjekt mit dem Begriff der Selbstgegenwart nicht gefasst werden kann, da es in einer konstitutiven Selbstüberschreitung besteht, klärt sich seine Angreifbarkeit. Aufgrund seiner Offenheit ist das Subjekt nicht abgesichert. In sozialen Zusammenhängen zeigt sich die Unabgesichertheit unter anderem in Momenten der Marginalisierung und des Ausschlusses. Insofern erweist es sich als wichtig, den Begriff des Subjekts mit Fragen postkolonialer Theorie zu konfrontieren.

Subjekte sind verstehende Wesen. Ihr Verstehen fordert Kriterien, die aus der Interaktion von Subjekten mit anderen Subjekten hervorgehen. Was Subjekte sind, sind sie als Instanzen, die voreinander wechselseitig Kriterien vertreten und diese Kriterien prägen sowie weiterentwickeln. Dabei gilt es für die zu sich in ihrem Verstehen Stellung nehmenden Subjekte, Kriterien des Verstehens immer wieder der Konfrontation mit der Welt auszusetzen. Die Theorie des Verstehens führt so zu einem Begriff des Subjekts als eines Wesens, das nur durch Auseinandersetzung mit der Welt zu sich kommen kann. Zugleich setzt das Zu-sich-Kommen voraus, dass das Subjekt auf Distanz zu sich und zur Welt geht. Dies setzt Mechanismen der Selbstkritik voraus. Von diesen Mechanismen her muss das Subjekt als ein verstehendes Wesen gedacht werden.

Kapitel V
Das Potential der Freiheit

Wer versteht, kann immer noch einmal anders verstehen. Eine Verstehende kann sich von ihren Verständnissen distanzieren, indem sie für sich die Frage aufwirft, ob sie richtig versteht oder anders verstehen sollte. Veränderungen von Verständnissen können einfach so geschehen. Aber sie können auch als solche herbeigeführt werden. In der Möglichkeit, zu Verständnissen Stellung zu nehmen, liegt das besondere Potential im Verstehen begründet, das ich als Potential der Freiheit bezeichne. Ein wichtiges Ziel der Überlegungen dieses Buches besteht darin, dieses Potential und seine Bedeutung für alles Verstehen aufzuklären. Letztlich soll damit auch ein Beitrag zur Theorie der Rationalität erbracht werden, da in der Verknüpfung von Verstehen und Freiheit ein zentrales Charakteristikum des Rationalen besteht.

Was aber macht die dem Verstehen innewohnende Freiheit aus? Wie lassen sich die bisherigen Darlegungen mit Blick auf den Begriff der Freiheit auf den Punkt bringen? Und welcher Begriff der Freiheit gewinnt damit im Rahmen einer Theorie des Verstehens Kontur? Die Überlegungen zu Konflikt und Selbstkritik als konstitutiven Momenten des Verstehens haben den am Begriff der Improvisation entwickelten Gedanken verstärkt, dass Freiheit nicht als eine anders geartete Selbstverständlichkeit des Verstehens zu begreifen ist. Im Verstehen ist es wie in anderen improvisatorischen Praktiken: Freiheit muss immer wieder aufs Neue verwirklicht werden. Das Potential dafür ist im Verstehen und seiner improvisatorischen Grundstruktur angelegt. Eine Explikation der dem Verstehen innewohnenden Freiheit kann nun von dem Punkt ausgehen, der mit dem Begriff der Selbstkritik erreicht ist.

Selbstkritik ist kein Selbstzweck und keine ziellose Bewegung. Sie ist darauf gerichtet, Verständnisse zu verbessern, sie angemessener, produktiver oder – ganz allgemein gesagt – so neu zu fassen, dass sie in günstiger Weise weiterentwickelt werden. Mit jeder aus Selbstkritik herbeigeführten Veränderung von Verständnissen gewinnen Verstehende ein Moment an Freiheit gegenüber Verständnissen. Der bindende Charakter bestimmter Verständnisse wird in einem gewissen Maß aufgehoben. Die damit realisierte Freiheit ist graduell und muss entwickelt werden. Insofern bestätigt sich hier noch einmal, dass Freiheit im Verstehen keine Selbstverständlichkeit darstellt, die als solche vorausgesetzt werden könnte.

Es gilt entsprechend zu rekonstruieren, inwiefern Subjekte als Instanzen der Selbstkritik auf Freiheit hin angelegt sind und Freiheit zu entwickeln vermögen. Subjekte sind – anders als der Begriff des Geschehenscharakters nahelegt – nicht einfach in ihren Verständnissen befangen. Wer versteht, kann sich zu Verständnissen verhalten. Verstehende handeln mit anderen Kriterien aus, mittels deren sie zu ihren Verständnissen Stellung nehmen und sie damit immer wieder in Bewegung setzen. In diesem Sinn beruht alles Verstehen auf Selbstkritik. Freiheit kann sich nur dadurch konstituieren, dass eigene Verständnisse distanziert werden. Sie stellt keine transzendentale Dreingabe dar, sondern eine mit Verstehen grundsätzlich verbundene und niemals zu erschöpfende Aufgabe.

An diesem Punkt zeigt die Reaktualisierung hermeneutisch-kritischen Denkens ihre spezifische Bedeutung: Von Subjekten des Verstehens als Instanzen der Selbstkritik her gilt es ein spezifisches Potential der Freiheit zu begreifen. Damit wird die in der Einleitung dieses Buches bereits angesprochene Perspektive in der Anthropologie überwunden, der zufolge der Mensch als ein ungebundenes Wesen zur Freiheit verurteilt ist. Wenn man Verstehen als Grundlage einer Explikation von Freiheit heranzieht, muss man den Gedanken einer von Grund auf garantierten Freiheit aufgeben. Die Freiheit des Verstehens kann nicht im Subjekt vorausgesetzt werden. Sie stellt ein Potential dar, das es immer wieder neu zu realisieren gilt.

Die Erläuterung dieses Potentials soll im Folgenden in fünf Schritten vollzogen werden. Der erste Schritt verfolgt Hegels Antwort auf Fichte in der Frage des Zusammenhangs, in dem Anerkennungsbeziehungen und die Freiheit des Subjekts stehen. Hegel macht geltend, dass Anerkennung nicht einer beschränkten Freiheit gelten kann, da dann die konstitutive Rolle unbegreiflich wird, die Anerkennungsbeziehungen für Freiheit haben. Ihm zufolge ist die prekäre Freiheit des Verstehens aus Konflikten darüber zu begreifen, wie Verständnisse angemessen zu fassen sind. Diese Konflikte aber, so zeige ich im zweiten Schritt, drohen sich zu verselbständigen, wenn sie sich nicht an Beschaffenheiten der Welt rückbinden.

Insofern gilt es, Interaktionen mit anderen und Beschaffenheiten der Welt gleichermaßen als Grundlage der im Verstehen möglichen Freiheit zu rekonstruieren.

Der dritte Schritt besteht darin darzulegen, dass eine solchermaßen erläuterte Freiheit nicht gegen Zwang im Sinne einer auf Zwang beruhenden Unfreiheit abgegrenzt werden kann. Ich lege dar, was es bedeutet, die von Rousseau bis Habermas vorherrschende Idee der Abgrenzung der Freiheit vom Zwang zu überwinden und welche Rolle Freud dabei spielen könnte. Der vierte Schritt erweitert die Perspektive auf die soziale und geschichtliche Dimension der Verwicklung von Freiheit und Zwang. Ihr Rechnung zu tragen, bedeutet, Fortschrittsgeschichten des Verstehens und Narrative historischer Kontinuität hinter sich zu lassen. Am Ende steht so – fünftens – eine Kritik der Macht des Verstehens als der Macht, zu Verständnissen Stellung zu nehmen und sie dadurch zu prägen. Die Kritik dieser Macht führt zu der Einsicht, dass das Potential der Freiheit sich immer gegen die Realisierung von Freiheit verkehren kann.

1. Freiheit als Aufgabe: Die konstitutive Rolle von Anerkennungskonflikten (Fichte/Hegel)

Eine wichtige Debatte um das Verständnis von Freiheit ist zwischen Fichte und Hegel geführt worden. Ihre Auseinandersetzung schließt direkt an Überlegungen an, die ich bereits im dritten Kapitel verfolgt habe. Sie betrifft Anerkennungsbeziehungen und handelt davon, dass diese nicht nur aus Konflikten heraus gesellschaftliche Zusammenhänge stiften, sondern zugleich Freiheit eröffnen. Fichte hat seine Position in der Debatte auf Grundlage der subjektphilosophischen Position Kants formuliert. Er kann so verstanden werden, dass er sich kritisch an der transzendentalphilosophischen Voraussetzung von Freiheit im Subjekt abarbeitet, da Freiheit seiner Perspektive zufolge eine soziale Dimension aufweist. Sie kann demnach nur dadurch errungen werden, dass Subjekte sich wechselseitig auf ihre jeweilige Freiheit beziehen.

Fichte deutet die Beziehung auf die Freiheit der anderen als eine solche der wechselseitigen Einschränkung. Für den Rechtszustand, in dem Subjekte zueinander stehen, ist es demnach entscheidend, dass Subjekte sich wechselseitig in ihrer Freiheit anerkennen. Fichte führt den Begriff der Anerkennung also als einen Begriff für die Selbstbeschränkung ein, die der Bezug auf die Freiheit anderer von Subjekten erfordert.[1] Der Rechtszustand ist dabei als der Zustand der Bindung durch geteilte Normen zu begreifen – als Zustand der praktischen Normativität. Die Bindung anderer an geteilte Normen schränkt das Subjekt ein, da sie die Normen der einfachen Verfügbarkeit des Subjekts entzieht. So muss jedes Subjekt seine Freiheit ein Stück weit aufgeben, um seine Existenz in einem mit anderen geteilten normativen Raum zu begründen.

Hegel hat sein philosophisches Denken von Anfang an in Auseinandersetzung mit Fichte entwickelt. Dies ist insofern überraschend, als Hegel seine akademischen Ambitionen in Jena im direkten Umfeld Schellings grundgelegt hat. Trotz der Nähe und Zusammenarbeit mit Schelling hat er sich an entscheidenden Punkten gewissermaßen gegen Schelling auf Fichte zurückbesonnen.[2] Dabei spielen die Anerkennungstheorie Fichtes und das mit ihr verbundene Verständnis von Freiheit eine zentrale Rolle. Aus Hegels Sicht hat Fichte mit seiner anerkennungstheoretischen Rekonstruktion von Freiheit einen wegweisenden Impuls gesetzt, an den es anzuknüpfen gilt, vertritt aber zugleich ein problematisches Verständnis von Freiheit, da er einem Subjekt die Freiheit dazu zuschreibt, sich in seiner Freiheit selbst zu beschränken. Eine Freiheit zur Unfreiheit ist aus Hegels Sicht eine in unproduktiver Weise widersprüchliche Konstruktion. Hegels Kritik an dieser Konzeption und dem mit ihr verbundenen Begriff der Anerkennung lässt sich auf drei Thesen bringen.

Die wichtigste dieser Thesen besagt, dass wirkliche Freiheit niemals damit verbunden sein kann, dass man sie von sich aus einschränkt. Freiheit, die wirklich ist, ist missverstanden, wenn man

1 Vgl. Johann Gottlieb Fichte, *Grundlage des Naturrechts nach Principien der Wissenschaftslehre*, in: ders., *Werke*, Bd. III, Berlin 1971, S. 43 f.

2 Wichtige Texte Hegels, die diese Rückbesinnung zeigen, sind der »Naturrechts-Aufsatz« und das »System der Sittlichkeit«. Vgl. Georg Wilhelm Friedrich Hegel, »Über die wissenschaftlichen Behandlungsarten des Naturrechts, seine Stelle in der praktischen Philosophie, und sein Verhältnis zu den positiven Rechtswissenschaften«, in: ders., *Werke in zwanzig Bänden*, Bd. 2, Frankfurt/M. 1970, S. 434-530, hier: u. a. S. 504-506; ders., *System der Sittlichkeit*, Hamburg 2002, u. a. S. 49.

sie als Grund für eine partielle Aufhebung ihrer selbst begreift. Freiheit und Selbstbeschränkung stehen im Widerspruch zueinander, zumindest dann, wenn man Freiheit als Grundlage von Selbstbeschränkung ansetzt. Aus Hegels Sicht führt vielmehr der umgekehrte Gedanke weiter: Selbstbeschränkung ist eine Grundlage des Zustandekommens von Freiheit. Nun gibt es kein vorgängiges Selbst, das Autor der eigenen Beschränkung sein könnte. Aber Praktiken einer Distanzierung von eigenen Verständnissen können eine Grundlage für Beschränkungen sein, die das Subjekt sich gewissermaßen selbst auferlegt. Dies geschieht im Rahmen von umfassenden Praxiszusammenhängen, in denen ein Subjekt sich, wie im letzten Kapitel betrachtet, als Instanz von Selbstkritik formt. Die selbstkritische Bezugnahme auf eigene Verständnisse führt dazu, dass das Subjekt sich von ihnen zumindest zum Teil löst. Sie eröffnet so eine aus der Selbstbeschränkung resultierende Konstitution von Freiheit. Entscheidend für die von Hegel vorgeschlagene Umkehrung von Fichtes Erläuterung ist, dass Subjekten nicht eine wie immer geartete grundlegende Freiheit zugeschrieben werden muss. Ausgangspunkt ist ein Zusammenhang von Praktiken, innerhalb dessen Praktiken der Distanzierung von eigenen Verständnissen entwickelt werden.

Die zweite These, die Hegels Einwände Fichte gegenüber fasst, hängt mit dem Begriff der Anerkennung zusammen: Anerkennung kann sich nicht auf den anderen als ein sich aus Selbständigkeit heraus in dieser Selbständigkeit beschränkendes Subjekt beziehen. Eine solche Anerkennung wäre nicht die Bestätigung, die Anerkennung bedeutet, sondern im Grunde eine Verkennung des Subjekts: Es würde gerade nicht in seiner Eigenständigkeit bestätigt, Anerkennungen zu gewähren oder (begründet) zu verweigern, sondern in seiner Selbstzurücknahme. Damit aber käme aus Hegels Sicht ein unhaltbarer Widerspruch in die Konstitution von Anerkennungsbeziehungen hinein, den man dann vermeiden kann, wenn man die anderen gewährte Anerkennung als auf ihre von sich aus gewährten bzw. verweigerten Anerkennungen bezogen sieht. Kurz gesagt: Anerkennung funktioniert dann, wenn sie die Eigenständigkeit des anderen, Anerkennung zu gewähren oder (begründet) zu verweigern, bestätigt. Genau dadurch ist sie freiheitseröffnend.

Dieser grundlegende Gedanke von Hegels Anerkennungstheorie ist immer wieder verkannt worden. Fälschlicherweise hat man

Hegels These von der Reziprozität gelingender Anerkennung so gedeutet, dass sie eine wechselseitige Reglementierung bedeute. Markant kommt dies in der Interpretation von Robert Pippin zum Ausdruck, der das durch Anerkennung konstituierte Subjektsein als Rolle versteht, so wie eine Bäckerin oder ein Lehrer soziale Rollen ausmachen.[3] Hegel aber sieht – im Anschluss an Rousseau – in jeder Form sozialer Gleichmacherei eine dramatische Form von Unfreiheit.[4] Die Anerkennung steht dort, wo sie leitend ist, unter der Bedingung, dass man sich konform zu der anerkannten Rolle verhält und so auf seine Freiheit verzichtet. Eine bloß bedingte Anerkennung aber leistet nicht, was Anerkennung leisten soll: die Bestätigung der Freiheit des anderen.

Mit diesen Erläuterungen ist die dritte These vorgezeichnet, mit der ich Überlegungen der letzten beiden Kapitel weiter zusammenführen kann: Anerkennungsbeziehungen richten sich darauf, dass andere in Anerkennungskonflikten Stellung beziehen können. Jemand erfährt nur dann Anerkennung, wenn er in der Lage ist, sich zu dem, was aus seiner Sicht Anerkennung verdient, aus freien Stücken zu verhalten. Die mit Anerkennung systematisch verbundene Freiheit muss in diesem Sinn von Konflikten her begriffen werden. Sie besteht in der Konfliktfähigkeit, die von anderen zugestanden wird. Eine solchermaßen erfahrene Anerkennung führt dazu, dass man andere in ihrer Perspektive in Frage stellen und von ihnen in Konflikten Anerkennung fordern kann. Dies führt zweifellos nicht automatisch dazu, dass auch Anerkennung findet, wofür Anerkennung gefordert wird. Entscheidend ist ja im Sinne des zuvor Ausgeführten, dass diejenigen, die in Anerkennungskonflikten stehen, sich nicht wechselseitig Bedingungen diktieren. Vielmehr geht es darum, dass sie wechselseitig auf ihre Stellungnahmen zu dem, was Anerkennung verdient, eingehen. Gelingende Anerkennung begründet so eine gleiche Stellung, die nicht mit einer wechselseitigen Reglementierung und sozialen Gleichmacherei verbunden ist.

Hegels Kritik an Fichtes unzureichender Konzeption des Zusam-

3 Vgl. Robert B. Pippin, »Recognition and Reconciliation. Actualized Agency in Hegel's Jena Phenomenology«, in: *Internationales Jahrbuch des Deutschen Idealismus* 2, Berlin 2004, S. 249-268, hier: S. 258.

4 Vgl. hierzu noch einmal Hegels Interpretation von Sophokles' *Antigone*-Tragödie: Georg Wilhelm Friedrich Hegel, *Phänomenologie des Geistes*, in: ders., *Werke in zwanzig Bänden*, Bd. 3, Frankfurt/M. 1970, S. 342-354.

menhangs von Anerkennung und Freiheit lässt sich in aufschlussreicher Weise mit Blick auf Fragen des Verstehens resümieren. In sozialen Interaktionen, in denen es zu wechselseitigem Verstehen kommt, ist eine wechselseitige Anerkennung der Eigenständigkeit der Perspektiven von Einzelnen entscheidend. Verstehen kann sich nur ausbilden, wenn die Anerkennung der Perspektiven nicht in bedingter Weise erfolgt. Stellen wir uns vor, dass in einer Interaktion einer der anderen Bedingungen dafür vorschreiben will, was als Verstehen gilt. Damit würde der anderen die Freiheit genommen, selbständig zu ihren Verständnissen Stellung zu nehmen. Es ist ein zentraler Aspekt einer aus der Interaktion mit anderen heraus konstituierten selbstkritischen Perspektive auf die eigenen Verständnisse, sagen zu können, was man versteht und was nicht. Anders gesagt: Der selbstkritische Bezug auf die Unterscheidung von Verstehen und Nicht-Verstehen ist Gegenstand der von anderen erfahrenen Anerkennung. Wenn er von Seiten anderer nicht zugestanden wird, schwindet die Möglichkeit, andere mit den eigenen Verständnissen zu konfrontieren.

Stellen wir uns vor, die mit dem Verstehen verbundenen Anerkennungsverhältnisse hätten die von Fichte analysierte Struktur. Jeder würde auf seine Freiheit verzichten, zu seinen eigenen Verständnissen Stellung zu nehmen, sofern sie die Freiheit anderer, entsprechend Stellung zu beziehen, einschränkt. Das Resultat wäre ein Konformismus des Verstehens. Man könnte nur in dem Maße Stellung nehmen, in dem die Stellungnahme von anderen geteilt wird. Damit aber wird die Idee der Stellungnahme *ad absurdum* geführt. Diese Idee impliziert, dass man eine eigene Perspektive bezieht. Wie gezeigt, ist dabei eine selbstkritische Struktur entscheidend. Wer zu Verständnissen Stellung nimmt, geht auf kritische Distanz zu ihnen. Die Distanz gilt nicht nur den anderen, sondern auch sich selbst. Insofern handelt es sich nicht um eine Selbsteinschränkung um der Freiheit anderer willen. Vielmehr ist die Selbstkritik als eine Selbsteinschränkung zu begreifen, die zur Realisierung der Freiheit beider Seiten, der eigenen Freiheit und der Freiheit anderer, beiträgt.

Die Konflikte, die das Verstehen ausmachen, sind in erster Linie mit Infragestellungen von Verständnissen verbunden. Wer versteht, ist nicht nur in der Lage, sich in Bezug auf seine eigenen Verständnisse zu fragen, ob er richtig versteht. Er kann immer auch von anderen danach gefragt werden. »Sollte diese Aussage nicht anders verstanden werden?« ist jederzeit ein möglicher Spielzug in von Verstehen geprägten Interaktionen. Es wäre falsch, eine solche kritische Nachfrage als einschränkend zu betrachten. Sie hat einen eröffnenden Charakter. Sie ermöglicht es denjenigen, die entsprechend gefragt werden, Distanz zu ihren Verständnissen zu gewinnen, und führt insofern zu einem Freiheitsgewinn ihnen gegenüber.

Nun ist durch konfliktive Momente des Verstehens Freiheit keineswegs garantiert. Immer wieder kann es dazu kommen, dass Verständnisse eine problematische Selbstverständlichkeit gewinnen oder dass sie erstarren. Auch Konflikte können unproduktiv verlaufen, so dass die in ihnen grundsätzlich mögliche Freiheit sich nicht realisiert. Nicht zuletzt können die Stellungnahmen zu Verständnissen so ausfallen, dass trotz aller mit ihnen realisierten Distanz diese Verständnisse in problematischer Weise festgeschrieben werden und verhärten. Insofern muss die Freiheit des Verstehens immer wieder neu in Konflikten des Verstehens und den mit ihnen verbundenen Anerkennungsverhältnissen errungen werden. Sie ist eine Aufgabe und kann nicht stabilisiert werden. Zur Struktur konfliktiver Interaktionen gehört nicht zuletzt, dass jederzeit eine der Seiten die Interaktion abbrechen und die für den Konflikt grundlegende Anerkennung der anderen eigenständigen Perspektiven verweigern kann. Damit sich im Verstehen tatsächlich Freiheit herstellt, muss immer wieder der Typ von Interaktionspartnern überwunden werden, den Hegel eindringlich mit dem Ausdruck »hartes Herz« charakterisiert.[5] Auch in diesem Sinn bleibt die Freiheit des Verstehens unumgänglich eine Aufgabe.

Auch wenn man in dieser Weise den Charakter der Freiheit des Verstehens als Aufgabe betont, ist ihre Realisierung in Konflikten über Verständnisse allerdings bislang noch in einer zu idealisierten und unzureichenden Art und Weise gezeichnet. Einerseits suggerieren die bisherigen Darlegungen im Anschluss an Fichte und Hegel, dass Konflikte immer auf Individuen und Gruppen beschränkt sind, die sich wechselseitig mit Verständnissen konfrontieren. Dadurch scheint die Welt aus dem Spiel zu sein. Andererseits legen meine Ausführungen nahe, dass die Verständnisse sich in einer Geschichte der Konflikte über angemessenes Verstehen fortentwickeln. Das

5 Hegel, *Phänomenologie des Geistes*, S. 490.

aber ist eine Idealisierung. Verstehen ist, wie unter anderem im letzten Kapitel die Überlegungen zu Arendt und Cavell deutlich gemacht haben, stets von Ausschlüssen und Brüchen bedroht. Im Folgenden geht es so darum, die verfälschenden Momente zu überwinden, die in den bisherigen Darlegungen indirekt im Spiel sind. Dabei geht es erstens darum, die Freiheit des Verstehens nicht nur von den Anerkennungen eigener Stellungnahmen, sondern auch von den Gegenständen des Verstehens her zu begreifen. Zweitens ist es entscheidend, Momente des Zwangs in allem Verstehen sowie Ausschlüsse und Brüche von Verständnissen als wesentliches Moment der Konflikthaftigkeit des Verstehens zu begreifen, so dass die Suggestion eines homogenen Raums konfliktiv konstituierter Verständnisse überwunden wird. Dies soll den Boden für eine Kritik der Macht des Verstehens bereiten.

2. Freiheit aus dem Umgang mit … (McDowell/Butler)

Bislang habe ich die mit dem Verstehen verbundene Freiheit so gefasst, dass sie aus der eigenständigen Stellungnahme zu Verständnissen in Konflikten mit anderen resultiert. Im Sinne einer in Diskussionen über Freiheit eingeführten Begrifflichkeit kann man hier von einer »Freiheit-zu« sprechen, einer positiven Freiheit.[6] Die Freiheit zur eigenständigen Stellungnahme aber erklärt die Freiheit des Verstehens nicht in einer letztlich zufriedenstellenden Art und Weise. Dies liegt darin begründet, dass selbständige Stellungnahmen Individuen und Gruppen in ihren Interaktionen in neue Abhängigkeiten bringen können: in Abhängigkeiten von einem leerlaufenden Konfliktgeschehen. Wenn Konflikte sich aus unterschiedlichen Stellungnahmen heraus in gelingender Weise entwickeln, droht eine Interaktion, in der sich bloße wechselseitige Bestätigungen ohne eine Realisierung von Selbstkritik ergeben (im Sinne dessen, was man heute als soziale Blasen oder Echokammern bezeichnet). Gemäß der im zweiten Kapitel herangezogenen Begriffe aus Hegels Logik kann ich auch sagen, dass eine Stabilisierung von Allgemeinheiten dadurch droht, dass sie der Herausforderung durch Einzelheiten nicht mehr ausgesetzt werden (vgl. II.3.1). Die-

6 Zur Unterscheidung von negativer und positiver Freiheit vgl. Isaiah Berlin, »Zwei Freiheitsbegriffe«, in: ders., *Freiheit. Vier Versuche*, Frankfurt/M. 1995, S. 197-256.

ser Drohung kann man begegnen, indem man die Rückbindung von Verständnissen an Einzelheiten der Welt, von der sie handeln, als wesentliches Moment selbstkritischer Stellungnahmen begreift und zur Geltung bringt, dass diese Rückbindung immer aufs Neue zu vollziehen ist. Die Freiheit des Verstehens muss aus Konflikten heraus verstanden werden, die auf die Welt hin geöffnet sind. So handelt es sich nicht primär um eine Freiheit-zu, sondern um eine Freiheit-aus-dem-Umgang-mit.

Die Drohung leerlaufender Konflikte lässt sich von John McDowells erkenntnistheoretischen Überlegungen her genauer konturieren, auf die ich hier noch einmal zurückkomme (vgl. hierzu auch III.3.3). McDowell hat seine Position durch die Alternative zwischen zwei Positionen bestimmt, die er als »Mythos des Gegebenen« und »Kohärentismus« bezeichnet.[7] Seine Kritik richtet sich auf die erkenntnistheoretischen Probleme, die mit diesen Positionen verbunden sind. Sie lässt sich aber mit einer freiheitstheoretischen Kehrseite verbinden, die im vorliegenden Kontext von Bedeutung ist. Wenn Erkenntnis von dem her zu begreifen ist, was in der Wahrnehmung den Sinnen gegeben ist, dann ist man in der Erkenntnis genauso unfrei, wie dies der Fall ist, wenn man keinen Kontakt zur Welt hat: Wenn Erkenntnis, wie es der Kohärentismus sagt, im Rahmen wechselseitiger Bestätigung innerhalb einer Gemeinschaft zustande kommt, fehlt das Potential, Subjekte und Gemeinschaften aus Erstarrungen zu befreien. Unter anderem Hegel und Adorno haben dieses Potential der Welt in ihren Konzeptionen der Subjekt-Objekt-Beziehung thematisiert. Mit ihnen kann man von einer »Freiheit zum Objekt« sprechen.[8] Diese Redeweise aber macht noch nicht deutlich genug, wie das von Objekten ausgehende Potential der Freiheit zu begreifen ist. Treffender ist es, von einer »Freiheit vom Objekt her« zu sprechen. Diese Freiheit lässt sich erst einmal folgendermaßen umreißen: Das Objekt kann es dem Subjekt ermöglichen, von ihm etablierte und verfolgte Strukturen zu verändern und damit Blockaden zu überwinden.

Wie allerdings lässt sich der Kohärentismus so überwinden, dass

7 Vgl. John McDowell, *Geist und Welt*, Paderborn 1998, 1. Vorlesung.

8 Theodor W. Adorno, *Negative Dialektik*, in: *Gesammelte Schriften*, Bd. 6, Frankfurt/M. 1970, S. 58. Vgl. bei Hegel die Artikulation dieses Gedankens in Bezug auf Kunst: Georg Wilhelm Friedrich Hegel, *Vorlesungen über die Ästhetik I*, in: ders., *Werke in zwanzig Bänden*, Bd. 13, Frankfurt/M. 1970, S. 58.

das in Objekten liegende Potential der Freiheit tatsächlich ins Spiel gebracht werden kann? Grundsätzlich liegt die Überwindung des Kohärentismus in einer Rückbindung an die Welt. McDowell argumentiert in diesem Sinn, dass es notwendig ist, unsere Überzeugungen aus einem direkten Kontakt zur Welt heraus zu begreifen. Eine Wahrnehmungsüberzeugung handelt demnach davon, was in der Welt der Fall ist.[9] Damit wird konzeptionell eine mögliche Lücke zwischen Überzeugungen und dem, wovon sie handeln, geschlossen. Der Kontaktverlust einer kohärentistischen Position ist damit überwunden.

McDowells Vorschlag ist dennoch aus freiheitstheoretischer Perspektive nicht unproblematisch. Er legt die Verankerung von Überzeugungen in der Welt so an, dass Subjekte in ihren Überzeugungshaushalten an die Beschaffenheiten der Welt gebunden sind. Diese Bindung aber ist als ein Zustand einer gewissen Unfreiheit zu begreifen. Die Welt diktiert den Subjekten ihre Überzeugungen. Wie bereits mehrfach angesprochen, hat McDowell dies mit dem Begriff der zweiten Natur erläutert. Demnach transformieren Menschen als vernünftige Lebewesen im Zuge ihrer Ontogenese ihre sinnlichen Wahrnehmungsvermögen so, dass sie die Welt in begrifflichen Strukturen wahrnehmen. Die von McDowell vertretene transformative Anthropologie ist mit dem Gedanken verbunden, dass vernünftige Wesen in eine begrifflich imprägnierte Welt hineinwachsen. Ist die Transformation abgeschlossen, leben sie in begrifflichen Strukturen als ihrer (zweiten) Natur (vgl. hierzu auch II.2.3).

Dieses Verständnis von zweiter Natur aber ist mit einem Moment von Unfreiheit verknüpft. Ihm zufolge binden begriffliche Strukturen rationale Lebewesen in einer analogen Weise, wie Gesetze des Lebens nichtrationale Lebewesen und Naturgesetze alle Gegenstände der unbelebten Natur bestimmen. Die von McDowell konstruierte Analogie von erster und zweiter Natur führt so gesehen zu einer Übertragung der Unfreiheit von der ersten auf die zweite Natur. Insofern kann der von McDowell vertretene »Naturalismus der zweiten Natur« nicht das Modell für eine freiheitseröffnende Überwindung des Kohärentismus liefern. Wir stehen damit immer noch vor der Frage, wie sich der Kohärentismus so

9 Vgl. McDowell, *Geist und Welt*, 2. Vorlesung.

überwinden lässt, dass das in Objekten liegende Potential der Freiheit tatsächlich ins Spiel gebracht wird.

Ich schlage vor, sich einer Antwort auf diese Frage durch eine Auseinandersetzung mit der Reflexion von Körperlichkeit in der feministischen Theorie zu nähern. In *Körper von Gewicht* hat Judith Butler sich kritisch mit sozial-konstruktivistischen Modellen von Geschlecht und Körperlichkeit auseinandergesetzt. Dies ist im vorliegenden Zusammenhang insofern gut anschlussfähig, als man Butlers Überlegungen als gegen einen sozialtheoretischen Kohärentismus gerichtet begreifen kann. Dabei verfolgt Butler offensichtlich eine andere Strategie als McDowell. Es geht ihr nicht darum, dem Kohärentismus einen wie auch immer gearteten Naturalismus entgegenzusetzen. Vielmehr liegt ihr Ziel darin, den Kohärentismus so weiterzuentwickeln, dass er aus sich heraus Reibung an der Welt gewinnt.

Für die interne Weiterentwicklung des Kohärentismus, die Butler anbietet, sind zwei Schritte entscheidend: Erstens führt sie den Begriff der Materialität beziehungsweise Materialisierung ein, um den Gedanken zu durchbrechen, dass soziale Konstruktionen sich auf eine ihnen gegenüber neutrale Materialität legen. Butler zufolge materialisieren sich die Konstruktionen; sie prägen eigene materiale Zusammenhänge aus.[10] In diesem ersten Schritt kann man noch eine gewisse Parallele zur transformativen Anthropologie sehen, die McDowell vertritt. Die These von der Materialisierung sozialer Konstruktionen ist aber letztlich von dem Gedanken transformierter Körperlichkeit zu unterscheiden. Butler geht es um genuine Formen der Materialisierung, die aus diskursiven Operationen heraus resultieren (wie die Konstitution des männlichen Körpers als eines undurchdringlichen Körpers). Diskursive Konstruktionen schreiben sich demnach nicht in bestehende Materialitäten ein, sondern bringen eigene Materialisierungen hervor. Mit Hegel kann man hier von einer Entäußerung sprechen. Soziale Räume sind demnach durch materielle Zusammenhänge bestimmt, die diskursiv hervorgebracht werden. Entsprechende Hervorbringungen sind nicht als Natur, sondern als Kultur zu begreifen (sofern diese Begriffe in Bezug auf Butlers Position überhaupt aufschlussreich sind).

Mit dem zweiten Schritt geht Butler noch weiter über Mc-

10 Vgl. Judith Butler, *Körper von Gewicht*, Frankfurt/M. 1997, S. 53-87.

Dowells Position hinaus. Die diskursiven Materialisierungen sind Butler zufolge nicht als geschlossen, sondern als beweglich zu begreifen. Diese Beweglichkeit führt dazu, dass Materialitäten nicht nur Entäußerungen diskursiver Konstruktionen darstellen, sondern in Bezug auf diese Konstruktionen auch ein Widerstandspotential aufweisen. Die Materialisierungen, die sich aus den Konstruktionen heraus ergeben, können sich aus diesen Konstruktionen lösen und – zumindest in gewisser Hinsicht – gegen sie in Stellung gebracht werden. Butler erläutert dies mit ihrem Begriff der Performativität.[11] Keine diskursive Konstruktion ist demnach aus sich heraus stabil; sie stabilisiert sich nur durch stete Reaktualisierungen. Mit den Reaktualisierungen kann es aber zu Verschiebungen in der Bedeutung einzelner Ausdruckselemente kommen. Dies betrifft auch die Materialisierungen, als die sich diskursive Konstruktionen entäußern. So kann zum Beispiel der geschlechtliche Körper spezifischen Ausprägungen der sexuellen Differenz gegenüber aus einer solchen Verschiebung heraus Widerstand leisten.

Den Mechanismus des zweiten Schritts gilt es noch genauer zu beleuchten. Diskursive Konstruktionen ruhen, so macht Butler geltend, nicht in sich. Sie bedürfen der Materialisierungen, durch die sie konstituiert und immer wieder aktualisiert werden. Mit jeder neuen Materialisierung kommt es auch zu einem neuen Potential, gegen die diskursiven Konstruktionen Einspruch zu erheben. Entscheidend für die von Butler vorgeschlagene Konzeption ist, dass nichtdiskursive Materialitäten gerade nicht gegen diskursive Konstruktionen in Stellung gebracht werden. Vielmehr werden Materialitäten als notwendiges Moment diskursiver Konstruktionen verstanden. Gerade aus diesem Grund eignet ihnen das Potential, in sie einzugreifen.

Im Gegensatz zu McDowell zeichnet Butler so einen Ausbruch aus einem in Reibungslosigkeit erstarrenden Kohärentismus, der diesen gegen sich selbst wendet. Sie vertauscht nicht den reibungslosen Kohärentismus der Kultur gegen einen Kohärentismus der Natur, der als geerdet gelten kann, sondern macht – ganz im Sinne des Denkens von Jacques Derrida[12] – geltend, dass diskursive Strukturen in sich unumgänglich ein heterogenes Potential aufwei-

11 Vgl. ebd., S. 325 ff.

12 Vgl. u. a. Jacques Derrida, »Dissemination«, in: ders., *Dissemination*, Wien 1995, S. 323-415, hier: S. 371 f., S. 397 f.

sen. In der Auseinandersetzung mit kohärentistischen Denkweisen bedeutet das, diese nicht mit Blick auf die Gefahr des Reibungsverlusts, sondern auf die des Erstarrens hin zu kritisieren. Butlers Konzeption macht insofern – ganz im Sinne der in diesem Buch entwickelten Überlegungen – deutlich, dass es in der Kritik am Kohärentismus nicht nur um Fragen der Wahrheit, sondern auch um solche der Freiheit zu gehen hat.

Eine an Butler anschließende Konzeption der zweiten Natur muss aus diesem Grund ihre strukturelle Divergenz zur ersten Natur betonen.[13] Zweite Natur zeichnet demnach aus, dass sie in sich selbst transformativ angelegt ist. Sie zeichnet sich durch Selbstkritik aus. Anders als die erste Natur ist die zweite kein homogener Raum spezifischer Strukturen. Auch wenn sie Strukturen ausbildet, sind diese Strukturen stets zugleich mit der Möglichkeit einer kritischen Befragung verbunden. Nach Butlers Verständnis geschieht eine solche Befragung auf eine praktisch-performative Weise. Mit jeder neuen Praktik kann die für diese konstitutive Materialität gegen die Strukturen Einspruch erheben. Wer in die zweite Natur eingeführt wird, wird in eine Praxis eingeführt, die von einem Potential der (praktischen) Befragung von Strukturen geprägt ist. Ohne Zweifel kann diese Befragung immer auch ausbleiben, so dass sich im Rahmen zweiter Natur Strukturen auch verfestigen können. Dies stellt einen immer möglichen ›Defekt‹ dar, in dem sich das Potential zweiter Natur allerdings nicht erschöpft.

Wenn man die Probleme des Kohärentismus in dieser Weise auch als Probleme der Freiheit versteht, lässt sich gut sehen, wie Fragen der Rückbindung diskursiver Strukturen an die Welt an Hegels Überlegungen zu Strukturen der Anerkennung, die sich in Anerkennungskonflikten konstituieren, anschließen. Wie dargelegt, ist auch mit Strukturen gelingender Anerkennung das Problem des Erstarrens gegeben. Allzu leicht kann es dort, wo Individuen Anerkennungskonflikte austragen, dazu kommen, dass sie sich in Strukturen wechselseitiger Bestätigung einrichten. Butlers Kritik eines einfachen sozialen Konstruktivismus bringt dies zur Geltung. In Strukturen wechselseitiger Bestätigung kommt in solchen Fällen das Potential von Praktiken nicht zum Tragen, Strukturen aus einer

13 Vgl. hierzu nochmals meine Überlegungen in Georg W. Bertram, »Two Conceptions of Second Nature«, in: *Open Philosophy* 3 (2020), S. 68-80.

kritischen Befragung heraus zu verschieben. So wird deutlich, dass das Erstarren von Praktiken aus einem Verlust an Einspruchsmöglichkeit der Welt resultiert. Wenn diejenigen, die miteinander interagieren, einen Raum wechselseitiger Bestätigung konstituieren, geht ihnen die Welt als die Instanz verloren, die Praktiken immer wieder in Bewegung setzen kann.

Nun liegt die Pointe der Konzeption von Judith Butler darin, dass die Welt gerade nicht Einspruch erheben kann, wenn man sie in Entgegensetzung zu diskursiven Konstruktionen (Räumen der Bedeutung beziehungsweise des Verstehens) begreift. Die Welt kann nur dadurch Widerstand leisten, dass sie als Dimension dessen begriffen wird, was Bedeutung ausmacht. Wenn man Butlers Konzeption im Sinne einer Explikation des Verstehens reaktualisiert, kann man sagen: Verständnisse entäußern sich in materialen Zusammenhängen in der Welt. Sie manifestieren sich in menschlichen Körpern genauso wie in der Differenzierung und den je spezifischen Einrichtungen von (sozialen) Räumen und Institutionen als solchen der Öffentlichkeit, des Privaten etc. Die Materialisierung von Verständnissen ist die Grundlage dafür, dass sie immer durch materiale Zusammenhänge in Frage gestellt werden können.

Oben habe ich von einer »Freiheit vom Objekt her« gesprochen. Wenn materiale Zusammenhänge gegen Strukturen des Verstehens Einspruch erheben, kommt genau eine solche Freiheit zum Tragen. Bislang habe ich mit Judith Butler eine praktisch-performative Struktur des Einspruchs verfolgt: Demnach birgt jede reaktualisierende Praktik das Potential, eine Neujustierung von Strukturen des Verstehens anzustoßen. Der von Hegel her entwickelte Ansatz, Freiheit aus Anerkennungskonflikten heraus zu begreifen, birgt aber noch eine andere Möglichkeit, den Einspruch von Materialitäten zu explizieren. Wenn Individuen oder Gruppen aus Anerkennungskonflikten heraus in der Position sind, das, was Anerkennung verdient, kritisch zu reflektieren, können sie auch dezidiert die Welt in die Position bringen, zu dieser kritischen Reflexion beizutragen. Sie können einzelne Verständnisse dahingehend kritisch betrachten, wie sie sich zu Aspekten der Welt verhalten.

Die Struktur der Selbstkritik, die sich hier zeigt, muss von der konfliktiven Interaktion mit anderen her begriffen werden. In solchen Konflikten kommen diejenigen, die miteinander interagieren, in die Position, sich wechselseitig in Frage zu stellen. Sie praktizieren Selbstkritik aus der Interaktion heraus: Jede:r Teilnehmer:in an Konflikten wird von anderen selbstkritisch reflektiert. In analoger Weise können Gegenstände Individuen oder Gruppen selbstkritisch in Frage stellen. Wenn ein Subjekt mit einem Gegenstand so interagiert, dass es von diesem Gegenstand her eigene Verständnisse kritisch befragt, kommt dem Gegenstand eine analoge Position zu, wie sie andere Subjekte in einer konfliktiven Interaktion innehaben. Der Gegenstand kann Einspruch gegen Verständnisse erheben. Dazu müssen sich Subjekte ihre Verständnisse im Kontrast zu Gegenständen betrachten.

Butler hat darin Recht, dass auch eine solche Selbstkritik im Gegenstandsbezug einen wesentlich praktischen Aspekt hat. Es geht nicht um eine Kontemplation von Verständnissen, sondern um eine praktische Auseinandersetzung mit Beschaffenheiten der natürlichen und sozialen Welt, die zu einer Veränderung von Verständnissen führt. In dieser Auseinandersetzung kommt, wie von Butler immer wieder betont wurde, dem Körper eine besondere Bedeutung zu. In körperlichen Praktiken – solchen der Wahrnehmung und der Bewegung – bilden sich eigene Formen des Verstehens aus, die für die Interaktion mit der Welt grundlegend sind. Im Körper kommt es so zugleich zu einer Materialisierung von Verständnissen und zu eigenen Aktualisierungen von ihnen. Als Materialisierung diskursiver Zusammenhänge kann der Körper Momente von Widerstand entfalten, die Veränderungen von Verständnissen anstoßen. Als Realisierung eigener Dimensionen des Verstehens – qua Wahrnehmung und Bewegung – wirkt der Körper an der Interaktion mit der Welt und an der Erschließung ihrer Widerstände mit.

Trotz dieser wichtigen Einsichten, die sich in Butlers Position in Bezug auf die Explikation kritischer Praxis finden, ist diese Explikation aus dem Grund zu erweitern, dass es in der kritischen Praxis nicht nur um eine Reaktualisierung von Materialitäten im Sinne einer fortgesetzten Kette von Praktiken geht, sondern auch um Praktiken, die mit einer dezidierten Selbstdistanzierung verbunden sind. Solche Praktiken lassen sich nur rekonstruieren, wenn man zwei Dimensionen von Praxis unterscheidet: praktische Vollzüge und praktische Distanzierungen. In Butlers Rekonstruktion – die an diesem Punkt Gedanken Jacques Derridas fortführt – fallen diese beiden Dimensionen tendenziell zusammen. Sie müssen aber getrennt werden, um ihr Zusammenspiel begreiflich zu machen, durch das eine von Gegenständen angestoßene Selbstkritik zustande kommt.

Die Freiheit, die von Gegenständen ausgeht, lässt sich auch als »Freiheit aus dem Widerstand von ...« charakterisieren. Diese Freiheit hat gewissermaßen eine umgekehrte Struktur als die sogenannte negative Freiheit. Letztere basiert auf dem Gedanken der Unabhängigkeit und der aus sich heraus bestehenden Selbständigkeit. Die »Freiheit aus dem Widerstand von ...« geht von der Abhängigkeit aus, die zwischen Verständnissen und dem, wovon diese handeln, besteht. Nun kann aus Abhängigkeit keine Freiheit entstehen. Sie ist aber dann möglich, wenn die Abhängigkeit Impulse für die Unabhängigkeit freisetzt. Charakteristisch für die von Gegenständen ausgehende Freiheit ist so eine sich aus der Unselbständigkeit heraus (also nicht gegen sie) konstituierende Selbständigkeit.

Dies ist die Struktur, die auch in Butlers Überlegungen angelegt ist. Die Verschiebungen, die aus Wiederholungsketten resultieren können, bedeuten ein Moment von Selbständigkeit, das von der Unselbständigkeit im Rahmen etablierter Strukturen ausgeht. Was bei Butler im Anschluss an Foucault und Derrida zudem nicht deutlich genug wird, ist die Auseinandersetzung mit der Frage, in welchem Maße Selbständigkeit gelingt. Wenn Selbständigkeit nur durch verschiebende Reaktualisierungen zustande kommt, dann wird nicht begreiflich, wie es eine Auseinandersetzung mit ihr geben kann. Wenn man die Selbständigkeit hingegen auch von praktischen Distanzierungen her begreift und sie im Kontext von Anerkennungskonflikten thematisiert sieht, dann lässt sich nachvollziehen, wie sie ihrerseits Gegenstand der Auseinandersetzung werden kann. Diejenigen, die sich in Anerkennungskonflikten begegnen, können sich mit der Frage konfrontieren, wie sie Selbständigkeit erlangen und was die mögliche Anerkennung ihrer Selbständigkeit ausmacht. Wenn man Selbständigkeit – wie Judith Butler – aus der Unselbständigkeit heraus versteht, gewinnt die Auseinandersetzung mit der Frage, wie Selbständigkeit hergestellt ist, eine entscheidende Rolle. Gerade aus diesem Grund muss die »Freiheit aus dem Widerstand von ...« im Zusammenhang mit Anerkennungskonflikten betrachtet werden.

Zugespitzt gesagt: Die von Gegenständen ausgehende Freiheit ist nicht ausreichend verstanden, wenn man sie nur als eine solche begreift, die sich in Verschiebungen von Praktiken einstellt oder nicht. Gegenstände werden in ihrem Potential, zu Freiheit beizutragen, in Anerkennungskonflikten reflektiert. Dafür sind nicht zuletzt die Wissenschaften ein wichtiges Beispiel. In den Wissenschaften steht die stete Korrektur der Verständnisse durch Gegenstände in einer konfliktiven Auseinandersetzung unterschiedlicher Perspektiven. Dies ist ein Beispiel dafür, dass die von Gegenständen ausgehende Freiheit im Zusammenhang mit der Freiheit zu begreifen ist, die aus Anerkennungskonflikten resultiert.

3. Zwang und Freiheit im Verstehen (Rousseau/Freud)

Mit Blick auf eine in Anerkennungskonflikten konstituierte Freiheit liegt es nahe, zwanghaftem Verstehen eine besondere Aufmerksamkeit zu schenken. Es mag scheinen, dass all die Fälle von Verstehen, die unter Zwang stehen, als Ausfall des dem Verstehen eigenen Potentials der Freiheit zu deuten sind. Dies aber ist irreführend. Zwang ist als eine Äußerungsform der Freiheit des Verstehens zu begreifen. Insofern lässt sich Freiheit nicht aus einer Aufhebung von Zwang heraus realisieren. Vielmehr müssen Zwang und Freiheit im Verstehen aus ihrem Zusammenhang heraus begriffen werden.

Dem ersten Augenschein nach stehen Freiheit und Zwang im Widerspruch zueinander. So hat es in einer klassischen Variante Rousseau ausbuchstabiert. Der von ihm vertretenen Konzeption nach entstammen die Zwänge, unter denen Menschen stehen, ihrer sozialen Existenz. Rousseau zufolge schränken soziale Konventionen die natürliche Freiheit ein, die den Menschen ausmacht.[14] Insofern gilt es für Rousseau, gegen die zwanghaften Zusammenhänge kultureller Regularien die Freiheit einzelner Subjekte zu verteidigen. Gesellschaftliche Formen richten sich demnach gegen die Individuen, die ihnen unterliegen. Charakteristisch für diesen Grundgedanken von Rousseaus Zivilisationskritik ist die Spaltung des Subjekts des Zwangs und des Subjekts der Freiheit. Das natürliche Subjekt ist von demjenigen Subjekt, das in zivilisatorischen Verhältnissen lebt, grundlegend entfremdet, soll aber doch mit ihm

14 Vgl. Jean-Jacques Rousseau, *Über die Ungleichheit*, in: ders., *Schriften zur Kulturkritik*, Hamburg 1983, 2. Teil.

insofern in einer Kontinuität stehen, als die Freiheit gegen die kulturellen Zwänge wiedergewonnen werden kann. Die Entfremdung ist ein Zustand, der sich überwinden lässt.[15]

Die von Rousseau damit angebotene Deutung der Freiheit ist mit dem grundlegenden Problem verknüpft, dass das Subjekt in unverständlicher Weise verdoppelt wird. Auf der einen Seite soll gelten, dass das zivilisatorisch gebundene Subjekt gänzlich vom Zwang erfasst ist; auf der anderen Seite soll dasselbe Subjekt noch einen Kern der Freiheit in sich tragen, der vom Zwang nicht erfasst ist. Nun kann man diesem Problem dadurch zu entkommen suchen, dass man die Entfremdung als Maskerade deutet. Kulturelle Zusammenhänge legen sich demnach wie eine Verkleidung auf das ursprüngliche Subjekt. Wenn man aber diesen Schritt geht, verunklart man das, was Individuen im Zustand der kulturellen Verkleidung tun. Gerade in Bezug auf Fragen des Verstehens wird dies deutlich. Subjekte sind Instanzen des Verstehens. Sie entwickeln – so legen nicht zuletzt die im ersten Kapitel betrachteten Positionen unisono dar – je spezifische Perspektiven auf Gegenstände des Verstehens. Wenn allerdings Subjekte unter kulturellen Verkleidungen verschwinden, verlieren sie ihre Perspektiven. Sie werden dann in ihren Perspektiven, darauf insistiert Rousseau, von außen festgelegt. Aus einer solchen Festlegung heraus aber können sie nicht verstehen. Dafür müssen sie die Maske ablegen.

Das soweit umrissene Problem lässt sich auch am Begriff der Entfremdung ausbuchstabieren. Wenn Subjekte von sich selbst entfremdet sind, dann sind sie als die, die sie sind, andere. Sie werden dann in ihren Perspektiven von anderen oder anderem bestimmt. Anderes nimmt dem Subjekt den Spielraum, sich aus sich heraus zu bewegen. Dabei ist Entfremdung als ein Zustand zu begreifen, der dem Individuum, das entfremdet ist, angehört.[16] Kultur ist ein Ausdruck von Subjektivität, wie verzerrt auch immer dieser Ausdruck sein mag. Insofern ist der Zwang entfremdeten Seins von Grund auf ambivalent. Auch wenn er sich gegen die Freiheit des Subjekts richtet, stellt er zugleich doch eine andere Realisierung dieser Freiheit her. Das in Zwänge kultureller Formationen ein-

15 Vgl. hierzu auch Fred Neuhouser, *Pathologien der Selbstliebe. Freiheit und Anerkennung bei Rousseau*, Berlin 2012, u. a. S. 253-259.

16 Vgl. hierzu Rahel Jaeggi, *Entfremdung. Zur Aktualität eines sozialphilosophischen Problems*, Berlin 2016, u. a. S. 144-185.

gebundene Subjekt ist ein auf andere Art und Weise freies Subjekt. Seine Freiheit besteht in der Kultur als ganzer, in den Prägungen, die viele Individuen im Rahmen einer Kultur miteinander teilen.

Rousseaus Entgegensetzung von Zwang und Freiheit mittels des Begriffs der Entfremdung kann so, wie Kant paradigmatisch gezeigt hat, auch umgedreht werden. Zwang erweist sich damit als ein wesentliches Element von Freiheit. Dieser Kantische Gedanke ist von Jürgen Habermas besonders deutlich mit Blick auf Fragen des Verstehens ausbuchstabiert worden. Habermas basiert seinen Begriff des kommunikativen Handelns auf den Gedanken, dass Sprechakte durch die argumentativen Strukturen, in denen sie stehen, Gehalt gewinnen. Ein Sprechakt gewinnt seine Bedeutung dadurch, dass er – wie es bei Robert Brandom heißt – in inferentiellen Strukturen steht.[17] Argumentative Strukturen begreift Habermas dabei als objektiv begründet. Insofern spricht er von dem »zwanglosen Zwang des besseren Arguments«.[18] Aus den bedeutungsverleihenden argumentativen Strukturen, in denen Aussagen stehen, sind diese unverbrüchlich miteinander verbunden. Subjekte, die Sprechakte hervorbringen, haben so keine Wahl: Sofern sie bedeutungsvoll sprechen wollen, unterstehen sie dem Zwang, argumentativen Strukturen zu folgen. Da sich Subjekte aufgrund ihrer Orientierung an Rationalität mit diesen Strukturen identifizieren, ist der von ihnen ausgehende Zwang zwanglos. Er wird nicht als Zwang erfahren, sondern als freiheitseröffnend.

Die Umkehrung, die das Dispositiv Rousseaus im Denken Kants erfährt, ist aufschlussreich für die Entgegensetzung von Zwang und Freiheit im Begriff des Verstehens. In Rousseaus Kulturkritik entsteht der Anschein, dass sich die Freiheit ›echten‹, unverstellten Verstehens ohne Zwang denken lässt. Zugleich legt Rousseau dar, dass Verstehen im Rahmen einer Kultur eine eigene Gestaltung erfährt. Er wirft damit die Frage auf, worin die Freiheit des Verstehens am Ende begründet liegt: Basiert sie auf der Unverstelltheit natürlicher Verhältnisse oder auf den eigenen Gestaltungen, die sie im Rahmen von Kultur erhält? Wenn man Rousseaus Ansatz so rekonstruiert, dass er auf diese Frage zuläuft, erkennt man, wie Kant unmittelbar an ihn anknüpft. Kant geht es um ein angemessenes Verständnis

17 Vgl. Robert B. Brandom, *Expressive Vernunft*, Frankfurt/M. 2000, u. a. S. 150-155.

18 Jürgen Habermas, *Theorie des kommunikativen Handelns*, Bd. 1, Frankfurt/M. 1981, S. 52f.

von Freiheit, das ihm zufolge mit dem Begriff der Bestimmungslosigkeit nicht zu fassen ist. Vielmehr, so macht er geltend, besteht Freiheit in Selbstbestimmung. Die ist nach der Kantischen Konzeption nur dadurch möglich, dass man sich dem Zwang eigener Gesetze unterwirft. Da die Gesetze eigen sind, stellt sich der Zwang als ein solcher dar, der nicht äußerlich wirkt, und somit einen zwanglosen Charakter annimmt.

Freud wiederum hat dieser Kantischen Versöhnung von Freiheit und Zwang einen Strich durch die Rechnung gemacht, da er zeigt, dass der von selbst hervorgebrachten Bestimmungen ausgehende Zwang auch mit Unfreiheit verbunden sein kann. Freud kommentiert nicht direkt Formen der Selbstgesetzgebung im Kantischen Sinne, sondern psychische Mechanismen, die zu einer gewissermaßen verzerrten Form von Selbstgesetzgebung führen. Er fasst diese verzerrte Form mit Begriffen wie denen der Zwangsneurose, der Zwangshandlung und des Wiederholungszwangs.[19] Demnach kann der psychische Apparat von sich aus wieder und wieder Bestimmungen produzieren, die nicht als selbstgewählt gelten können und die dennoch im Selbst verankert sind. Traumatisierungen führen zu Besetzungen des psychischen Apparats, die in immer wiederkehrender Weise solche Bestimmungen hervorbringen. Der von Traumata ausgehende Zwang verspricht keine Freiheit, auch wenn die Bestimmungen vom Subjekt ausgehen. Es handelt sich um eigene Bestimmungen in einem anderen Sinn – um Selbstbestimmungen, die nicht selbstgewählt sind und doch im Subjekt wurzeln.

Mit seiner Analyse des Wiederholungszwangs, die ich im vierten Kapitel schon angesprochen habe (IV.2.2), durchkreuzt Freud den in der Folge Kants oft vertretenen Zusammenhang von Selbstbestimmung und Freiheit. Er kommt aber damit nicht einfach auf die Position Rousseaus zurück, da er nicht von einer natürlichen Freiheit ausgeht. Vielmehr liegt für Freud die Möglichkeit von Freiheit darin begründet, dass der Zwang aus Traumatisierungen angeeignet wird. Der Slogan »Wo Es war, soll Ich werden«[20] hält dies markant fest. Freud impliziert damit zweierlei: Zum einen sind hier zwei Formen des Zwangs im Spiel, und zwar eine Form des Zwangs, die

19 Vgl. Sigmund Freud, »Erinnern, Wiederholen und Durcharbeiten«, in: ders., *Sigmund Freud-Studienausgabe*, Ergänzungsband, Frankfurt/M. 1989, S. 205-215.

20 Sigmund Freud, *Neue Folge der Vorlesungen zur Einführung in die Psychoanalyse*, in: ders., *Sigmund Freud-Studienausgabe*, Bd. 1, Frankfurt/M. 1989, S. 516.

unfrei macht, und eine andere Form, die Freiheit eröffnet. Zum anderen sind für Freud diese beiden Formen des Zwangs in den sie begründenden Mechanismen so verbunden, dass ein Übergang vom einen in den anderen denkbar ist. Es ist gerade dieser Aspekt, der für eine Explikation der Freiheit des Verstehens klärend ist. Doch der Reihe nach.

Für Freud gilt, dass Selbstbestimmung gleichermaßen unfrei und frei zu machen vermag. Traumatisierungen finden in einem Zusammenhang statt, in dem Freiheit und Unfreiheit miteinander verbunden sind. Den psychischen Apparat kennzeichnet eine Dynamik von Selbstbestimmung, die sich immer wieder gegen die Potentiale von Freiheit, die er aufweist, wenden kann. Freud interessiert sich dafür, inwiefern die Mechanismen, die Selbstbestimmung eröffnen, zwei Tendenzen annehmen können.[21] Sie können zum einen dazu führen, dass in einer Zwanghaftigkeit, die Unfreiheit bedeutet, Bestimmungen wiederholt werden. Zum anderen können sie auch Bestimmungen hervorbringen, in denen ein Subjekt Momente von Freiheit realisiert. Freuds Begriff der Besetzung artikuliert das, was beide Tendenzen zusammenhält. Die Wiederkehr von Bestimmungen geistiger Artikulationen liegt demnach in Besetzungen begründet. Welche Tendenz sich jeweils durchsetzt, liegt daran, ob eine Besetzung angeeignet ist oder nicht. Dabei fungiert der Begriff der »Aneignung« erst einmal als Suchbegriff für einen Unterschied, der weiter geklärt werden muss. Er mag mit dem Vorbehalt verbunden werden, dass sich in Freuds Ansatz eine in problematischer Weise idealistische Vorstellung von Selbstgegenwart durchsetzt.

Hier geht es mir allerdings nicht um eine Diskussion von Freuds Ansatz als solchem, sondern nur darum, wie er die einseitige Alternative von Zwang und Freiheit abbaut. In seinem Ansatz findet sowohl die Vorstellung einer zwanglosen Freiheit als auch die Vorstellung eines zwanglosen Zwangs keinen Halt. Damit verkompliziert sich das Verhältnis von Freiheit und Zwang in klärender Weise, da Freiheit ohne Zwang nicht mehr zu denken ist. Pointiert kann man bei Freud von einer zwanghaften Zwanglosigkeit spre-

21 Vgl. zur Einheitlichkeit der Mechanismen in Freuds Begriff der Wiederholung: Rebecca Comay, »Resistance and Repetition«, in: *Research in Phenomenology* 45 (2015), S. 237-266.

chen, durch die Momente von Freiheit charakterisiert sind. Solche Momente stellen sich dadurch her, dass Zwanghaftigkeit sich in Zwanglosigkeit verkehrt. Dies dreht den Gedanken von Habermas gewissermaßen um: Nicht der Zwang soll sich als zwanglos erweisen, sondern die Zwanglosigkeit als zwanghaft. Im ersten Moment mag unklar bleiben, wo hier genau der Unterschied liegt. Entscheidend ist, dass für Freud jegliche Zwanghaftigkeit als solche grundsätzlich Unfreiheit bedeutet. Die Idee einer Zwanghaftigkeit, die nicht mehr als solche erfahren wird, greift für ihn aus diesem Grund nicht, da es aus seiner Sicht für Zwanghaftigkeiten immer wieder charakteristisch ist, nicht als solche erfahren zu werden. Aus der Perspektive von Freuds Ansatz geht es so darum, die Zwanghaftigkeit gegen sich selbst zu wenden, also um die Realisierung einer Zwanghaftigkeit, die man sich zu eigen gemacht hat. In diesem Sinn spreche ich davon, dass die Zwanglosigkeit sich auf der Grundlage von Zwanghaftigkeit einstellt.

Zwanghafte Handlungsweisen sind aus Freuds Perspektive unumgänglich. Sie sind so als grundlegender Aspekt freien Verhaltens zu begreifen. Freud hat dies unter anderem mit seinen Überlegungen in »Jenseits des Lustprinzips« dadurch erklärt, dass eine von Zwanghaftigkeit gelöste Freiheit in eine schrankenlose Verausgabung und damit zum Tod führt.[22] Freiheit, die ihren Namen verdient, kann aus seiner Sicht nur zustande kommen, wenn die Verausgabung blockiert wird. Dabei spielt Zwanghaftigkeit eine entscheidende Rolle. Was Freud als Realitätsprinzip bezeichnet, basiert auf Wiederholung und diese wiederum auf Zwanghaftigkeit. Der Aufschub der Verausgabung setzt das Etablieren zwanghafter Strukturen voraus.[23] Erst aus diesen Strukturen heraus kann der psychische Apparat Momente von Freiheit etablieren. Das Realitätsprinzip und seine Zwanghaftigkeiten erweisen sich als Grundlage der Realisierung von Aspekten der Zwanglosigkeit.

Freuds Ansatz ist damit richtungweisend für eine Explikation

22 Sigmund Freud, »Jenseits des Lustprinzips«, in: ders., *Sigmund Freud-Studienausgabe*, Bd. 3, Frankfurt/M. 1989, S. 244-272. Freuds Überlegungen zum Todestrieb berühren sich in aufschlussreicher Weise mit Hegels Reflexion »absoluter Freiheit« als einer »*Furie* des Verschwindens« (Hegel, *Phänomenologie des Geistes*, S. 431-441, hier bes. S. 436).

23 Vgl. Freuds Ausführungen zu dem, was nach ihm als Fort-da-Spiel bezeichnet wird: Freud, »Jenseits des Lustprinzips«, S. 224f.

der Freiheit des Verstehens. Seine Einsicht lässt sich mit dem Gedanken fassen, dass aus den Mechanismen, die Freiheit eröffnen, Freiheit auch korrumpiert werden kann. Genau dies gilt – ganz in Freuds Sinn – auch für alles Verstehen. Anders als Rousseau, Kant und Habermas voraussetzen, ist für die Realisierung von Freiheit die Entgegensetzung von Zwang und Freiheit nicht grundlegend. Ganz im Gegenteil: Erst dort, wo Zwang und Freiheit koexistieren, werden Momente von Freiheit begreiflich. In Bezug auf alles Verstehen bedeutet das: Dem Verstehen liegt mit den für es grundlegenden Wiederholungsstrukturen ein nicht zu überwindendes Moment von Zwanghaftigkeit zugrunde.

Die Zwanghaftigkeit, von der hier die Rede ist, betrifft zwei Dimensionen, und zwar zum einen die Fortsetzungen von Praktiken des Verstehens und zum anderen deren selbstkritische Stellungnahmen: Diejenigen, die verstehen, setzen mit ihren Verständnissen immer Ketten von Praktiken fort. Immer reaktualisieren sie Zusammenhänge und können dabei von Zwangsmechanismen geprägt werden, so dass sie zum Beispiel nicht anders können, als einen Begriff wie »progressiv« als positiv konnotiert zu hören. Entscheidender aber ist die Ebene selbstkritischer Stellungnahmen, in denen sie von Zwängen hinsichtlich dessen geleitet werden können, welche Kriterien sie an ihre Verständnisse anlegen. So kann es sein, dass eine Verstehende sprachliche Formen als solche begreift, die durch das Zutun von Sprechenden nicht verändert werden sollten, so dass sie als quasi-natürliche Größen gelten. Entsprechende selbstkritische Perspektiven auf alles Sprechen und Verstehen können ohne allen Spielraum auf Veränderung vertreten werden und so einen zwanghaften Charakter annehmen.

Zugleich bieten die Mechanismen, in denen sich entsprechende Zwangsmomente ergeben, immer auch den Spielraum, den Zwang – in improvisatorischer Weise – zu verschieben. Das Wort »progressiv« kann auch so gehört werden, dass es einen ideologischen Unterton hat, und die selbstkritischen Perspektiven auf sprachliche Unveränderlichkeit können durchbrochen werden. Dabei aber löst sich der Zwang nicht einfach auf. In der Fortsetzung eines anderen Hörens des Wortes »progressiv« und in der selbstkritischen Stellungnahme, die der Veränderung sprachlicher Formen einen möglichen Wert zuschreibt, liegen unumgänglich wiederum Zwangsmomente, die allerdings ihrerseits mit größeren Spielräumen verbunden sein können. Zwanghaftigkeit wird hier also nicht überwunden, sondern gegen sich gekehrt.

Freud bietet in dieser Weise eine Grundlage für nicht-dualistische Rekonstruktionen von Freiheit. Ihm zufolge können die Strukturen, die Momente von Freiheit eröffnen, auch zur Einschränkung von Spielräumen der Freiheit beitragen. Freiheit wird so nicht aus der Aufhebung des Zwangs durch die Herstellung von Zwanglosigkeit, sondern aus seiner Moderation heraus begründet. In der Terminologie Freuds kann man auch von einem »Durcharbeiten« sprechen: Die Moderation des Zwangs liegt entsprechend darin, dass zwanghafte Strukturen so weiterentwickelt werden, dass das Subjekt sie von sich aus fortsetzt und damit – wiederum könnte man hinzufügen: in improvisatorischer Weise – verschiebt.[24] Mit dem Begriff der Fremdbestimmung kann man es so fassen: Verstehen hat eine grundsätzlich fremdbestimmte Dimension: Nur aus seiner Fremdbestimmtheit heraus können Momente der Freiheit des Verstehens gewonnen werden. Mit seiner monistischen Variante der Explikation des Verhältnisses von Zwanghaftigkeit und Zwanglosigkeit eröffnet Freud eine Perspektive dafür, das prekäre Zustandekommen von Freiheit aus den Mechanismen heraus zu verstehen, die es mit Zuständen der Unfreiheit verbindet.

Im Sinne der Ausführungen der vorangegangenen Kapitel gilt es aber auch umgekehrt zu sagen, dass Momente der Freiheit in Unfreiheit umschlagen können. Das Potential der Freiheit, das in der selbstkritischen Distanzierung von Verständnissen liegt, kann auch aus sich heraus zu Stillstellungen des Verstehens führen. Dies ist grundsätzlich dann der Fall, wenn Verstehen mit Kriterien verknüpft wird, die seine Wandelbarkeit und Distanzierbarkeit negieren. Eine Formulierung wie »All das lässt sich gar nicht anders als so verstehen, wie wir es nun einmal verstehen« ist eine besonders markante Variante von selbstkritischen Stellungnahmen, die dem Verstehen Spielräume nehmen. Aber auch eine Formulierung wie »Selbstverständlich sollten wir all das, was wir politisch für erstrebenswert halten, als ›progressiv‹ bezeichnen« kann zu einem Moment von Unfreiheit führen. Dabei basieren solchermaßen gefestigte Unfreiheiten auf den Potentialen der Freiheit.

Gegen hermeneutische Philosophien des 20. Jahrhunderts gilt

24 Vgl. Sigmund Freud, »Erinnern, Wiederholen und Durcharbeiten«.

es also, die Möglichkeit der Verkehrung freiheitseröffnender Strukturen zu akzentuieren. Heidegger hat mit seiner Unterscheidung uneigentlichen und eigentlichen Verstehens die Freiheit des Verstehens aus seiner Unfreiheit heraus zu erklären gesucht. Seinem grundsätzlichen Weg sind nicht nur Gadamer, Ricœur und Vattimo, sondern in gewisser Hinsicht auch zum Beispiel Michel Foucault, Judith Butler und Sally Haslanger gefolgt. Den Grundgedanken entsprechender Ansätze verstehe ich so: Die Mechanismen alltäglichen Verstehens führen zu einem grundlegenden Moment von Unfreiheit im Verstehen, das sich aus einem spezifischen Umgang mit diesen Mechanismen heraus – zumindest in gewissen Hinsichten – überwinden lässt. Die Überwindung des alltäglichen Zustands der Unfreiheit geschieht dabei in emanzipatorischer Tendenz. Emanzipation wird aus den Mechanismen, die Unfreiheit bedingen, im Sinne einer Ausbeutung der in diesen Mechanismen angelegten Spielräume realisiert. Insofern verpflichten sich die genannten Positionen (in unterschiedlicher Weise) auf die These, dass die Unfreiheit im Verstehen grundlegend ist.

Mit den Darlegungen dieses Buches habe ich den Versuch unternommen, unter anderem diese These zu erschüttern. Verstehen ist mit einem grundlegenden Potential der Freiheit verbunden. Wenn es in einen Zustand der Unfreiheit gerät, liegt dies in genau den Mechanismen begründet, die sein Potential der Freiheit ausmachen. Geht man von einer grundlegenden Unfreiheit des Verstehens aus, kann man nicht begreiflich machen, wie das in allem Verstehen angelegte Potential der Freiheit sich gegen die Freiheit kehren kann. Die im Verstehen gewonnene Freiheit ist nicht aus dem Grund prekär, dass sie immer wieder in Unfreiheit zurückfallen kann; ihre spezifische Prekarität liegt vielmehr darin begründet, dass aus den Mechanismen heraus, die Freiheit eröffnen können, auch Unfreiheit entstehen kann. Insofern ist Unfreiheit nicht als ein Rückfall, sondern als eine spezifische Entwicklung – man mag auch von einer Fehlentwicklung sprechen – von Freiheit zu rekonstruieren.

Die Lehre zu einer Rekonstruktion des Verhältnisses von Zwang und Freiheit nach Freud besteht darin, keinerlei Dualität zwischen beiden aufkommen zu lassen. Nach Freuds Einsicht sind die Mechanismen des psychischen Apparats, die psychisch unverzerrte Zustände gewährleisten können, aus sich heraus so geartet, dass Verzerrungen eintreten können. Damit entfällt die Möglichkeit,

Freiheit durch die Abwesenheit von Zwang und anderen verzerrenden Größen und Instanzen zu erklären. Gegenüber den durch Rousseau und Kant entwickelten Erklärungen von Freiheit bedeutet dies eine für die Explikation der Freiheit des Verstehens lehrreiche Klärung: Die Freiheit des Verstehens muss nicht als Zustand der Zwanglosigkeit rekonstruiert werden. Vielmehr ist Freiheit aus einem untrennbaren Zusammenhang mit Zwang heraus zu begreifen. Von Freud ist dabei zu lernen, dass ein Zusammenhang der Mechanismen (des Zwangs), die sowohl Freiheit als auch Zwang begründen, verständlich gemacht werden kann. Mit einem solchen Zusammenhang lässt sich weder der Gedanke einer natürlichen Freiheit noch der eines zwanglosen Zwangs rationaler Bestimmungen vereinbaren.

Genau aus dieser Einsicht heraus ist die Freiheit des Verstehens zu fassen. Als ein Potential wohnt sie dem Verstehen nicht als die Möglichkeit inne, Verstehen von allen Zwängen und Momenten der Macht und Gewalt zu befreien. Wer auf eine solche Möglichkeit setzt, idealisiert Verstehen in einer unhaltbaren Weise. Das Moment von Freiheit, das sich im Verstehen herstellen lässt, ist mit Aspekten des Zwangs unentwirrbar verwoben. Insofern ist der Begriff der Freiheit, der hier im Spiel ist, mit Zwang und Macht verknüpft und kann so auch mit der Entwicklung von Momenten der Unfreiheit verbunden sein.

4. Der soziale und geschichtliche Charakter des Zusammenhangs von Zwang und Freiheit im Verstehen

Die soweit gewonnene Erläuterung des Zusammenhangs von Zwang und Freiheit im Verstehen aber trägt der mit dem Begriff der Anerkennungskonflikte gefassten Dimension noch nicht in hinreichender Weise Rechnung. Inwiefern hat der besagte Zusammenhang eine irreduzibel soziale Dimension? Diese Frage ist besonders dringend, bedenkt man, dass immer wieder – nicht nur bei Rousseau – soziale Zusammenhänge als Grundlage eines mit dem Verstehen verbundenen Zwangs zur Geltung gebracht wurden. Neben Rousseaus kulturkritischen Analysen sozialen Konformitätsdrucks ist hier unter anderem Nietzsches Konzepte des Herdeninstinkts und der Sklavenmoral[25] sowie Heideggers Explikation uneigentlichen Verstehens zu nennen.[26] Auch bei Freud kehrt das Motiv eines sozial induzierten Zwangs in dem Begriff des Über-Ichs zurück, das für internalisierte gesellschaftliche Regelzusammenhänge steht, die primär durch die Eltern beziehungsweise allgemeiner gesagt durch primäre Bezugspersonen vermittelt werden.[27]

In der hermeneutischen Tradition ist besonders von Hans-Georg Gadamer ein Bild für den sozialen Charakter alles Verstehens entworfen worden, das die Zusammenhänge zwischen denen, die verstehen, als durch und durch zwanglos begreift. Gadamer fasst das ihn leitende Bild mit dem Begriff der Wirkungsgeschichte, auf das ich bereits im dritten Kapitel kurz zurückgekommen bin (vgl. III.2). Verständnisse kommen demnach immer im Kontext von Wirkungszusammenhängen des Verstehens zustande.[28] Ein literarischer Text wird von unterschiedlichen Leser:innen und Interpret:innen rezipiert und jeweils aus der Auseinandersetzung mit den Verständnissen aufgefasst, die er bis zum Zeitpunkt des jeweiligen neuen Verstehens eröffnet hat. Es wäre erst einmal plausibel, auch die Grade der im Zusammenhang mit Verständnissen hergestellten Freiheit aus einer solchen Wirkungsgeschichte heraus zu begreifen.

Nun verkompliziert sich allerdings mit den Überlegungen zur konfliktiven Struktur der für alles Verstehen konstitutiven Selbstkritik das Bild. Verstehen verläuft demnach nicht einfach linear von einzelnen Gegenständen aus, die sich mit den Verständnissen, die sie evozieren, kontinuierlich und zwanglos weiter transformieren. Die Spannung von Subjekten und Strukturen in Gemeinschaften begründet eine konfliktive Struktur des Verstehens, der zufolge Subjekte sich immer wechselseitig und mit Blick auf Beschaffenhei-

25 Vgl. Friedrich Nietzsche, *Jenseits von Gut und Böse*, in: ders., *Kritische Studienausgabe*, hg. v. Giorgio Colli, Mazzino Montinari, Bd. 5, München, Berlin u. a. 1988, bes. S. 208-212; ders., *Genealogie der Moral*, in: ders., *Kritische Studienausgabe*, Bd. 5, München, Berlin u. a. 1988, S. 260.

26 In Bezug auf Heidegger hat in besonderer Weise die Interpretation John Haugelands die konformistische Struktur uneigentlicher Praxis herausgearbeitet; vgl. John Haugeland, »Heidegger on Being a Person«, in: ders., *Dasein Disclosed*, Cambridge, Massachusetts 2013, S. 3-14.

27 Vgl. Sigmund Freud, »Das Ich und das Es«, in: ders., *Sigmund Freud-Studienausgabe*, Bd.3, Frankfurt/M. 1989, S. 273-330, hier bes.: S. 301 f.

28 Hans-Georg Gadamer, *Wahrheit und Methode*, Tübingen [6]1990, S. 305 f.

ten der Welt herausfordern. Sowohl Individuen als auch Gruppen können eine besondere Perspektive des Verstehens nur in konfliktiven Interaktionen mit anderen ausprägen.

Das Konzept der Wirkungsgeschichte muss aus diesem Grund zwei verändernde Akzentuierungen erfahren: Zum einen handelt es sich bei einer Wirkungsgeschichte (bei der Entwicklung von Verständnissen eines Gegenstands wie einer politischen Aussage oder eines Kunstwerks) nicht um einen homogenen Raum. Im vierten Kapitel bin ich Arendt und Cavell darin gefolgt, eine Dynamik zu behaupten, die durch je besondere Impulse von Subjekten zustande kommt (vgl. IV.2.5). Diese Impulse stellen sich allerdings nicht reibungslos ein. Sie sind vielmehr mit gemeinschaftlich etablierten Kriterien und orientierenden Selbstverständnissen konfrontiert, zu denen sich diejenigen, die Impulse hervorbringen, verhalten müssen. Für die Entwicklung von Verständnissen ist so immer die Spannung zwischen subjektiv-individuellen oder von Gruppen ausgehenden individuellen Impulsen und etablierten gemeinschaftlichen Strukturen entscheidend. Die agonale Struktur, die diese Spannung in wirkungsgeschichtliche Entwicklungen einträgt, blockiert Verständnisse nicht, sondern ist produktiv für ihre Entwicklung.

Dies bringt mich zur zweiten verändernden Akzentuierung, die es vorzunehmen gilt: Wirkungsgeschichte darf nicht als ein Raum der bloßen aus steten Veränderungen hervorgehenden Entwicklung von Verständnissen begriffen werden (im Sinne von Gadamers »Es genügt zu sagen, dass man anders versteht, wenn man überhaupt versteht«), sondern es handelt sich um einen Raum der Konflikte in Bezug auf die Kriterien des Verstehens. Diese Konflikte sind nicht nur intersubjektiver Natur, sondern immer auch von Spannungen zwischen gemeinschaftlich etablierten Kriterien und einzelnen Impulsen geprägt, die von Individuen oder Gruppen ausgehen. Ich betone dabei, dass sich all dies nach meiner Auffassung als eine Schärfung von Gadamers Konzept begreifen lässt, ihm also nicht widerspricht.

Eine solchermaßen konfliktgeprägte Form der Wirkungsgeschichte aber lässt die Prozesse der graduellen Entwicklung der Freiheit des Verstehens immer noch als zu homogen erscheinen. Sie berücksichtigt die Momente der Kollision sowie des Ausschlusses, der Missachtung, der Abwertung sowie der Demütigung und damit der konstitutiven Verbindung von Verstehen und Macht nicht in ausreichendem Maße.[29] Die für die Realisierung von Selbstkritik konstitutiven Anerkennungskonflikte sind immer mit der Möglichkeit verbunden, zu Abbrüchen oder Ausschlüssen zu führen. Sie sind mit Momenten der Zwanghaftigkeit verbunden, in denen Machtstrukturen und auch Formen der Gewalt zum Tragen kommen.

Entwicklungen von Verständnissen sind davon geprägt, dass einzelne Individuen oder Gruppen immer wieder systematisch daran gehindert werden, sich mit ihren Perspektiven in diese Entwicklungen einzubringen. Zu Anfang und Ende des letzten Kapitels habe ich Spivaks Überlegungen zur Sprachfähigkeit ausgeschlossener Individuen und Gruppen angesprochen. Spivak macht zu Recht geltend, dass Diskurse immer mit Ausschlüssen verbunden sind.[30] Ausschlüsse haben dabei, wie im dritten Kapitel betrachtet (vgl. u. a. III.1.3), die Funktion, Individuen und Gruppen am Eintritt in Anerkennungskonflikte zu hindern. Die Sprachfähigkeit, um die die Machtlosen ringen, begrifft die Möglichkeit, die eigene Position im Konflikt geltend zu machen. Wer sie erlangt, kann zur Selbstkritik beitragen. Wem die Sprachfähigkeit verwehrt wird, kann an den selbstkritischen Entwicklungen von Verständnissen nicht mitwirken.

Wie Judith Butler in *Psyche der Macht* argumentiert, trägt die Wirklichkeit solcher Ausschlüsse in die Konstitution des verstehenden Subjekts einen grundlegenden Widerspruch ein, den man knapp wie folgt artikulieren kann: Das Subjekt muss sich der Macht unterwerfen, um selbst Macht zu gewinnen. Butler spricht mit Hegel unter anderem von einer »Selbstverknechtung«.[31] Subjekte des Verstehens müssen sich immer der Macht unterwerfen, um Teil der Entwicklungen von Verständnissen zu sein. Wenn sie von Seiten machtvoller Strukturen des Verstehens ausgeschlossen werden, ist ihnen die Möglichkeit zu einem eigenen Beitrag in Konflikten des Verstehens genommen. Dabei sind Strukturen

29 Vgl. zur sprachlichen Dimension dieser Momente u. a. Steffen K. Herrmann u. a. (Hg.), *Verletzende Worte. Zur Grammatik sprachlicher Missachtung*, Bielefeld 2007.

30 Vgl. Gayatri Spivak, »Can the Subaltern Speak?«, in: Cary Nelson, Lawrence Grossberg (Hg.), *Marxism and the Interpretation of Culture*, Urbana 1988, S. 271-313, hier: S. 278 u. a.

31 Judith Butler, *Psyche der Macht. Das Subjekt der Unterwerfung*, Frankfurt/M. 2001, S. 38.

der Macht nicht homogen ausgeprägt. Sie sind ihrerseits als das Produkt von Anerkennungskonflikten in Bezug auf Verständnisse zu begreifen und können so jederzeit unterschiedlich ausfallen. Es ist Chance und Gefahr machtvoller Strukturen zugleich, dass diese sich immer verändern und transformieren lassen, wobei Beiträge zur Transformation voraussetzen, dass man in Anerkennungskonflikten eine Stimme hat.

Die Heterogenität der machtvollen Strukturen des Verstehens erschöpft sich aber nicht in Ausschlüssen. Brüche im Verstehen kommen auch dort zustande, wo es nicht gelingt, Konflikte über Verständnisse auszutragen, da sich zum Beispiel keine Einigkeit über die grundlegenden Kriterien erzielen lässt, an denen Verständnisse gemessen werden. In diesem Fall prallen unterschiedliche Verständniswelten aufeinander, ohne dass es zu einer produktiven Auseinandersetzung kommt. Ich spreche hier von Abbrüchen des Verstehens. Im Unterschied zu Ausschlüssen sind Abbrüche des Verstehens nicht mit einem generellen Verlust von Sprachfähigkeit verbunden. Individuen und Gruppen, denen keine Konflikte mit anderen Individuen und Gruppen gelingen, stehen hier immer noch in Kontexten, innerhalb deren sie sprachfähig sind, und tragen innerhalb dieser Kontexte zur Entwicklung von Verständnissen bei. Allerdings scheitert die Konfrontation mit anderen Kontexten von Verständnissen, so dass Verständniswelten sich nicht verbinden. Die Heterogenität von Verständnissen, die sich daraus ergibt, ist von grundlegender Natur. Sie führt dazu, dass Räume des Verstehens korrespondenzlos nebeneinander bestehen. Ein solches Nebeneinander hat dabei keinen absoluten Charakter. Immer können weitere Entwicklungen dazu führen, dass unterschiedliche Verständniswelten doch in produktive Konflikte miteinander eintreten und so aus ihren Differenzen heraus einen gemeinsamen Verständnisraum entwickeln. Genauso kann es jederzeit sein, dass ein solcher gemeinsamer Verständnisraum an der Unmöglichkeit zerbricht, dass einzelne Gruppen und Individuen miteinander weiterhin produktive Konflikte austragen.

Die Heterogenität der Geschichten von Verständnissen ist somit als offene Struktur zu begreifen. Niemals haben Ausschlüsse und Abbrüche ein für alle Mal Bestand. Aber auch gelingende Auseinandersetzungen haben es nicht. Dies bedeutet, dass die Freiheit des Verstehens sich nicht in eine teleologische Perspektive stellen lässt.

Verstehen ist nicht mit einer Geschichte des Fortschritts von Freiheit verbunden. Ohne Zweifel gab und gibt es Entwicklungen, die einen solchen Fortschritt bedeuten. So lässt sich zum Beispiel dafür argumentieren, dass geschlechts-, diversitäts- und intersektionalitätsbewusstes Sprechen und Schreiben Freiheiten des Verstehens graduell gesteigert haben und weiterhin steigern dürften. Aber dabei handelt es sich nicht um eine notwendigerweise einheitliche und gesicherte Entwicklung. Die mit der Teilhabe an mit solchen Sprechweisen verbundenen Anerkennungskonflikten einhergehende Unterwerfung unter Machtstrukturen kann sich jederzeit gegen die emanzipatorischen Intentionen, mit denen Positionen in Bezug auf Verständnisse bezogen und verteidigt werden, verkehren. Zudem ist es jederzeit möglich, dass die mit solchen Sprech- und Schreibweisen verbundenen Entwicklungen abreißen.

Im zweiten Kapitel habe ich davon gesprochen, dass Verstehen in offenen Traditionen zustande kommt. Diese sind brüchig und immer wieder mit Ausschlüssen verbunden, können also nicht an einem jeweils selbstverständlichen Wir des Verstehens festgemacht werden.[32] Die soziale Grammatik des Verstehens kennt alle Personen: Das Ich und Du genauso wie das Wir und Ihr, wie nicht zuletzt auch das Sie beziehungsweise Er, Sie, Es der Nichtzugehörigen oder Ausgeschlossenen. Die dem Verstehen eigene Heterogenität in Bezug auf Teilhabe und Konflikte führt dazu, dass sich kein Raum eines wie immer auch offenen Wir auszeichnen lässt, in dem Verständnisse stehen. Immer sind Verhältnisse des konfliktiven Bezugs auf andere wie auch des Bruchs und des Ausschlusses mit ihm Spiel, so dass mit allem Verstehen eine Struktur komplexer personaler Bezüge vom Ich bis zum Sie einhergeht.

Walter Benjamin hat – unter anderem in seinen geschichtsphilosophischen Thesen, aber auch in anderen Arbeiten vom Trauerspiel-Buch bis zum Passagen-Werk – ein Geschichtsmodell entwickelt, das von einer Logik des Fortschritts dezidiert abweicht. Im vorliegenden Kontext ist besonders sein Gedanke hilfreich, dass alle Zeiten gleich unmittelbar zu einem möglichen Zustand der Erlösung stehen.[33] In Bezug auf die Realisierung der Freiheit des

32 Sehr markant ist das «Wir« in der Position Robert Brandoms; vgl. Brandom, *Expressive Vernunft*, S. 891-894.

33 Vgl. Walter Benjamin, »Über den Begriff der Geschichte«, in: ders., *Gesammelte Schriften*, Bd. I.2, Frankfurt/M. 1974, S. 691-704, hier: S. 694.

Verstehens besagt dieser Gedanke, dass keine Zeit sicher auf der Freiheit aufbauen kann, die vorangehende Zeiten realisiert haben. Auch wenn Freiheit in einer spezifischen historisch-kulturellen Situation hergestellt ist, kann sie im nächsten Moment immer wieder verlorengehen. Nichts verleiht ihr Stabilität und Sicherheit. Benjamin zufolge ist Geschichte durchweg von Brüchen geprägt. Dies führt dazu, dass nichts als Errungenschaft für Weiterentwicklungen gesichert werden kann.

Über Benjamin hinaus muss man betonen, dass Weiterentwicklungen auch nicht ausgeschlossen sind. Es kann geschichtliche Zusammenhänge geben, in denen die Freiheit des Verstehens sich für eine Zeitlang kontinuierlich steigern lässt. Auch wenn dies jederzeit möglich ist, folgt daraus nicht, dass Stabilität und Sicherheit von Fortschritt doch möglich sind. Freiheit als Aufgabe bleibt immer gleichermaßen grundlegend; immer wieder muss sie neu, gewissermaßen von einem Nullpunkt aus errungen werden. Benjamins Insistieren auf dem fragmentarischen Charakter geschichtlicher Zusammenhänge ist in dieser Hinsicht zutreffend. Es lässt aber eine Ergänzung durch den Gedanken zu, dass Fortschritt nicht unmöglich ist. Wo er zustande kommt, bleibt er aber notwendigerweise lokal und brüchig, kann also jederzeit abreißen.

Die revidierte Wirkungsgeschichte von Verständnissen als Grundlage der Verwirklichung der Freiheit des Verstehens hat damit zwei zentrale Aspekte: Auf der einen Seite ist diese Geschichte von Brüchen und Diskontinuitäten geprägt. Abbrüche und Ausschlüsse in Bezug auf die selbstkritische Entwicklung von Verständnissen führen dazu, dass keine kontinuierlichen und bruchlosen Zusammenhänge gesichert werden können. Einmal durch intersubjektive Interaktionen und Interaktionen mit der Welt erlangte Momente von Freiheit stehen so immer wieder zur Disposition. Immer kann es dazu kommen, dass sie aufs Neue erarbeitet werden müssen.

Auf der anderen Seite zeigt das diskontinuierliche Bild, dass die Freiheit des Verstehens aus der Verwicklung von Verstehen und Macht zustande kommt. Momente der Distanzierung und damit von Freiheit in Bezug auf Verständnisse können sich in konfliktiven Interaktionen nur durch die Macht ergeben, aus der heraus Position bezogen wird. Wer in einem Anerkennungskonflikt seine Perspektive ins Spiel bringt, vollzieht damit unumgänglich eine machtvolle Setzung. Eine in einem solchen Konflikt vertretene Perspektive ist *per definitionem* nicht durch irgendwelche regelhaften Zusammenhänge bestimmt. Sie hat aus diesem Grund das Moment der Setzung. Walter Benjamins Begriff der »rechtsetzenden« Gewalt ist hierfür einschlägig.[34] Jede Mitwirkung an einer Kritik von Verständnissen beruht, so kann man in Abwandlung von Benjamins Begriff sagen, auf einer verständnissetzenden Gewalt. Dabei geschieht die Setzung nicht originär, sondern erfolgt aus einem Verständnisgeschehen heraus. Dennoch rückt, wer zu Verständnissen Stellung nimmt, nicht einfach in ein Überlieferungsgeschehen ein (um Gadamers Wort zu bemühen[35]), sondern distanziert sich in einer spezifischen Weise von diesem Geschehen. Die Distanzierung impliziert Macht. Ohne diese Macht kann eine Entwicklung von Verständnissen nicht zustande kommen.

In der Freiheit des Verstehens sind Freiheit und Macht miteinander verschränkt. Verstehen setzt sich nicht aus bloßer Verständniskraft fort, sondern immer auch aus der Macht heraus, deren es zur Entwicklung von Verständnissen bedarf. Gerade die konstitutive Verbindung von Verstehen und Freiheit trägt in die Geschichte des Verstehens Macht und Gewalt ein. Dies ist Chance und Gefahr zugleich. Wenn es in der Entwicklung von Verständnissen zu Ausschlüssen von Individuen und Gruppen kommt, wird die verständnissetzende Gewalt diskriminierend ausgeübt. Zugleich aber aktualisieren auch alle emanzipatorischen Bemühungen um Verständnisse diese Gewalt. Sie ist auch die Grundlage aller Bemühungen, Ausschlüsse zu kritisieren und zu überwinden.

5. Freiheit und die Kritik der Macht des Verstehens

So führt der Bruch mit der These von der Selbstverständlichkeit des Verstehens am Ende zu einer Kritik der Macht des Verstehens. In dem Maße, in dem Verstehen ein Potential der Freiheit innewohnt, ist es auch mit Strukturen der Macht verbunden. Das Missverständnis, gegen das ich mich am Anfang meiner Überlegungen gewendet habe, betrifft nicht nur die mit dem Verstehen verknüpfte Freiheit,

34 Walter Benjamin, »Zur Kritik der Gewalt«, in: ders., *Gesammelte Schriften*, Bd. II.1, Frankfurt/M. 1977, S. 179-203, hier: S. 190.

35 Vgl. Gadamer, *Wahrheit und Methode*, S. 295.

sondern auch die mit ihm verknüpfte Macht. Das Missverständnis besteht in dem Gedanken, dass Verstehen so ist, wie es ist. Verstehen stellt sich demnach unmittelbar und unumgänglich ein. Aber dies ist nicht der Fall. Verstehen gibt es nur dadurch, dass verstehende Wesen sich zu ihren Verständnissen verhalten. Verstehen ist in diesem Sinn konstitutiv nicht selbstverständlich, sondern setzt voraus, dass Individuen und Gruppen Stellung zu Verständnissen beziehen. Genau damit sind Freiheit und Macht verschränkt.

Eine Explikation der Freiheit des Verstehens ist so am Ende mit der Aufgabe konfrontiert, eine Kritik der Macht des Verstehens zu leisten. Ansatzpunkt dafür sind die für alles Verstehen konstitutiven selbstkritischen Stellungnahmen. Wer Kriterien für Verständnisse in Konflikten des Verstehens etabliert, gewinnt damit Distanz zu den eigenen Verständnissen und in diesem Sinn ein Moment von Freiheit. Selbstkritische Stellungnahmen sind dabei unumgänglich mit Machtstrukturen verbunden, die dazu führen, dass diese Stellungnahmen sich auch gegen das Potential der Freiheit verkehren können. Die Möglichkeit dieser Verkehrung gilt es im Rahmen einer Kritik der Macht des Verstehens zu analysieren.

Die Momente von Macht, die mit der Festlegung und Aushandlung von Kriterien in Konflikten des Verstehens verbunden sind, lassen sich gut mit dem am Ende des letzten Teils bereits eingeführten Vokabular Walter Benjamins fassen. Die von ihm geltend gemachte »rechtsetzende« Gewalt liegt darin begründet, dass eine Rechtsetzung sich nicht aus etablierten Rechten ableiten lässt. Jede Rechtsetzung impliziert strukturell einen Bruch mit bislang etablierten Rechten. Ein solcher Bruch findet auch in jeder neuen selbstkritischen Stellungnahme zu Verständnissen statt. Auch wenn Kriterien, die für Verständnisse etabliert oder weiterentwickelt werden, sich auf bereits eingeführte Kriterien stützen können, lassen sie sich niemals restlos durch das, was bereits eingeführt ist, begründen. So ist jede Stellungnahme mit einem Moment von Gewalt verbunden, das auch eine irreduzibel körperliche Dimension – in der stimmlichen Färbung, ihrer Modulation, der Mimik und körperlichen Haltung, in der Äußerung von Fragen, der Kommentierung von Verständnissen etc. – aufweist.

Die Distanzierung der eigenen Verständnisse, die durch selbstkritische Stellungnahmen gewonnen wird, bedarf dieser Gewalt. Insofern hat eine Kritik – wie auch im Falle des Rechts – nicht einfach die Gewalt als solche zu problematisieren. Sie muss allerdings ihre Ambivalenzen klären. Da ich in meinen Überlegungen darauf abziele, das dem Verstehen innewohnende Potential der Freiheit aufzuklären, geht es an diesem Punkt besonders um die Aspekte, mit denen Freiheit unterminiert wird. Die mit Stellungnahmen verbundene Gewalt bedroht nicht als solche Momente der Freiheit im Verstehen; sie kann aber so zum Tragen kommen, dass Freiheit gefährdet und verhindert wird.

Mit Blick auf das Freiheit unterminierende Moment der Selbstkritik im Verstehen sind auf einer allgemeinen Ebene Strukturen des Ausschlusses wichtig. Diese beginnen an einem dem ersten Anschein nach neutralen Punkt. Betrachten wir grammatische Stellungnahmen zu Verständnissen. Wer über grammatisches Vokabular verfügt, um seine Verständnisse und Ausdrucksformen zu thematisieren, gewinnt dadurch ein Moment von Unabhängigkeit. Mittels dieses Vokabulars können die eigenen Verständnisse neu und anders eingeschätzt und auch Sprechweisen verändert werden. In dieser Weise lässt sich das freiheitseröffnende Potential der Stellungnahmen andeuten. Grammatisches Vokabular kann aber auch Momente der Unfreiheit begründen, indem es einzelne Sprecher:innen diskriminiert. Dies geschieht unter anderem dort, wo mittels dieses Vokabulars Sprechweisen als unrichtig oder unverständlich markiert werden. All diejenigen, die nicht im Sinne der durch das Vokabular getroffenen Stellungnahmen sprechen, werden aus der Gemeinschaft derjenigen, die richtig sprechen, ausgeschlossen. Mittels des Vokabulars werden Markierungen dahingehend getroffen, wer zu einer Gemeinschaft richtigen Sprechens dazugehört und wer nicht. Darin zeigt sich ein Moment der Unfreiheit, das durch die Gewalt selbstkritischer Stellungnahmen begründet wird.

Dieses Moment kann sich steigern, wenn die Stellungnahmen dezidiert in Partizipation absprechender Weise getroffen werden. »Wer nicht so spricht wie wir, gehört nicht zu uns« bringt den dezidierten Ausschluss von Partizipation markant zum Ausdruck. Auch wenn entsprechende Stellungnahmen vielfach nicht so plump verfasst sein mögen, prägen sie doch viele Bereiche von Verständnissen, nicht zuletzt auch in Kultur und Wissenschaft. Gerade in der Wissenschaft und in den Künsten herrscht eine prekäre Balance zwischen der Produktivität der durch Stellungnahmen eingegangenen Disziplinierungen und der Verhinderung von Partizipation.

Mit Stellungnahmen kann eine Normierung und ein Mainstreaming von Verständnissen betrieben werden, das Partizipation beschränkt. Die Beschränkung funktioniert dabei nicht unbedingt über Ausschlüsse, sondern eher über eine Verknappung von Subjekten. Subjekte werden durch die Stellungnahmen auf Formen gebracht, die sie ganz ausmachen. Insofern kommt es weniger zu einem Ausschluss als mehr zu einer Formung von Subjekten.

Die Formung von Subjekten führt dazu, dass sie den sie formenden Stellungnahmen gewissermaßen blind unterliegen. Die Stellungnahmen machen aus ihnen, was sie sind. Sie verlieren damit die Spielräume, sich außerhalb dieser bestimmten Stellungnahmen zu bewegen. Damit nehmen die Stellungnahmen genau das, was sie eröffnen können, nämlich die Möglichkeit, sie als Stellungnahmen zu begreifen, die man trifft und auch anders treffen könnte. Die Stellungnahmen gewinnen einen quasinatürlichen Charakter. Foucault hat mit seiner Analyse von Dispositiven die Mechanismen beleuchtet, die im Zuge von Normierungen von Subjekten wirksam sind.[36] Entscheidend ist, dass die Stellungnahmen in allen kritischen Operationen gegen sie bestätigt werden. Foucault wendet sich mit seinen Darlegungen gegen das, was er die »Repressionshypothese« nennt. Diese Hypothese ist mit dem Gedanken verbunden, dass Stellungnahmen andere Optionen der Entwicklung von Subjekten unterdrücken. Von einer Unterdrückung aber muss man nicht ausgehen, wenn man versteht, dass die Stellungnahmen dann stabiler sind, wenn sie auch durch kritische Operationen gegen sie bestätigt werden. Die Stellungnahmen suggerieren eine Überschreitbarkeit, die in Wahrheit nicht gegeben ist. Überschreitungen bestätigen sie vielmehr.

Foucaults Lehre des Dispositivs zeigt genau hier ihr Potential. Sie kann – nach meiner Einschätzung – nicht die Strukturen fassen, aus denen heraus Stellungnahmen Momente von Freiheit eröffnen können. Aber sie klärt, wie diese Strukturen sich gegen diese Eröffnung wenden können. Wenn es aus Stellungnahmen heraus zu einer Normierung und einem Mainstreaming kommt, werden Subjekte von diesen Stellungnahmen so erfasst, dass sie nicht aus ihnen herauskommen. Das Raffinement des entsprechenden Dispositivs liegt besonders darin, dass alle anderweitigen Stellungnahmen, die

36 Vgl. Michel Foucault, *Der Wille zum Wissen. Sexualität und Wahrheit I*, Frankfurt/M. 1983, bes. S. 27-49.

Subjekte in kritischer Absicht gegen ihr Festgelegtsein eingehen könnten, diesen Stellungnahmen zuarbeiten. Die Bindung von Subjekten an ein Dispositiv von Stellungnahmen zeigt ihre Macht in einer paradigmatischen Weise. Das heißt aber nicht, dass eine entsprechende Bindung am Ende das letzte Wort hätte. Die Macht von Stellungnahmen als Setzungen lässt sich durch ein entsprechendes Dispositiv nicht einschränken. Grundsätzlich kann Verstehen immer wieder aus entsprechenden Fixierungen gelöst werden, auch wenn dies im Einzelfall schwer oder fast unmöglich sein sollte.

Die Macht der Stellungnahmen zeigt noch in zwei anderen Hinsichten ein problematisches Gesicht. Die erste von ihnen will ich dadurch charakterisieren, dass ich von der zweitnatürlichen Beharrlichkeit spreche, die durch Stellungnahmen betont oder begründet werden kann. Nun mag man den Eindruck haben, ich hätte eine solche Beharrlichkeit mit den Überlegungen dieses Buches ausgeschlossen. Immer wieder habe ich die Veränderlichkeit und Offenheit von Verständnissen zur Geltung gebracht. Dies will ich an diesem Punkt auch nicht konterkarieren. Vielmehr geht es mir darum, dass gerade selbstkritische Operationen das Verstehen auch stillstellen können. Nicht die Selbstverständlichkeit des Verstehens führt zu einer möglichen Unveränderlichkeit, sondern selbstkritische Stellungnahmen, die eine Selbstverständlichkeit bestimmter Verständnisse suggerieren.

Der paradigmatische Fall solcher Stellungnahmen ist das »Das war schon immer so und gehört so«, das Akte des Verstehens begleiten kann. Aber auch elaborierte Formen wie »Diese Grundverständnisse sind für unsere Fachkultur unverhandelbar« oder »Es kann kein Zweifel daran bestehen, dass diese Textstelle im Sinne der Lehrmeinung der Kirche zu verstehen ist« sind selbstkritische Stellungnahmen, mit denen Verständnisse unbeweglich werden. Nicht zuletzt finden sich in Lehrer:innen-Schüler:innen-Situationen oft Mechanismen, die eine Festigkeit von Verständnissen nahelegen, wie das Als-fraglos-Hinstellen von Verständnissen, die Nichthinterfragbarkeit vermittelter Bestimmungen oder die Unproduktivität kritischen Hinterfragens.

Die Stellungnahmen, die in Lehrer:innen-Schüler:innen-Situationen vermittelt werden, haben aber auch eine freiheitseröffnende Seite: Wenn man zum Beispiel grammatische Zusammenhänge sprachlich zu artikulieren vermag, kann man damit eine Souveränität über sprachliche Zusammenhänge gewinnen. Gerade hier zeigt sich der Zusammenhang von Zwanghaftigkeit und Freiheit im Verstehen: Grammatische Artikulationen haben auf der einen Seite einen reglementierenden Charakter, indem sie suggerieren, die Sprache weise feste Formen auf. Auf der anderen Seite ermöglichen diese Artikulationen eine Sicherheit im Umgang mit Sprache, die sprachliche Stillstellungen immer wieder zu durchbrechen hilft. Die Zwanghaftigkeit ist die Grundlage der Freiheit. Das heißt nicht, dass am Ende die Freiheit auf jeden Fall obsiegt. Sofern sie aber errungen wird, basiert sie auf Momenten der Zwanghaftigkeit (in diesem Fall könnte man hier von »grammatischer Disziplinierung« sprechen), die gegen ihre Zwanghaftigkeit produktiv gemacht werden.

Ein weiterer Aspekt der Macht von Stellungnahmen zeigt sich schließlich darin, dass sie manipulativ und diskriminierend eingesetzt werden können. Die selbstkritischen Strukturen des Verstehens lassen sich dezidiert nutzen, um Freiheiten einzuschränken. Dies geschieht unter anderem dann, wenn spezifische Verständnisse verboten oder eingeschränkt werden. Entscheidend ist dabei, dass für Einschränkungen und Verbote selbstkritische Operationen genutzt werden – also Operationen, die ein genuin freiheitseröffnendes Potential mit sich bringen. Der Zusammenhang von Zwang und Freiheit kommt hier dahingehend zum Tragen, dass direkt Zwang ausgeübt wird. Sowohl in repressiven Erziehungs- und Bildungssystemen als auch in repressiven politischen Systemen werden selbstkritische Operationen in dieser Weise eingesetzt. Sie werden mit dem Ziel hervorgebracht, Individuen alle Spielräume von Freiheit im Verstehen zu nehmen. Dabei kommen genau die Mechanismen zum Tragen, die Freiheit eröffnen könnten, also Mechanismen der Distanzierung von Verständnissen.

Die offensichtlichen Formen der Repression sind aber womöglich theoretisch nicht so interessant wie die weniger zutage liegenden Formen der Manipulation. Zwischen einer unterstützenden Form der Artikulation und einer manipulativen Einschränkung von Artikulationsformen lässt sich oftmals kein klarer Unterschied ziehen, auch wenn sich begrifflich dieser Unterschied klar fassen lässt. Diejenigen, die selbstkritische Stellungnahmen kontrollieren, können anderen immer wieder nahelegen, ihre Verständnisse in einer spezifischen Weise zu kommentieren. Als typisches Beispiel lassen sich hier politische Ideologien oder Formen von Werbung anführen, die darauf zielen, bei anderen spezifische Stellungnahmen zu Verständnissen zu evozieren. Nationalismen und völkische Ideologien sind vielfach damit verbunden, dass eine nationale beziehungsweise völkische Ausprägung von Verständnissen behauptet wird. Der Begriff der »Herrenrasse« bietet hierfür ein extremes Beispiel. Er wurde dazu herangezogen, bestimmte Denkweisen zu markieren, die Mitglieder eines völkischen Zusammenhangs in besonderer Weise eigen sind und sie anderen gegenüber auszeichnen. Wo eine entsprechende Festlegung von Verständnissen funktioniert, werden Individuen in ihren Verständnissen manipulativ eingeschränkt. Der Mechanismus der Festlegung, der Freiheit eröffnen könnte, wird so zu einem solchen, der Freiheit nimmt.

Ein anderes Beispiel manipulativer Stellungnahmen findet sich auch in künstlerischen oder ästhetischen Strategien, die dazu verwendet werden, um Individuen auf spezifische Verständnisse festzulegen. In extremen politischen Bewegungen sowohl der rechten als auch der linken Seite spielen entsprechende ästhetische Formationen eine wichtige Rolle. Sie wirken mit an der Konstitution von Abgrenzungen nach innen und nach außen und so an der Bindung von Verständnissen zum Beispiel an ein Wir oder an besondere manipulativ eingesetzte Grundwerte. Ästhetische Strategien sind von extremistischen Regimen jedweder Couleur immer wieder gesucht worden, da sie eine besonders wirkungsvolle Verankerung von Stellungnahmen versprechen. Sie sind ein Beispiel dafür, dass Stellungnahmen nicht nur durch das explizite Formulieren von Kriterien, sondern auch durch ästhetische Impulse zustande kommen können. Auch therapeutische Interventionen und religiöse Praktiken können zu Stellungnahmen führen, die Verständnisse ausrichten, ohne dass Kriterien explizit formuliert werden. In all diesen Zusammenhängen zeigt sich, dass Manipulation nicht als solche negativ einzuschätzen ist. Immer stellt sich die Frage, ob die durch entsprechende Impulse und Interventionen evozierten Stellungnahmen ihrerseits als veränderlich vermittelt werden.

Manipulative und diskriminierende Stellungnahmen des Verstehens sind ein Ausdruck ihrer Macht. Eine Kritik dieser Macht kann aber nicht gelingen, wenn man Manipulationen und Diskriminierungen als solche in den Blick nimmt. Vielmehr setzt sie voraus, dass das Moment der Unbegründbarkeit aller Stellungnahmen in den Blick gerückt wird. Verstehen ist von Grund auf unabgesichert. Es setzt Distanzierungen von Verständnissen voraus, mit denen die Unterscheidung richtigen und falschen Verstehens ins Spiel kommt. Die Kritik gilt dabei den Mechanismen, mittels deren Kriterien für diese Unterscheidung etabliert werden. Sie richtet sich so auf Zusammenhänge, die für alles Verstehen konstitutiv sind. Kritik bedeutet damit unumgänglich zweierlei: Zum einen macht sie die besagten Zusammenhänge explizit, um die in allem Verstehen liegenden Potentiale begreiflich zu machen. Zum anderen beleuchtet sie, inwiefern die Zusammenhänge aus sich heraus Entwicklungen zulassen, mit denen die Potentiale verschüttet werden.

In Bezug auf die Hermeneutik Hans-Georg Gadamers ist immer wieder die Frage gestellt worden, ob er eine Antwort auf die Frage habe, wie Verstehen gelingt. Bei Gadamer heißt es prominent, es gelte, »die *wahren* Vorurteile, unter denen wir *verstehen*, von den *falschen*, unter denen wir *mißverstehen*, zu scheiden«.[37] Immer wieder ist es als Symptom des affirmativen Charakters seiner Position eingeschätzt worden, dass Gadamer offensichtlich keine Antwort auf diese Frage gibt. Die zurückliegenden Erläuterungen erlauben eine Einsicht darein, warum dies so ist. Es liegt schlicht darin begründet, dass die Frage einen falschen Anspruch an die Theorie suggeriert. In der Terminologie dieses Buches kann man sagen, dass sie sich auf Kriterien bezieht, die für das Verstehen leitend sind. Welche Kriterien aber das Verstehen ermöglichen oder nicht, lässt sich unabhängig von konkreten Verständnissen und konkreten Kriterien nicht entscheiden. Allgemeine Überlegungen zu dieser Unterscheidung sind nicht hilfreich.

Eine andere Frage aber lässt sich in einer allgemeinen Weise angehen, und zwar die Frage, inwiefern Verstehen grundsätzlich mit der Möglichkeit der Verschüttung seiner kritischen Potentiale verbunden ist. Eine Kritik der Macht des Verstehens muss genau diese Frage adressieren. Mit Blick auf sie zeigt sich in aller Deutlichkeit, inwiefern Hermeneutik nur als kritische Theorie gelingt. Verstehen ist nicht einfach als selbstverständliches Geschehen zu begreifen, sondern als prekäre Praxis, deren eigene Potentiale sich immer wieder gegen sie kehren können. Im Geiste Derridas kann man es folgendermaßen sagen: Das im Verstehen liegende Potential der Frei-

37 Gadamer, *Wahrheit und Methode*, S. 304.

heit ist zugleich das Potential seiner Unfreiheit. Aus diesem Grund kann eine Explikation des Verstehens nur als Kritik erfolgen.

Die Aufgabe der Kritik ist es nicht, eine Unterscheidung zwischen richtigen und falschen, zwischen produktiven und unproduktiven Kriterien für das Gelingen des Verstehens anzubieten. Sie hat vielmehr die Unabgesicherheit alles Verstehens in ihren produktiven und anfälligen Hinsichten aufzuklären. Die strukturellen Zusammenhänge, in denen Verstehen sich konstituiert, werden damit in ihren Potentialen beleuchtet. Wie in diesem Buch dargelegt, geht es dabei in erster Linie um das Potential der Freiheit, das für alles Verstehen charakteristisch ist. Nicht Kriterien für richtiges Verstehen, sondern dieses Potential muss im Zentrum einer Hermeneutik als einer Theorie des Verstehens stehen, was wiederum voraussetzt, dass diese Hermeneutik als kritische Theorie ausgeführt wird. Erst der Blick auf die Anfälligkeiten, mit denen das Potential der Freiheit in allem Verstehen verbunden ist, macht es begreiflich.

Die kritische Theorie, die hier ins Spiel kommt, ist nicht im eingeschränkten Sinne der kritischen Gesellschaftstheorie zu begreifen, die in Frankfurt am Main begründet wurde. Ihr gehören all die gesellschaftskritischen Theorieströmungen an, die im Blick haben, wie sich emanzipatorische Projekte gegen ihre eigenen Grundtendenzen verkehren können. Dies gilt für feministische Theorien genauso wie für postkoloniale Diskurse. Protagnoist:innen dieser Diskussionszusammenhänge wie Judith Butler und Gayatri Spivak sind für die Ausrichtung von Hermeneutik als kritischer Theorie genauso einschlägig wie Walter Benjamin, Hannah Arendt und Jacques Derrida. Insofern kann man hier auch pointiert von kritischen Theorien sprechen. Von Benjamin können die kritischen Theorien, die für die Explikation des Verstehens entscheidend sind, lernen, dass ein einseitig auf das Konzept des Fortschritts setzendes Geschichtsbild nicht funktioniert. Gesucht wird ein Geschichtsverständnis, das der Unabgesichertheit des Verstehens in seinen charakteristischen Potentialen Rechnung trägt.

Geschichten des Verstehens müssen als solche von Brüchen und Ausschlüssen rekonstruiert werden. In diesen Geschichten schließen weder einfach nur Verständnisse an Verständnisse an, noch kommt es in ihnen zu kontinuierlichen Entwicklungen zum Besseren. Eine Kritik des allem Verstehen innewohnenden Potentials der Freiheit hat den Brüchen und Ausschlüssen Aufmerksamkeit zu schenken, die aus diesem Potential heraus zustande kommen. Die für die Theorie des Verstehens einschlägigen kritischen Theorien beleuchten die Mechanismen, durch die Potentiale der Freiheit sich in ihr Gegenteil verkehren – und dies aus sich heraus.

Verstehen ist nicht selbstverständlich. Es ist verknüpft mit Mechanismen der Macht, die für Subjekte Freiheit eröffnen, diese Freiheit aber zugleich auch verschütten können. Ein wesentliches Element der Kritik dieser Macht liegt darin, alle Selbstverständlichkeit des Verstehens als Schein zu entlarven. Manipulative und repressive Ausformungen der Macht des Verstehens führen immer wieder dazu, dass dieser Schein sich einstellt. Durchdringt man aber die Mechanismen, die ihn hervorbringen, zeigt sich die grundlegende Nichtselbstverständlichkeit und Offenheit alles Verstehens. Zugleich macht die Explikation der für alles Verstehen konstitutiven Zusammenhänge begreiflich, dass das ihm innewohnende Potential der Freiheit eine Aufgabe darstellt. All denjenigen, die verstehen, ist aufgegeben, ihr Verstehen so zu entwickeln, dass das in ihm angelegte Potential der Freiheit zum Tragen kommt.

Sprachanalytische Philosophie im Suhrkamp Verlag Eine Auswahl

Robert B. Brandom
- Begründen und Begreifen. Eine Einführung in den Inferentialismus. Übersetzt von Eva Gilmer. Gebunden und stw 1689 . 264 Seiten
- Expressive Vernunft. Begründung, Repräsentation und diskursive Festlegung. Übersetzt von Eva Gilmer und Hermann Vetter. Gebunden und kartoniert. 1016 Seiten

Stanley Cavell. Der Anspruch der Vernunft. Wittgenstein, Skeptizismus, Moral und Tragödie. Übersetzt von Christiana Goldmann. Mit einem Vorwort von Susan Neiman. Gebunden. 794 Seiten

Arthur C. Danto. Analytische Philosophie der Geschichte. Übersetzt von Jürgen Behrens. stw 328. 503 Seiten

Donald Davidson
- Handlung und Ereignis. Übersetzt von Joachim Schulte. stw 895. 421 Seiten
- Probleme der Rationalität. Übersetzt von Joachim Schulte. Mit einem Vorwort von Marcia Cavell. Gebunden. 445 Seiten
- Subjektiv, intersubjektiv, objektiv. Übersetzt von Joachim Schulte. Gebunden. 382 Seiten
- Wahrheit und Interpretation. Übersetzt von Joachim Schulte. stw 896. 408 Seiten

Donald Davidson/Hans Friedrich Fulda. Dialektik und Dialog. Rede von Donald Davidson anläßlich der Verleihung des Hegel-Preises 1992. Laudatio von Hans Friedrich Fulda: Unterwegs zu einer einheitlichen Theorie des Sprechens, Han delns und Interpretierens. stw 1080. 101 Seiten

NF 135/1/8.07

Donald Davidson/Richard Rorty. Wozu Wahrheit? Eine Debatte. Herausgegeben von Mike Sandbothe. stw 1691. 350 Seiten

Michael Dummett
- Ursprünge der analytischen Philosophie. Übersetzt von Joachim Schulte. stw 1003. 200 Seiten
- Wahrheit und Vergangenheit. Übersetzt von Joachim Schulte. Broschur. 137 Seiten

Nelson Goodman
- Sprachen der Kunst. Entwurf einer Symboltheorie. Übersetzt von Bernd Philippi. stw 1304. 254 Seiten
- Tatsache, Fiktion, Voraussage. Übersetzt von Hermann Vetter. Mit einem Vorwort von Hilary Putnam. stw 732. 167 Seiten
- Weisen der Welterzeugung. Übersetzt von Max Looser. stw 863. 179 Seiten

Nelson Goodman/Catherine Z. Elgin. Revisionen. Philosophie und anderen Künste und Wissenschaften. Übersetzt von Bernd Philippi. 225 Seiten. Gebunden

R. M. Hare. Die Sprache der Moral. Übersetzt von Petra von Morstein. stw 412. 243 Seiten

Martin Hollis. Rationalität und soziales Verstehen. Übersetzt von Joachim Schulte. stw 928. 118 Seiten

Bertram Kienzle (Hg.). Zustand und Ereignis. Eingeleitet, übersetzt und herausgegeben von Bertram Kienzle. stw 1116. 471 Seiten

Bertram Kienzle/Helmut Pape (Hg.). Dimensionen des Selbst. Selbstbewußtsein, Reflexivität und Bedingungen von Kommunikation. stw 942. 453 Seiten

NF 135/2/8.07

NF 135/3/8.07

Sebastian Rödl. Kategorien des Zeitlichen. Eine Untersuchung der Formen des endlichen Verstandes. stw 1748. 215 Seiten

Richard Rorty
- Kontigenz, Ironie und Solidarität. Übersetzt von Christa Krüger. stw 981. 325 Seiten
- Der Spiegel der Natur: Eine Kritik der Philosophie. Übersetzt von Michael Gebauer. stw 686. 438 Seiten
- Wahrheit und Fortschritt. Übersetzt von Joachim Schulte. 515 Seiten. Gebunden. stw 1620. 516 Seiten

Eike von Savigny/Oliver Scholz (Hg.). Wittgenstein über die Seele. stw 1173. 304 Seiten

Moritz Schlick
- Fragen der Ethik. Herausgeben und eingeleitet von Rainer Hegselmann. stw 477. 208 Seiten
- Philosophische Logik. Herausgegeben und eingeleitet von Bernd Philippi. stw 598. 353 Seiten

Hans Julius Schneider. Phantasie und Kalkül. Über die Polarität von Handlung und Struktur in der Sprache. stw 1431. 595 Seiten

Joachim Schulte. Chor und Gesetz. Wittgenstein im Kontext. stw 899. 166 Seiten

Joachim Schulte (Hg.). ›Texte‹ zum Tractatus. Aufsätze von Hidé Ishiguro, Anthony Kenny, Norman Malcolm, Brian McGuiness, David Pears, Frank Ramsey, Peter Simons. Herausgegeben und übersetzt von Joachim Schulte. stw 771. 194 Seiten

John R. Searle
- Ausdruck und Bedeutung. Untersuchungen zur Sprechakttheorie. Übersetzt von Andreas Kemmerling. stw 349. 212 Seiten

NF 135/4/8.07

- Geist. Eine Einführung. Übersetzt von Sibylle Salewski. Gebunden. 323 Seiten.
- Geist, Sprache und Gesellschaft. Übersetzt von Harvey P. Gavagai. 192 Seiten. Gebunden und stw 1670. 192 Seiten
- Intentionalität. Eine Abhandlung zur Philosophie des Geistes. Übersetzt von Harvey P. Gavagai. stw 956. 353 Seiten
- Sprechakte. Ein sprachphilosophischer Essay. Übersetzt von R. und R. Wiggershaus. stw 458. 306 Seiten

Gottfried Seebaß. Das Problem von Sprache und Denken. stw 279. 495 Seiten

Gunnar Skirbekk (Hg.). Wahrheitstheorien. Eine Auswahl aus den Diskussionen über Wahrheit im 20. Jahrhundert. stw 210. 532 Seiten

Stephen E. Toulmin
- Menschliches Erkennen. Kritik der kollektiven Vernunft. Übersetzt von Hermann Vetter. stw 437. 603 Seiten
- Voraussicht und Verstehen. Ein Versuch über die Ziele der Wissenschaft. Übersetzt von Eberhard Bubser. stw 358. 138 Seiten

Ernst Tugendhat
- Selbstbewußtsein und Selbstbestimmung. Sprachanalytische Interpretationen. stw 221. 365 Seiten
- Vorlesungen zur Einführung in die sprachanalytische Philosophie. stw 45. 535 Seiten

Albrecht Wellmer
- Wie Worte Sinn machen. Aufsätze zur Sprachphilosophie. stw 1852. 350 Seiten
- Sprachphilosophie. Eine Vorlesung. Herausgegeben von Thomas Hoffmann, Juliane Rebentisch und Ruth Sonderegger. stw 1692. 472 Seiten

NF 135/5/8.07

Ludwig Wittgenstein

- Werkausgabe in acht Bänden. 3497 Seiten. Leinen in Kassette. Als stw 501 - 508, auch einzeln lieferbar
- Logische-philosophische Abhandlung. Tractatus logicophilosophicus. Kritische Edition. Herausgegeben von Brian McGuiness und Joachim Schulte. Gebunden und stw 1359. 310 Seiten
- Philosophische Untersuchungen: Kritisch-genetische Edition. Herausgegeben von Joachim Schulte in Zusammenarbeit mit Heikki Nymann, Eike von Savigny und Georg Henrik von Wright. 1168 Seiten. Gebunden
- Vorlesungen 1930–1935. Cambridge 1930–1932. Aus den Aufzeichnungen von John King und Desmond Lee. Herausgegeben von Desmond Lee. Cambridge 1932–1935. Aus den Aufzeichnungen von Alice Ambrose und Margaret Macdonald. Herausgegeben von Alice Ambrose. Übersetzt von Joachim Schulte. stw 865. 452 Seiten
- Vortrag über Ethik. Und andere kleine Schriften. Herausgegeben und übersetzt von Joachim Schulte. stw 770. 142 Seiten

Crispin Wright. Wahrheit und Objektivität. Übersetzt von Wolfram Karl Köck. 312 Seiten. Gebunden

Georg Henrik von Wright. Wittgenstein. Übersetzt von Joachim Schulte. 226 Seiten. Gebunden

NF 135/6/8.07

Charles Taylor
im Suhrkamp Verlag

Die Formen des Religiösen in der Gegenwart. Aus dem Englischen von Karin Wördemann. stw 1568. 101 Seiten

Hegel. Aus dem Englischen von Gerhard Fehn. stw 416. 772 Seiten

Laizität und Gewissensfreiheit. Charles Taylor / Jocelyn Maclure. Aus dem Französischen von Eva Buddeberg und Robin Celikates. 148 Seiten. Gebunden

Multikulturalismus und die Politik der Anerkennung. Aus dem Amerikanischen von Reinhard Kaiser. Mit Kommentaren von Amy Gutmann, Stephen C. Rockefeller, Michael Walzer, Susan Wolf und einem Beitrag von Jürgen Habermas. stw 1929. 165 Seiten

Negative Freiheit? Zur Kritik des neuzeitlichen Individualismus. Aus dem Englischen von Hermann Kocyba. Mit einem Nachwort von Axel Honneth. stw 1027. 320 Seiten

Quellen des Selbst. Die Entstehung der neuzeitlichen Identität. Aus dem Englischen von Joachim Schulte. stw 1233. 912 Seiten

Ein säkulares Zeitalter. Aus dem Englischen von Joachim Schulte. 1297 Seiten. Gebunden

Das Unbehagen an der Moderne. Aus dem Englischen von Joachim Schulte. stw 1178. 144 Seiten

NF 171/1/9.11

Wieviel Gemeinschaft braucht die Demokratie? Aufsätze zur praktischen Philosophie. Aus dem Englischen von Holger Fliessbach u. a., aus dem Französischen von Hans Günter Holl. stw 1569. 288 Seiten

Zu Charles Taylor

Michael Kühnlein/Matthias Lutz-Bachmann (Hg.). Unerfüllte Moderne? – Neue Perspektiven auf das Werk von Charles Taylor. stw 2018. 874 Seiten

NF 171/2/9.11

Donald Davidson
im Suhrkamp Verlag

Donald Davidson

- Dialektik und Dialog. Rede anläßlich der Verleihung des Hegel-Preises 1992. stw 1080. 101 Seiten
- Handlung und Ereignis. Aus dem Amerikanischen von Joachim Schulte. Gebunden und stw 895. 421 Seiten
- Probleme der Rationalität. Vorwort von Marcia Cavell. Aus dem Amerikanischen von Joachim Schulte. 445 Seiten. Gebunden
- Subjektiv, intersubjektiv, objektiv. Aus dem Amerikanischen von Joachim Schulte. 382 Seiten. Gebunden
- Wahrheit und Interpretation. Herausgegeben von Dieter Henrich und Niklas Luhmann. Aus dem Amerikanischen von Joachim Schulte. stw 896. 408 Seiten
- Wahrheit, Sprache und Geschichte. Aus dem Amerikanischen von Joachim Schulte. 514 Seiten. Gebunden

Donald Davidson / Richard Rorty. Wozu Wahrheit? Eine Debatte. Herausgegeben und mit einem Nachwort von Mike Sandbothe. stw 1691. 353 Seiten

NF 172/1/8.12

50 Jahre suhrkamp taschenbuch wissenschaft
1973-2023
Das Jubiläumsprogramm

Aleida Assmann. Im Dickicht der Zeichen. stw 2429. 360 Seiten

Judith Butler. Die Macht der Geschlechternormen und die Grenzen des Menschlichen. Übersetzt von Karin Wördemann und Martin Stempfhuber. stw 2422. 414 Seiten

Esther Duflo. Kampf gegen die Armut. Übersetzt von Andrea Hemminger. stw 2428. 182 Seiten

Philippa Foot. Die Natur des Guten. Übersetzt von Michael Reuter. stw 2421. 162 Seiten

Eva Illouz. Gefühle in Zeiten des Kapitalismus. Übersetzt von Martin Hartmann. stw 2423. 170 Seiten

Rahel Jaeggi. Kritik von Lebensformen. stw 2424. 451 Seiten

Karin Knorr Cetina. Die Fabrikation von Erkenntnis. Zur Anthropologie der Wissenschaft. Mit einem Vorwort von Rom Harré. stw 2427. 372 Seiten

Martina Löw. Raumsoziologie. stw 2425. 320 Seiten

Beate Rössler. Autonomie. Ein Versuch über das gelungene Leben. stw 2426. 443 Seiten

Lucie Varga. Zeitenwende. Mentalitätshistorische Studien 1936-1939. Herausgegeben, übersetzt und eingeleitet von Peter Schöttler. stw 2430. 247 Seiten

NF 185/1/1.23